本报告得到中宣部社科名家自主选题"中国城市发展经济学"、国家自然科学基金面上项目"多中心群网化中国城市新体系的决定机制研究"（71774170）、中国社会科学院国情调研重大项目"房地产调控政策及其效果"（GQZD2020010）、国家自然科学基金面上项目"基于互联网大数据和重复交易法的中国城市住房价格指数编制研究"（71774169）、中国社会科学院哲学社会科学创新工程项目"新型城镇化与房地产发展"和住建部委托项目"中国房地产监测与预警研究"的资助。

中社智库 年度报告 Annual Report

THE GLOBAL URBAN
COMPETITIVENESS REPORT（2020-2021）

全球历史价值链：
一万年城市星球的烟火

全球城市竞争力报告（2020-2021）

倪鹏飞 [秘鲁]马尔科·卡米亚 郭靖 徐海东 等著
中国社会科学院财经战略研究院
联合国人类住区规划署   联合课题组

中国社会科学出版社

图书在版编目（CIP）数据

全球城市竞争力报告.2020-2021：全球历史价值链：一万年城市星球的烟火／倪鹏飞等著.—北京：中国社会科学出版社，2023.1

（中社智库年度报告）

ISBN 978-7-5227-0143-1

Ⅰ.①全… Ⅱ.①倪… Ⅲ.①城市经济—经济评价—研究报告—世界—2020-2021②城市经济—产业经济—研究报告—世界—2020-2021　Ⅳ.①F299.1

中国版本图书馆 CIP 数据核字（2022）第 253689 号

出 版 人	赵剑英	
责任编辑	周　佳	
责任校对	刘　娟	
责任印制	王　超	

出　　版	中国社会科学出版社	
社　　址	北京鼓楼西大街甲 158 号	
邮　　编	100720	
网　　址	http://www.csspw.cn	
发 行 部	010-84083685	
门 市 部	010-84029450	
经　　销	新华书店及其他书店	
印　　刷	北京明恒达印务有限公司	
装　　订	廊坊市广阳区广增装订厂	
版　　次	2023 年 1 月第 1 版	
印　　次	2023 年 1 月第 1 次印刷	
开　　本	710×1000　1/16	
印　　张	27	
插　　页	2	
字　　数	429 千字	
定　　价	148.00 元	

凡购买中国社会科学出版社图书，如有质量问题请与本社营销中心联系调换
电话：010-84083683
版权所有　侵权必究

课题组成员

顾　问

麦穆娜·谢里夫　联合国人居署执行主任

王伟光　第十三届全国政协常务委员、民族和宗教委员会主任、中国社会科学院原院长

华安·克洛斯　联合国原副秘书长、联合国人居署原执行主任

高培勇　中国社会科学院副院长

何德旭　中国社会科学院财经战略研究院院长

陈启宗　亚洲协会副主席、香港明天更好基金执行委员会主席

杨　榕　联合国人居署区域事务司负责人

樊　纲　中国经济体制改革研究会副会长

萨斯基亚·萨森　美国哥伦比亚大学教授

彼得·泰勒　英国社会科学院院士、全球化和世界城市研究网络主任

费农·亨德森　伦敦政治经济学院经济地理学教授

主要作者

倪鹏飞　中国社会科学院城市与竞争力研究中心主任

马尔科·卡米亚　联合国人居署战略司知识管理与创新局高级经济学家

郭　靖　深圳大学

郭金红　南开大学经济学院

徐海东　中国社会科学院财经战略研究院

李　博　天津理工大学管理学院

马洪福　天津财经大学现代经济管理研究院

曹清峰　天津财经大学现代经济管理研究院

彭旭辉　中共无锡市委党校

斯蒂芬妮·切蒂　南非国家合作治理部城市发展规划首席

阿方索·维加拉　未来城市研究副总监，大都会基金会

谭　英　（Tan Ying Nilsson）高级规划师、博士，Sweco集团国际部

夏洛特·莫恩　联合国人居署全球解决方案司城市实践局

张　祎　联合国人居署战略司知识管理与创新局

罗伯托·埃雷拉　联合国人居署战略司知识管理与创新局

徐蕴清　利物浦大学城市与环境校级研究中心主任

贝尔纳多·德尔卡斯蒂略　联合国人居署玻利维亚国家办公室

王雨飞　北京邮电大学

龚维进　首都经济贸易大学

张洋子　中国中小企业发展促进中心

统计数据及大数据组

组长：

郭金红　南开大学经济学院

李健铨　中国社会科学院城市与竞争力研究中心特邀数据分析师
　　　　北京神州泰岳软件股份有限公司

陈　帅　北京中科闻歌科技股份有限公司

汪小东　北京中科闻歌科技股份有限公司

成员：

  刘小康 中国社会科学院城市与竞争力研究中心特邀数据分析师
      北京神州泰岳软件股份有限公司
  刑文涛 中国社会科学院城市与竞争力研究中心特邀数据分析师
  宾有才 中国社会科学院城市与竞争力研究中心特邀数据分析师
  胡　敏 中国社会科学院城市与竞争力研究中心特邀数据分析师
  胡旭奉 中国社会科学院城市与竞争力研究中心特邀数据分析师
  罗子康 北京中科闻歌科技股份有限公司
  刘星辰 北京中科闻歌科技股份有限公司
  刘　静 北京中科闻歌科技股份有限公司
  陈　杰 江西理工大学
  周　款 江西中医药大学
  欧阳思健 赣南医学院
  陈海潮 大连理工大学经济管理学院
  秦谊鸽 天津外国语大学求索荣誉学院
  唐柯宇 天津外国语大学英语学院

报告项目协调

  黄　进 中国社会科学院城市与竞争力研究中心
  郭金红 南开大学经济学院
  张　祎 联合国人居署知识与创新局
  郭　靖 深圳大学
  黄徐亮 中国社会科学院大学

目 录

第一部分　总体报告

第一章　全球城市竞争力2020—2021年度排名 …………………… (3)

第二章　全球城市价值链：穿透人类文明的时空 ………………… (40)
　第一节　全球中心城市是全球价值链中心和全球发展
　　　　　的火车头 …………………………………………………… (41)
　第二节　经历了20余次的重塑，全球城市价值链体系从地区
　　　　　到洲际扩展到全球 ………………………………………… (53)
　第三节　城市始终主导人类主要文明，但价值创造速度从漫长
　　　　　徘徊到急剧加速 …………………………………………… (71)
　第四节　决定全球城市及价值链文明的不仅仅是技术 …………… (80)

第二部分　主题报告：城市竞争力与SDG

第三章　全球城市可持续发展目标(SDGs)的实施进展
　　　　　——基于城市可持续竞争力的视角 ……………………… (93)
　第一节　联合国可持续发展目标 …………………………………… (94)
　第二节　城市可持续竞争力：概念框架 …………………………… (97)
　第三节　从城市可持续竞争力看全球可持续发展目标进展 ……… (97)
　第四节　可持续发展目标实施进展的整体监测结果 ……………… (102)

第四章　全球城市可持续发展目标 11（SDG11）的实施进展
　　——基于城市可持续竞争力的视角 ……………………（121）
　第一节　联合国可持续发展目标 …………………………………（122）
　第二节　城市可持续竞争力与可持续城市及住区目标 …………（125）
　第三节　监测结果分析 ……………………………………………（133）

第五章　全球城市可持续发展典型案例 ………………………（150）
　第一节　南非实践可持续发展目标：从城市角度进行分析 ……（150）
　第二节　全球城市卓越性的关键因素——东京、新加坡、
　　　　　马德里和墨西哥城 ……………………………………（155）
　第三节　皇家海港城，可持续发展目标本地化的瑞典
　　　　　典范案例 ………………………………………………（172）
　第四节　全球未来城市规划——开普敦案例研究 ………………（178）
　第五节　发展中国家城市创新相关可持续发展目标的实现
　　　　　——基于机器学习的肯尼亚技术枢纽街区案例研究 …（181）
　第六节　向可持续城市迈进：都市农业在中国的新探索 ………（193）
　第七节　包容性和参与性治理：加快实现可持续发展目标的
　　　　　多层面方法 ……………………………………………（200）

第三部分　全球城市经济竞争力报告

第六章　2020 年度全球城市经济竞争力表现 …………………（207）
　第一节　顶级城市"洗牌" …………………………………………（207）
　第二节　各大洲城市综合经济竞争力变化情况 …………………（211）
　第三节　中美引领全球城市格局逐步凸显 ………………………（216）

第七章　2020 年度全球城市经济竞争力解析 …………………（221）
　第一节　全球城市当地要素竞争力报告 …………………………（223）
　第二节　全球城市生活环境竞争力报告 …………………………（232）
　第三节　全球城市营商软环境竞争力报告 ………………………（240）
　第四节　全球城市营商硬环境竞争力报告 ………………………（248）

第五节　全球城市全球联系竞争力报告 …………………… (256)

第四部分　全球城市可持续竞争力报告

第八章　2020年度全球城市可持续竞争力表现 ……………… (305)
　　第一节　亚洲全面提升 …………………………………… (305)
　　第二节　区域分化逐步加剧,亚、欧、北美主导全球城市
　　　　　　可持续竞争力 …………………………………… (310)
　　第三节　美、中、德引领全球城市格局,中、巴差距逐渐缩小 …… (317)

第九章　2020年度全球城市可持续竞争力解析 ……………… (324)
　　第一节　全球城市经济活力竞争力报告 ………………… (325)
　　第二节　全球城市环境韧性竞争力报告 ………………… (338)
　　第三节　全球城市社会包容竞争力报告 ………………… (346)
　　第四节　全球城市科技创新竞争力报告 ………………… (355)
　　第五节　全球城市对外联系竞争力报告 ………………… (362)
　　第六节　全球城市可持续竞争力解释性指标排名汇总 ………… (369)

附录　城市竞争力评估理论与方法 ……………………………… (406)

后　记 ………………………………………………………… (423)

第一部分　总体报告

第一章

全球城市竞争力 2020—2021 年度排名

	国家	经济竞争力	排名	可持续竞争力	排名
纽约	美国	1.0000	1	0.9353	3
新加坡	新加坡	0.9469	2	0.9589	2
东京	日本	0.9419	3	1.0000	1
伦敦	英国	0.9386	4	0.9008	5
慕尼黑	德国	0.9343	5	0.7846	18
旧金山	美国	0.9330	6	0.8333	7
洛杉矶	美国	0.9279	7	0.7691	23
巴黎	法国	0.9155	8	0.8836	6
深圳	中国	0.9043	9	0.8263	9
圣何塞	美国	0.8973	10	0.7157	35
香港	中国	0.8967	11	0.9026	4
上海	中国	0.8939	12	0.7219	33
法兰克福	德国	0.8932	13	0.7938	16
波士顿	美国	0.8911	14	0.7841	19
都柏林	爱尔兰	0.8729	15	0.5673	129
维也纳	奥地利	0.8678	16	0.7187	34
杜塞尔多夫	德国	0.8675	17	0.5637	132
斯图加特	德国	0.8653	18	0.7929	17
汉堡	德国	0.8628	19	0.7021	43
西雅图	美国	0.8610	20	0.7260	31
北京	中国	0.8601	21	0.6922	47
日内瓦	瑞士	0.8576	22	0.6492	72

续表

国家		经济竞争力	排名	可持续竞争力	排名
费城	美国	0.8572	23	0.7801	20
巴尔的摩	美国	0.8569	24	0.6752	57
首尔	韩国	0.8565	25	0.8016	13
特拉维夫—雅法	以色列	0.8488	26	0.7419	28
达拉斯—佛尔沃斯堡	美国	0.8482	27	0.7074	38
柏林	德国	0.8479	28	0.7525	25
科隆	德国	0.8477	29	0.6493	71
迈阿密	美国	0.8465	30	0.7694	22
布里奇波特—斯坦福德	美国	0.8435	31	0.6234	84
芝加哥	美国	0.8429	32	0.8137	11
克利夫兰	美国	0.8428	33	0.7055	42
汉诺威	德国	0.8427	34	0.6902	48
斯德哥尔摩	瑞典	0.8425	35	0.8009	14
米兰	意大利	0.8409	36	0.6980	44
亚特兰大	美国	0.8390	37	0.7249	32
苏黎世	瑞士	0.8339	38	0.6842	50
巴塞罗那	西班牙	0.8336	39	0.8332	8
布鲁塞尔	比利时	0.8333	40	0.6691	62
大阪	日本	0.8321	41	0.8174	10
广州	中国	0.8315	42	0.6602	69
休斯敦	美国	0.8267	43	0.7521	26
哥本哈根	丹麦	0.8262	44	0.6947	46
里士满	美国	0.8257	45	0.6455	73
哈特福德	美国	0.8242	46	0.6157	90
纳什维尔—戴维森	美国	0.8240	47	0.5500	146
奥兰多	美国	0.8234	48	0.6652	64
阿姆斯特丹	荷兰	0.8229	49	0.6827	52
盐湖城	美国	0.8223	50	0.6731	58

续表

	国家	经济竞争力	排名	可持续竞争力	排名
多特蒙德	德国	0.8206	51	0.6031	95
罗利	美国	0.8198	52	0.6816	53
密尔沃基	美国	0.8187	53	0.5997	98
拉斯维加斯	美国	0.8176	54	0.5748	122
罗马	意大利	0.8157	55	0.7261	30
华盛顿特区	美国	0.8140	56	0.6719	59
多伦多	加拿大	0.8137	57	0.7756	21
丹佛	美国	0.8134	58	0.6958	45
马德里	西班牙	0.8113	59	0.7968	15
圣地亚哥	美国	0.8098	60	0.6773	56
安特卫普	比利时	0.8089	61	0.6270	81
鹿特丹	荷兰	0.8076	62	0.5512	144
路易斯维尔	美国	0.8071	63	0.5873	108
底特律	美国	0.8070	64	0.6628	65
蔚山	韩国	0.8034	65	0.6412	75
夏洛特	美国	0.8034	66	0.5605	137
海牙	荷兰	0.8024	67	0.5361	159
悉尼	澳大利亚	0.8021	68	0.7113	37
伯明翰	英国	0.8016	69	0.7066	40
莫斯科	俄罗斯	0.8010	70	0.8018	12
苏州	中国	0.8001	71	0.6381	78
珀斯	澳大利亚	0.7987	72	0.6701	61
曼彻斯特	英国	0.7987	73	0.7156	36
台北	中国	0.7973	74	0.7599	24
奥斯陆	挪威	0.7965	75	0.5378	157
阿布扎比	阿联酋	0.7940	76	0.6257	82
赫尔辛基	芬兰	0.7927	77	0.6591	70
巴吞鲁日	美国	0.7901	78	0.5075	185

续表

国家		经济竞争力	排名	可持续竞争力	排名
广岛	日本	0.7855	79	0.7068	39
明尼阿波利斯	美国	0.7844	80	0.5479	149
温哥华	加拿大	0.7841	81	0.6662	63
汉密尔顿	加拿大	0.7832	82	0.5658	131
南京	中国	0.7830	83	0.6176	89
弗吉尼亚比奇	美国	0.7825	84	0.5752	121
墨尔本	澳大利亚	0.7820	85	0.7485	27
海法	以色列	0.7815	86	0.6217	86
武汉	中国	0.7811	87	0.5952	102
哥伦布	美国	0.7809	88	0.6337	80
名古屋	日本	0.7803	89	0.6717	60
艾伦镇	美国	0.7797	90	0.4423	277
无锡	中国	0.7796	91	0.5922	105
卡尔加里	加拿大	0.7794	92	0.5732	124
坦帕	美国	0.7787	93	0.5761	120
德累斯顿	德国	0.7786	94	0.5663	130
奥斯汀	美国	0.7784	95	0.6613	67
奥勒姆	美国	0.7777	96	0.5608	136
凤凰城	美国	0.7772	97	0.6387	77
黄金海岸	澳大利亚	0.7764	98	0.5180	176
埃森	德国	0.7752	99	0.5882	107
迪拜	阿联酋	0.7745	100	0.7280	29
蒙特利尔	加拿大	0.7740	101	0.7055	41
杭州	中国	0.7733	102	0.5698	127
里昂	法国	0.7730	103	0.5885	106
莱比锡	德国	0.7724	104	0.5564	143
堪萨斯城	美国	0.7714	105	0.5131	184
科泉市	美国	0.7682	106	0.5565	142

续表

	国家	经济竞争力	排名	可持续竞争力	排名
成都	中国	0.7668	107	0.5483	148
查尔斯顿县北查尔斯顿市	美国	0.7664	108	0.4895	209
西约克郡	英国	0.7660	109	0.6607	68
巴伦西亚	西班牙	0.7657	110	0.6891	49
仁川	韩国	0.7657	111	0.6788	54
伍斯特	美国	0.7632	112	0.5635	133
宁波	中国	0.7632	113	0.5434	153
普罗维登斯	美国	0.7630	114	0.5227	170
印第安纳波利斯	美国	0.7608	115	0.5065	188
布里斯托尔	英国	0.7605	116	0.4874	211
伯明翰	美国	0.7597	117	0.4471	269
渥太华	加拿大	0.7577	118	0.5141	181
伊斯坦布尔	土耳其	0.7574	119	0.6387	76
佛山	中国	0.7571	120	0.5747	123
利物浦	英国	0.7569	121	0.5452	152
辛辛那提	美国	0.7566	122	0.4679	232
代顿	美国	0.7563	123	0.4724	225
澳门	中国	0.7559	124	0.5588	138
仙台	日本	0.7550	125	0.5340	161
火奴鲁鲁	美国	0.7547	126	0.5054	190
匹兹堡	美国	0.7542	127	0.5074	186
长沙	中国	0.7540	128	0.5276	166
纽黑文	美国	0.7536	129	0.5586	140
俄克拉荷马城	美国	0.7531	130	0.5003	201
马赛	法国	0.7526	131	0.4927	207
贝尔法斯特	英国	0.7523	132	0.5679	128
哥德堡	瑞典	0.7523	133	0.4689	228
南卡罗来纳州哥伦比亚	美国	0.7517	134	0.4886	210

续表

	国家	经济竞争力	排名	可持续竞争力	排名
河滨	美国	0.7515	135	0.5229	169
诺克斯维尔	美国	0.7503	136	0.4577	251
青岛	中国	0.7501	137	0.6096	94
大急流市	美国	0.7491	138	0.4601	244
常州	中国	0.7487	139	0.5320	163
里斯本	葡萄牙	0.7485	140	0.5303	164
札幌	日本	0.7482	141	0.6107	92
布法罗	美国	0.7481	142	0.5505	145
威尼斯	意大利	0.7475	143	0.5207	174
开普科勒尔	美国	0.7461	144	0.4939	205
布拉格	捷克	0.7445	145	0.5001	202
圣何塞	哥斯达黎加	0.7444	146	0.5789	116
东莞	中国	0.7434	147	0.5772	119
亚克朗市	美国	0.7428	148	0.4589	249
昌原	韩国	0.7418	149	0.4520	263
格拉斯哥	英国	0.7410	150	0.6013	97
耶路撒冷	以色列	0.7409	151	0.6339	79
吉隆坡	马来西亚	0.7408	152	0.6622	66
布加勒斯特	罗马尼亚	0.7399	153	0.4810	213
郑州	中国	0.7396	154	0.5279	165
阿德莱德	澳大利亚	0.7393	155	0.6020	96
合肥	中国	0.7378	156	0.5423	154
多哈	卡塔尔	0.7367	157	0.6212	87
厦门	中国	0.7363	158	0.5775	118
奥格登—莱顿	美国	0.7362	159	0.5141	182
布里斯班	澳大利亚	0.7351	160	0.5838	112
萨拉戈萨	西班牙	0.7341	161	0.5587	139
那不勒斯	意大利	0.7337	162	0.5944	103

续表

	国家	经济竞争力	排名	可持续竞争力	排名
孟菲斯	美国	0.7321	163	0.4782	215
大田	韩国	0.7319	164	0.6426	74
高雄	中国	0.7318	165	0.5610	134
沙没巴干（北榄）	泰国	0.7316	166	0.4963	203
奥克兰	新西兰	0.7314	167	0.5842	110
列日	比利时	0.7308	168	0.5608	135
釜山	韩国	0.7306	169	0.6097	93
珠海	中国	0.7301	170	0.5034	194
光州	韩国	0.7299	171	0.6150	91
吉达	沙特阿拉伯	0.7293	172	0.5782	117
南通	中国	0.7291	173	0.4802	214
麦地那	沙特阿拉伯	0.7281	174	0.6232	85
福州	中国	0.7279	175	0.4683	230
圣安东尼奥	美国	0.7269	176	0.5407	155
尼斯—戛纳	法国	0.7264	177	0.4139	309
谢菲尔德	英国	0.7264	178	0.4537	260
里尔	法国	0.7257	179	0.5218	172
泉州	中国	0.7255	180	0.4554	255
埃德蒙顿	加拿大	0.7248	181	0.4453	272
雅加达	印度尼西亚	0.7241	182	0.5003	200
罗切斯特	美国	0.7240	183	0.4732	223
布达佩斯	匈牙利	0.7238	184	0.5223	171
奥马哈	美国	0.7226	185	0.4024	326
图卢兹	法国	0.7223	186	0.5133	183
新奥尔良	美国	0.7220	187	0.5160	179
西安	中国	0.7216	188	0.5008	197
曼谷	泰国	0.7215	189	0.5040	193
北九州—福冈大都市圈	日本	0.7214	190	0.6834	51

续表

	国家	经济竞争力	排名	可持续竞争力	排名
麦加	沙特阿拉伯	0.7213	191	0.5494	147
蒙得维的亚	乌拉圭	0.7213	192	0.5017	196
济南	中国	0.7208	193	0.4781	216
博洛尼亚	意大利	0.7208	194	0.5065	189
南特	法国	0.7207	195	0.4632	238
重庆	中国	0.7204	196	0.4679	231
维罗那	意大利	0.7197	197	0.5143	180
圣地亚哥	智利	0.7197	198	0.5932	104
波兹南	波兰	0.7189	199	0.4689	229
华沙	波兰	0.7185	200	0.4301	287
大邱	韩国	0.7185	201	0.5957	101
土伦	法国	0.7182	202	0.4041	322
台中	中国	0.7181	203	0.5841	111
墨西哥城	墨西哥	0.7179	204	0.6178	88
利雅得	沙特阿拉伯	0.7178	205	0.5977	100
莱斯特	英国	0.7178	206	0.5266	167
扬州	中国	0.7178	207	0.4565	253
佛罗伦萨	意大利	0.7157	208	0.5005	199
都灵	意大利	0.7152	209	0.5462	150
烟台	中国	0.7146	210	0.4544	257
诺丁汉	英国	0.7137	211	0.4612	243
泰州	中国	0.7133	212	0.4349	282
巴拿马城	巴拿马	0.7130	213	0.4633	236
静冈—滨松大都市圈	日本	0.7123	214	0.5185	175
镇江	中国	0.7121	215	0.4768	220
马拉加	西班牙	0.7115	216	0.5987	99
波尔多	法国	0.7115	217	0.4286	288
热那亚	意大利	0.7099	218	0.4596	245

续表

	国家	经济竞争力	排名	可持续竞争力	排名
萨拉索塔—布雷登顿	美国	0.7095	219	0.3860	355
不来梅	德国	0.7093	220	0.3613	402
中山	中国	0.7090	221	0.5354	160
塔尔萨	美国	0.7067	222	0.3724	382
魁北克	加拿大	0.7060	223	0.4580	250
新竹	中国	0.7058	224	0.4266	289
萨克拉门托	美国	0.7050	225	0.4143	308
嘉兴	中国	0.7039	226	0.4742	222
温尼伯	加拿大	0.7037	227	0.4446	274
圣彼得堡	俄罗斯	0.7026	228	0.5815	113
阿斯塔纳	哈萨克斯坦	0.7016	229	0.5571	141
奥尔巴尼	美国	0.7015	230	0.2928	555
熊本	日本	0.6997	231	0.4540	259
德里	印度	0.6982	232	0.4489	268
马斯喀特	阿曼	0.6979	233	0.4615	240
波哥大	哥伦比亚	0.6979	234	0.5723	125
贝克尔斯菲市	美国	0.6970	235	0.4092	316
秋明	俄罗斯	0.6963	236	0.4157	305
徐州	中国	0.6944	237	0.4434	275
南昌	中国	0.6943	238	0.4632	237
利马	秘鲁	0.6940	239	0.5806	115
台南	中国	0.6935	240	0.5210	173
蒙特雷	墨西哥	0.6923	241	0.4536	261
绍兴	中国	0.6902	242	0.4590	248
沙加	阿联酋	0.6896	243	0.5325	162
容迪亚伊	巴西	0.6889	244	0.3706	384
新潟	日本	0.6889	245	0.4843	212
波尔图	葡萄牙	0.6883	246	0.4936	206

续表

	国家	经济竞争力	排名	可持续竞争力	排名
克拉科夫	波兰	0.6867	247	0.4340	283
圣胡安	波多黎各	0.6863	248	0.5043	192
比勒陀利亚	南非	0.6852	249	0.5716	126
台州	中国	0.6846	250	0.4138	310
索菲亚	保加利亚	0.6841	251	0.5163	178
芜湖	中国	0.6830	252	0.3725	381
罗兹	波兰	0.6825	253	0.4037	324
阿什哈巴德	土库曼斯坦	0.6821	254	0.3238	477
科威特城	科威特	0.6814	255	0.4908	208
纽卡斯尔	英国	0.6804	256	0.4575	252
雅典	希腊	0.6790	257	0.5860	109
马尼拉	菲律宾	0.6789	258	0.3759	376
卡塔尼亚	意大利	0.6780	259	0.4770	219
布赖代	沙特阿拉伯	0.6770	260	0.3975	338
太原	中国	0.6767	261	0.4468	270
瓜达拉哈拉	墨西哥	0.6740	262	0.4397	278
埃尔帕索	美国	0.6727	263	0.4106	314
天津	中国	0.6726	264	0.5814	114
卡拉杰	伊朗	0.6725	265	0.4724	224
达曼	沙特阿拉伯	0.6723	266	0.5369	158
舟山	中国	0.6722	267	0.3919	347
波特兰	美国	0.6721	268	0.4433	276
阿雷格里港	巴西	0.6710	269	0.4718	226
东营	中国	0.6699	270	0.4128	312
亚松森	巴拉圭	0.6698	271	0.4254	292
弗雷斯诺	美国	0.6688	272	0.3778	368
罗萨里奥	阿根廷	0.6688	273	0.4675	233
巴里	意大利	0.6687	274	0.4543	258

第一章　全球城市竞争力 2020—2021 年度排名　◇　13

续表

	国家	经济竞争力	排名	可持续竞争力	排名
约翰内斯堡	南非	0.6687	275	0.5048	191
帕多瓦	意大利	0.6686	276	0.4188	302
圣多明各	多米尼加	0.6686	277	0.4752	221
盐城	中国	0.6680	278	0.3932	342
明斯克	白俄罗斯	0.6675	279	0.5231	168
苏腊巴亚	印度尼西亚	0.6675	280	0.4465	271
盖布泽	土耳其	0.6672	281	0.4177	304
贵阳	中国	0.6667	282	0.4156	306
惠州	中国	0.6665	283	0.4210	296
阿瓦士	伊朗	0.6661	284	0.4945	204
廊坊	中国	0.6651	285	0.3870	353
新山市	马来西亚	0.6643	286	0.4613	241
威海	中国	0.6638	287	0.4321	285
济宁	中国	0.6633	288	0.3804	363
唐山	中国	0.6631	289	0.4248	293
淄博	中国	0.6625	290	0.4591	247
潍坊	中国	0.6618	291	0.4104	315
孟买	印度	0.6615	292	0.3871	352
巴西利亚	巴西	0.6609	293	0.4771	217
昆明	中国	0.6607	294	0.4064	320
湖州	中国	0.6606	295	0.3927	344
萨格勒布	克罗地亚	0.6604	296	0.3997	331
长春	中国	0.6592	297	0.4493	267
莆田	中国	0.6583	298	0.3678	386
塞萨洛尼基	希腊	0.6583	299	0.4179	303
阿尔伯克基	美国	0.6580	300	0.3404	442
温州	中国	0.6580	301	0.4306	286
莱昂	墨西哥	0.6571	302	0.5073	187

续表

	国家	经济竞争力	排名	可持续竞争力	排名
大连	中国	0.6556	303	0.5027	195
蒂华纳	墨西哥	0.6555	304	0.4496	266
三马林达	印度尼西亚	0.6555	305	0.3634	397
塞维利亚	西班牙	0.6536	306	0.4521	262
麦卡伦	美国	0.6531	307	0.3759	375
哈瓦那	古巴	0.6531	308	0.4557	254
洛阳	中国	0.6526	309	0.3889	350
宜昌	中国	0.6524	310	0.3639	395
淮安	中国	0.6520	311	0.3771	370
图森	美国	0.6519	312	0.3895	349
鄂州	中国	0.6511	313	0.3064	518
班加罗尔	印度	0.6508	314	0.4000	330
巴勒莫	意大利	0.6504	315	0.4239	294
坎皮纳斯	巴西	0.6500	316	0.4262	290
圣路易斯波托西	墨西哥	0.6500	317	0.4206	299
危地马拉城	危地马拉	0.6495	318	0.3929	343
襄阳	中国	0.6495	319	0.3591	407
巴库	阿塞拜疆	0.6495	320	0.4085	317
乌鲁木齐	中国	0.6492	321	0.4208	298
内罗毕	肯尼亚	0.6492	322	0.3564	410
圣菲	阿根廷	0.6490	323	0.3869	354
岳阳	中国	0.6488	324	0.3530	415
布尔萨	土耳其	0.6485	325	0.4647	235
怡保市	马来西亚	0.6475	326	0.3923	345
漳州	中国	0.6474	327	0.3736	380
里约热内卢	巴西	0.6473	328	0.5457	151
安曼	约旦	0.6471	329	0.5403	156
贝尔谢巴	以色列	0.6470	330	0.4218	295

续表

	国家	经济竞争力	排名	可持续竞争力	排名
常德	中国	0.6467	331	0.3421	434
麦德林	哥伦比亚	0.6462	332	0.4451	273
许昌	中国	0.6457	333	0.3756	377
日照	中国	0.6449	334	0.3623	400
瓦赫兰	阿尔及利亚	0.6446	335	0.4040	323
阿拉木图	哈萨克斯坦	0.6442	336	0.3884	351
门多萨	阿根廷	0.6442	337	0.4594	246
金华	中国	0.6426	338	0.3992	332
马鞍山	中国	0.6420	339	0.3362	456
圣若泽杜斯坎普斯	巴西	0.6418	340	0.3972	339
贝鲁特	黎巴嫩	0.6412	341	0.4359	281
卡利	哥伦比亚	0.6408	342	0.3981	336
比亚埃尔莫萨	墨西哥	0.6407	343	0.3521	416
连云港	中国	0.6405	344	0.3677	387
汕头	中国	0.6403	345	0.3992	333
江门	中国	0.6402	346	0.3652	390
维多利亚	巴西	0.6395	347	0.4612	242
北干巴鲁	印度尼西亚	0.6394	348	0.3575	409
海口	中国	0.6392	349	0.3971	340
达卡	孟加拉国	0.6385	350	0.3363	455
贝尔格莱德	塞尔维亚	0.6384	351	0.3953	341
乌法	俄罗斯	0.6382	352	0.4074	318
里加	拉脱维亚	0.6382	353	0.3353	458
马拉凯	委内瑞拉	0.6381	354	0.4382	280
焦作	中国	0.6376	355	0.3922	346
株洲	中国	0.6374	356	0.3592	406
湘潭	中国	0.6372	357	0.3812	362
美利达	墨西哥	0.6364	358	0.4023	327

续表

	国家	经济竞争力	排名	可持续竞争力	排名
里贝朗普雷图	巴西	0.6362	359	0.3988	335
临沂	中国	0.6360	360	0.3554	413
黄石	中国	0.6360	361	0.3377	451
南宁	中国	0.6359	362	0.3652	392
瓦尔帕莱索	智利	0.6351	363	0.3847	357
沈阳	中国	0.6350	364	0.4554	256
伊兹密尔	土耳其	0.6350	365	0.4621	239
若茵维莱	巴西	0.6349	366	0.3292	466
德黑兰	伊朗	0.6348	367	0.5165	177
石家庄	中国	0.6345	368	0.4145	307
兰州	中国	0.6337	369	0.3832	360
基多	厄瓜多尔	0.6334	370	0.4210	297
巴厘巴板	印度尼西亚	0.6332	371	0.3397	444
安卡拉	土耳其	0.6332	372	0.4692	227
马拉开波	委内瑞拉	0.6326	373	0.4392	279
坎昆	墨西哥	0.6323	374	0.4004	329
弗罗茨瓦夫	波兰	0.6323	375	0.3251	474
榆林	中国	0.6320	376	0.3148	491
托雷翁	墨西哥	0.6310	377	0.3764	373
宿迁	中国	0.6308	378	0.3387	447
巴塞罗那—拉克鲁斯港	委内瑞拉	0.6302	379	0.5007	198
三明	中国	0.6299	380	0.2987	539
圣地亚哥	多米尼加	0.6298	381	0.4328	284
枣庄	中国	0.6297	382	0.3376	452
钦奈	印度	0.6293	383	0.3557	412
克拉玛依	中国	0.6290	384	0.2710	618
开罗	埃及	0.6287	385	0.3283	469
铜陵	中国	0.6286	386	0.2687	627

第一章　全球城市竞争力 2020—2021 年度排名　◇　17

续表

	国家	经济竞争力	排名	可持续竞争力	排名
的黎波里	利比亚	0.6286	387	0.3977	337
衡阳	中国	0.6285	388	0.3353	459
遵义	中国	0.6283	389	0.3026	532
萨马拉	俄罗斯	0.6281	390	0.3813	361
开普敦	南非	0.6278	391	0.4669	234
德州	中国	0.6278	392	0.3579	408
鹰潭	中国	0.6274	393	0.2916	561
龙岩	中国	0.6273	394	0.3097	508
克雷塔罗	墨西哥	0.6265	395	0.3768	372
呼和浩特	中国	0.6265	396	0.3647	393
德阳	中国	0.6261	397	0.3507	418
盘锦	中国	0.6260	398	0.3421	435
巴伦西亚	委内瑞拉	0.6256	399	0.4051	321
安塔利亚	土耳其	0.6255	400	0.3626	399
咸阳	中国	0.6254	401	0.3531	414
濮阳	中国	0.6253	402	0.3303	464
银川	中国	0.6253	403	0.3638	396
阿达纳	土耳其	0.6246	404	0.4198	301
茂名	中国	0.6236	405	0.3428	433
宁德	中国	0.6229	406	0.3115	503
巴格达	伊拉克	0.6223	407	0.4503	265
德班	南非	0.6219	408	0.4128	311
累西腓	巴西	0.6219	409	0.3802	365
巴丹岛	印度尼西亚	0.6215	410	0.3899	348
柳州	中国	0.6212	411	0.3388	446
荆门	中国	0.6209	412	0.3048	520
胡亚雷斯	墨西哥	0.6207	413	0.4262	291
滨州	中国	0.6206	414	0.3442	431

续表

	国家	经济竞争力	排名	可持续竞争力	排名
埃尔比勒	伊拉克	0.6204	415	0.4515	264
漯河	中国	0.6197	416	0.3256	473
胡富夫	沙特阿拉伯	0.6196	417	0.3069	517
彼尔姆	俄罗斯	0.6194	418	0.3695	385
揭阳	中国	0.6194	419	0.3251	475
索罗卡巴	巴西	0.6192	420	0.3485	424
北海	中国	0.6191	421	0.3208	483
古晋	马来西亚	0.6189	422	0.3409	439
马塔莫罗斯	墨西哥	0.6184	423	0.3768	371
聊城	中国	0.6180	424	0.3610	403
托卢卡	墨西哥	0.6177	425	0.3563	411
塔伊夫	沙特阿拉伯	0.6174	426	0.3289	467
安阳	中国	0.6170	427	0.3596	405
新余	中国	0.6170	428	0.3220	480
圣保罗	巴西	0.6166	429	0.6257	83
郴州	中国	0.6166	430	0.3061	519
自贡	中国	0.6163	431	0.3123	498
淮北	中国	0.6160	432	0.3088	510
萨尔蒂约	墨西哥	0.6154	433	0.3475	427
六盘水	中国	0.6144	434	0.2931	554
衢州	中国	0.6144	435	0.3045	523
鹤壁	中国	0.6142	436	0.3112	504
营口	中国	0.6138	437	0.2632	643
平顶山	中国	0.6133	438	0.3235	479
三亚	中国	0.6127	439	0.3182	486
基辅	乌克兰	0.6121	440	0.3777	369
秦皇岛	中国	0.6119	441	0.3332	461
宝鸡	中国	0.6118	442	0.3137	496

续表

	国家	经济竞争力	排名	可持续竞争力	排名
马德普拉塔	阿根廷	0.6117	443	0.3480	425
科尔多瓦	阿根廷	0.6117	444	0.3991	334
科钦	印度	0.6114	445	0.3379	450
贝洛奥里藏特	巴西	0.6110	446	0.4027	325
乌海	中国	0.6110	447	0.1823	859
卡塔赫纳	哥伦比亚	0.6105	448	0.3761	374
宜宾	中国	0.6101	449	0.2927	556
金边	柬埔寨	0.6097	450	0.2773	599
万隆	印度尼西亚	0.6096	451	0.3488	422
菏泽	中国	0.6095	452	0.3204	485
雅罗斯拉夫尔	俄罗斯	0.6094	453	0.3242	476
西宁	中国	0.6093	454	0.3207	484
肇庆	中国	0.6085	455	0.3181	487
阿瓜斯卡连特斯	墨西哥	0.6083	456	0.3833	359
康塞普西翁	智利	0.6082	457	0.2215	762
哥印拜陀	印度	0.6077	458	0.3216	481
沧州	中国	0.6077	459	0.3476	426
绵阳	中国	0.6071	460	0.3110	505
玉溪	中国	0.6068	461	0.2905	566
库里奇巴	巴西	0.6067	462	0.3744	379
蚌埠	中国	0.6066	463	0.3264	472
拉各斯	尼日利亚	0.6062	464	0.4123	313
科伦坡	斯里兰卡	0.6058	465	0.2524	680
泰安	中国	0.6055	466	0.3859	356
罗安达	安哥拉	0.6052	467	0.4202	300
三宝垄	印度尼西亚	0.6043	468	0.2864	576
瓜亚基尔	厄瓜多尔	0.6043	469	0.3515	417
九江	中国	0.6040	470	0.3210	482

续表

	国家	经济竞争力	排名	可持续竞争力	排名
新乡	中国	0.6035	471	0.3500	419
哈尔滨	中国	0.6035	472	0.3834	358
圣萨尔瓦多	萨尔瓦多	0.6033	473	0.3665	388
陶里亚蒂	俄罗斯	0.6027	474	0.3044	524
荆州	中国	0.6025	475	0.2984	540
开封	中国	0.6025	476	0.3450	429
衡水	中国	0.6020	477	0.2894	570
喀土穆	苏丹	0.6020	478	0.2614	649
攀枝花	中国	0.6017	479	0.2996	537
赣州	中国	0.6008	480	0.2898	568
马拉普兰	印度	0.6003	481	0.2486	689
阳江	中国	0.6002	482	0.2972	542
奎隆	印度	0.6002	483	0.2234	754
益阳	中国	0.6002	484	0.2910	564
泸州	中国	0.6001	485	0.3027	531
潮州	中国	0.6001	486	0.3120	501
湛江	中国	0.5997	487	0.3408	440
望加锡	印度尼西亚	0.5994	488	0.3160	489
黄冈	中国	0.5992	489	0.2708	619
十堰	中国	0.5989	490	0.2960	546
包头	中国	0.5989	491	0.3236	478
第比利斯	格鲁吉亚	0.5988	492	0.3409	438
萨姆松	土耳其	0.5986	493	0.3032	530
晋城	中国	0.5979	494	0.2955	548
乐山	中国	0.5978	495	0.2860	577
三门峡	中国	0.5978	496	0.2968	543
萍乡	中国	0.5976	497	0.3038	529
周口	中国	0.5971	498	0.2958	547

续表

	国家	经济竞争力	排名	可持续竞争力	排名
南阳	中国	0.5971	499	0.3474	428
萨拉托夫	俄罗斯	0.5970	500	0.3495	421
咸宁	中国	0.5970	501	0.2961	544
阿尔及尔	阿尔及利亚	0.5969	502	0.4071	319
隆德里纳	巴西	0.5968	503	0.3082	512
嘉峪关	中国	0.5965	504	0.2401	711
上饶	中国	0.5965	505	0.2816	585
加拉加斯	委内瑞拉	0.5961	506	0.4770	218
石嘴山	中国	0.5946	507	0.2537	675
伊丽莎白港	南非	0.5945	508	0.3407	441
大庆	中国	0.5945	509	0.3416	437
戈亚尼亚	巴西	0.5945	510	0.3386	448
阿雷基帕	秘鲁	0.5943	511	0.3745	378
浦那	印度	0.5942	512	0.3094	509
巨港	印度尼西亚	0.5941	513	0.3299	465
贝宁	尼日利亚	0.5937	514	0.2507	684
库利亚坎	墨西哥	0.5935	515	0.3434	432
眉山	中国	0.5934	516	0.2739	607
圣米格尔—德图库曼	阿根廷	0.5934	517	0.2808	589
巴尔瑙尔	俄罗斯	0.5933	518	0.3173	488
埃莫西约	墨西哥	0.5933	519	0.3320	462
丽水	中国	0.5933	520	0.3042	525
驻马店	中国	0.5929	521	0.2869	575
乌贝兰迪亚	巴西	0.5928	522	0.3146	492
特鲁希略	秘鲁	0.5926	523	0.3071	515
宿州	中国	0.5925	524	0.2733	609
信阳	中国	0.5923	525	0.2940	551
福塔莱萨	巴西	0.5921	526	0.3655	389

续表

	国家	经济竞争力	排名	可持续竞争力	排名
阳泉	中国	0.5919	527	0.2713	617
邯郸	中国	0.5916	528	0.3443	430
奇瓦瓦	墨西哥	0.5911	529	0.3046	522
卡拉奇	巴基斯坦	0.5909	530	0.3121	500
贝伦	巴西	0.5907	531	0.3486	423
鄂尔多斯	中国	0.5906	532	0.3270	471
雷诺萨	墨西哥	0.5905	533	0.3340	460
保定	中国	0.5905	534	0.3110	506
普埃布拉	墨西哥	0.5903	535	0.3778	366
克拉斯诺达尔	俄罗斯	0.5900	536	0.2824	583
圣路易斯	巴西	0.5897	537	0.3142	494
孝感	中国	0.5891	538	0.3042	526
棉兰	印度尼西亚	0.5889	539	0.3039	528
长治	中国	0.5886	540	0.2920	560
突尼斯	突尼斯	0.5886	541	0.3803	364
南充	中国	0.5883	542	0.2912	563
哈科特港	尼日利亚	0.5878	543	0.3122	499
阿比让	科特迪瓦	0.5877	544	0.3048	521
鞍山	中国	0.5875	545	0.3288	468
遂宁	中国	0.5872	546	0.2890	571
广安	中国	0.5871	547	0.2688	626
海得拉巴	印度	0.5870	548	0.2642	639
托木斯克	俄罗斯	0.5869	549	0.3126	497
马瑙斯	巴西	0.5866	550	0.3626	398
加尔各答	印度	0.5860	551	0.2784	595
汕尾	中国	0.5860	552	0.2754	604
商丘	中国	0.5858	553	0.2984	541
渭南	中国	0.5858	554	0.2818	584

续表

	国家	经济竞争力	排名	可持续竞争力	排名
南平	中国	0.5857	555	0.2786	594
钦州	中国	0.5856	556	0.2789	593
邢台	中国	0.5850	557	0.2926	557
滁州	中国	0.5849	558	0.2915	562
吉大港	孟加拉国	0.5848	559	0.2852	578
韶关	中国	0.5841	560	0.3070	516
科泽科德	印度	0.5828	561	0.2790	592
淮南	中国	0.5825	562	0.2693	623
锦州	中国	0.5824	563	0.3398	443
梧州	中国	0.5823	564	0.2407	710
阿克拉	加纳	0.5823	565	0.3144	493
圣克鲁斯	玻利维亚	0.5822	566	0.4015	328
防城港	中国	0.5821	567	0.2515	683
加沙	巴勒斯坦	0.5821	568	0.2613	650
玉林	中国	0.5820	569	0.2620	647
德古西加巴	洪都拉斯	0.5819	570	0.3078	514
娄底	中国	0.5819	571	0.2934	553
科恰班巴	玻利维亚	0.5819	572	0.3393	445
邵阳	中国	0.5818	573	0.2552	669
梁赞	俄罗斯	0.5816	574	0.2883	572
内江	中国	0.5810	575	0.2542	673
安庆	中国	0.5809	576	0.3084	511
艾哈迈达巴德	印度	0.5809	577	0.2581	656
延安	中国	0.5808	578	0.2874	574
布宜诺斯艾利斯	阿根廷	0.5808	579	0.6781	55
河内	越南	0.5807	580	0.2278	742
景德镇	中国	0.5807	581	0.3272	470
维拉克斯	墨西哥	0.5806	582	0.2551	671

续表

	国家	经济竞争力	排名	可持续竞争力	排名
大同	中国	0.5804	583	0.2718	614
宜春	中国	0.5801	584	0.2907	565
喀山	俄罗斯	0.5798	585	0.3716	383
清远	中国	0.5796	586	0.2795	591
朔州	中国	0.5796	587	0.2743	606
克麦罗沃	俄罗斯	0.5795	588	0.2833	581
胡志明市	越南	0.5794	589	0.2271	745
圣佩德罗苏拉	洪都拉斯	0.5793	590	0.2718	615
拉合尔	巴基斯坦	0.5792	591	0.2816	586
宣城	中国	0.5792	592	0.2715	616
永州	中国	0.5789	593	0.2560	666
巴东	印度尼西亚	0.5780	594	0.3103	507
汉中	中国	0.5778	595	0.2993	538
苏莱曼尼亚	伊拉克	0.5778	596	0.3418	436
设拉子	伊朗	0.5777	597	0.3652	391
库埃纳瓦卡	墨西哥	0.5775	598	0.2664	634
德拉敦	印度	0.5773	599	0.2732	610
抚顺	中国	0.5772	600	0.2754	605
桂林	中国	0.5770	601	0.3385	449
奥韦里	尼日利亚	0.5767	602	0.2214	764
吉林	中国	0.5767	603	0.3319	463
吉安	中国	0.5766	604	0.2670	630
辽阳	中国	0.5757	605	0.2809	587
萨尔瓦多	巴西	0.5750	606	0.3497	420
伊尔库茨克	俄罗斯	0.5748	607	0.2901	567
黄山	中国	0.5747	608	0.2762	601
芹苴	越南	0.5746	609	0.2424	703
资阳	中国	0.5743	610	0.2950	550

续表

	国家	经济竞争力	排名	可持续竞争力	排名
若昂佩索阿	巴西	0.5741	611	0.2938	552
运城	中国	0.5736	612	0.2646	637
加济安泰普	土耳其	0.5734	613	0.3645	394
奥伦堡	俄罗斯	0.5734	614	0.2691	625
池州	中国	0.5731	615	0.2438	699
基希讷乌	摩尔多瓦	0.5724	616	0.2140	782
阜阳	中国	0.5722	617	0.2645	638
随州	中国	0.5716	618	0.2537	674
弗里尼欣	南非	0.5715	619	0.2601	653
亚历山大	埃及	0.5715	620	0.3026	533
哈拉巴	墨西哥	0.5715	621	0.2061	800
坎帕拉	乌干达	0.5710	622	0.2571	660
塞拉亚	墨西哥	0.5710	623	0.2626	645
玛琅	印度尼西亚	0.5708	624	0.3363	454
特雷西纳	巴西	0.5705	625	0.2960	545
乌约	尼日利亚	0.5704	626	0.2162	773
晋中	中国	0.5698	627	0.2772	600
安顺	中国	0.5694	628	0.2496	686
大不里士	伊朗	0.5692	629	0.3358	457
阿巴	尼日利亚	0.5692	630	0.2350	727
卡萨布兰卡	摩洛哥	0.5691	631	0.3079	513
巴兰基利亚	哥伦比亚	0.5688	632	0.3141	495
墨西卡利	墨西哥	0.5685	633	0.2878	573
梅尔辛	土耳其	0.5681	634	0.2603	651
比亚维森西奥	哥伦比亚	0.5680	635	0.2168	772
本溪	中国	0.5677	636	0.2808	588
布卡拉曼加	哥伦比亚	0.5675	637	0.2238	753
帕丘卡—德索托	墨西哥	0.5669	638	0.3026	534

续表

国家		经济竞争力	排名	可持续竞争力	排名
茹伊斯迪福拉	巴西	0.5668	639	0.2923	559
瓦里	尼日利亚	0.5665	640	0.2006	815
拉普拉塔	阿根廷	0.5663	641	0.2951	549
百色	中国	0.5662	642	0.2222	759
亳州	中国	0.5661	643	0.2549	672
辽源	中国	0.5661	644	0.2449	697
梅州	中国	0.5658	645	0.2424	704
弗洛里亚诺波利斯	巴西	0.5656	646	0.2107	791
佩雷拉	哥伦比亚	0.5652	647	0.3155	490
宿雾市	菲律宾	0.5652	648	0.2738	608
坎努尔	印度	0.5650	649	0.2731	611
达州	中国	0.5644	650	0.2618	648
贵港	中国	0.5635	651	0.2522	681
张家口	中国	0.5635	652	0.2480	691
阿斯特拉罕	俄罗斯	0.5633	653	0.2925	558
怀化	中国	0.5631	654	0.2459	695
代尼兹利	土耳其	0.5630	655	0.2184	770
抚州	中国	0.5624	656	0.2568	661
特里凡得琅	印度	0.5619	657	0.2223	758
阿布贾	尼日利亚	0.5618	658	0.3620	401
格兰德营	巴西	0.5615	659	0.2836	579
皮文迪	印度	0.5608	660	0.2678	628
新西伯利亚	俄罗斯	0.5608	661	0.3120	502
崇左	中国	0.5605	662	0.2119	786
承德	中国	0.5604	663	0.2783	596
达沃市	菲律宾	0.5601	664	0.2425	701
登巴萨	印度尼西亚	0.5600	665	0.2289	739
费拉迪圣安娜	巴西	0.5599	666	0.2781	597

续表

	国家	经济竞争力	排名	可持续竞争力	排名
库亚巴	巴西	0.5598	667	0.2692	624
莫雷利亚	墨西哥	0.5593	668	0.2758	602
海防	越南	0.5592	669	0.2479	693
班加西	利比亚	0.5587	670	0.2722	613
哈巴罗夫斯克	俄罗斯	0.5586	671	0.2206	766
曲靖	中国	0.5584	672	0.2672	629
岘港	越南	0.5577	673	0.2392	716
云浮	中国	0.5575	674	0.2531	679
本地治里	印度	0.5575	675	0.2478	694
松原	中国	0.5572	676	0.2647	636
佳木斯	中国	0.5569	677	0.2726	612
太子港	海地	0.5569	678	0.2665	633
伊科罗杜	尼日利亚	0.5568	679	0.3778	367
安康	中国	0.5566	680	0.2421	706
乌兰巴托	蒙古	0.5561	681	0.2695	622
顿河畔罗斯托夫	俄罗斯	0.5560	682	0.2651	635
奇姆肯特	哈萨克斯坦	0.5559	683	0.3025	535
六安	中国	0.5558	684	0.2531	678
卡诺	尼日利亚	0.5557	685	0.2835	580
吕梁	中国	0.5557	686	0.2574	659
广元	中国	0.5556	687	0.2111	790
特里苏尔	印度	0.5550	688	0.2143	781
塞得	埃及	0.5546	689	0.2392	717
克拉斯诺亚尔斯克	俄罗斯	0.5545	690	0.2376	720
临汾	中国	0.5544	691	0.2620	646
拉杰沙希	孟加拉国	0.5542	692	0.2774	598
伊巴丹	尼日利亚	0.5539	693	0.2269	748
白山	中国	0.5532	694	0.2340	732

续表

国家	经济竞争力	排名	可持续竞争力	排名
新库兹涅茨克	俄罗斯	0.5530	695	0.2480	692
蒙巴萨岛	肯尼亚	0.5524	696	0.2252	749
卡加延德奥罗市	菲律宾	0.5521	697	0.2194	768
扎里亚	尼日利亚	0.5520	698	0.2494	688
伊瓦格	哥伦比亚	0.5519	699	0.2503	685
卢迪亚纳	印度	0.5517	700	0.2354	726
马什哈德	伊朗	0.5508	701	0.3366	453
齐齐哈尔	中国	0.5507	702	0.2276	743
那格浦尔	印度	0.5500	703	0.2211	765
阿卡普尔科	墨西哥	0.5496	704	0.2485	690
苏拉特	印度	0.5492	705	0.2229	755
鄂木斯克	俄罗斯	0.5492	706	0.2555	667
铜川	中国	0.5491	707	0.1856	849
利伯维尔	加蓬	0.5491	708	0.2358	725
河源	中国	0.5486	709	0.2516	682
下诺夫哥罗德	俄罗斯	0.5484	710	0.2359	724
牡丹江	中国	0.5482	711	0.2434	700
车里雅宾斯克	俄罗斯	0.5482	712	0.2665	632
科塔	印度	0.5478	713	0.2367	722
马拉喀什	摩洛哥	0.5478	714	0.2583	655
马图林	委内瑞拉	0.5476	715	0.2563	663
坦皮科	墨西哥	0.5475	716	0.2639	640
蒂鲁巴	印度	0.5474	717	0.1869	846
金昌	中国	0.5473	718	0.1992	821
芒格洛尔	印度	0.5472	719	0.2327	735
马那瓜	尼加拉瓜	0.5472	720	0.2554	668
伊热夫斯克	俄罗斯	0.5466	721	0.2273	744
桑托斯将军城	菲律宾	0.5464	722	0.2081	797

续表

	国家	经济竞争力	排名	可持续竞争力	排名
哈拉雷	津巴布韦	0.5462	723	0.2288	740
张家界	中国	0.5462	724	0.2219	761
雅安	中国	0.5460	725	0.2220	760
维萨卡帕特南	印度	0.5455	726	0.2089	795
拉巴特	摩洛哥	0.5449	727	0.2033	807
马杜赖	印度	0.5448	728	0.1948	832
伏尔加格勒	俄罗斯	0.5446	729	0.2005	816
丹吉尔	摩洛哥	0.5445	730	0.2393	715
金斯敦	牙买加	0.5445	731	0.2755	603
拉巴斯	玻利维亚	0.5443	732	0.2832	582
通化	中国	0.5441	733	0.2552	670
阿斯马拉	厄立特里亚	0.5437	734	0.1973	828
来宾	中国	0.5437	735	0.2156	776
杜阿拉	喀麦隆	0.5436	736	0.2695	621
葫芦岛	中国	0.5427	737	0.2398	712
克里沃罗格	乌克兰	0.5420	738	0.2413	708
阿散索尔	印度	0.5419	739	0.2057	802
绥化	中国	0.5419	740	0.2330	734
比莱	印度	0.5419	741	0.2563	664
库库塔	哥伦比亚	0.5417	742	0.2383	719
贺州	中国	0.5414	743	0.2162	774
科尼亚	土耳其	0.5411	744	0.1804	864
波萨里卡	墨西哥	0.5410	745	0.2279	741
米苏拉塔	利比亚	0.5408	746	0.2799	590
昭通	中国	0.5407	747	0.1978	825
天水	中国	0.5399	748	0.2069	798
商洛	中国	0.5395	749	0.2246	750
沃罗涅日	俄罗斯	0.5395	750	0.2536	676

续表

	国家	经济竞争力	排名	可持续竞争力	排名
开塞利	土耳其	0.5394	751	0.2634	641
马塞约	巴西	0.5392	752	0.2424	705
库马西	加纳	0.5391	753	0.2532	677
阿库雷	尼日利亚	0.5390	754	0.2398	714
迪亚巴克尔	土耳其	0.5383	755	0.2223	757
梅克内斯	摩洛哥	0.5381	756	0.2425	702
万象	老挝	0.5379	757	0.1629	902
叶卡捷琳堡	俄罗斯	0.5379	758	0.2398	713
楠榜省	印度尼西亚	0.5378	759	0.2002	817
吴忠	中国	0.5378	760	0.1975	827
忻州	中国	0.5377	761	0.2342	731
河池	中国	0.5373	762	0.1895	840
哈马丹	伊朗	0.5372	763	0.2668	631
丹东	中国	0.5368	764	0.2344	730
巴基西梅托	委内瑞拉	0.5368	765	0.2629	644
朝阳	中国	0.5364	766	0.2054	804
基特韦	赞比亚	0.5364	767	0.2084	796
奇克拉约	秘鲁	0.5360	768	0.2419	707
阿拉卡茹	巴西	0.5359	769	0.2215	763
基尔库克	伊拉克	0.5355	770	0.3606	404
瓦哈卡	墨西哥	0.5352	771	0.2204	767
保山	中国	0.5352	772	0.2290	738
高哈蒂	印度	0.5351	773	0.2603	652
加德满都	尼泊尔	0.5350	774	0.2245	751
卡尔巴拉	伊拉克	0.5349	775	0.2494	687
赤峰	中国	0.5342	776	0.2184	771
符拉迪沃斯托克	俄罗斯	0.5340	777	0.1807	862
达累斯萨拉姆	坦桑尼亚	0.5338	778	0.2126	784

续表

	国家	经济竞争力	排名	可持续竞争力	排名
摩苏尔	伊拉克	0.5336	779	0.1590	909
铁岭	中国	0.5334	780	0.2154	777
埃斯基谢希尔	土耳其	0.5333	781	0.2567	662
西爪哇斗望市	印度尼西亚	0.5331	782	0.2580	657
茂物	印度尼西亚	0.5325	783	0.3017	536
巴士拉	伊拉克	0.5322	784	0.2707	620
加拉特	印度	0.5319	785	0.1688	886
特拉斯卡拉	墨西哥	0.5312	786	0.2348	729
七台河	中国	0.5310	787	0.1873	844
中卫	中国	0.5307	788	0.1787	867
贾朗达尔	印度	0.5306	789	0.2059	801
普洱	中国	0.5304	790	0.1799	865
图斯特拉—古铁雷斯	墨西哥	0.5304	791	0.2192	769
埃努古	尼日利亚	0.5304	792	0.2452	696
黑角	刚果（布）	0.5302	793	0.2440	698
临沧	中国	0.5297	794	0.1936	834
巴特那	印度	0.5297	795	0.2161	775
焦特布尔	印度	0.5294	796	0.2269	747
通辽	中国	0.5292	797	0.2365	723
丽江	中国	0.5292	798	0.1699	885
埃罗德	印度	0.5291	799	0.1911	839
乔斯	尼日利亚	0.5289	800	0.2331	733
阿姆利则	印度	0.5289	801	0.2118	787
奥绍博	尼日利亚	0.5288	802	0.1993	820
斋普尔	印度	0.5278	803	0.1966	830
韦洛尔	印度	0.5275	804	0.1859	847
达喀尔	塞内加尔	0.5274	805	0.2150	779
纳塔尔	巴西	0.5271	806	0.2391	718

续表

国家		经济竞争力	排名	可持续竞争力	排名
塞伦	印度	0.5263	807	0.2145	780
切尔塔拉	印度	0.5262	808	0.1635	900
锡尔赫特	孟加拉国	0.5262	809	0.1978	823
费萨拉巴德	巴基斯坦	0.5260	810	0.2116	788
维查雅瓦达	印度	0.5260	811	0.1600	907
四平	中国	0.5260	812	0.3040	527
蒂鲁吉拉伯利	印度	0.5259	813	0.1833	856
非斯	摩洛哥	0.5255	814	0.1977	826
庆阳	中国	0.5249	815	0.2044	805
巴中	中国	0.5249	816	0.2015	811
迈索尔	印度	0.5244	817	0.1940	833
万博	安哥拉	0.5240	818	0.2412	709
巴彦淖尔	中国	0.5239	819	0.1885	841
塞康第—塔科拉迪	加纳	0.5239	820	0.2123	785
海得拉巴	巴基斯坦	0.5229	821	0.2090	794
阜新	中国	0.5227	822	0.2243	752
喀布尔	阿富汗	0.5226	823	0.1710	881
詹谢普尔	印度	0.5224	824	0.2069	799
蒂鲁伯蒂	印度	0.5223	825	0.1856	848
平凉	中国	0.5222	826	0.1812	860
尚勒乌尔法	土耳其	0.5218	827	0.2895	569
布拉柴维尔	刚果（布）	0.5217	828	0.2375	721
巴科洛德	菲律宾	0.5212	829	0.1927	838
纳西克	印度	0.5212	830	0.1699	884
占碑	印度尼西亚	0.5212	831	0.1845	851
巴哈瓦尔布尔	巴基斯坦	0.5208	832	0.2580	658
乌里扬诺夫斯克	俄罗斯	0.5208	833	0.1669	891
乌尔米耶	伊朗	0.5206	834	0.2561	665

第一章 全球城市竞争力 2020—2021 年度排名 ◇ 33

续表

	国家	经济竞争力	排名	可持续竞争力	排名
贾姆讷格尔	印度	0.5202	835	0.1591	908
白城	中国	0.5201	836	0.2000	818
乌兰察布	中国	0.5200	837	0.1830	858
密鲁特	印度	0.5197	838	0.1746	874
勒克瑙	印度	0.5186	839	0.2032	808
纳西里耶	伊拉克	0.5179	840	0.2317	736
白银	中国	0.5178	841	0.1884	842
戈尔哈布尔县	印度	0.5176	842	0.2011	813
纳杰夫	伊拉克	0.5174	843	0.1873	843
库尔纳	孟加拉国	0.5173	844	0.2042	806
三宝颜市	菲律宾	0.5170	845	0.1645	899
西里古里	印度	0.5168	846	0.1712	879
拉什特	伊朗	0.5166	847	0.2316	737
布巴内斯瓦尔	印度	0.5163	848	0.2154	778
卢萨卡	赞比亚	0.5159	849	0.2097	792
固原	中国	0.5154	850	0.1658	895
胡布利—塔尔瓦德	印度	0.5150	851	0.1657	896
拉瓦尔品第	巴基斯坦	0.5149	852	0.2027	810
马哈奇卡拉	俄罗斯	0.5144	853	0.1846	850
双鸭山	中国	0.5143	854	0.1933	836
泰布克	沙特阿拉伯	0.5142	855	0.2350	728
伊斯法罕	伊朗	0.5142	856	0.2591	654
呼伦贝尔	中国	0.5138	857	0.2010	814
卡尔努尔	印度	0.5138	858	0.1758	871
鲁尔克拉	印度	0.5138	859	0.1584	910
顿涅茨克	乌克兰	0.5133	860	0.1271	960
阿加迪尔	摩洛哥	0.5127	861	0.0958	986
斯利那加	印度	0.5124	862	0.1660	894

续表

	国家	经济竞争力	排名	可持续竞争力	排名
瓦朗加尔	印度	0.5117	863	0.1201	967
卡耶姆库拉姆镇	印度	0.5117	864	0.1229	965
圭亚那城	委内瑞拉	0.5113	865	0.2056	803
仰光	缅甸	0.5113	866	0.1540	920
金沙萨	刚果（金）	0.5110	867	0.1934	835
努瓦克肖特	毛里塔尼亚	0.5109	868	0.2011	812
武威	中国	0.5106	869	0.1702	882
尼亚拉	苏丹	0.5105	870	0.1442	932
圣玛尔塔	哥伦比亚	0.5105	871	0.2111	789
昌迪加尔	印度	0.5105	872	0.1414	935
伊斯兰堡	巴基斯坦	0.5102	873	0.2633	642
奥兰加巴德	印度	0.5101	874	0.2133	783
埃里温	亚美尼亚	0.5100	875	0.1871	845
鸡西	中国	0.5094	876	0.1927	837
兰契	印度	0.5093	877	0.1951	831
印多尔	印度	0.5090	878	0.1792	866
斯法克斯	突尼斯	0.5088	879	0.2270	746
瓜廖尔	印度	0.5077	880	0.1831	857
巴罗达	印度	0.5076	881	0.1711	880
古杰兰瓦拉	巴基斯坦	0.5074	882	0.1628	903
边和	越南	0.5073	883	0.1471	929
张掖	中国	0.5068	884	0.1675	889
奥利沙	尼日利亚	0.5066	885	0.1810	861
洛美	多哥	0.5066	886	0.2094	793
库姆	伊朗	0.5051	887	0.2223	756
博卡罗钢铁城	印度	0.5049	888	0.1837	855
黑河	中国	0.5042	889	0.1733	875
奢羯罗	印度	0.5041	890	0.1498	925

续表

	国家	经济竞争力	排名	可持续竞争力	排名
卡杜纳	尼日利亚	0.5040	891	0.1648	898
博帕尔	印度	0.5038	892	0.1749	873
鹤岗	中国	0.5034	893	0.1628	904
白沙瓦	巴基斯坦	0.5031	894	0.1842	853
伊洛林	尼日利亚	0.5029	895	0.1840	854
基加利	卢旺达	0.5025	896	0.1526	921
坤甸	印度尼西亚	0.5015	897	0.1773	868
贡土尔	印度	0.5012	898	0.1622	905
萨哈兰普尔	印度	0.5011	899	0.1679	888
马辰港	印度尼西亚	0.5004	900	0.1772	869
定西	中国	0.5003	901	0.1514	923
陇南	中国	0.4992	902	0.1485	926
博格拉	孟加拉国	0.4991	903	0.1430	933
肖拉普尔	印度	0.4988	904	0.1335	949
瓦拉纳西	印度	0.4968	905	0.1972	829
克尔曼	伊朗	0.4968	906	0.1997	819
杜兰戈	墨西哥	0.4966	907	0.1761	870
阿格拉	印度	0.4959	908	0.1472	928
锡亚尔科特	巴基斯坦	0.4958	909	0.2027	809
包纳加尔	印度	0.4953	910	0.1385	939
丹巴德	印度	0.4951	911	0.1576	913
哈尔科夫	乌克兰	0.4944	912	0.1978	824
贝尔高姆	印度	0.4937	913	0.1369	942
坎普尔	印度	0.4936	914	0.1460	931
大马士革	叙利亚	0.4929	915	0.1570	914
亚的斯亚贝巴	埃塞俄比亚	0.4927	916	0.1402	937
第聂伯罗彼得罗夫斯克	乌克兰	0.4924	917	0.1604	906
卢本巴希	刚果（金）	0.4923	918	0.1552	917

续表

国家		经济竞争力	排名	可持续竞争力	排名
酒泉	中国	0.4921	919	0.1330	950
马莱冈	印度	0.4920	920	0.1195	968
蒂鲁内尔维利	印度	0.4914	921	0.1286	956
阿姆拉拉瓦提	印度	0.4913	922	0.1295	954
穆扎法尔讷格尔	印度	0.4910	923	0.1713	878
科曼莎	伊朗	0.4908	924	0.1983	822
苏库尔	巴基斯坦	0.4906	925	0.1630	901
内洛尔	印度	0.4890	926	0.1147	974
扎波里日亚	乌克兰	0.4887	927	0.1551	918
伊春	中国	0.4883	928	0.1429	934
萨那	也门	0.4882	929	0.1652	897
巴雷利	印度	0.4880	930	0.1682	887
利沃夫	乌克兰	0.4880	931	0.1579	912
阿里格尔	印度	0.4879	932	0.1662	893
阿尔达比勒	伊朗	0.4878	933	0.1805	863
敖德萨	乌克兰	0.4869	934	0.1481	927
迈杜古里	尼日利亚	0.4868	935	0.1087	975
木尔坦	巴基斯坦	0.4867	936	0.1719	877
尼亚美	尼日尔	0.4865	937	0.1347	944
莫拉达巴德	印度	0.4862	938	0.1550	919
索科托	尼日利亚	0.4860	939	0.1700	883
贾巴尔普尔	印度	0.4857	940	0.1501	924
雅温得	喀麦隆	0.4856	941	0.1845	852
古尔伯加	印度	0.4855	942	0.1286	955
苏伊士	埃及	0.4853	943	0.1275	958
亚兹德	伊朗	0.4849	944	0.1555	916
克塔克	印度	0.4849	945	0.1667	892
姆万扎	坦桑尼亚	0.4841	946	0.1323	951

续表

	国家	经济竞争力	排名	可持续竞争力	排名
安拉阿巴德	印度	0.4836	947	0.1731	876
英帕尔	印度	0.4831	948	0.1674	890
查谟	印度	0.4817	949	0.1383	940
塔什干	乌兹别克斯坦	0.4809	950	0.1583	911
桑给巴尔	坦桑尼亚	0.4800	951	0.1568	915
南德	印度	0.4797	952	0.1234	964
萨尔塔	阿根廷	0.4792	953	0.1462	930
弗里敦	塞拉利昂	0.4787	954	0.1274	959
乌贾因	印度	0.4785	955	0.1343	945
阿杰梅尔	印度	0.4783	956	0.1385	938
奎达	巴基斯坦	0.4770	957	0.1749	872
瓦加杜古	布基纳法索	0.4765	958	0.1162	970
比什凯克	吉尔吉斯斯坦	0.4747	959	0.1169	969
督伽坡	印度	0.4733	960	0.1306	953
科托努	贝宁	0.4732	961	0.1261	961
布拉瓦约	津巴布韦	0.4724	962	0.1253	963
巴马科	马里	0.4723	963	0.1161	971
菲罗扎巴德	印度	0.4721	964	0.1411	936
哈马	叙利亚	0.4721	965	0.1202	966
科纳克里	几内亚	0.4704	966	0.0997	981
拉塔基亚	叙利亚	0.4696	967	0.1147	973
占西	印度	0.4687	968	0.1336	947
阿勒颇	叙利亚	0.4675	969	0.1052	980
布瓦凯	科特迪瓦	0.4648	970	0.1085	976
比卡内尔	印度	0.4625	971	0.1068	978
赖布尔	印度	0.4623	972	0.1063	979
摩加迪沙	索马里	0.4621	973	0.0985	984
内比都	缅甸	0.4619	974	0.0986	983

续表

	国家	经济竞争力	排名	可持续竞争力	排名
纳曼干	乌兹别克斯坦	0.4618	975	0.1369	943
塔那那利佛	马达加斯加	0.4596	976	0.0964	985
扎黑丹	伊朗	0.4590	977	0.1335	948
马图拉	印度	0.4586	978	0.1523	922
曼德勒	缅甸	0.4578	979	0.0941	987
内维	尼日利亚	0.4573	980	0.0993	982
马托拉	莫桑比克	0.4565	981	0.1258	962
布兰太尔	马拉维	0.4549	982	0.1077	977
蒙罗维亚	利比里亚	0.4542	983	0.1373	941
霍姆斯	叙利亚	0.4532	984	0.0772	994
吉布提	吉布提	0.4528	985	0.1151	972
马普托	莫桑比克	0.4515	986	0.0799	993
阿波美—卡拉维	贝宁	0.4510	987	0.1277	957
拉卡	叙利亚	0.4488	988	0.0940	988
戈勒克布尔	印度	0.4466	989	0.1313	952
萨戈达	巴基斯坦	0.4447	990	0.1339	946
姆布吉马伊	刚果（金）	0.4430	991	0.0706	997
亚丁	也门	0.4417	992	0.0719	996
博博迪乌拉索	布基纳法索	0.4405	993	0.0848	991
布琼布拉	布隆迪	0.4342	994	0.0741	995
哈尔格萨	索马里	0.4340	995	0.0881	990
利隆圭	马拉维	0.4334	996	0.0888	989
杜尚别	塔吉克斯坦	0.4324	997	0.0652	998
恩贾梅纳	乍得	0.4279	998	0.0275	1004
卡南加	刚果（金）	0.4248	999	0.0588	1000
奇卡帕	刚果（金）	0.4191	1000	0.0806	992
楠普拉	莫桑比克	0.4105	1001	0.0629	999
布卡武	刚果（金）	0.4052	1002	0.0577	1001

续表

	国家	经济竞争力	排名	可持续竞争力	排名
塔伊兹	也门	0.4009	1003	0.0396	1002
班吉	中非共和国	0.3993	1004	0.0230	1005
荷台达	也门	0.3808	1005	0.0390	1003
基桑加尼	刚果（金）	0	1006	0	1006

第 二 章

全球城市价值链：穿透人类文明的时空

人类文明是人类在一定空间通过交互作用不断创造的净价值。人类最大化需求、人类体力和智力禀赋、规模报酬递增规律以及资源存在的空间和移动成本，决定人类发展是空间环境、人口要素、交互活动和文明价值四要素结合、循环与迭代的过程。

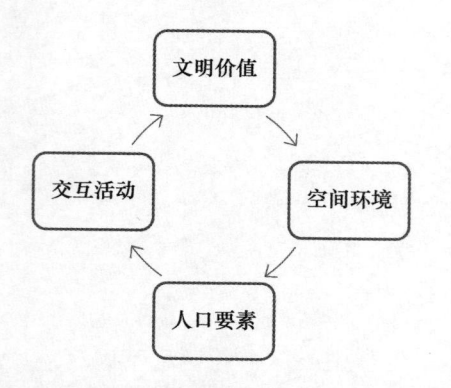

图 2.1　人类聚落的动力条件及其作用机制

资料来源：笔者自制。

城市是人类的伟大工程和伟大标志，也是人类活动空间的自然单元和主要容器。从城市及体系时空演化的进程中，可以探寻更"自然"和"精准"的世界千年之变局。由于全球各区域的自然历史禀赋是动态变化的，从而全球城市的规模、形态、创造价值及空间体系也是不断演化的。自城市产生以来，人类文明可能经历了：城邦文明主导（公元前36世纪到公元前6世纪）、城市文明主导（公元前6世纪到公元15世纪）、市城文明主导（公元 16 世纪到 21 世纪）。

全球城市历史价值链是人类文明时空演变的价值表现。全球价值链是在全球范围内一种产品生命周期各环节价值创造、利益分配及分工互动的全部活动组合，也是一种分析国际性生产的地理和组织特征及其全球化过程的方法，正被多个学科广泛发展。借鉴这一思想概念，将人类文明的物质和精神成果视为物质和精神产品，结合人类发展理论框架，基于全球时空视角的全球城市价值链可以精确刻画全球城市文明的时空演进轨迹并得出新的结论。全球城市价值链是在全球城市互动中实现的人类文明产品从生产、交换或分配及消费等全部环节活动组合，这些活动包括（广义理解价值的创造和利益的分配）：生产贸易活动、政治军事活动、社会文化活动，由此决定城市的主要功能包括政治军事、经济贸易和科技文化等诸多具体方面。依据生产、交换或分配及消费全球文明的产品及其环节的价值重要性不同，全球城市体系及其价值链网络可以分为：中心、半边缘和边缘。相关城市依据重要作用可分为：全球的中心、枢纽、门户和节点。受多种因素影响：全球城市的空间体系和全球价值链的地理网络是动态演化的。

第一节　全球中心城市是全球价值链中心和全球发展的火车头

全球中心城市最能体现人类文明价值创造、交换、分配和消费过程。自"城市革命"以来，全球中心城市经历了不同区域城市不断接棒的过程，具体如表 2.1 所示。

表 2.1　　　　　　全球中心城市的主要活动

时间	城市	中心活动	人口（人）	面积（平方千米）
BC7000	耶利哥或杰里科	商业、宗教中心	1000	—
BC3700	埃利都	城邦、宗教中心	6000	0.1
BC2900	乌鲁克	政治、宗教中心	80000	—

续表

时间	城市	中心活动	人口（人）	面积（平方千米）
BC2500	拉格什	政治中心	60000	1.94
BC2400	马里	政治、贸易、交通中心	50000	—
BC2300	吉尔苏	宗教或仪典中心	80000	—
BC2100	乌尔	政治、贸易中心	100000	0.89
BC2000	拉尔萨	政治中心	40000	—
BC1900	伊辛	政治中心	40000	—
BC1800	马里	政治、贸易、交通中心	60000	—
BC1700	巴比伦	政治、文化中心	60000	9
BC1500	底比斯	古埃及的宗教、政治中心	60000	—
BC1300	殷墟	政治、经济、文化、军事中心	120000	—
BC1200	培尔—拉美西斯	政治中心	160000	15
BC1000	底比斯	古埃及的宗教、政治中心	120000	15.2
BC800	镐京	政治、文化、经济中心	125000	—
BC700	底比斯	政治中心	100000	—
BC700	临淄	政治、商业中心	100000	—
BC700	巴比伦	政治、文化、贸易中心	100000	9
BC700	孟菲斯	政治、宗教、文化中心	100000	7.2
BC700	尼尼微	政治、经济、贸易中心	100000	7.2
BC600	洛阳	政治、文化中心	200000	9
BC500	洛阳	政治、文化中心	200000	—
BC500	巴比伦	政治、文化、贸易中心	200000	8.99
BC300	迦太基	首都、贸易、文化中心	500000	3.15
BC200	长安	政治、文化、经济中心	400000	36
BC200	亚历山大	政治、交通中心	600000	—
AD100	罗马	政治、文化、经济中心	1000000	14
AD500	君士坦丁堡	政治、经济、文化中心	500000	23
AD500	长安	政治、文化、经济中心	600000	87.27
AD700	长安	政治、文化、经济中心	1000000	87.27
AD800	长安	政治、文化、经济中心	750000	87.27
AD800	巴格达	政治、经济、贸易、交通和宗教中心	700000	30

续表

时间	城市	中心活动	人口（人）	面积（平方千米）
AD1000	科尔多瓦	政治、文化、宗教中心	450000	—
	巴格达	政治、经济、贸易、交通和宗教中心	1200000	—
	开封	政治、经济、文化、交通中心	1000000	27.37
AD1100	开封	政治、经济、文化、交通中心	1500000	27.37
AD1200	杭州	政治、经济、商业城市、交通中心	1000000	17.5
AD1300	杭州	政治、经济、商业城市、交通中心	1500000	17.5
AD1300	开罗	经济中心、商业城市、交通中心	500000	
AD1400	南京	经济、政治、文化中心	1190000	230
AD1500	北京	经济、政治、文化中心	706000	60.06
AD1700	伊斯坦布尔	政治、经济、文化中心	700000	
AD1850	伦敦	政治、经济、文化中心	2320000	1331
AD1950	纽约	经济、金融、文化中心	12463000	2850
AD2020	东京	政治、经济、文化中心	34450000	2187
AD2100	上海	经济、文化、交通中心	24183300	6340

资料来源：笔者整理。

全球中心城市的人口规模、空间形态、核心功能的时空演变决定：全球中心城市价值在长期处于低谷后加速升腾。全球中心城市不仅创造全球价值而且分配全球价值，因而放大了影响全球的功能。全球中心城市通过引领全球的城市进而引领世界的发展。

一 全球中心城市所汇聚人口的规模、素质及广泛性在曲折变化后加速发展

全球城市的产生期（从公元前35世纪到公元前6世纪），全球中心城邦人口从不足1万人增长到20万人。大量的当地居民与少量的外地居民构成城邦人口，官员、军人、商人、手工业者以及教师等非农业人口是主体。公元前3700年,埃里都(Eridu)0.6万居民中已经有少量从事非农生产的商人、织工、铁匠、工匠等。在公元前3500年和公元前2800年两个强盛期,乌鲁克(Uruk)人口从1.4万人左右增长到8万人左右,居民包括官员、商人以及文化创造者。在公元前2400年前后和公元前1759年前后的强盛期,马里(Mari)人口在5万人左右,除占比较多的"来自外地"的商人,还有从事宗教、文化和教育的人口也比较多。古巴比伦城在公元前17世纪和公元前6世纪是世界上最大的城市,人口从6万人波动增长到20万人,成为第一个人口突破20万人的城市。公元前12世纪的腓尼基城邦人口多达16万人,之后有所减少。在东亚,公元前13世纪的殷、公元前9世纪到公元前8世纪的镐京、公元前6世纪的洛阳人口分别达到12万人、12.5万人和20万人。

全球城市的成长时期(公元前5世纪至公元15世纪),不断变迁的全球中心城市人口在波动中增加(见图2.2),从最多的20万人以上到最多的100万人以上,各类精英人口来自帝国各地及其周边的广大区域。公元前5世纪,雅典城邦人口达25万人;到公元前3世纪,迦太基(Carthage)的人口达50万人;再到公元前2世纪长安的40万人。从1世纪罗马的80万人,到6世纪长安与君士坦丁堡的60万人。从7世纪长安的100万人到10世纪巴格达的120万人。从12世纪杭州的100万人到13世纪杭州的150万人,再到14世纪南京、15世纪的北京。这些城市人口除了来自帝国统治区域外,还有一定比例来自欧亚甚至非洲各地。除了商业和手工业者外,这些城市汇聚当时世界的政治、文化、商业精英。在帝国政治中心,如罗马、长安、君士坦丁堡、巴格达等,政治权力以及利益诱导使得各类政治、经济、科技文化艺术等专业人才高度聚集。在经济贸易中心,如迦太基、开封、杭州等,除了政府官员,商业精英数量众多。而在宗教文化中心,麦地那、耶路撒冷、罗马等地宗教人士和思想精英汇聚。在中心城邦,如雅典、威尼斯、热那亚除了手工业者、官员、军队外,商人数量众多,同时聚集了一批来自地中海沿岸的欧亚非地区的思想家、哲学家、政治家、艺术家、戏剧家。

在全球城市的崛起期(公元16世纪以来),接力变换中的全球中心城市的人口数量直线上升(见图2.2),居民中来自世界各国移民比例超过20%,主要从事制造、管理和服务业,具有相对较高的技能知识和素

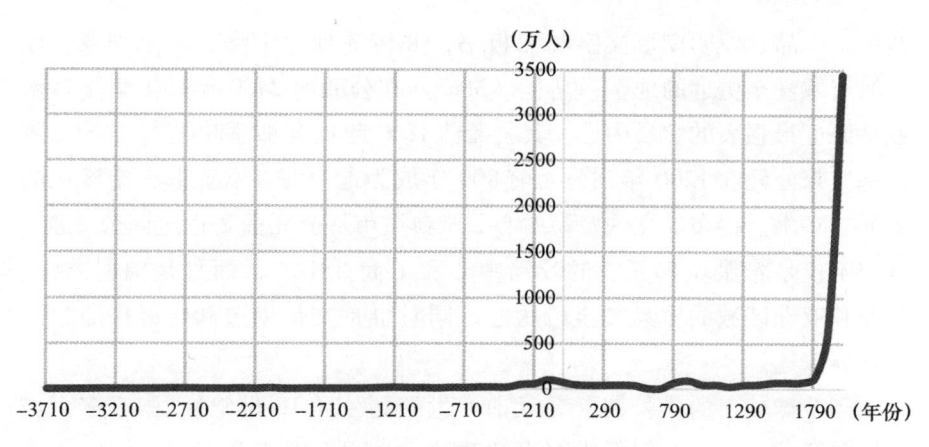

图 2.2　全球最大城市人口变化

资料来源：笔者整理。

质。1831—1925 年，伦敦是世界上最大的都市，人口在 1850 年、1900 年分别达 232 万人、650 万人，城市中使用的语言超过 300 种。纽约 1925—1968 年成为全球最大的城市，1950 年人口达 1246 万人，科学、艺术、文化精英来自全球各地。东京 1968 年成为全球最大城市，2000 年人口达到 3445 万人。

总体上，全球中心城市大多拥有数量最多的人口，在经历产生期和发展期的徘徊式增长后，在崛起期持续加速增长。全球中心城市拥有来源地最广、流动性最强的人口，居民聚集和流动从地区城邦间到欧亚非国家间再到全球各地城市之间。全球中心城市拥有全球最高素质的时代精英，从事国家乃至全球的政治治理、货物与知识创造，以及商业贸易和知识交流工作。

二　全球中心城市的政治、经济和文化功能都与生俱来但交替主导

在全球城市的产生期（公元前 30 多世纪到公元前 6 世纪），中心城邦大多集跨国的政治、商业和祭祀功能于一身。一些中心城市通过征战主导和贸易辅助聚散周边城邦的要素、商品和财富，同时促进物质和精神产品的生产；一些中心城市通过贸易主导和征战支撑聚散要素、产品，同时促进物质和思想的生产。乌尔作为城邦中心（公元前 3000 年）和王朝首都（公元前 2111 年到公元前 2003 年）通过权力聚集地区资源，制

造手工产品、发明楔形文字和泥板书，并传播到地中海、小亚细亚、印度河流域甚至更远的地区；马里（Mari）在公元前2400年是美索不达米亚平原上最强大的贸易中心，其公元前1800年拥有42所古兰经学校。腓尼基城邦公元前1200年到公元前800年成为地中海及欧亚非一定区域的象牙、乌木、棉布、亮铁贸易中心。雅典城市从公元前8世纪到公元前4世纪不仅是希腊城邦联盟的政治中心和工商业中心，而且是辐射欧洲、北非和亚洲区域的贸易和金融中心，同时也是文化创造和传播中心，影响世界深远。

到全球城市的成长期（公元前5世纪到公元15世纪），国家多由城邦转向帝国，帝国首都凭借军事和政治力量强夺要素和财富，同时生产和贸易国际要素、产品和思想，一些具有生产及交换区位优势的城市，借助帝国的军事和政治力量，成为主要生产与贸易产品及思想的跨国中心。中国古代的长安、洛阳、南京、北京作为曾经的帝国首都，其政治治理和跨国交往及其范围与朝代强盛程度相匹配，同时其汇聚全国及跨国的顶尖人才等要素，以及所从事的国际化生产和贸易也与帝国权力强度相匹配。在元大都（今北京）"凡世界上最为珍奇宝贵的东西，都能在这座城市找到，这里出售的商品数量，比其他任何地方都多"。而开封与杭州不仅是宋朝的经济、政治、文化中心，而且是"万国咸通"、享誉全球的集工商贸易与文化教育于一身的国际大都市。

伴随着罗马城邦建立以及帝国崛起、强盛和灭亡，古罗马城的政治中心功能由城邦到半岛到地中海再到欧亚非最后消失。借助罗马帝国的军事和政治权力，亚历山大港曾经是欧亚非的生产和贸易中心。君士坦丁堡首先是拜占庭帝国的政治中心、军事堡垒和国际交往中心，也是欧洲地中海的经济中心和欧亚贸易的中心，源源不断地生产出奇珍异宝和精美的奢侈品，还是宗教信仰活动以及科技、文化和教育中心。

巴格达、萨马拉、开罗等作为阿拉伯帝国（公元7—9世纪）的新首都或政治中心，不仅曾经成为跨国政治中心，而且还曾是东西方贸易网络的中心枢纽，同时曾是世界文化集散地，来自古希腊、古罗马、古代中国的思想文化及先进技术在此汇聚并传播世界。麦地那和麦加借助阿拉伯帝国的军事征服和政治权力对宗教进行传播，借助商品贸易网络扩展而成为帝国和世界的宗教中心。

在经历西罗马帝国灭亡的衰落之后，公元9—11世纪欧洲进入新城市的形成期，并且随着商人阶级的兴起和商业繁荣，一些城市"市"的色彩日益增强，并开始走向全球城市的中心。热那亚在鼎盛时期（公元14世纪），贸易、造船、纺织、建筑和银钱业也很发达。威尼斯在全盛时期（公元14—15世纪），是当时欧洲最富的城市，主要从事当时最高端、最赚钱的贸易活动，还从事早期的海盐与后来的香料等奢侈品最重要、最新潮的贸易活动。全盛时期的威尼斯是意大利文艺复兴的中心之一。与此同时，政治治理以及军事征战与防卫开始退居次位但仍十分重要。

到城市崛起期（公元16世纪以来），城市商业资本主义的发展促使城市的兴衰开始摆脱权力变化，经济功能逐步取代了政治功能的主导地位，与此同时全球中心城市经历了新的轮回。16—17世纪世界贸易由地中海转向北海沿岸。贸易成为全球中心城市的核心功能，里斯本在16世纪曾为西欧北海沿岸各地与地中海区域间及东西方贸易的枢纽。阿姆斯特丹在17世纪成为欧洲的金融商业中心、"世界仓库"和知识启蒙中心，其全球第一家的跨国企业，东印度公司（VOC）将亚洲、非洲和美洲的多个沿海地区纳为殖民地。18—19世纪制造成为全球中心城市的核心功能，伦敦在这期间不仅是殖民帝国政治中心，更是世界工业革命的中心，同时也是全球贸易中心；20世纪全球经济重心由欧洲转向欧洲和美洲，全球中心城市核心功能转向金融服务，纽约在这期间变成世界工业、金融、商业和通信业的中心及全球政治交往中心和文化中心；21世纪以来，全球发展重心转向北美、西欧和东亚，知识、思想和信息的创造、交流将成为智慧化城市的主导功能。城市创造、创新功能将成为决定其在全球城市体系中的地位，知识、信息、数据的聚集、处理、应用能力成为城市的核心功能。纽约、伦敦、东京、新加坡、深圳、上海、北京等城市在智能城市建设中处于引领地位，并成为全球智造中心、创新中心。

总之，全球中心城市从古至今始终承担着全球最重要、最高端、影响最深远的价值创造功能即政治、经济和文化功能。这些全球功能不仅在空间上被不同城市所接力、逐渐转移而且在不同时间上地位不同。在城市产生时期，城邦的政治、经济、文化是三位一体，而在城市发展时代，受帝国政治权力膨胀挟持，政治功能似乎成了全球中心城市的主导，而经济功能始终存在并更加广泛；到了城市复兴时代，生产和交易物质

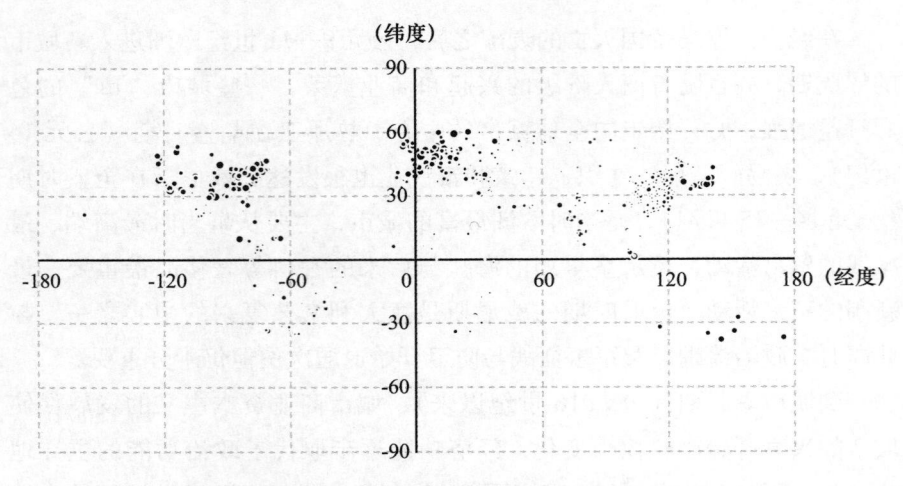

图 2.3　2018 年全球城市专利申请分布

资料来源：中国社会科学院全球城市竞争力数据库。

产品的经济功能成为主导，但非市场分配价值的政治功能仍不可或缺。而未来城市全盛时代，精神产品再生产成为主要的人类活动，文化功能将处于主导地位。

三　全球中心城市空间经历长期的狭小和简约后加速的扩大和复杂化

在全球城市的产生期（公元前 35 世纪到公元前 6 世纪），全球中心城市大都处在最优自然历史地理区位上，空间规模很少超过 10 平方千米（见图 2.4），空间结构多是多层同心圆，空间形态多呈放射状。如公元前 3000 年的乌鲁克，面积大约 1 平方千米，古城整体格局分内城和外城两部分，由厚厚的防御墙分隔。内城中心区是圣城，坐落着雄伟的神殿、王宫和高耸巨大的阶梯式塔庙。周围建有实施经济社会管理的税收、法律等官署，还有商业设施、手工作坊和仓库等，城市内部普遍被分成很多小区域。公元前 17 世纪到公元前 16 世纪的巴比伦，面积约达 9 平方千米，也由内外两道厚厚的城墙围成，城墙由 100 个城门组成，内城有王宫、空中花园以及通天塔等。公元前 6 世纪的雅典卫城是由坚固的防护墙壁拱卫着的山冈城市，面积约 4 平方千米，中心是神庙，邻近地区有市集。

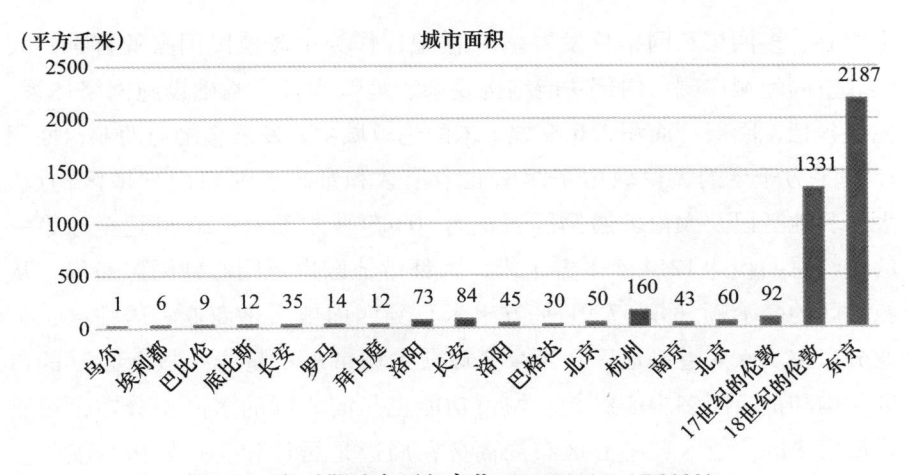

第二章　全球城市价值链：穿透人类文明的时空　◇　49

城市面积（平方千米）

城市	面积
乌尔	1
埃利都	6
巴比伦	9
底比斯	12
长安	35
罗马	14
拜占庭	12
洛阳	73
长安	84
洛阳	45
巴格达	30
北京	50
杭州	160
南京	43
北京	60
17世纪的伦敦	92
18世纪的伦敦	1331
东京	2187

图 2.4　各时期城市面积变化（BC2900 – AD2000）

资料来源：中国社会科学院全球城市竞争力数据库。

在全球城市的发展期（公元前 5 世纪到公元 15 世纪），全球中心城市的规模很少超过 100 平方千米，空间结构在单中心基础上出现多中心，空间形态呈现放射状和棋盘状的多样化。公元前 2 世纪的长安是当时世界面积最大的多中心城市之一，其整体空间结构呈前朝后市格局，城北以市为主结合手工作坊等成为集中的经济区，城南以宫室为主联系相关的官署形成政治区。公元前 1 世纪的古罗马城最初建立在七座山顶上，帕拉丁为七丘之心，有三条主干道从中心向四周放射。公元 4 世纪建立的君士坦丁堡面积达 8 平方千米，是欧洲地中海中古城市之最，挂冠数百年。在三角形城区东部的顶端是政治核心，城区偏西北是方圆数里的商业区。官办作坊和工场大多集中在大皇宫内或附近地区，民营各类手工作坊则散布在全城不同地方。城防坚固三面靠海、城墙延伸约 4300 米。公元 12 世纪的开封总面积约 32 平方千米，全城呈一个方形，三道城墙将城市分成皇城、内城和外城。皇城主要是全国的行政中心，内城主要承担与政治相关的宗教文化功能。而一般居住、手工作坊、商业和仓储在外城。宽大整齐的 4 条御街，分别通往城南、城西、城北和城东，次级街道纵横交错，将街区割成方格状，十分整齐。

到全球城市的崛起期（公元 16 世纪以来），全球中心城市规模空前扩大，面积超过 1000 平方千米甚至 10000 平方千米，城市空间形态呈现多中心、多圈层和网络化发展。19世纪，作为全球殖民国家的首都，大伦敦空间地域广阔、内部功能结构复杂、地铁为骨干基础设施网络体系。主要包括4圈层：面积2.6平方千米的伦敦城主要发展金融与商业，面积1580平方千米的大伦敦由东西南北中伦敦和泰晤士河口门户地区构成，大伦敦地区以及大伦敦通勤区面积为10385平方千米；20世纪全球第一的纽约总面积达1214.4平方千米，大都市地区也是同心圆圈层布局，从核心区的曼哈顿（仅57.91平方千米）到四周依次是商业和居住区，工业分布在滨水的港口地区；当今全球最大城市东京是"一核七心"的市区结构和都市圈多中心结构。城市功能也是同心圆的多圈层分布，银座是最繁华的商业区，中心区布局商务，周边是居住和文化娱乐，工业主要分布在千代田区和港区，网络化的地铁和轨道交通将各区域连成一体。

总体上，全球中心城市在全球版图中有着合适的地理位置及较为适合人类生存与发展的气候条件，功能分布与功能重要性及功能区位要求相匹配，空间规模历经长期慢变而后加速扩大化，空间形态经历了从单中心向多中心的演进，空间结构由单圈层的放射状向多圈层网络化形态转变。未来全球城市空间将向更加大型化、复杂化、多样化方向发展。

四 价值中心在不断的空间变换中历经长期慢变和短期快升

在全球城市的产生期（公元前35世纪到公元前6世纪），全球价值链中心从唯一的"新月沃地"城市到全球多个地区的城市，文明价值创造水平是历史波动的增长。全球最早的价值创造、分配和实现中心主要在两河流域上的埃里多、乌尔、马里等城邦间持续转移两千年，之后转向北非的底比斯（1500BC）、中国殷（1300BC）、印度（1200BC）、希腊雅典（800BC）、墨西哥特奥蒂瓦坎（700BC）等城市，进而形成全球城市价值链的"多中心"分布（见图2.5）。

在全球城市的发展期（公元前5世纪到公元15世纪），全球价值链中心从欧亚非多中心并存或交替，转向先在亚洲多中心并存或交替，后向欧洲转移，价值链的主导环节则经历由创造转向分配再转向创造及交换的过程。公元前5世纪到公元前2世纪轴心时代，人类精神基础价值同时或独立地在中国、印度、波斯、巴勒斯坦和古希腊开始创立。公元前2

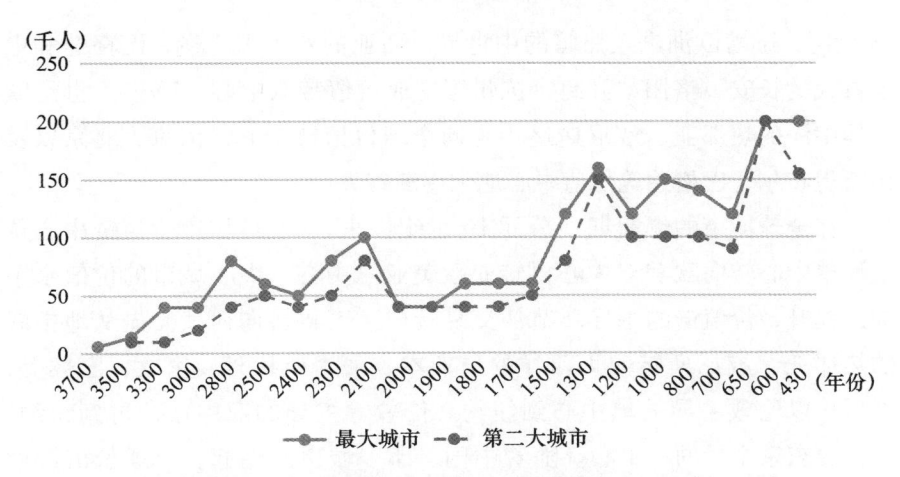

图 2.5　公元前全球城市价值链的"多中心"分布

资料来源：George Modelski，*World Cities*：−3000 to 2000，Washington D. C.：FAROS 2000，2003。

世纪到公元 4 世纪，基于帝国的兴衰交替，全球价值链中心在欧洲的罗马及北非亚历山大，西亚的巴格达、苏萨、泰西封，印度的华氏城，长安、洛阳等价值中心同步或交替出现，形成四大区域中心格局。公元 4—

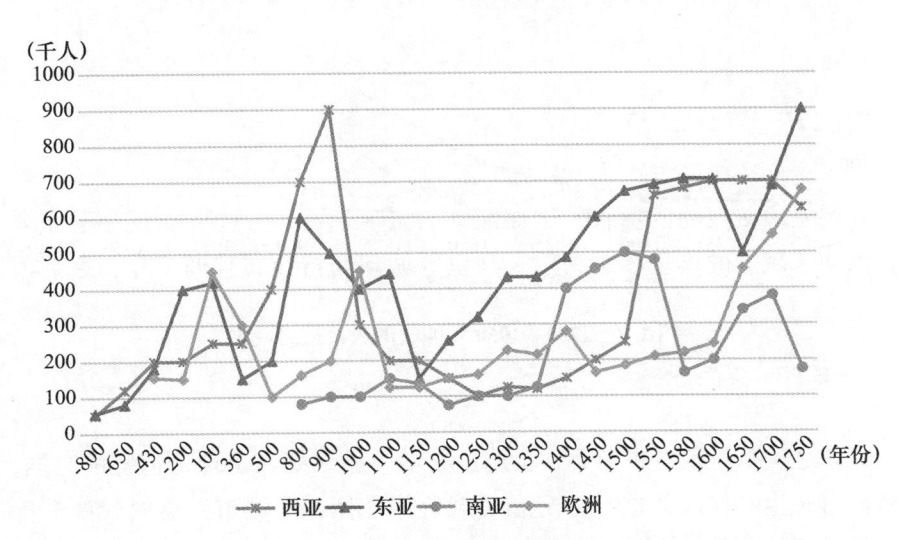

图 2.6　公元 400—1750 年全球分区域人口规模最大城市分布

资料来源：George Modelski，*World Cities*：−3000 to 2000，Washington D. C.：FAROS 2000，2003。

13 世纪,随着欧洲进入黑暗的中世界,西亚的君士坦丁堡、巴格达和中国古代的长安、洛阳、开封、杭州等构成价值链双中心。13—15 世纪欧洲地中海的热那亚、威尼斯逐步走向全球价值链中心,南京、北京以及伊斯坦布尔、巴格达等价值中心地位逐渐丧失。

在全球城市的崛起期(公元 16 世纪以来),全球城市价值链中心从欧洲单中心转向欧美双中心再转向欧美亚三中心,中心城市的价值水平加速提升,价值链的主导环节从交易转向生产再转向研发。先从地中海的热那亚、威尼斯转向大西洋的里斯本、阿姆斯特丹、伦敦、巴黎等,然后从以伦敦主导的单中心到纽约、伦敦等主导的双中心,再到纽约、伦敦、东京主导的三中心。随着中国、印度城市的崛起,全球价值链中心将出现新的更大的调整。

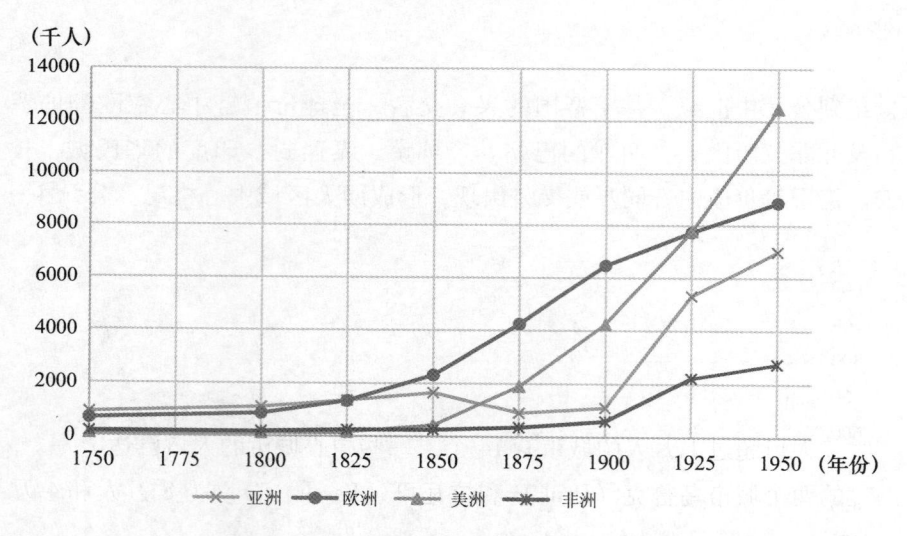

图 2.7　1750—1950 年四大洲人口最多城市

资料来源:笔者自制。

总之,从价值链视角看,全球中心城市始终处在全球价值链的高端,从城市产生时代的创造、分配和实现价值一体,到城市发展时代的分配价值主导,再到城市复兴时代的创造和实现价值为主导。随着全球中心城市的空间转移,世界城市价值中心经历了超过 20 多次的更替和迁移,虽然在不同时期曾经呈现单中心、双中心甚至多中心突变或渐变交替,其价值创造在漫长低水平波动之后加速增长，目前价值最大。

第二节 经历了20余次的重塑，全球城市价值链体系从地区到洲际扩展到全球

全球城市价值链建立在全球城市体系的基础上，自从城市革命以来，支撑全球城市间分工联系的设施与工具的不断变化，全球城市间人口要素以及交互活动的变化，全球城市生产网络体系也不断变化，决定全球城市价值链体系的总体规模、空间结构、空间范围始终动态变化，至少经历了20余次的颠覆性重塑。

一 全球城市人口体系的规模及联系由少到多但联系始终受限制

城市文明价值是人创造的，全球城市价值体系及其变化决定于全球城市人口体系及其变化。

在城市体系的产生期（公元前35世纪到公元前6世纪），全球城市人口体系从单中心、地区性微城邦体系，逐步发展成为多中心、洲际性、小城邦体系。城邦人口从基于征战与贸易的地区性交流和迁徙，发展到基于贸易的少许洲际性交流和迁徙。公元前35世纪到公元前25世纪，由城邦构成的地区性国际城市体系在两河流域形成。公元前3000年，苏美尔城邦进入一个"诸国争霸"，城邦体系由1000多个城市组成，稍大的城市包括埃利都、基什、拉格什、乌鲁克、乌尔和尼普尔。公元前2800年时，人口超过1万人的城市有14个，一些中心城市的人口已达1万人，最大的两个城市乌鲁克（Uruk）和拉瓦可（Larak）分别为8万人和4万人，而在公元前3000年这里的城市就达1000多个。

公元前20世纪到公元前6世纪，作为全球中心的两河流域城市体系伴随古巴比伦、赫梯、亚述和新巴比伦交替而不断解体和重构。公元前25世纪到公元前15世纪，在两河流域的城邦体系之外，印度河谷出现了哈拉帕和摩亨佐—达罗两个大城市以及100多个较小的城镇和村庄。以两河流域城邦体系为中心，两河流域与印度及中国的弱联系已经出现。公元前21世纪到公元前16世纪，黄河流域的夏朝出现表明作为王朝基础的城邦和城邦联盟（方国）已大量存在，王朝都城即中心城市不断变化。

中国的商朝（公元前17世纪到公元前11世纪）和西周（公元前11世纪到公元前8世纪）王朝下的城邦（邦国）、城邦联盟（方国）数量更多，并且形成了严格的城邑等级体系，中心城市依然不断迁移。印度继续处在城邦混战的时代，最终形成了为数众多的早期印度国家，公元前6世纪进入16雄国（Mahajanapadas）时代。公元前8世纪到公元前6世纪，古希腊各地出现了200多个城邦。公元前650年，世界主要中心城市的人口超过3万人的仅11个，其中，尼尼微（Nineveh）、克巴坦纳（Ecbatana）、洛阳（Luoyang）人口分别为超过12万人、9万人和7万人。

在城市体系的发展期（公元前5世纪到公元15世纪），全球各地区城市的人口规模仍然较小，各地区城市人口规模依据行政等级构成体系并因帝国兴衰而不断重塑，全球城市中心体系几经变迁，主要由征战与贸易导致的城市间人口呈现国内外双层流动和不断波动。公元前5世纪到公元4世纪，全球城市体系从两河流域单中心转变成欧亚大陆的多中心并存。波斯帝国时代马其顿帝国跨越欧亚非，西亚在希腊时代建立许多小城市。南亚城市经历了最大人口规模上升再下降、主要城市规模差距扩大再缩小的过程。中国城市也经历了最大人口规模上升再下降、主要城市规模差距扩大再缩小的过程，城市人口流动相对频繁。欧洲处在希腊城邦繁荣以及罗马帝国崛起使得城市数量和城市人口规模都增长较快的过程，除了征战，雅典、罗马等商业繁荣的城市贸易往来比较频繁，促进了城市间人口流动。如图2.8所示：公元1世纪时，全球和区域中心城市，人口在10万人以上的有20个，最大的两个城市罗马、西安分别达80万人、40万人。

公元5世纪到公元10世纪，全球城市人口体系的重心在亚洲徘徊。经历西罗马帝国灭亡前后的人口大迁徙，欧洲城市数量和城市人口显著减少，城市间人口陷入长期的相对隔绝。罗马从公元100年的65万人缩减到公元500年的10万人。拜占庭、唐、阿拉伯、宋等帝国的统一，分别构建了庞大的国内城市人口等级体系。全球城市数量和人口规模又经历几轮缩张波动，国内外城市间人口流动的空间范围也经历了缩张交替。在欧亚非地区，一方面，匈奴、辽和蒙古等地征战导致城市间人口的变动和迁徙；另一方面，文化交流和商品贸易使得地区城市体系之间出现人口交往。非洲东南沿海地带在公元7世纪形成一些商业城市，阿拉伯人开始到此经商和定居。公元前2世纪到公元9世纪，全盛期的玛雅地区

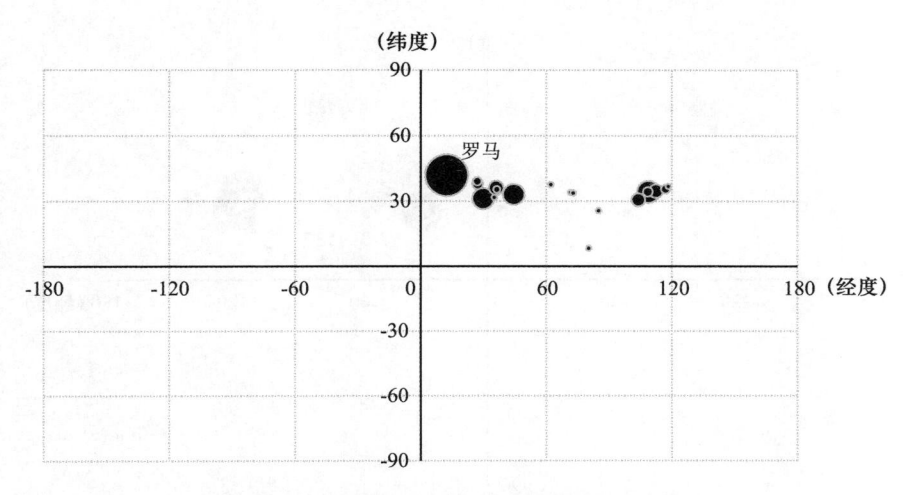

图 2.8　公元 1 世纪全球主要大城市人口分布

注：图中仅列出人口大于 10 万人的城市。

资料来源：笔者自制。

发展了数百个城邦的体系，最大的蒂卡尔有 10 万—20 万居民。

公元 11 世纪到公元 15 世纪，欧洲新型的城市体系开始崛起。随着帝国的兴衰交替，中国城市数量和城市人口增长在宋朝达到巅峰之后开始逐渐下行。公元 11 世纪的欧洲出现新的城市及中心，公元 12—13 世纪的意大利、德国等分别形成城邦体系，从公元 14—15 世纪的北欧城邦形成汉萨同盟。14 世纪中亚爆发的"黑死病"先后在法国的马赛、巴黎，英国的伦敦，德国的汉堡、不莱梅等城市爆发，并向南传到印度、向西传到俄罗斯，反映中世纪后期欧亚城市体系及其价值联系。如图 2.9 显示，公元 1300 年，全球最大的 4 个中心城市杭州、北京、开罗、巴黎分别达到 43 万人、40 万人、40 万人、23 万人，有 15 个中心城市人口在 10 万人以上，165 个城市在 1 万—10 万人之间。

在城市体系的复兴期（公元 16 世纪至今），全球城市人口体系重心转向欧洲并快速形成东亚、北美和西欧多中心。全球城市规模迅速扩大，城市数量迅速增加，全球城市之间的人口交流逐步覆盖大多数国家和地区，各城市之间的交往虽频繁程度不同但都在迅速增加，从而形成覆盖全球的城市网络。1750 年超过 300 个城市人口在 1 万人以上，超过 40 个城市人口在 10 万人以上，全球中心城市伦敦有 67 万人。之后迅速增加，2018 年全

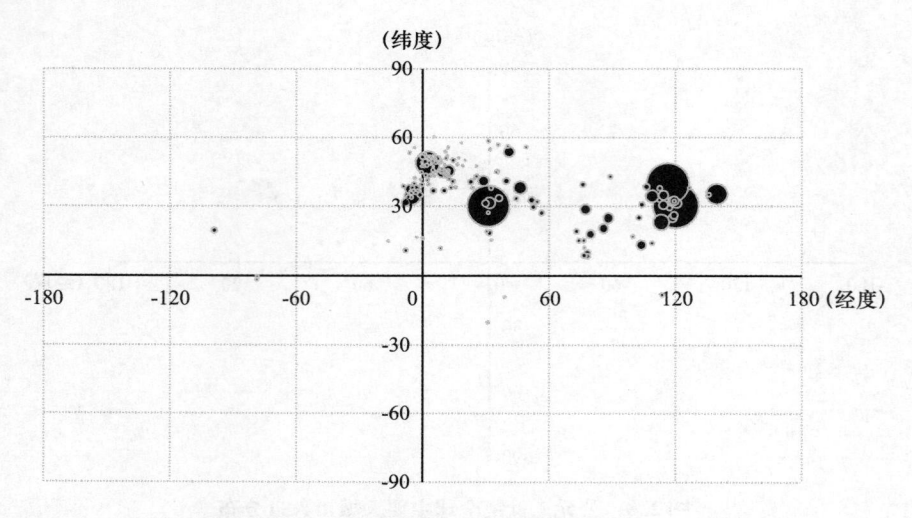

图 2.9　1300 年全球各城市人口分布

资料来源：笔者自制。

球 1 万人以上的城镇已达 10 万个，30 万人以上的城市已达 3000 多个，50 万人以上的城市达 1000 多个，而全球中心城市、门户城市的人口大多超过 1000 万人，全球进入大城市和城市群的时代（见图 2.10）。

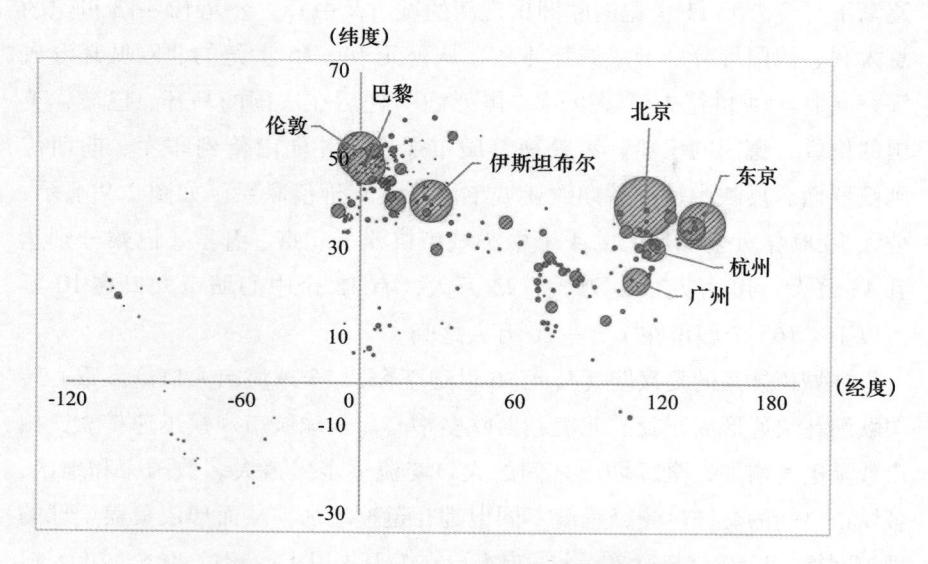

图 2.10　公元 1750 年全球城市人口分布

资料来源：笔者自制。

公元15世纪新航路开辟以后，随着参与贸易（包括奴隶贸易）、生产和服务的城市大幅增多，跨国范围的人口流动逐渐频繁。以机票销售为例：1914年全年只卖了1205张票，而2013年卖了31200万张机票。此外，值得注意的是，虽然全球城市间人口流动已经比较频繁和广泛，但全球人口迁移仍以国内流动为主且依旧存在多方面限制。

总体上，全球城市人口规模体系经历微城邦、小城市、中城市到大城市体系分别主导的演化，全球城市间人口从城邦间的地区流动到地区间流动，再发展到全球的国内外城市流动。全球城市人口通过工程修建、战争、民族迁徙、奴隶贸易、宗教传播等方式流动。根据联合国发布的《2019年世界人口展望》报告，未来数十年，国际迁移将成为部分地区或城市人口变化的主因。未来全球城市之间的人口流动虽仍有一些曲折，但长期趋势将更加频繁和广泛，一个真正意义上的全球城市人口体系必将到来。

二 权力、商业与宗教三大全球城市体系相对独立又相互影响

全球城市相互分工和联系的政治军事活动、经济贸易活动、社会文化活动在创造、分配或交换全球城市价值链，每个城市的生产贸易、政治军事、社会文化等功能所构成的体系决定全球城市价值链状况，三者既自成体系、相互叠加又相互影响。

（一）全球城市的产生时期（公元前35世纪到公元前6世纪）

城邦国际生产网络从最初的两河流域地区性生产网络，发展成为以两河流域为中心辐射印度河、黄河流域、尼罗河、爱琴海城市的洲际生产网络。从分散隔绝的地区生产网络演变成奢侈物质和精神产品的松散洲际生产网络，全球生产网络由贸易市场交换为主、征战权力分配为辅逐渐转向征战权力分配为主、贸易市场交换为辅的体系。

首先，政治军事网络作为国际生产网络的非市场分配网络由两河流域的松散的扁平城邦联盟体系，演化成西亚甚至更广地区一体化等级体系。军事战争、政治外交和行政命令决定着城市之间的财富转移、人口流动和信息联系，战争导致的帝国兴亡主导全球城市体系的调整或者重塑。公元前3000年，1000多个小城邦为争夺充裕的水源和有利的商业点开展"诸国争霸"的竞争，进而以12个主要城市为中心发展起城市联

盟，通过军事和政治实现资源的非市场不平等的交换，作为贸易即市场交换的补充。公元前2300年阿卡德开启"联邦制"王朝后，行政调配和军事强夺的非市场交换成为构建生产网络的主导，王国内外城市形成国家、地方、附庸政治中心的权力体系，并随着王国的兴衰更迭而不断重塑。约公元前1500年到公元前1300年为了争夺伊朗西部曼奈德的优质马匹资源的控制权，亚述和乌拉尔图爆发了战争。稍晚一些时候，南亚、东亚、迦太基都分别经历了从城邦联盟到王国建立的过程。公元前8世纪到公元前6世纪，先后以雅典和斯巴达为政治盟主和中心的希腊城邦联盟开始形成，与此同时，建立遍布地中海周边的生产和贸易网络，以希腊城邦为手工业制造和商品贸易中心，在地中海周边建立移民城邦和商业中心，广大腹地成为原料和产品销售地。

其次，经济贸易网络从两河流域的城邦网络体系，演化成以西亚与南亚、东亚、欧洲为中心的城市网络体系，全球高端商品的产业链环节主要是加工、交换或分配。虽然政治军事及其资源配置是地区性的，但是贸易可以将南亚、东亚、中亚和地中海的城市联系在一起，从而建立了以两河流域为中心的松散的国际城市高端产品生产网络。直到公元前20世纪，西亚地区城邦之间互补性生产网络主要是通过和平贸易建立的，之后政治中心城邦或者区位优越的城邦负责高端产品的制造和交易，一般城邦负责普通产品的制造和交易，辖区农村负责农产品生产。与此同时，公元前3000年，美索不达米亚的苏美人与位于印度河谷的哈拉巴人进行贸易，西亚及其附近地区形成了以红铜、锡、铅、青铜和粮食、雪松、马匹、红玉髓、黄金和珍贵木材为主要商品的长距离贸易网，形成一个以西亚为中心的具有中心—外围关系的最早的国际城市生产体系。随后，在更广阔的地域范围内，以西亚为中心的欧亚非经济贸易和生产网络日益密切，东到伊朗高原—阿富汗陆路、印度河流域，北到安纳托利亚，西到地中海贸易沿线甚至大西洋。例如，约公元前1500年到公元前1300年东部扎格罗斯山区（今伊朗）的马匹被出口到亚述并转运到米坦尼以换取手工艺品。公元前1600年到公元前1200年迈锡尼王国治下城邦的产品出口到整个地中海沿岸。公元前1200年到公元前800年以迦太基城为商业中心的城市体系垄断西地中海海运贸易。公元前8世纪到公元前6世纪，希腊城邦建立遍布地中海周边的生产和贸易网络，以希腊城邦为手工业制造和商品贸易中心,在地中海周边建立移民城邦和商业中心,广大腹地成为原料和产品销售地。公元前6世纪,印度的列国时代,商业也开始繁荣,形成国内城市之间及印度与斯里兰卡、缅甸、西亚的贸易和生产网络。公元前21世纪到公元前6世纪,不断由权力主导的夏、商和西周不同政治等级的城邦,成为陶器、青铜、竹木器、玉石等商品的制造和贸易中心。从公元前11世纪萌芽到公元前6世纪以后,以中国为中心的西太平洋以陶瓷、香料等高端商品为主要纽带的生产和交易圈正在成长。

最后,国际精神产品生产网络及其支撑的文化交流网络借助政治军事尤其经济贸易,从两河流域的城邦网络体系,演化成以西亚与南亚、东亚、欧洲的中心边缘城市网络体系。政治、经济中心或者拥有特殊禀赋城市有条件成为精神产品生产和交换。公元前3000年前后,苏美尔人发明的文字在西亚广泛传播表明区域性城市文化功能体系的存在。公元前2000年以后,两河流域及西亚的金属冶炼技术与羊、羊毛、牛、牛奶、马、马车等技术一起,经高加索或伊朗传入东亚的夏商周。公元前1600年到公元前1200年,迈锡尼王国治下的城邦出现文字、青铜器、陶器、金银制作等技术,通过产品出口传播到整个地中海沿岸。公元前800年到公元前600年希腊的先进文化随着贸易货物也传播到地中海和黑海沿岸。

(二) 全球城市的发展期(从公元前5世纪到公元15世纪)

欧亚非的洲际国际生产网络经历数次的重塑。虽然暴力和权力在不断的塑造或摧毁国际生产网络体系,但贸易始终不遗余力地维持更广大的国际生产网络。

首先,欧亚帝国兴衰交替及战和轮回带来的军事、政治网络及其变化决定欧亚非生产网络及资源产品分配体系及其演化。公元前5世纪到公元4世纪,伴随着欧亚非帝国的兴衰交替或并存,国际城市政治中心在欧亚主要帝国首都间交替和并存。公元前5世纪到15世纪,欧亚非城市政治中心在亚洲主要帝国首都交替或并存,一方面,欧亚帝国通过内外两种不同的政治制度(例如,罗马的中央集权及行省制度、东亚的分封制度、中央集权制及对外朝贡制度)构建多区域中心的双层等级政治和军事即国际生产的分配网络体系,通过武力和行政力量强夺和调配所影响区域的人力、货物和财富。另一方面,国家或种族内部及之间的征战，导致军事和政治即分配及生产网络的崩溃和重建。西罗马帝国灭亡导致原有城市政治体系崩溃；当然，宗教等文化生产网络也反过来影响军事政治网络。中世纪欧洲城市体系主要是由宗教主导，欧洲各国之间和国家内部的等级关系决定于所在城市的宗教组织等级。伊斯兰教在麦加、麦地那和耶路撒冷的创立及其传播网络影响阿拉伯帝国城市权力体系格局。

其次，横跨欧亚非的贸易网络受全球城市政治和军事的影响不断演化。欧亚非生产和贸易网络经历从多中心接替或并存到亚洲多中心交替和并存，再到欧洲中心从地中海到大西洋的轮回。全球高端商品的产业链环节主要是原料、要素交换和分配、产品生产、产品交换或分配等。公元前5世纪到公元前3世纪，波斯帝国内部形成以巴比伦为中心、横跨三大洲的各种手工业生产和原料与制成品的贸易体系，建立了更大范围的西到希腊、东到印度、北到安纳托利亚、南到阿拉伯半岛的生产和贸易网络体系。巴比伦、希腊的雅典、印度的塔克西拉、巴林等中心和枢纽成为橄榄油、黄金、象牙、芳香油和玛瑙、绿松石等矿石的集散地；公元前3世纪到公元6世纪，帕提亚帝国、罗马帝国与中国汉朝分别生产丝绸等奢侈品并相互交易，以麦鲁哈、西安、君士坦丁堡、亚历山大和罗马为中心，陆上丝绸之路沿线各国重要城市为枢纽，以广大欧亚非城市为节点形成了少数高端商品的全球化生产网络和众多中端商品的地方化生产网络体系。通过将从印度运来的香料、棉花、宝石等原材料在罗马帝国东部行省城市加工制造成香水、丝织品和珠宝，然后再销往罗马各地和印度。中国的福州、泉州、广州等城市的商人可与南亚的吉隆坡、雅加达、加尔各答，非洲的内罗毕，欧洲的雅典等城市的商人进行贸易；公元6世纪到15世纪，洲际城市的生产和贸易网络体系出现在更广泛的空间。中国精美的丝绸、瓷器、茶叶与波斯的丝织品、各国的金银器和其他商品相互贸易。一方面，受到政治与文化所引起的资源要素的等级分布影响，货物的贸易与生产也呈现等级网络结构。一些欧亚非大区域的政治中心成为生产与贸易的中心，洛阳、长安、罗马、亚历山大、开罗、巴格达等政治中心成为全球重要货物的制造和贸易中心城市。许多地区性的政治中心成为地方性生产中心和国际性贸易节点。另一方面，基于贸易区位等条件以及经济利益驱动所带来的张力，全球城市的生产与贸易网络体系范围远超越国际政治城市体系。一些处在政治权力层级相对边缘但交通要冲的城市，如帝国的边境、帝国之间交通要冲成为贸易的枢纽（中转站）和节点，如陆海丝绸之路的城市。公元7世纪，阿拉伯商人从东亚的中国、东南亚的苏门答腊、马来西亚到南亚印度，再到西南欧的西班牙、北非的摩洛哥，甚至北欧波罗的海和斯堪的纳维亚半岛。公元14世纪欧亚非生产、贸易和消费体系，西亚、地中海、南亚和东亚的城市处在生产中心，其余城市处在生产边缘，除了边缘城市通过原料换取制成品消费外，生产中心通过产业间贸易交换制成品而消费。

最后，横跨欧亚非的精神产品的生产和传播网络，受全球城市权力等级体系及其演变的影响，依次经历东西多中心、东方多中心、东西多中心的结构多次重塑。由于特定原因导致特定地区成为特定知识创造中心，并形成创造中心、传播枢纽和消费节点的网络结构体系。公元前5世纪前后，东西方几大区域共同进入精神产品集中产生的"轴心时代"。中国的孔子、老子，印度的释迦牟尼，古希腊的苏格拉底、柏拉图，波斯的琐罗亚斯德和以色列的先知等一大批第一流的思想家共同承担了人类的首度思维大分工。希腊哲学、印度的印度教和佛教、中国的儒教、道教、波斯的琐罗亚斯德教、以色列的犹太教等精神产品作为人类精神思想的根基被创造，这些连同其他科技等创造一起成为精神产品生产网络的中心。其后各大帝国的建立、扩张进一步重塑了生产和传播网络。一方面，通过军事政治非市场力量配置资源构建精神产品的中心—边缘体系，帝国政治中心雅典、马其顿、罗马、长安、开封、君士坦丁堡、巴格达、开罗等同时成为精神产品创造中心；另一方面，通过军事征服、权力网络等将产品传播到权力覆盖的地区，使之希腊化和罗马化。基督教在公元1世纪产生后，公元1—5世纪在希腊罗马统治区构建了传播网络。随着阿拉伯帝国、帖木儿帝国及莫卧儿帝国、奥斯曼帝国兴起和对外扩张，欧亚非的广大地区人口开始信仰伊斯兰教；货物贸易和文化传播将精神产品网络扩展的更广大，促进了知识、信仰和价值观念的交流。中国的儒家思想、造纸术、印刷术、火药、指南针通过贸易和交往被周边以及更遥远的南亚、西亚、欧洲和北非所接受，他们的宗教、技术、科学知识来到中国。更加遥远的贸易网络扩展同时使伊斯兰教和科技文化网络在欧亚非扩展；尽管很多精神文化产品可以共享，但是意识形态的精神产品具有一定竞争性和排他性以及背后的"市场份额"利益,从而导致文明产品的冲突甚至引起军事和政治冲突,也影响这些精神产品的生产网络的演变。

(三) 全球城市的复兴期(公元16世纪至今)

经济贸易体系开始主导世界城市体系及其演变,国际城市生产体系不仅从欧亚非扩展至全球,全球城市生产网络的中心出现西移东渐的变化。

首先,国际城市政治等级体系从欧亚非覆盖到全球,通过殖民战争、世界大战、冷战等,单极、双极和多极不仅在时间上交替而且空间上不断转移。伴随着新航路开辟和地理大发现以及欧洲国家的争霸、殖民活动、世界大战以及各国政治力量的消长,全球化城市权力网络不断变化和重塑,西班牙、葡萄牙、荷兰、英国、德国、法国和美国的政治或经济中心依次成为全球城市政治体系主要中心,由其帝国首都以及国际交往中心演变带来全球城市政治等级结构不断变化,同时显著影响着全球生产网络的空间范围和等级结构。

其次,全球贸易和生产网络在曲折中不断扩展,全球生产和贸易中心快速移动。国际商品贸易和生产中心从欧亚非逐渐拓展到全球。全球产品的产业链环节扩展到研究设计、加工制造、交换服务和售后服务,每个部分又涉及更多的环节。在新航路开辟和地理大发现后,尤其伴随着四次技术和工业革命的发生以及政治权力网络体系的不断重塑,越来越多的国家和地区的城市加入全球商品生产体系,全球生产和贸易网络在曲折中不断扩大和密集;全球城市的生产分工和贸易从产业间转向产业内,从商品转向服务。全球生产和贸易中心从亚洲转向地中海,到东欧,到西欧北美,再到西欧、北美和东亚。世界的生产和贸易中心城市由威尼斯、热那亚等城市转向安特卫普、阿姆斯特丹、伦敦、曼彻斯特、利物浦,再到纽约、芝加哥、底特律,再到洛杉矶、硅谷、东京、香港、新加坡、上海、深圳。

最后,全球城市的知识生产和传播的网络不断扩大,全球生产和传播中心不断移动,全球知识生产和贸易的地位不断提升。伴随着全球城市政治和贸易体系的扩张,全球的新知识和新观念生产和传播网络也在不断扩张。伴随着文艺复兴(14—16世纪)、宗教改革(16世纪)以及第一次（18—19世纪）、第二次（19—20世纪）、第三次（20世纪）、第四次（20世纪末）新技术革命，精神产品生产、交换或分配与消费在人类全部生产、交换或分配和消费中的分量、作用和地位更加重要。与全球政治军事和经济贸易网络相互影响，全球精神产品创造中心也从地中海经中西欧（16世纪）到大西洋、太平洋进而转向印太地区，全球城市精神产品生产网络的空间范围从欧洲扩展到北美进而亚洲，生产和控制中心也从欧洲的单中心到北美两中心再趋向北美、西欧和东亚三中心，进而决定知识创新的全球城市结构不断演化。如图2.11所示，21世纪前期以科技创新为主体的精神产品生产网络中，纽约、伦敦、北京、东京等都市圈为中心，欧美的众多城市作为枢纽，拉美亚非作为门户和节点。

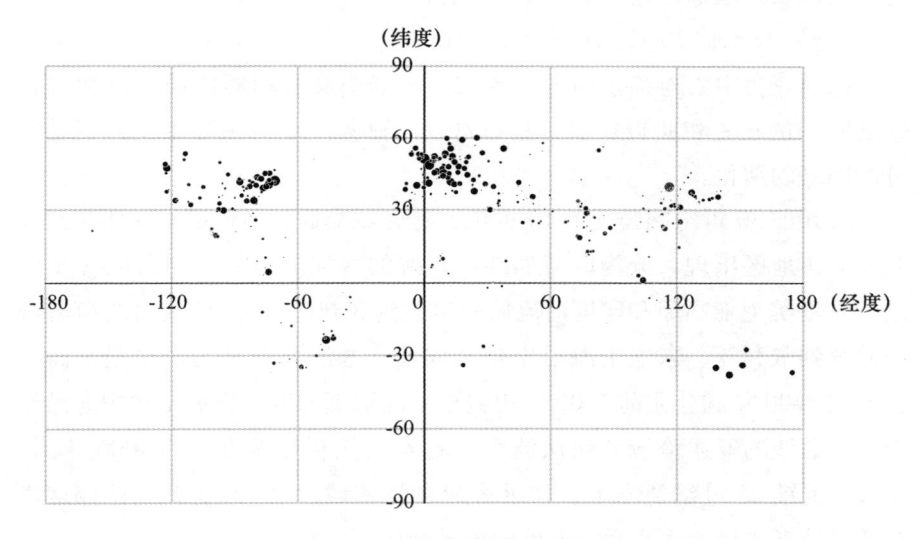

图 2.11　全球城市间知识联系度

资料来源：中国社会科学院全球城市竞争力数据库。

总之，自城市起源和城市体系形成以来，通过自由的交换及交流或强制的夺取，全球生产网络（生产、交换和消费网络）的范围在曲折中不断扩张，时而国际化和全球化十分显著，时而区域化或地方化比较明显；中心、半边缘与边缘的结构在全球之间不断重塑。产品由少到多即农业产品以及原材料，从稀缺奢侈商品到一般商品再到服务产品。全球产业链的链条由短到长即从主要是产业内简单的原料及农产品的采集、交换和消费，到原料采集、生产制成品、交换和消费，到分解出更多更复杂环节的采集、加工、制造、设计、销售和消费等地理分工的全球生产网络。全球城市功能体系所组成的生产网络一直在动态的变化着，而颠覆性的变化超过20余次。全球生产网络的时空变化塑造并决定人类文明的价值链穿越时空并不断演变。

三 交通与通信联系改进不断扩展全球城市价值链的广度与密度

人类城市文明价值的共同创造建立在城市空间载体及其联系的基础上，创造全球城市价值链的硬联系和软联系，分别需要传输工具包括交通和通信工具，承载设施包括交通和通信设施。全球交通和通信网络将全球城市联系起来，进而形成相互依存的生产网络体系。

（一）公元前30世纪到公元前3世纪

以西亚为中心连接东西方主要城市的陆海交通和通信通道包括"青铜之路"的建立和曲折发展，左右着以西亚为中心的国际生产、贸易或分配网络的演化。

公元前30世纪到公元前10世纪，跨区域交通和通信最早在两河流域及其周边地区出现。分为陆海四线：东线的两河流域—伊朗高原（中转站）—亚美尼亚高原和印度河流域商道大约3000千米。西线由两河流域向西直到叙利亚、东地中海沿岸包括埃及、塞浦路斯岛乃至希腊，而在公元前1600年到公元前1200年迈锡尼王国治下的城邦发展了地中海沿岸航线。北线的亚述跨境商路从波斯湾到安纳托利亚纵贯大约3000千米。南线公元前25世纪到公元前18世纪从两河流域向南经波斯湾，沿印度洋向西经波斯湾到达阿富汗、印度河流域地区。

公元前10世纪到公元前3世纪，西亚、地中海、南亚和东亚形成多个跨区域交通通信网络。在西亚及周边，在阿拉伯半岛、埃及、巴比伦、亚述、叙利亚、巴勒斯坦和安纳托利亚等地区逐步形成一条商路，亚述帝国时期将其作为国内的主要贸易通道，并在此基础上修建以首都为中心的放射状"亚述御道"，波斯又在"亚述御道"的基础上修建更大范围的陆上道路，波斯还打通从印度河口到埃及的海上航线，开通了从尼罗河到苏伊士的运河，从而将西亚、中亚和东地中海的城市联系起来。在地中海，从公元前10世纪到公元3世纪，腓尼基城邦、希腊、罗马先后建立和控制地中海、黑海以及非洲、欧洲西海岸航线；在西太平洋，从公元前 11 世纪萌芽到公元前 2 世纪形成以中国为中心的东海、黄海、南海乃至南太平洋沿岸及其岛屿的海上通道。

公元前 10 世纪到公元前 3 世纪，各国建立以首都为中心的"御道体系"，发展了政治军事、经济贸易和科技文化的网络体系。亚述帝国修建"御道"有四条，都城尼尼微是三条"御道"和多条普通道路的交汇点的国际枢纽，行省省会和属国都城则是交通网上的重要节点；波斯帝国凭"亚述御道"开辟"波斯御道"，从萨尔迪斯向南经尼尼微，再向南抵达巴比伦，后向东到首都苏萨，然后一路再往东南到达波斯波利斯，另一路向东北再向东经过埃克巴坦那连接到中亚和中国。波斯信差可以在七天内完成从萨尔迪斯到苏萨全长约 2699 千米的路程；秦汉统一中国后，建立了以首都咸阳、西安、洛阳等为中心的包括驰道、直道、新道、五尺道等全国道路网络；罗马帝国以首都罗马为中心逐步扩建了西至摩洛哥，东至巴格达，南至埃及孟菲斯，北达英国的帝国道路网，其中帝国内的 372 条大道总长度超过了 40 万千米。

青铜之路大约在公元前 20 世纪前后出现并延续到公元前 3 世纪。它经西亚及中亚城市的中转，与东亚连接形成以西亚为中心的青铜之路，从而使古代存在着以西亚为中心，链接亚洲、欧洲和非洲的海陆交通网络。以乌尔、马里、巴比伦、巴格达、迦太基、尼尼微、苏萨、雅典、亚历山大、长安、罗马、洛阳、广州为中心，以沿线一些国家的重要城市为中转枢纽，以帝国重要城市为节点的欧亚非陆海交通通信网络，支撑欧亚城市高端物质产品和精神产品的生产和交换网络。

在交通和通信工具上，无帆小船逐渐发展为有帆小船在水上发挥重要作用，快马在陆上通信中发挥重要作用，马匹、骆驼在陆上交通中作用关键。

（二）公元前 3 世纪到公元 15 世纪

"丝绸之路"等将欧亚非主要城市联通起来，其曲折发展和不断变化支撑和影响着国际生产网络体系。

在帝国内部，各大帝国继续以首都为中心以军事、政治为目的的交通体系。公元 7 世纪，唐朝以长安为中心修筑 7 条放射状的驿道通往全国各地，从而将全国城市联系起来，逐渐形成以长安、洛阳为中心，以重要城市为枢纽的发达交通网。

在跨境陆路上，东方丝绸之路兴衰同时伴随着欧洲陆上道路基础设施网络的衰荣。从公元前3世纪到公元5世纪，陆上丝绸之路逐步兴起，它以长安或洛阳为起点，经过河西走廊到达西域，然后分为北道、中道和南道西行到达西亚，沿用"亚述御道"和"波斯御道"，连接通往东地中海各国城市的陆上通道，后来出现通往南亚的西南丝绸之路。6世纪前期因突厥族兴起并占领中亚地区导致中断，6—8世纪唐朝的繁荣鼎盛时期沿线各地建立许多分支线路，后因9—11世纪宋辽时期西域的战乱而衰落，再到13世纪蒙元时期征战和统一而畅通并扩展驿站网络，后在14世纪中期因明清闭关政策再次衰落。先后形成了以长安、洛阳、巴格达、君士坦丁堡等城市为中心、沿线主要城市为枢纽、沿线国家重要城市为节点的交通网络体系，促进决定沿线城市的荣衰和兴亡。丝绸之路最初是丝绸等高端商品的生产和贸易的交通网络，随后由商贸转变成以宗教、文化交流为主要内容的交通和通信网络，同时便利了军事征战和帝国治理。骆驼、马匹、马车等是陆上交通通信的主要工具。

在跨境海路上，一个连接欧亚非的100多个国家和地区城市的交通网络不断演化。横贯西太平洋、印度洋、地中海以及大西洋的海上航线，东段以中国为中心的丝绸之路在之前兴起基础上，经历5—8世纪兴盛期、9—13世纪宋代时达到强盛、14世纪前期达到鼎盛后逐步衰落，而西端以地中海为中心的航线从10世纪到15世纪从繁荣走向鼎盛，之后走向衰落。广州、泉州、刘家港、巴格达、亚历山大、比萨、热那亚、威尼斯依次成为国际航运中心，吉隆坡、雅加达、加尔各答、巴士拉、安条克、内罗毕、凯鲁万、撒马尔罕、雅典等港口城市都曾是东西方贸易的重要商埠，是一个连接欧亚非的100多个国家和地区城市的海上通道交通网络。海上交通工具从近海航行的有帆小船发展到新型的多桅多帆、轻便快速的远洋大船。

欧亚非陆海丝绸之路做为骨干对接各国、各地区国内交通，总体构成结构不断变化的覆盖欧亚非较大区域的交通网络体系，帝国政治和经济中心是交通中心，陆海丝绸之路的港口和城市成为区域的中心和枢纽，广大腹地城市则是国际城市网络的重要节点，海陆国际与各国内部交通和通信基础设施网络相连接，支撑了以欧亚非主要城市为中心的物质产品和精神产品的生产、交换、分配、传播和消费网络。

（三）全球城市复兴时期（公元 16 世纪到公元 21 世纪）

新航路开辟、三次技术革命和两次世界大战后，全球交通和通信设备均得到跨越式的发展，全球城市交通和通信网络体系逐渐分离而且从陆海发展到陆海空天，从而促进了全球化的 1.0、2.0 和 3.0，支撑了全球物质与精神产品生产和贸易网络的不断升级和发展。

16—17 世纪，新航路开辟后，欧亚陆上交通网络逐步衰落，海上道路成为全球城市交通网络的骨架和主体，人类进入航海时代。新航路与原有的海上丝绸之路结合，人类首次构建跨越三大洋、联通五大洲的以远洋航运为骨干、以陆上道路和内河航运为延伸的全球基础设施网络体系，全球城市基础设施网络的空间结构也从地中海港口为中心的陆海网络，转向以北海沿岸主要港口为中心的陆海网络体系，沿海港口成为城市交通的全球中心或区域枢纽和门户，北美、非洲、南亚、东亚等广大地区的港口和内陆城市分别成为地区交通枢纽、门户和节点。在交通和通信工具上，尽管造船、航海、造车的技术有很大的改进，但在驱动力上依然是非机动动力状态。

18—19 世纪，随着机动车船时代的到来以及海路、公路和铁路的开辟和铺设，以及全球城市政治、经济体系演化，以北大西洋两岸主要城市为中心，以广大的亚洲、非洲和拉丁美洲主要沿海城市为枢纽，以广大亚非拉内陆腹地为节点的全球城市交通网络体系不断扩张，海上道路在全球城市交通网络的骨架和主体地位更加重要。经济发展水平、工业化程度、全球资源禀赋决定全球各地的交通网络密集度和质量。

20—21 世纪，全球城市海陆道路网络继续密集化并进入高速度和大型化的时代，空中交通网络加速发展，从而使得全球城市间陆海空交通网络更加密集、大大便捷。通信工具一次次的革命，电话电报、音响电视、无线卫星、互联网等不断诞生，以及相应通信设施网络的全球扩展，不仅使得知识信息产品的生产、传输和消费与交通工具和基础设施分离，而且广泛构建了全球城市的知识信息生产和传输网络体系，创建并不断丰富和扩展全球城市的虚拟网络空间，大大压缩了城市间的距离而使世界变成地球村。所有这些都有力地促进了全球经济科技的一体化，支撑了全球有形产品与无形产品的地区分工和全球生产。与此同时，全球城市交通和通信网络中心趋向北美、东亚和西欧沿海城市，亚非拉等地的主要城市成为地区枢纽，广大中小城市成为交通和通信节点。

总之，伴随着交通和通信的一次次革命和曲折发展，跨国城市之间交通和通信网络，一方面，空间范围在缩张交替中从跨地区发展到跨洲再到全球；另一方面，设施和工具在改进中加速发展。从交通通信一体到交通与通信分离，从陆上到陆海、再到陆海空以及陆海空天，从有线基础设施到无线基础设施的发展，交通和通信网络有力地支撑了日益多样的更大空间范围的全球城市文明产品的生产、交换、分配、传播和消费以及价值实现。

四　国际城市价值链体系在经历 20 余次解体、调整和重构中波动性地提升与扩展

人类城市文明价值由全球各地市民共同创建，全球城市的交通通信网络、人口体系以及支撑创造活动的政治军事、经济贸易、科技文化的网络及其变化，决定着全球各城市间的分工与交换、竞争与合作，从而决定人类城市文明物质和精神产品及其价值的创造、分配或交换，实现全球城市价值链体系不断变化。

（一）全球城市的产生时期（公元前 30 世纪到公元前 6 世纪）

一个以西亚为中心的国际价值链体系开始萌芽，全球文明产品主要是制造产品和信息产品。

公元前 30 世纪到前 20 世纪，西亚最早形成以乌鲁克（Uruk）、拉瓦克（Larak）、埃利都（Eridu）等城邦为中心的包括 1000 多个城邦在内的价值体系。城邦之间进行自然资源采集或手工产品生产并进行交换，每个城市可能是某一产品的生产地，但是另一产品的原料和消费地。中心城邦从事城邦体系高端产品生产、交换或分配以及必需品的消费，处在价值链的中心。周边城邦从事低端制造、原材料提供和产品消费，处在价值链的边缘。

公元前 20 世纪到公元 6 世纪，国际价值链体系由地区性城邦价值链体系，转向以王国首都为中心城市的国内外双层价值链体系，乌尔、马里、巴比伦、尼尼微等城市主要从事跨境物质产品和精神产品的生产、交换和分配及消费，王国或帝国内部城市主要承接分配和交换及消费。

而稍后兴起的文明包括爱琴文明、印度河谷文明，以及黄河长江流域的夏、商、西周仍处在地区性城邦体系。但是贸易初步构成的全球城市体系，使得公元前25世纪和公元前20世纪西亚以贵重商品（如青铜）向印度河流域和黄河流域等换取当地的资源，形成以西亚为价值创造中心的国际价值体系。

（二）全球城市的成长时期（公元前5世纪—15世纪）

一个欧亚非的多中心价值链体系开始形成并不断重塑，全球文明产品主要包括贵重商品和信息产品。

公元前5世纪到公元5世纪，受此起彼伏的欧洲、东亚、西亚和南亚的政治军事网络即资源和价值分配权力体系及变化影响，欧亚非文明产品价值链体系不断演化。一方面，四大区域的中心城市分别作为某些高端产品的价值创造、分配和交换中心，相互交换、交流和传播，从而相互之间存在价值链的中心—半边缘关系；另一方面，四大中心向以外的半边缘的门户城市或边缘的节点城市购买自然资源或要素、销售物质产品。如长安、洛阳、开封、罗马、亚历山大、巴格达、伊斯坦布尔等作为价值链的中心，主要负责丝绸、羊毛、香料等价值链制造、分配和交易，作为价值链的门户枢纽，乌鲁木齐、阿拉木图、伊斯兰堡、喀布尔、德黑兰等主要负责这些商品价值链的交易和实现。

公元6—13世纪，欧亚非的全球城市价值链网络经历东起西落，形成以东亚、南亚、西亚的政治中心城市为中心的欧亚非多中心价值链网络体系。三大区域作为生产和分配人类文明的物质和非物质产品的中心，一方面三大区域之间相互交换、交流和传播；另一方面向中心以外的边缘地区开展贸易、交流和传播活动。

公元13—15世纪，欧亚非的全球城市价值链网络开始东落西起，以地中海城市为中心的欧亚城市价值链网络逐步建立，并且中心逐步向中西欧扩大转移，表现为欧洲文艺复兴创造的非物质产品及其在欧洲的传播，从而构建更广泛的网络体系。

（三）全球城市复兴时期（公元16世纪到21世纪）

全球城市价值链网络中心经历从西欧到欧美再到西欧北美和东亚的演化，全球文明产品更趋多样化和非物质化。

公元16—18世纪，随着新航路的开辟，欧洲商业、金融中心城市的崛起，全球贸易网络将欧亚非城市生产网络扩张到五大洲。商业贸易网、信息网中的科学技术在重塑全球城市价值链体系中的地位逐步提升，以商业贸易网络为主导的欧亚非城市价值链体系初步形成。伦敦、巴黎、安特卫普、阿姆斯特丹等欧洲城市逐步取代威尼斯、巴格达、开罗、长安等，成为全球城市生产和贸易的中心枢纽。

公元18—19世纪，工业革命后全球城市价值链体系形成，商品贸易体系、思想体系逐步成为全球城市价值链体系的主导。工业革命促使资本主义国家城市发展领先全球其他国家，伦敦、纽约、巴黎、东京等城市逐步成为世界商业和金融中心，商品、资本在全球城市自由流动促进了全球城市价值链体系的形成。资本在贸易体系重塑全球城市价值链中发挥至关重要的作用；欧洲、北美、东亚、南亚城市是全球跨国公司聚集地，这些城市是科学文化创新和工业产品制造和交易的中心，美洲、亚洲与非洲的沿海港口城市或政治中心成为原料采集和产品倾销的枢纽，美亚非的广大内陆城市则成为地区销售节点。与此匹配形成以欧洲主要城市为中心的全球价值连体系。

公元20—21世纪，随着信息技术发展，全球城市间信息、知识交流将超越商品、资本的流动。在全球城市价值链的重构中，一方面，产品从研发设计到售后服务的产业和价值链环节大大扩展；另一方面，产品的技术文化含量和精神产品的比例大大增加，全球生产产品越来越多，全球价值链的跨国城市分布越来越广泛，以知识、技术、信息等为核心的科技信息网作用也不断提升，先是大西洋两岸、再是太平洋两岸，未来将是印太的伦敦、纽约、巴黎、北京、上海、东京、新加坡、班加罗尔、迪拜等城市将成为全球价值链的中心，未来全球城市价值链体系还将进入以科教文化网络主导、以精神产品价值创造、分配、传播和实现为主要内容的全球城市价值链体系新阶段。

总之，自公元前30世纪全球城邦体系产生以来，全球文明产品价值链的空间分布，以突变或渐变的形式，经历了无数次一体化的整合与碎片化分离，从最早相互隔绝的地区城邦之间，到弱联系的跨洲城市之间，再到强联系的全球城市之间，到今天成为规模最大、分布最广、环节最多的体系。全球城市价值链体系的结构也逐渐从政治军事网为主导转向经济贸易网主导，再到科技信息网开始占主导。[①] 全球文明价值链属性，从由物质和精神产品一体并以物质产品主导的价值链体系，逐渐转向物质与精神产品分离越来越以精神产品为主导的发展。全球价值链地理分解从最初极少数的稀缺资源和奢侈产品跨国城市间采集、生产、分配、交换和消费，到越来越多的资源和产品跨国城市间采集、生产（不断细分的生产环节）、分配、交换和消费的过程。总体上，全球城市文明价值链的规模越来越大、增长越来越快、结构变换也越来越频繁。

第三节　城市始终主导人类主要文明，但价值创造速度从漫长徘徊到急剧加速

城市人口、城市空间和城市活动在漫长农业时代都仅占世界微不足道的比例，城市创造的价值与文明却占世界绝大部分，但城市创造价值的速度比较缓慢。随着工业和智能时代的到来，几乎全部的价值将由城市创造，更重要的是价值创造速度的加速增长。

一　世界城市人口从占部分少数到占绝大多数

在公元前 5000 年，城市还只是雏形，全球城镇化率仅为 0.1，中东的城镇化率为 0.3，北非的城镇化率为 0.1。

在城市产生期（公元前 35 世纪到公元前 6 世纪），星罗棋布的城邦似乎表明城市人口是当地人口的主体，包括苏美尔城邦、印度城邦、希腊城邦、中国的邦国和方国，这些城邦地区城镇化率都应超过 50%，当然这时的城市概念应该比较宽泛。不过随后由于一些城邦及城邦联盟发展成为中央集权的王朝，城国分离，城市人口占比可能逐步下降（如图 2.12 所示）。但是从全球总体上看，由于各地产生和发展的不同步，这一时期的城镇化率还是比较低。

在城市发展期（公元前 6 世纪到公元 15 世纪），随着时间的推移，

[①] Christopher Chase-Dunn 和 Thoms D. Hall 使用 bulk-goods network（BGN）、prestige-goods nenvork（PGN）、political/military network（PMN）、Information network（IN）来界定相互作用的标准，认为各种边界标准会产生嵌套的系统边界。

如乌鲁克、孟菲斯、巴比伦、雅典、长安、罗马、洛阳等主要大城市开始形成。此时，城市已经占据主导地位，但是城镇化水平仍然较低，到公元元年，全球的城镇化率为1%左右，中国、印度、日本、中东、北非、土耳其、西欧的城镇化率分别为1、1.7、0.1、0.7、0.6、1、1.5。

从公元元年到公元1700年，城镇化率也仅从1%增加到5%，城镇化进程非常缓慢，并且在这一时间内，一定规模的城市数量也处于较低状态，到公元1700年仅为200个左右。[①] 自1700年以后，城镇化进程逐步加速，城镇化率从1700年的5.1%，到1800年的7.3%，到1900年的16.4%，再到1950年的29.6%，再到2008年突破50%，最后到2020年的56.2%，预计到2050年全球城镇化率为68.3%。未来，将进入城市星球时代，城市已经不单单是城市本身，而是与周边城市相互联系的有机整体。

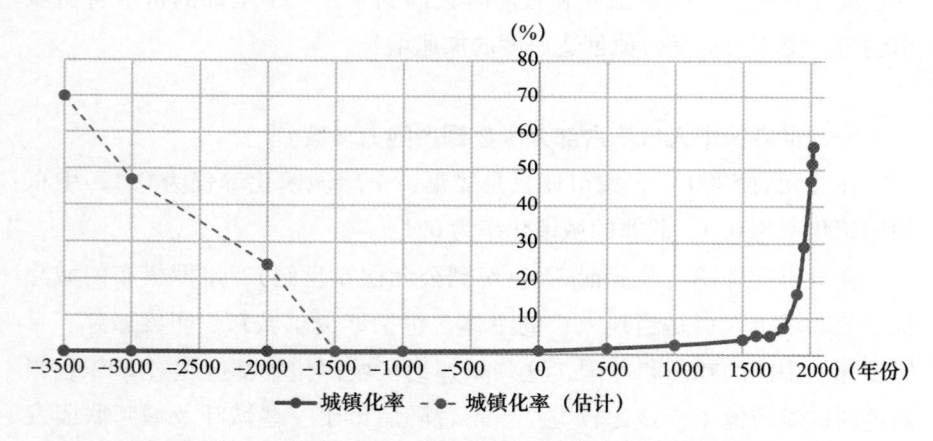

图2.12 公元前5000年到公元2000年全球城镇化率变化

资料来源：中国社会科学院全球城市竞争力数据库。

二 世界城市活动从关键基础活动到主要的基础活动，再到主要的人类活动

从城市产生期的政治军事、经济贸易、科技文化三位一体，到城市

[①] 根据modelski数据整理，人口规模大于3万人的城市。

发展期的政治军事主导，经济贸易、科技文化辅助，再到城市复兴期的经济贸易、科技文化主导、政治军事辅助。

在城镇化超过5%之前，只有一小部分的关键基础活动在城市里，而这些生活、生产、消费、贸易等基础活动以关键的节点城市为基础。从古至今的最大城市中，最初的主要为宗教中心和政治中心，这些城市涵盖了当时文明最主要的政治、文明活动，再到后期的政治中心、宗教中心、贸易中心、文化中心、交通中心和经济中心等，这些主要城市带来的关键的科技、知识创造对全球城市经济活动发展起到决定性的作用。如公元前3700年，埃利都就有专注于特定产业，不从事农业生产的人，如商人、织工、冶金学家和工匠。公元前2400年，马里古城出现贸易中心，是整个区域宝石、木材、农作物、陶器的交易中心。公元前2100年，乌尔建有实施经济社会管理的税收、法律等官署，还有商业设施、手工作坊和仓库等。公元前1400年的巴比伦以城堡、宫殿、庙宇为主，原始农业占据主导地位，手工业较之前有进步，农业与手工业分离明显，出现法典，政治职能突出，部分出现贸易和集市活动。公元前600年的洛阳则发展了手工作坊区，手工业种类齐全，商贸发达，政府对手工业者、商人、市场、市场秩序、赋税征收等有经济管理理念和思想，且道路宽敞，可供马车行走。公元600年的长安则制瓷业和纺织业发达，工商业繁荣，出现了集市、对外贸易发达，唐诗、佛教、科技和思想得到空前发展，经济文化繁荣，陆上、海上丝绸之路繁荣。公元1200年的巴格达出现职业划分，工业得到发展，出现节省劳动力的机器，出现商业复兴和国际性市场。

自1700年以后，全球城市人口也在迅速变化，值得注意的是英国在第一次工业革命期间率先实现城镇化，其城镇化水平从1750年的17.00%迅速上升到1801年的33.80%，在1851年达到54.00%，成为世界上首个基本实现城镇化的国家。自1850年以后，欧美主要国家开始进入城镇化的加速期，美国在1850年的城镇化率为15.41%，法国为14.50%，德国为10.80%，到1900年美国的城镇化率为39.98%，加拿大为37.50%，而同时期的中国仅为6.60%，印度仅为10.00%；到1950年，美国的城镇化已经高达64.15%，加拿大达到60.95%，德国达到67.94%，法国达到55.23%，英国达到78.98%，俄罗斯达到44.09%，中国仍然仅为 11.80%，印度也仅为 17.04%。从全球大城市角度来看，在 1900 年发达国家有 8 个城市的人口在 100 万—500 万，发展中国家仅有 1 个城市的人口在 100 万—500 万；到 1950 年，发达国家有 47 个城市的人口数量在 100 万—500 万，有 5 个城市的人口大于 500 万，发展中国家有 18 个城市的人口数量在 100 万—500 万，仅有 2 个城市的人口大于 500 万。发达国家城市数量在 1800—1950 年飞速增加，超大城市实现了从无到有的突变。

表 2.2　　　　　　　　1800—1950 年不同规模城市数量

	人口	1800 年	1850 年	1900 年	1950 年
发达国家城市数量	20 万—50 万	9	18	61	186
	50 万—100 万	1	3	24	68
	100 万—500 万	1	2	8	47
	大于 500 万	—	—	1	5
发展中国家城市数量	20 万—50 万	—	—	22	79
	50 万—100 万	—	—	7	23
	100 万—500 万	—	—	1	18
	大于 500 万	—	—	—	2

资料来源：笔者整理。

1950 年以后，全球城镇化从 30% 左右增长到 2007 年 50% 左右，当城镇化率超过 50% 以后，工业、服务业等大部分活动进入城市，由此带来大部分的生活、生产、消费均在城市中，即非农比例较高，制造比服务高，机械代替体力比例高，脑力比例逐渐增高，知识创造逐渐增加，科技、知识创新的规模报酬递增效应逐渐加强。公元元年到 1700 年，全球 GDP 从 0.18 亿美元增长到 0.64 亿美元。1700—1900 年，全球 GDP 总量为 0.64 亿美元增长到 3 亿美元。1900—2000 年，全球经济总量则从 3 万亿美元左右增长到 108 万亿美元左右，增长了 36 倍，全球经济价值创造的速度有质的飞跃。进入 21 世纪以后，大多数的活动在城市中，城市的经济社会发展影响着世界的经济社会发展。未来，城镇化率将进一步增加，在全球城市率在 2050 年将达到 70% 左右条件下，所有人类活动均离不开城市，城市活动经历了从关键到基础，从基础到主要，从主要到绝对的蜕变。

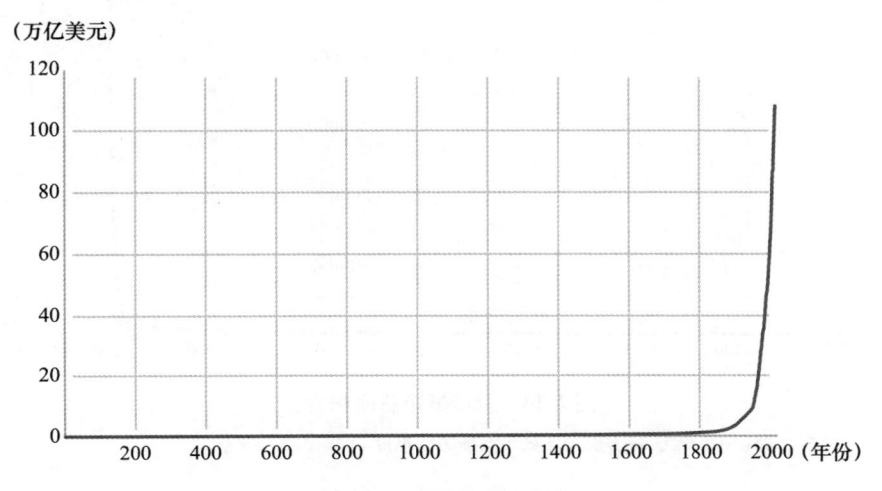

(万亿美元)

图 2.13　全球经济总量变化

资料来源：中国社会科学院全球城市竞争力数据库。

三　城镇化地区从地球表面的寥若晨星到星云密布

公元前 5000 年到公元 1700 年，全球城市面积仅从 158 平方千米增长到 14104 平方千米。虽然随着时间的推进，城市面积增长率有所加快但仍然处于较低水平（见表 2.3），从公元前 5000 年到公元元年，城市面积增长率仅为 0.82 平方千米/年，从公元元年到公元 500 年，城市面积增长率仅为 1.45 平方千米/年，1500—1600 年城市面积增长率有所加快，达到 43.71 平方千米/年，但是 1600—1700 年城市面积不增反降，增长率为 -5.05 平方千米/年。从国家角度来看也是如此，在 1700 年以前全球最大城市的面积也基本均在 100 平方千米以下（见图 2.15）。更为重要的是，随着人口的增加，全球城市面积的增长率低于全球人口的增长率，从而导致总体的人均城市面积在 1500 年之前是处于降低状态，1500—1800 年处于波动状态，具体来看，全球城市人均面积从公元前 5000 年的 0.52 平方千米/万人降低到 1700 年的 0.22 平方千米/万人（见图 2.16）。

(平方千米)

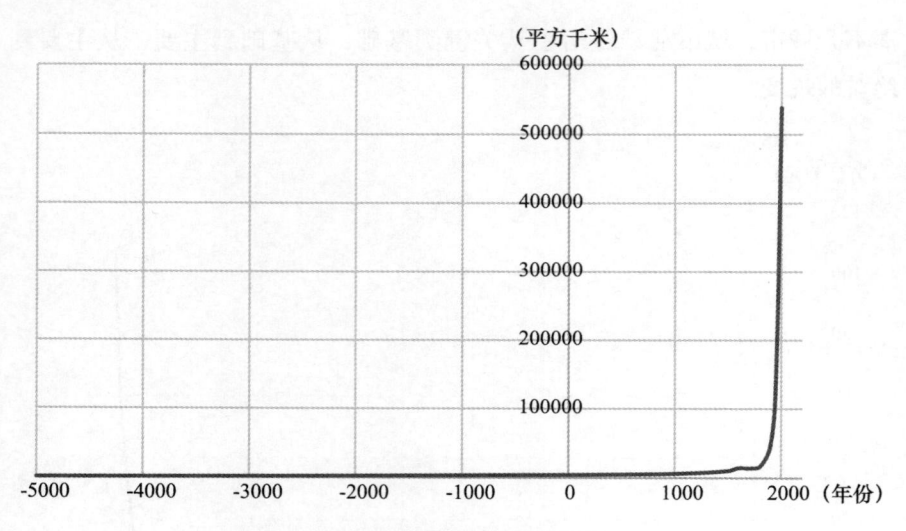

图 2.14 全球城市总面积变化

资料来源：中国社会科学院全球城市竞争力数据库。

表 2.3 城市面积变化率 （单位：平方千米/年）

	城市面积	时间区间	城市面积变化率
-5000 年	158	[-10000, -5000]	0.03
0 年	4237	[-5000, 0]	0.82
500 年	4964	[0, 500]	1.45
1000 年	6172	[500, 1000]	2.42
1500 年	10238	[1000, 1500]	8.13
1600 年	14609	[1500, 1600]	43.71
1700 年	14104	[1600, 1700]	-5.05
1800 年	16243	[1700, 1800]	21.39
1900 年	46697	[1800, 1900]	304.54
1950 年	140391	[1900, 1950]	1873.88
2000 年	538395	[1950, 2000]	7960.08

资料来源：笔者整理。

总体而言，工业革命之前，尽管城市在一定程度上有所增长，但当时社会生产力极低，社会分工极不发达，商品极不丰富，城市发展也极为缓慢。而从 1700—2000 年，全球城市总面积从 14104 平方千米增长到

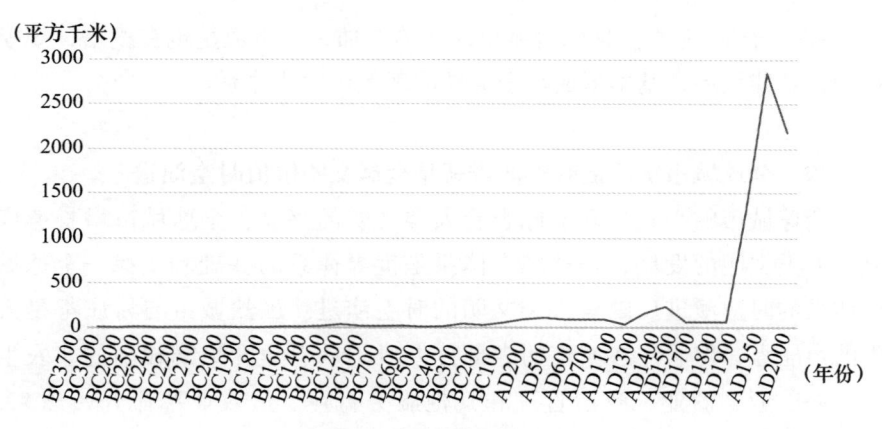

图 2.15　最大城市面积变化

资料来源：中国社会科学院全球城市竞争力数据库。

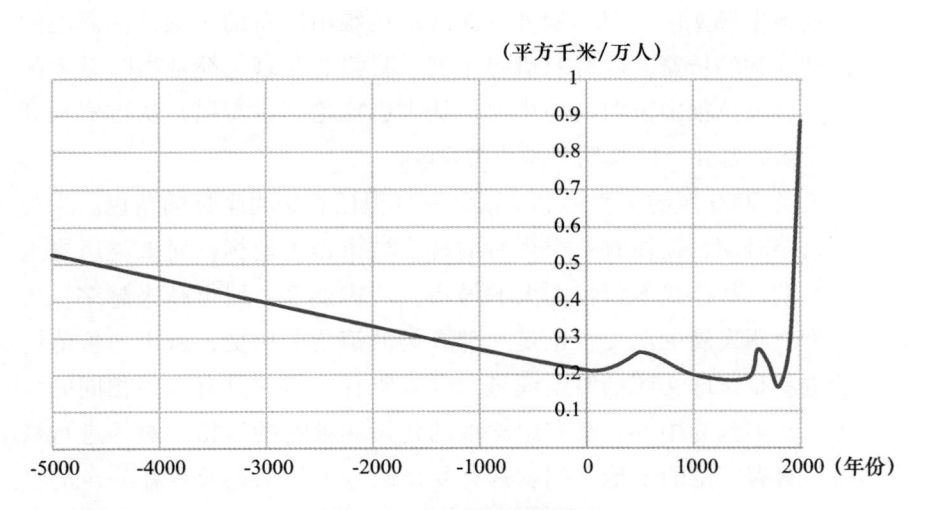

图 2.16　人均城市面积变化

资料来源：中国社会科学院全球城市竞争力数据库。

53.8395 万平方千米，再到 2015 年的 65.34 万平方千米。在 1800—1900 年，城市面积增长率为 304 平方千米/年，在 1900—1950 年，城市面积增长率为 1873 平方千米/年，在 1950—2000 年，城市面积增长率为 7960 平方千米/年，城市面积从寥若晨星到星云密布，人均城市面积也由缓慢下降转飞速上升，从 1800 年的 0.167 每平方千米/万人上升到 2015 年的

0.89平方千米/万人。伴随着城市面积的增加,城市数量也在剧增,规模扩大,功能发展,基本形成了全球性的现代城镇化体系。

四 全球城市价值链时空演进就是全球文明价值时空演进

全球城市的兴起和衰落标志着人类文明的兴衰,全球城市增长速度显示人类文明的发展,全球城市体系是世界体系的基础和支撑,全球城市体系的时空演进反映着人类文明的时空演进。虽然城市与村庄都是人类的定居点,但居住在城市的大部分人口均从事边际报酬较高的非农生产,如工业、商业、政治管理和其他服务行业。从农业革命开始以来,人类就从丛林向村庄、城镇、都市迁移,从最初的几百、几千、几万、几十万人,到后来的百万、千万,城市的规模越来越大,容纳的人口越来越多,文明的程度也越来越高。这一点,不管是东方的中华文明,还是西方的地中海文明,都不例外。在喜马拉雅山以东的中国,从商朝的殷都,到唐朝的长安,再到宋朝的汴京,明朝的北京,都是当时最大的城市。在喜马拉雅山以西的地中海,从古巴比伦到古希腊,从古罗马到君士坦丁堡,都是当时文明和城市的顶峰。

在人类5000年的文明史上,城市一直担任着文明坐标的角色。人类文明的繁荣时期,往往有一个当时的特大城市作为地标,而人类历史上的黑暗时期,往往找不到特别大的城市。从古到今,城市越来越多,可以说人类文明发展的历史,也是一部人类城镇化的历史,城市的价值链时空演进就是全球文明的时空演进。因为所有文明均具有一些相同的特征即人口众多且为中心、具有纪念性的建设和独特的风格、对外进行联系传播、具有一定的土地空间、具有复杂的分工体系以及存在一定的社会和经济阶层。城市正是这所有一切的载体,集中了政治、宗教、社会活动等,将所有相关的文明联系起来并传播出去。城市所提供的政治、经济活动框架为文明兴起、发展、传播提供了渠道。

城市不仅代表了文明的顶峰,更带动了文明的发展。人类文明进步的大部分发明创造、经济、贸易都在城市中进行,从公元前5000年到公元前2400年前后的埃利都、启什、拉格什、乌鲁克、乌尔、尼普尔,到公元前2300年到公元前1400年的巴比伦、底比斯、殷墟,再到孟菲斯、洛阳、巴比伦、亚历山大、罗马,再到长安、巴格达、开封、杭州、巴格达、南京、开罗、北京、伊斯坦布尔、伦敦等城市,文明的发展均体现在城市的制度、发明创造上(见表2.4)。

表2.4　　　　各时间段主要城市、主要发明、主要制度

	主要国家	主要城市	主要发明	主要制度
公元前5000年到公元前1700年	埃及	埃利都、启什、拉格什、乌鲁克、乌尔、尼普尔	轮、锯、鞣革、镯子、锤子、鞍、钉子、大头针、指环、铲子、釜、刀、长矛、箭、剑、胶、匕首、袋子、头盔、船、盔甲、火箭筒、剑鞘、靴子、拖鞋、叉和酿酒、楔形文字、度量衡、船只、金钱	法书、乌尔纳姆法典、神庙、印玺(相当于合同)、计数系统、楔形文字、泥板、恩美铁那复利计算
公元前2300年到公元前1400年	中国、埃及	巴比伦、底比斯、殷墟	铁质武器、灌溉	文字、汉谟拉比法典、汤刑、甲骨文、金属货币、历法、天文观测、土地分封制、赋税
公元前1200年到公元前700年	中国、埃及	底比斯、镐京	自主炼铁、开始使用铁制农器(耜)、广泛使用青铜农具、掌握排水与引水技术	分封制、专业人员、《大武》《尚书》(部分)、《逸周书》(部分)、《诗经》《周易》、法律、刑法
公元前700年到公元500年	中国、埃及、罗马	孟菲斯、洛阳、巴比伦、亚历山大、罗马	钢铁、马蹄铁、水车、转轴、制铁、帆船、纸、马镫	神学、监狱、明法、自然法、奴隶制庄园、自然史、农业论、天文集、地理学、法学阶梯、法典等
公元5世纪到公元10世纪	中国	长安、巴格达	火药、印刷术、纺织业、炼铁成熟	金融货币、赋税法

续表

	主要国家	主要城市	主要发明	主要制度
公元11世纪到公元13世纪	中国、欧洲	开封、杭州、巴格达	制陶成熟、指南针、马车	大教堂、大学、地方学校
公元13世纪—公元15世纪	中国	南京、开罗	大炮	—
公元15世纪—公元20世纪	中国、英国等	北京、伊斯坦布尔、伦敦	枪、电力、蒸汽机、工厂、火车	金融机构
公元20世纪以后	美国	纽约	计算机、网络	《教育交流协议》、自由欧洲委员会、《富布赖特法案》《国家安全法案》《史密斯—蒙特法案》

资料来源：笔者整理。

第四节 决定全球城市及价值链文明的不仅仅是技术

透过全球城市及价值链演进的表现，利用城市发展经济学框架，分析城市文明时空演进的轨迹，能够清晰地发现：消除贫困、保持和平、追求繁荣、保护地球的联合国可持续发展目标十分重要。纵观影响以城市为基础的全球体系演进的主要因素及其作用机制，联系当前的世界局势，更加迫切要求全球共同维护自由贸易、保护生态环境、促进科技创新、警惕安全威胁。

一 人类需求和智慧是全球城市及价值链演进的永恒动力

人类持续追求更加美好生活需求驱动城市的兴起、发展和繁荣。从乌尔到巴比伦、雅典到罗马到开封到威尼斯再到伦敦、纽约和深圳，全球城市体系不断扩大。

首先，城市产生于人类需求扩大和升级。生存和多样化偏好的需求是人类的本能，人类后一个更好需求产生是前一需求满足的结果。城市产生于农业劳动剩余有两层含义，从供给层面上，有更多可以从事非农劳动，需求层面上，人们有非农产品消费需求，包括更安全的生活环境、更多样化的物质和精神产品生产及其交换等均需要创造城市以便提供。美索不达米亚文明、尼罗河文明、印度河文明、黄河文明等文明的诞生和发展也是由于需求的原因。小亚细亚在公元前 6000 年开始建造砖建筑物，美索不达米亚南部最早的城市埃利都在公元前 5000 年前后就形成了村庄式的聚居地。乌尔地处两河流域，通过利用长途贸易路线，吸引众多人口并汇集了大量物资，促进了海陆贸易的发展，并且乌尔还是第一个编纂法律体系——乌尔拉姆法典的城市，再加之其是乌尔王朝的中心，拥有良好的军队和官僚机构，这为城市贸易与文化发展提供了安定有序的环境；孟菲斯也修建了众多宫殿、神庙以及金字塔等，形成了深厚的历史文化根基，宗教文化的进一步发展造就了孟菲斯颇具影响力的地位。

其次，需求升级与城市发展相互促进。需求升级带动城市生产网络的扩大和升级。拥有引领趋势的消费偏好，拥有高端而挑剔的消费偏好，拥有参与科研创造和产品开发的消费偏好，带动城市发展予以满足。而更大的城市及其相互交往则创造更多样和高端的需求，高端的需求又会导致城市复兴，如交通便利但是又缺少农业土地资源的城市，商业与工业为城市生存的唯一选择，威尼斯、佛罗伦萨、热那亚、布鲁日、安特卫普、阿姆斯特丹等城市凭借其优越的地理位置，以及对多样化和高端的需求，获得商业与工业的繁荣，而城市经济的率先繁荣，引起思想家的关注和宣扬，又促进新的需求升级。这样，由于对新需求的追求而导致生产扩大，带来了对农产品、工业品以及贸易的巨大发展。又如丝绸之路所引起的城市生产网络及价值体系的变化，最初也是西方需要东方的丝绸，东方需求西方的珠宝。

最后，人类智慧在城市发展的每个阶段及其发展过程中起到关键作用。拥有智能是人类与动物的根本区别，也是城市等所有文明价值产生和发展的根本。城市是人类智慧的结晶，人类城市文明的每一次跨越都是人类集体智慧的一次突破。正是依靠较多智慧的手工活动开启了城市革命，更多依靠智慧的机械活动开启城市复兴，主要依靠智慧的智能活动将开启城市变革。人类智慧的不断扩大和加深改变了全球城市价值文明厚度和空间结构。如工业革命以来，需求的不断扩大和变化导致科学技术的不断进步，从而促使纽约、伦敦、巴黎、东京、香港、北京等城市的发展。

未来无论是人口还是需求都在发生颠覆性变化。一是现代城市人口出生率下降，未来这一趋势将会更加严重，全球出生率从1960年的3.1%左右逐渐降低到2019年的1.8%，而各个国家和城市的降低趋势也是如此，特别是发达城市。二是全球城市日益加剧的老龄化程度、逐年下降的适龄劳动人口比例都为整体经济发展增添了重重阻力，而伦敦、纽约、东京、巴黎、香港、新加坡等全球城市的人口老龄化程度已经超过10%，进入老龄化社会。三是未来以互联网、大数据、人工智能等前沿技术为驱动力，人类迈向智能化和数字化新时代，尤其在人工智能、信息技术、量子计算、生物医药、新能源新材料等重大领域取得突破并广泛应用，人的智能面临被替代的威胁。四是人类整体欲望的下降，需求逐步得到满足。随着科学技术的发展，人类的大部分需求均能实现，失去上进心和欲望的年轻人越来越多。

二　空间环境及其变化决定全球城市及价值链的时空演进

气候条件、自然地理和人工环境及其变化决定着城市命运，也决定着全球城市体系的演进。

首先，生态环境优劣及其变化决定城市文明的空间演化。自然力是城市的人口、空间、功能和价值创造的长期约束变量。全球城市体系主要分布在全球温湿地带。公元前6000年到公元前3000年的温查文化分布在多瑙河流域，良渚文化发展于长江下游环太湖地区，美索不达米亚文明产生和发展在幼发拉底河和底格里斯河。早期城市的兴衰受环境的影响更大，埃利都在公元前2900年最为兴盛，有5—8万名居民在6平方千米的城墙范围内居住，为当时全球最大的城市，而公元前6世纪埃利都被遗弃可能是因为持续灌溉导致的土壤盐度上升，从而不适合生活。吉尔苏的崛起是凭借其在两河流域交汇点这一优越的地理位置，与近东、印度、阿拉伯西部的国家都有商业贸易往来，但随后由于自然资源的短缺与战争的影响，其最终被迫走向覆灭的道路。公元前1200年，培尔—拉美西斯成为古埃及中心城市也是由于区位优势，其位于尼罗河三角洲东北部，水资源丰富，水路交通较为便利，同时靠近地中海，气候更为温和，但最后由于战争和尼罗河改道等天然和人为因素，逐渐湮没在历史长河中。而公元 6 世纪的卡拉科尔，在全盛时期有 150 多座建筑，建有庞大的农田系统和精心的城市规划体系，容纳人口达 12 万人，最后也因战争导致河流和陆地贸易路线中断，再加之森林砍伐和干旱等原因走向衰亡。

其次，特别的地理区位及其变化影响城市文明价值网络及其变化。如孟菲斯在尼罗河三角洲的河口占据着战略要地，是繁华活动的发源地，其作为港口主导着商业和贸易活动。公元前 2400 年的马里由于控制着黎凡特和美索不达米亚之间的道路成为重要的贸易中心。华氏城位于恒河、甘达卡和桑河的汇合处，它的位置帮助它统治了印度—恒河平原的河流贸易，从而成为重要的贸易和商业中心。君士坦丁堡的地理位置亦保证其能够经受历史的考验：在数个世纪内，其城墙和海区保护欧洲免受东面入侵者的侵袭和伊斯兰教的推进。巴比伦建于幼发拉底河的两岸，有陡峭的堤坝来控制该河的季节性洪水。长安的中心地位也是由于其地理位置，通往甘肃、四川、河南、湖北和山西的道路都汇合于此。14 世纪的阿姆斯特丹也由于其位置及汉萨同盟形成世界贸易，即商船从阿姆斯特丹开往波罗的海、北美洲和非洲，以及今天的印尼、印度、斯里兰卡和巴西，由此构建了世界贸易网络的基础。利物浦也同样由于其地理位置成为英国最重要的港口，到 19 世纪初 40% 的世界贸易通过利物浦船坞，到 19 世纪中期成为世界上最先进的码头之一和世界上最重要的港口之一。

最后，当前全球面临气候变暖等诸多挑战，需要全球协作积极应对。气候变化的影响可能在未来 20 年，特别是 21 世纪 30 年代加剧——更多的极端干旱和风暴、冰川和冰盖融化、气温上升导致的海平面上升等。它将对发展中国家和较贫穷地区产生影响，并与环境退化交织在一起，造成新的脆弱性，加剧经济繁荣、粮食、水、健康和能源安全的风险。加速恶化的气候将会严重影响粮食生产，挑战沿海城市的安全，威胁经济金融体系的稳定，并且可能造成大量的"气候难民"，甚至完全抵消世界在过去 50 多年中取得的进步，从而在全球范围内引发一场剧烈的系统性危机。根据资料显示，全球距离沿海 150 千米以内的地区共集聚着世界

44%的人口与80%的大城市,而这些城市多位于自然灾害频发地区,自然灾害成为影响人类生存的主要危险因素之一。Swiss Re分析了世界上最大的616个城市和地区的灾害潜势,认为东京—横滨、菲律宾马尼拉、中国珠三角和上海、大阪—神户、雅加达、洛杉矶等城市会遭受地震、海啸、风暴潮等自然灾害的影响。同时,随着全球气候变暖,气温上升带来海平面上升、山火频发,对沿海地区城市造成较大风险,不仅造成严重的环境污染,而且烟尘还影响到城市空气质量,增加了全球城市自然灾害风险,需要全球协作积极应对。

三 技术创新是决定全球城市及价值链体系演进的根本动力

农业技术发展促进城市产生,科技改变人类利用自然的范围、手段和能力,支持城市规模扩大、功能多样和形态复杂,也影响全球城市发展秩序。总体上,技术作用具有质变的意义,一旦有一个新技术就会对城市具有巨大的颠覆性影响。

一方面,先进的技术可以与制度结合,创造、改变和发展城市及其体系。如从城市内部来看,从史前时代开始,埃及人就学会经由计划性地建造灌溉渠道和水池来管理田地,在公元前3500到公元前2500年,其已在农业中使用犁、耙和施肥,各城市通过学习历法、利用工具大力发展。从外部来看,从铁器、马车、帆船到铁路,再到飞机、高铁、邮轮的发明,结合城市的位置、制度,大力发展对外贸易逐步演化出权力、文化、贸易三种价值体系,最终形成国际价值体系、国家价值体系、城市价值体系、城邦价值体系等多种嵌套的价值体系。如古埃及、巴比伦、亚历山大等帝国对外进行军事入侵,建立了跨欧亚非的统一政体,古埃及帝国的范围向东北扩张到叙利亚、巴勒斯坦,向南扩张到努比亚,从而形成以都城为中心、其他城市为外围的"中心—外围"聚集形态,呈现中东城市为主导、中国、印度城市崛起的多极格局。又如从9世纪到12世纪开始,欧洲北部从君士坦丁堡跨过中亚中部,东部通过巴格达、巴士拉和波斯湾连接,南部从亚历山大、开罗、红海连接着阿拉伯海和印度洋,形成了以罗马帝国城市、中东城市、中国古王朝城市为代表的东西方城市"大聚集、小分散"格局为主的体系。再如,当前的网络信息科技时代不仅带动了纽约、伦敦、巴黎、东京、北京等城市的崛起,更是带动了欧亚非整个区域形成的多层嵌套城市体系，各时代体系的发展均离不开发明创造的更新。

另一方面，落后的技术有可能主导摧毁和打破传统的体系，导致人类城市文明的倒退和价值链消弱或消失。如在公元5世纪罗马被日耳曼人攻破，人口减少、城市衰落、外敌入侵、大众迁移，科学发展因为战乱频繁与封建禁锢而受到重大打击，甚至出现倒退情况；而文化发展方面的打击更大，罗马及希腊的文明遗产则受到破坏，而且骑士们大多都是文盲，文化水准很低，加上当时兵荒马乱，令中世纪的欧洲文化发展不进反退。此外，公元四五世纪的迁徙和入侵打乱了地中海地区的贸易网络，各洲的商品停止进口到欧洲，到了公元7世纪末，在穆斯林征服的影响下，西欧地区再也没有发现非洲的产品。又如公元9世纪到12世纪，宋的经济繁荣程度可谓前所未有，农业、印刷业、造纸业、丝织业、制瓷业均有重大发展，各地也出现了各种制造工厂和加工工厂，航海业、造船业成绩突出，海外贸易发达，和南洋、南亚、西亚、非洲、欧洲等地区通商，但其最后也被金所灭，导致人类文明的倒退和价值链消弱或消失。

四 政治权力始终左右着全球城市及价值链体系的时空演进

首先，政治权利的不断膨胀压制了城市的长期发展。政治组织及其权力对城市文明价值创造具有必不可少的作用。尽管权力有着配置资源激励创造城市文明的能力，城邦兴起体现了政治权力和市场力量对城市产生的同等作用和意义。但是相对于自由市场交换，政府组织分配在配置资源、促进分工、激励劳动等主要领域无法比拟，与城市产生期和城市复兴期的城市文明价值增值，而城市发展期城市文明价值长期低水平波动，根本是政治权力压制了价值创造的空间和动力。

其次，政治和军事等级体系及变动影响甚至决定着城市文明的价值链等级体系及变动。在国内，尽管政治治理和军事征战不创造价值而进行非市场化的分配，但通过权力和军事权力的非市场分配，更多高端资源聚集等级更高的政治或军事中心城市，进而影响物质产品的生产和贸易、精神产品的创造和交流的城市分布。在城市发展期，由于帝国权力膨胀，各帝国的生产网络和价值链等级体系几乎与帝国城市的政治等级体系相重合。罗马、长安、巴格达、君士坦丁堡、大都等均是价值分配、生产或交换中心。在国际上，强国集团的势力范围及其全球治理影响全球城市体系结构和层级。古巴比伦征服了美索不达米亚南部的所有城市，包括伊辛、拉尔萨、乌尔、乌鲁克、尼普尔布、拉加什、埃利、基什、埃什南纳、阿克沙克、阿卡德、舒鲁帕克、巴德·提比拉、西帕尔和吉尔苏；罗马自公元前5世纪初开始到公元前1世纪前后扩张成为横跨欧洲、非洲称霸地中海的庞大罗马帝国；而在东亚的朝贡体系下，罗马帝国中心与周边国家所形成的国际城市政治等级体系影响，国际生产网络和价值链体系的等级结构，总体的政治和军事等级体系及变动决定着城市文明的价值链等级体系及变动。

最后，权力体系崩塌或更迭使得全球城市文明价值消弱甚至消亡。如公元4世纪中国北边众多游牧民族征服中原汉地北部，这些内徙的草原各族及汉族在中国华北地区建立数十个强弱不等、大小各异的政权，导致中国长期陷入战争，破坏了中国原有的政权和经济架构，民生经济大受破坏，人口锐减。公元5世纪欧洲时期没有一个强有力的政权来统治，罗马帝国被北方蛮夷所灭，导致整个罗马文明的消亡，封建割据带来频繁的战争，天主教对人民思想的禁锢造成科技和生产力发展停滞。又如公元12世纪，宋朝被金所灭，导致中原文明消弱。这类情况均造成了全球城市文明价值消弱甚至消亡。

目前全球处在百年未有之大变局，保护世界和平，维持以联合国为基础的国际政治秩序，促进全球文明价值创造，需要警惕民粹主义、极端主义等各种潜在威胁。当前，全球的经济、军事、政治等各个方面均处在百年未有之大变局中，这很可能产生一个更容易发生冲突和动荡的地缘政治环境，破坏多边主义并扩大跨国挑战与应对挑战的机制安排间的不匹配。例如，民粹主义泛滥、极端主义盛行、种族歧视严重，对内政治极化，对外大搞意识形态斗争，政客与媒体不惜偏离科学理性乃至抛弃事实，以夸张、虚假的言论吸引民众。未来需要警惕民粹主义、极端主义等各种潜在威胁。

五　自由贸易不遗余力地扩展着全球城市及其价值链体系

基于互利共赢的自由贸易决定了城市的产生和繁荣，同时也克服重重山河阻隔、军事征战和权力壁垒将广阔的城市联系在一起,形成不同层次的国内、区域和全球城市体系。在利益的驱动下,城市有动力不遗余力的去进行相互贸易,而这对全球城市体系的扩展、联系以及价值链体系的构建起到关键作用。马里在公元前2900年至公元前1759年之间发展成为贸易中心和霸权国家,拉尔萨地区是穿越波斯湾的主要贸易中心。底比斯靠近努比亚和东部沙漠,拥有宝贵的矿产资源和贸易路线。华氏城位置帮助它统治了印度—恒河平原的河流贸易,从而成为重要的贸易和商业中心,吸引了来自印度各地的商人和知识分子。迦太基城依赖与塔特索斯与其他伊比利亚半岛城邦间的贸易,垄断了大西洋锡贸易,迦太基在地中海中央的优越位置令其便于控制西西里岛到突尼斯之间的贸易,曾一度成为地中海西部城市贸易的中心。此时形成的地中海贸易圈连接着埃及文明、美索不达米亚文明、爱琴海文明,而亚历山大港则被设计为非洲、近东和地中海地区的贸易中心。又如波罗的海贸易圈与北欧贸易圈,科隆、吕贝克、汉堡和不来梅这四座城市由于地理位置的便利,与盎格鲁—撒克逊诸国和爱尔兰之间形成贸易关系;到14世纪中叶,已经扩展至波罗的海南岸、东岸的所有德国港口城市,并扩展到英国、弗兰德斯、丹麦、斯堪的纳维亚、俄罗斯、芬兰等地,建立了文德商圈、萨克森商圈、波美拉尼亚商圈、普鲁士和利沃尼亚商圈、莱茵河商圈,设立伦敦、布鲁日、卑尔根、诺夫哥罗德四大商站;到18—19世纪,世界存在着两个重要贸易中心,一个是围绕欧洲宗主国和美洲、非洲殖民地的三角贸易,进而形成欧美非的城市体系,另一个是以南海为中心的中国、欧洲、东南亚、日本的贸易圈,最终形成欧亚城市体系;到20—21世纪,随着关税及贸易总协定、欧洲自由贸易联盟、北美自由贸易协定,特别是世界贸易组织的成立,信息技术的推动促使全球各城市以群网化的方式紧密联系在一起,最终形成不同层次的国内、区域和全球城市体系。

但未来逆全球化和贸易保护主义在威胁全球生产网络和贸易体系。当前逆全球化和贸易保护蔓延到经济社会生活的方方面面,逆全球化和贸易保护环境下,主要发达国家在战略性科技领域布局的同时,引导制造业回流,增强自身的产业供应链自给自足能力,将会导致全球新分裂出现。全球化进程短时期内将遭遇技术"脱钩""断链"等带来的剧烈冲击，逐渐演变成贸易战、贸易摩擦、分割市场等不确定状态，这严重阻碍了全球城市体系深化。此外，全球产业链体系不可避免进入深刻调整期，全球产业链阵营化、区域化、集群化、短链化趋势逐步显现。

六 思想文化始终并将日益压倒性影响全球城市价值创造

思想文化来源于人类交互，也是人类创造并被积累且具有规模报酬递增的作用。思想文化的生产、传播已经深刻影响人类交互及发展。文化主要在城市产生，全球各地城市思想文化成果及其扩散能力差异及其变化影响全球城市体系文明格局，影响城市文明价值链体系的演进。

在城市孕育期，即使在城市产生之前的临时性集市上，不仅出现相互交换的食物、玉石、加工工具等，更是形成了一种丰富的生活联系，包括各种祭祀性精神活动、艺术活动等。如埃利都早期的村庄式聚居地（约公元前5000年）在约公元前2900年发展为以泥砖—芦苇房为特征的城市聚居地，其核心为阿普苏神庙区，人们为了各种祭祀性精神活动、艺术活动聚集一起。最早的乌鲁克城就是由欧贝德时期两个相似的小型定居点融合而来（两个小型定居点后来发展为神庙），其适于农业发展，又地处交通要道，方便相互贸易和文明交流，从而有利于早期文明的发展。

在城市产生期，几乎每个城邦和城邦联盟都有神灵崇拜和思想表达，严重影响城邦的思想价值观念和社会凝聚力。约公元前6000到公元前1000年，古代两河流域、小亚细亚、希腊、罗马、印度和波斯等地原始宗教和古代宗教盛行。在公元前5100年，美索不达米亚平原南部已经在兴建神庙如底比斯作为皇室居地和宗教膜拜的宗教中心，其从公元前22世纪中期到公元前18世纪曾繁荣一时；中国的殷墟也作为重要的统治中心、文化中心和宗庙中心主导全国；早期的希腊城邦宗教色彩十分浓厚，人民觉得神明无所不在。又如公元前1200年的培尔—拉美西斯面积超过15平方千米，人口超过25万人，是当时古埃及乃至北非地区最繁华的城市，其主要作为当时古埃及王朝的首都，具有较强的行政功能，同时该城分四区，由阿蒙、瓦吉特埃及神和塞特、阿斯塔蒂亚洲神分居神庙，也是当时埃及重要的宗教中心。

在城市发展期，公元前500年前后"轴心时代"及之后宗教深刻广泛影响城市价值创造和实现进程。希腊哲学、印度的印度教和佛教、中国的儒教和道教、波斯的琐罗亚斯德教、以色列的犹太教等精神产品成为人类精神思想的根基,对人类城市文明发展和价值创造产生了深远的影响。公元1世纪基督教、公元7世纪的伊斯兰教,不仅对当时欧洲和伊斯兰世界而且对此后的世界产生广泛的影响。

在城市复兴期,文艺复兴、宗教改革和启蒙运动起源于欧洲城市,进而深刻影响城市的发展。15世纪由于资本主义萌芽的诞生,资产阶级发展生产需要科学文化知识,要求在思想上摆脱封建主义的束缚,希望在思想上和艺术上有着自己的突破,而此时佛罗伦萨、威尼斯、锡耶纳、热那亚等城市由于地理位置优越、经济率先发展,后逐渐扩展至欧洲各国,深刻影响着知识、文学、社会和政治各个方面,进而深刻影响城市的发展。特别是1750年工业革命以后,伦敦、巴黎、纽约、东京等城市,随着思想文化的传播逐步成为国家的中心、区域的中心和世界的中心,影响着全球城市体系文明格局。

第二部分 主题报告：
城市竞争力与 SDG

第三章

全球城市可持续发展目标（SDGs）的实施进展

——基于城市可持续竞争力的视角

在全球的快速城镇化进程中，城市的可持续发展已成为全球最重要的发展议题之一。对可持续发展进行评估和监测的重要理论基础是联合国可持续发展目标（SDGs）体系，这也是《2030年可持续发展议程》（以下简称"2030议程"）的核心内容。SDGs囊括17个发展目标领域，涵盖了社会、经济、环境三大支柱，形成了一个综合的目标体系。联合国负责制定可持续发展目标体系工作的跨部门专家组（简称"IAEGS-DGs"）于2017年公布SDGs官方指标体系，用于监测全球可持续发展目标的实施进程。2015年以来，联合国可持续发展行动网络（SDSN）每年都会发布年度《可持续发展目标指数和指示板报告》（*SDG Index and Dashboards Report*），对各个国家落实可持续发展目标进行评估。这套指标体系，作为全球范围内较为认可的、了解各国实现可持续发展目标现状的理论框架，为各国家、地区之间进行横向比较提供了可能性。但SDGs的评价主体是全球和区域进展，对于在城市层面进行可持续发展程度的评价，有一定的局限性。因此，有必要构建一套符合城市发展特点的评估指标体系，更好地评估城市可持续发展的综合现状，另外也可以形成与SDGs评估的对标和衔接，以促成SDGs各项目标的实施。

对城市可持续发展进行量化监测具有重要意义，它是城市规划与管理者衡量当前城市设计政策、污染和公民获得服务等方面的社会经济和环境影响的工具，可有效对城市可持续发展问题进行诊断，为城市善治以及科学的解决对策提供参考。本章将结合城市可持续竞争力的基本理论，与 SDGs 评价体系进行对标分析，并评估监测全球城市的可持续发展目标实施进展。

本章的主要创新点在于：（1）提出了一个关于可持续发展目标的矩阵式理论框架；（2）结合城市可持续竞争力理论，构建了一个适用于城市可持续发展目标进展监测的指标体系；（3）首次对全球 50 万人口以上的 1000 多个城市进行了全样本评估，覆盖面更广。

第一节 联合国可持续发展目标

一 可持续发展目标简介

联合国可持续发展目标（Sustainable Development Goals，SDGs），是致力于通过协同行动消除贫困，保护地球并确保人类享有和平与繁荣。它是在千年发展目标（Millennium Development Goals，MDGs）到期之后继续指导 2015—2030 年全球发展工作的全球共识性目标，是实现所有人更美好和更可持续未来的蓝图。2015 年 9 月，由 193 个成员国共同签署的《改变我们的世界：2030 年可持续发展议程》正式提出 17 个可持续发展目标（goals）和 169 项具体指标（targets），旨在指导各会员国从 2015 年到 2030 年的 15 年内，以综合方式彻底解决社会、经济和环境三个维度的发展问题，转向可持续发展道路。2017 年 7 月在联合国大会上通过包含 232 项指标（indicators）的全球指标框架。

表3.1　　　　　　联合国 17 个可持续发展目标（SDGs）

目标 1	在全世界消除一切形式的贫穷
目标 2	消除饥饿，实现粮食安全，改善营养状况和促进可持续农业
目标 3	确保各年龄段人群的健康生活方式，促进他们的福祉
目标 4	确保包容和公平的优质教育，让全民终身享有学习机会
目标 5	实现性别平等，增强所有妇女和女童的权能

续表

目标6	为所有人提供水和环境卫生并对其进行可持续管理
目标7	确保人人获得负担得起的、可靠和可持续的现代能源
目标8	促进持久、包容和可持续经济增长,促进充分的生产性就业和人人获得体面工作
目标9	建造具备抵御灾害能力的基础设施,促进具有包容性的可持续工业化,推动创新
目标10	减少国家内部和国家之间的不平等
目标11	建设包容、安全、有抵御灾害能力和可持续的城市和人类住区
目标12	确保采用可持续的消费和生产模式
目标13	采取紧急行动应对气候变化及其影响
目标14	保护和可持续利用海洋和海洋资源以促进可持续发展
目标15	保护、恢复和促进可持续利用陆地生态系统,可持续管理森林,防治荒漠化,制止和扭转土地退化,遏制生物多样性的丧失
目标16	创建和平、包容的社会以促进可持续发展,让所有人都能诉诸司法,在各级建立有效、负责和包容的机构
目标17	加强执行手段,重振可持续发展全球伙伴关系

资料来源:根据联合国官网的公开资料整理。

二 可持续发展目标:理论框架

联合国提出的可持续发展目标涉及经济、社会和环境发展各个方面包含的17个目标,下属169个具体目标以及232项指标之间相互联系,共同组成了一个综合的有机目标体系。一个目标实现的关键往往依赖于其他目标相关问题的解决。但是整个目标体系比较庞杂,目标之间会存在协同反馈效应,甚至有些目标之间还可能存在一定冲突性。

经过研究发现这些目标不是一维逻辑关系,而是交叉和多维的逻辑关系。17个目标从不同程度都或多或少地服务于消除贫困(公平、包容、可负担),保护地球(生态、抗灾),确保和平繁荣(安全、福祉)以及可持续(创新、持久)这四大总体目标。因此,本书首先从理论上建立新的可持续发展目标结构框架即可持续发展目标矩阵框架。从纵向上,17个目标归类为:人与社会、资源环境,经济发展以及全球联系这四个目标类别。从横向上,总体目标效果划分为消除贫困、保护地球、确保和平与繁荣以及可持续,又可分为公平、包容、可负担、生态和防灾、安全与福祉、创新与持久等9个方面,从而形成一个可持续发展目标的矩阵结构框架（见表3.2）。

表3.2　　可持续发展目标（SDGs）理论框架

	目标	消除贫困（公平、包容、可负担）	保护地球（生态、抗灾）	确保和平繁荣（安全、福祉）	可持续（创新、持久）
人与社会	目标2 消除饥饿				
	目标3 健康与福祉				
	目标4 优质教育				
	目标5 性别平等				
	目标10 减少不平等				
	目标16 和平、包容、正义和强大机构				
资源环境	目标6 清洁饮水和卫生设施				
	目标7 经济适用的清洁能源				
	目标13 气候行动				
	目标11 可持续城市和人类住区				
	目标14 水下生物				
	目标15 陆地生物				
经济发展	目标1 消除贫困				
	目标8 体面工作和经济增长				
	目标9 产业、创新和基础设施				
	目标12 负责任消费和生产				
全球联系	目标17 促进目标实现的伙伴关系				

注：白色是没有涉及，浅色是涉及，深色表示多次涉及。

第二节 城市可持续竞争力：概念框架

随着经济和社会的快速发展，如何在较少的资源和环境消耗基础上提高城市的竞争力水平，以及如何将城市环境和社会的约束限制转化为经济增长的新动力，即城市竞争力的可持续性问题受到国内外学者的广泛关注。城市可持续竞争力是一个城市通过提升其经济、社会、环境和技术优势，系统性实现城市最优发展，更好、更持续地满足城市居民复杂而挑剔的社会福利能力。故而，可持续竞争力和未来长期竞争力，是推动支撑城市永续发展和竞争的关键因素及有机构成。最具可持续竞争力的城市是能够确保当前和未来最持续、最有效率的创造财富，为世代居民提供更多福利能力的城市。

根据城市可持续竞争力的决定机制：由众多的软件和硬件要素的相互结合和相互作用，通过投入和过程，形成一定营商和宜居环境，决定城市居民的长期效用状况，从而决定城市可持续竞争力的产出。借鉴宏观经济循环理论和迈克尔波特的竞争优势理论，按照城市竞争力的"弓弦箭"概念模型，构建城市可持续竞争力的决定方程：

$$SC = F（EV, TI, EQ, SI, GC）$$

经济活力（EV）反映城市的经济发展水平与发展速度。科技创新（TI）是城市可持续发展最终的动力源泉。环境质量（EQ）包括自然生态环境质量决定城市可持续性。社会包容（SI）是凝聚和融合各种核心要素的重要力量。全球联系（GC）决定了城市利用全球资源和市场的大小。

基于上述城市可持续竞争力的概念框架，本书构造了一套城市可持续竞争力的解释性指标体系。该指标体系包括经济活力、科技创新、社会包容、环境质量以及全球联系五个一级解释性指标，每个一级指标由若干二级指标组成，具体内容将列于附录。

第三节 从城市可持续竞争力看全球可持续发展目标进展

城市可持续竞争力是各个城市、地区实现可持续发展目标的核心动力。城市可持续竞争力的概念框架与联合国可持续发展目标的体系具有内在相通性和关联性。17个可持续发展目标归结为人与社会、资源环境、经济发展以及全球联系四个目标维度，而城市可持续竞争力的概念框架中也包含了这几个维度的因素。城市可持续竞争力是更好更持续地满足和提升城市居民社会福利的能力体现，其涉及可持续发展的投入、过程及最终结果三个层面，所以，城市可持续竞争力的内涵比可持续发展目标更高且更丰富。

基于城市可持续竞争力的指标体系，通过合理的匹配，可以为各个可持续发展目标提供比较有效的监测。对于不同的可持续发展目标，匹配至少一个代表性指标，其对应的指标可能会有部分重复，但这些重复指标正能体现出可持续发展目标之间的交叉重叠和关联性。

一 评估的指标体系

本书基于城市可持续竞争力的解释性指标与SDG指标体系进行匹配，以评估城市可持续发展目标的实施进展。通过城市可持续竞争力与可持续发展目标的对比分析后发现：城市可持续竞争力的指标体系，能为SDGs 17个目标的主要方面提供有参考意义的监测，此外，还会补充其他一些指标用以刻画部分可持续发展目标，具体指标体系包括：

目标1主要聚焦于消除贫穷，贫穷状况是由一定收入水平决定的，本书选择人均收入分档占比来监测，即用人均年收入低于1000美元人口的占比表示；目标2主要聚焦于零饥饿和可持续农业，本书选择粮食安全指数进行表示。目标3主要聚焦于良好的健康与福祉，选择人均医疗健康机构数量和医疗质量指数（HAQ Index）进行综合刻画；目标4主要聚焦于优质的教育，本书使用大学指数、学术论文指数、历史文化指数以及文化设施指数等指标来监测；目标5主要聚焦于性别平等，选取了世界经济论坛（World Economic Forum，WEF）发布的性别平等指数来监测；目标6主要聚焦于清洁饮水和卫生设施，清洁的水源以及优良的卫生设施与医疗机构也密切相关，因此选择医疗健康机构指数来监测；目标7主要聚焦于经济适用的清洁能源，采用电力充沛度来监测；目标8主要聚焦于体面工作和经济增长，选择经济增长率、劳动生产率以及青年人才比例等指标来监测；目标9主要聚焦于产业、创新和基础设施，选择开放度指数，专利申请指数，科技企业指数，科研人员联系度，经商便利度指数等指标来监测；目标 10 主要聚焦于减少不平等，采用社会公平指标监测；目标 11 主要聚焦于可持续城市和社区，选取劳动生产率、居住成本指数、间接市场融资便利度、交通便捷度、社会安全指数、社会公平指数、生态多样性、环境污染度、自然灾害指数、人地关系、历史文化指数、市民参与度 12 个指标来综合衡量；目标 12 主要聚焦于负责任生产和消费，选用环境污染度和单位 GDP 能耗来监测；目标 13 主要聚焦于气候行动，选择气候舒适度和环境污染度来综合评价；目标 14 主要聚焦于水下生物，选取生态多样性来监测；目标 15 主要聚焦于陆地生物，也选取生态多样性来监测；目标 16 主要聚焦于和平、正义和强大机构，选择社会安全和产权保护指数来监测；目标 17 主要聚焦于促进目标实现的伙伴关系，选用航空联系度，金融企业联系度，科技企业联系度以及航运联系度等指标来监测。通过这些指标，大致可以为可持续发展的 17 个目标以及综合情况的评估提供一个有效的工具。

表 3.3　　城市可持续竞争力与全球可持续发展目标的对标

		消除贫困 （公平、包容、可负担）	保护地球 （生态、抗灾）	确保和平繁荣 （安全、福祉）	可持续 （创新、持久）
人与社会	目标 2 消除饥饿	*粮食安全指数			
	目标 3 良好健康与福祉			医院数量指数	
	目标 4 优质教育			博物馆数量指数 图书馆数量指数	4.2 学术论文指数 4.4 大学指数
	目标 5 性别平等	*WEF 性别平等指数			
	目标 10 减少不平等	3.3 社会公平指标			
	目标 16 和平、包容、正义和强大机构			3.2 社会安全	1.2 产权保护指数

续表

		消除贫困 （公平、包容、可负担）	保护地球 （生态、抗灾）	确保和平繁荣 （安全、福祉）	可持续 （创新、持久）
资源环境	目标6 清洁饮水和卫生设施		3.6 医疗健康机构指数		
	目标7 经济适用的清洁能源				2.2 电力充沛度
	目标13 气候行动		2.4 气候舒适度 2.5 环境污染度		
	目标11 可持续城市和人类住区	1.1 间接市场融资便利度 1.5 劳动生产率 3.3 社会公平指数	2.3 生态多样性 2.5 环境污染度 2.6 自然灾害指数 *人地关系	2.1 交通便捷度 3.2 社会安全指数 3.4 居住成本指数 *市民参与度	3.1 历史文化指数
	目标14 水下生物		2.3 生态多样性		
	目标15 陆地生物		2.3 生态多样性		
经济发展	目标1 消除贫困	*人均收入分档占比			
	目标8 体面工作和经济增长	1.5 劳动生产率			1.3 青年人才比例 1.4 经济增长率
	目标9 产业、创新和基础设施			1.1 经商便利度指数 3.5 开放度指数	4.1 专利申请指数 4.3 科技企业指数 5.3 科研人员联系度

续表

		消除贫困 （公平、包容、可负担）	保护地球 （生态、抗灾）	确保和平繁荣 （安全、福祉）	可持续 （创新、持久）
经济发展	目标12 负责任消费和生产		2.5 环境污染度		＊单位GDP能耗
全球联系	目标17 促进目标实现的伙伴关系	5.1 航空联系度 5.4 金融企业联系度 5.5 科技企业联系 5.6 航运联系度			

注：白色是没有涉及，浅色是涉及，深色表示多次涉及。

二 样本选择与数据获取

样本城市的确定是开展全球城市可持续竞争力研究的基础。为了保证样本城市具有广泛性和典型性，本书研究的样本城市以联合国经济和社会事务部2015年发布的《世界城镇化展望》为基础，剔除了城市人口小于50万人的样本，同时结合中国和个别国家的具体情况，最终选择1006个城市作为研究对象。就空间分布而言，本书共涉及6大洲135个国家和地区的共1006个城市，基本覆盖了当今全球不同发展水平的城市。

可持续发展目标进展评估是一个对数据质量和数量都要求很高的研究项目。课题组中的数据收集小组从官方统计出版物、官方网络、学术研究成果等多种渠道搜集数据。本书指标体系所使用的数据主要有四个来源，包括各国政府统计机构、国际性统计机构、国际性研究机构或公司的主题报告和调查数据、通过网络爬虫抓取大数据。数据资料的具体来源情况和指数解释见GUCP数据库。

三 评估方法及结果分级

由于评估中所用各项指标数据的量纲不同，首先应对所有指标数据进行无量纲化处理。客观指标分为单一客观指标和综合客观指标。对于单一性客观指标原始数据的无量纲处理，主要采取标准化、指数化、阈值法和百分比等级法四种方法。综合客观指标原始数据的无量纲化处理过程是：先对构成中的各单个指标进行量化处理，再用等权法加权求得综合的指标值。

值得指出的是，本书进行标准化处理时样本最大值的选取原则与传统方法有差别，为了更好地刻画和监测可持续发展目标的实现程度，我们将最大值与可持续发展目标值尽可能地匹配，存在可行目标值的则将其作为标准化时的最大值或最优值，其他情况下则采用前五名的均值作为最优值或最大值，或者采用前1%分位数值作为最优值，然后基于此进行标准化处理，这样就实现了可持续发展目标实施进展的有效监测和评估。

根据SDG得分的分布情况，将可持续发展目标的实施进展分为五个等级层次，将综合得分在0.75分及以上的城市归为Ⅰ类城市；综合得分在0.65—0.75分之间的城市归为Ⅱ类城市；综合得分在0.60—0.65分之间的归为Ⅲ类城市；综合得分在0.50—0.60分之间的归为Ⅳ类城市；综合得分在0.5分以下的归为Ⅴ类城市。这五类城市可持续发展目标的实现水平依次下降，与理想目标的距离则依次增加。具体分级规则如表3.4所示：

表3.4　　城市可持续发展目标实现程度的分级标准

城市等级	SDG得分	SDG实现程度
Ⅰ类	[0.75, 1.00]	非常接近
Ⅱ类	[0.65, 0.75)	比较接近
Ⅲ类	[0.60, 0.65)	稍有距离
Ⅳ类	[0.50, 0.60)	较大距离
Ⅴ类	[0, 0.50)	很大距离

资料来源：笔者整理。

第四节　可持续发展目标实施进展的整体监测结果

基于上述分析逻辑，本书从城市可持续竞争力的指标体系出发，匹配出城市可持续发展目标的监测指标，根据相关指标数据就能对可持续发展目标的实施进展和状况进行评估和分析。

一 全球总体格局：区域差距明显，SDG 子目标进展各异

全球 1006 个样本城市的 SDG 整体平均得分为 0.624 分，可持续发展目标的实现水平处于"稍有距离"的阶段。SDG 综合得分处于 [0.329, 0.801] 的区间，综合得分在 0.75 分及以上的为 I 类城市，共有 45 个城市，约占全部样本的 4.5%，这些城市的可持续发展目标处于"非常接近"状态；综合得分在 [0.65, 0.75) 区间为 II 类城市，共 257 个城市，约占全部样本的 25.5%，这些城市处于"比较接近"状态；综合得分在 [0.60, 0.65) 区间为 III 类城市，共 387 个城市，约占全部样本的 38.5%，这些城市处于"稍有距离"状态；综合得分在 [0.50, 0.60) 区间为 IV 类城市，共 260 个，约占全部样本的 25.8%，这些城市处于有"较大距离"状态；综合得分低于 0.50 分的为 V 类城市，共 57 个城市，约占全部样本的 5.7%，这些城市处于有"很大距离"状态。"非常接近"和"很大距离"这两类样本城市一共占比 10% 左右，全球城市 SDGs 实现程度总体呈现"橄榄"形分布。

表 3.5　　　　　　　　　**SDG 不同层级城市分布**

城市等级	SDG 得分	SDG 实现程度	城市数量	样本占比	代表性城市
I 类	[0.75, 1.00]	非常接近	45	4.5%	奥斯陆、波士顿、大阪、慕尼黑、墨尔本
II 类	[0.65, 0.75)	比较接近	257	25.5%	北京、莫斯科、班加罗尔、里约热内卢、开普敦
III 类	[0.60, 0.65)	稍有距离	387	38.5%	佛山、内罗毕、利马、雅加达、利雅得
IV 类	[0.50, 0.60)	较大距离	260	25.8%	包头、卡拉奇、吉大港、加拉加斯、阿布贾
V 类	[0.00, 0.50)	很大距离	57	5.7%	罗安达、金沙萨、喀布尔、大马士革、亚丁

资料来源：笔者整理。

从样本分布来看，处于中间状态的 III 类城市占比最大，城市非常集

中，而Ⅰ类和Ⅴ类城市占比较小，整体呈现"两头小中间大"的纺锤形结构。值得注意的是，在SDG得分超过0.70后出现了一个次波峰，这表明在可持续发展目标实现程度较好的城市中出现一定断层，在头部城市中形成"领先俱乐部"。本书对城市可持续发展目标的监测结果进行描述性统计分析，统计结果如表3.6所示。

表3.6　可持续发展目标进展的描述性统计

SDG目标	指标	样本	均值	变异系数	最小值	最大值
1. 无贫困	SDG1	1006	0.935	0.159	0.059	1.000
2. 零饥饿	SDG2	1006	0.798	0.159	0.369	1.000
3. 健康与福祉	SDG3	1006	0.495	0.279	0.019	0.925
4. 优质教育	SDG4	1006	0.432	0.440	0.003	0.972
5. 性别平等	SDG5	1006	0.687	0.074	0.494	0.842
6. 饮水及卫生	SDG6	1006	0.495	0.279	0.019	0.925
7. 清洁能源	SDG7	1006	0.640	0.375	0	1.000
8. 工作及增长	SDG8	1006	0.616	0.139	0.263	0.929
9. 产业与创新	SDG9	1006	0.376	0.444	0.096	0.891
10. 减少不平等	SDG10	1006	0.735	0.124	0.464	0.950
11. 可持续城市	SDG11	1006	0.690	0.083	0.383	0.849
12. 负责任消费及生产	SDG12	1006	0.724	0.117	0.341	0.952
13. 气候行动	SDG13	1006	0.641	0.161	0.233	0.899
14. 水下生物	SDG14	1006	0.651	0.263	0.101	0.871
15. 陆地生物	SDG15	1006	0.651	0.263	0.101	0.871
16. 和平与正义	SDG16	1006	0.629	0.208	0.169	0.984
17. 伙伴关系	SDG17	1006	0.418	0.553	0.018	0.998
综合得分	SDG	1006	0.624	0.119	0.329	0.801

资料来源：中国社会科学院城市与竞争力指数数据库。

全球城市SDG各子目标的实现程度不同步。无贫困（SDG1）和零饥饿（SDG2）的实现水平最好，达到"非常接近"状态，而优质教育（SDG4）、产业与创新（SDG9）以及伙伴关系（SDG17）等还处于有"很大距离"状态，目标实现面临很大挑战。从全球城市整体的SDG子目标进展情况来看，SDG1、SDG2、SDG10、SDG12等几个子目标的均值都超过0.7，SDG5、SDG7、SDG11、SDG13—SDG16等子目标的均值都超过SDG综合得分的均值0.624，表明这些子目标的实施进展相对表现良好，其中SDG1和SDG2的均值更高，分别为0.935和0.798，这说明全球的城市在消除贫困及饥饿问题方面的进展很好，而SDG9的均值为0.376，在所有子目标中得分最低，说明很多城市在产业发展及创新等方面的进展很滞后，离实现可持续发展目标还有很大距离。SDG4和SDG9这两个子目标的均值都相对较低，而变异系数却比较大，这说明全球的城市在优质教育及创新等方面分化程度很大，整体水平也有待继续改善。SDG17也存在类似问题，整体均值水平较低，而变异系数很大，表明城市之间在促进目标实现的伙伴关系方面存在较严重的两极分化现象。

大洋洲、欧洲及北美洲的城市可持续发展处于领先地位，整体均达到"比较接近"状态，亚洲和南美洲的城市整体处于"稍有距离"状态，而非洲城市整体处于有"较大距离"状态，面临的挑战巨大。从各大洲城市实现可持续发展目标的情况来看，大洋洲城市的SDG得分平均值最高，达到0.735，表明该地区的城市可持续发展目标的实现进展整体表现很优秀。其次是欧洲和北美洲的城市，整体均值分别为0.694和0.684，皆远超过全球城市的整体均值0.624。非洲城市的均值水平为0.524，处

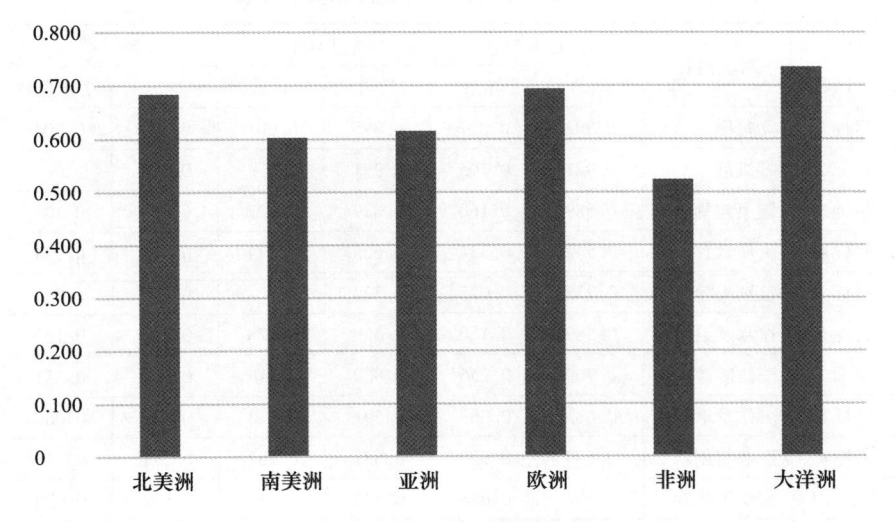

图3.1 各大洲SDG综合得分情况

资料来源：笔者绘制。

于各大洲的最低水平,而亚洲和南美洲城市的均值水平与全球整体均值相比较低,有所差距,这些地区城市的可持续发展目标面临相当大的挑战,尤其是非洲地区的城市,未来应该更大力度地推进 SDG 子目标得分较低的劣势领域继续提升。

二 区域层面进展状况

根据洲际划分,本书重点选取代表性国家进行可持续发展目标进展状况方面的比较分析,具体包括北美洲的美国和墨西哥、南美洲的巴西和哥伦比亚、亚洲的日本和中国、欧洲的德国和俄罗斯、非洲的南非和尼日利亚、大洋洲的澳大利亚和新西兰等。

(一)北美洲国家

北美洲城市整体处于"比较接近"状态,但在不平等及生态环境问题方面存在一定挑战。北美洲城市可持续发展目标的实现进展表现良好,SDG 综合得分均值为 0.684,大部分 SDG 子目标的实现水平优于全球城市平均水平,而 SDG10、SDG14 和 SDG15 的实现水平相对不足,低于全球平均水平。

表 3.7　　北美洲主要国家可持续发展目标实现进展

SDG目标	对应内容	北美洲 均值	北美洲 变异系数	美国 均值	美国 变异系数	墨西哥 均值	墨西哥 变异系数
目标1	无贫困	0.992	0.017	0.995	0.001	0.993	0.004
目标2	零饥饿	0.921	0.105	0.991	0	0.821	0
目标3	健康与福祉	0.589	0.160	0.629	0.128	0.558	0.107
目标4	优质教育	0.542	0.334	0.605	0.274	0.413	0.324
目标5	性别平等	0.735	0.025	0.724	0	0.754	0
目标6	饮水及卫生	0.589	0.160	0.629	0.128	0.558	0.107
目标7	清洁能源	0.769	0.256	0.800	0.214	0.680	0.331
目标8	工作及增长	0.683	0.063	0.691	0.043	0.692	0.066
目标9	产业与创新	0.540	0.300	0.621	0.187	0.371	0.218
目标10	减少不平等	0.707	0.088	0.742	0.017	0.632	0.034
目标11	可持续城市	0.720	0.046	0.725	0.034	0.709	0.043

续表

SDG目标	对应内容	北美洲 均值	北美洲 变异系数	美国 均值	美国 变异系数	墨西哥 均值	墨西哥 变异系数
目标12	负责任消费及生产	0.752	0.084	0.758	0.045	0.736	0.123
目标13	气候行动	0.673	0.101	0.661	0.068	0.684	0.130
目标14	水下生物	0.626	0.203	0.612	0.216	0.641	0.181
目标15	陆地生物	0.626	0.203	0.612	0.216	0.641	0.181
目标16	和平与正义	0.665	0.205	0.741	0.092	0.529	0.141
目标17	伙伴关系	0.503	0.439	0.593	0.304	0.275	0.498
SDG	综合得分	0.684	0.079	0.713	0.052	0.629	0.045

资料来源：中国社会科学院城市与竞争力指数数据库。

美国城市整体处于"比较接近"状态，但在气候变化及生态环境等方面挑战较大。美国城市可持续发展目标的实现进展整体表现良好，SDG综合得分均值为0.713，远高于全球平均水平。在大多数可持续发展目标上表现很好，超过北美洲城市的平均水平，但在SDG5、SDG13－SDG15等发展目标上表现相对一般，与北美洲城市的平均水平相比偏低，表明美国城市在推进性别平等、应对气候变化及保护生态环境方面存在一定挑战。

墨西哥城市整体处于"稍有距离"状态，在持续发展目标的实现上存在较大挑战，伙伴关系（SDG17）和产业与创新（SDG9）方面的问题尤其突出。墨西哥是北美洲较大的发展中国家，在城市的可持续发展目标实现上，墨西哥城市整体表现一般，SDG综合得分均值为0.629。墨西哥城市在SDG1、SDG5、SDG8、SDG13—SDG15等发展目标上实现水平较好，高于北美洲城市的平均水平，而在其余发展目标上仍然面临很大挑战，实现水平低于北美洲城市的平均水平。

（二）南美洲国家

南美洲城市整体处于"稍有距离"状态，在产业与创新（SDG9）和伙伴关系（SDG17）方面发展很滞后。整体上，南美洲城市可持续发展目标的实现进展表现一般，SDG综合得分均值为0.603，低于全球平均水平，SDG3—SDG7、SDG12，SDG13等子目标的实现水平高于全球城市平均水平，而其余10个SDG子目标的实现水平相对不足，低于全球平均水平。

表3.8　　　　　　南美洲主要国家可持续发展目标实现进展

SDG目标	对应内容	南美洲 均值	南美洲 变异系数	巴西 均值	巴西 变异系数	哥伦比亚 均值	哥伦比亚 变异系数
目标1	无贫困	0.931	0.045	0.921	0.031	0.948	0.017
目标2	零饥饿	0.766	0.191	0.830	0	0.821	0
目标3	健康与福祉	0.531	0.167	0.561	0.129	0.537	0.100
目标4	优质教育	0.447	0.336	0.468	0.286	0.418	0.333
目标5	性别平等	0.717	0.039	0.691	0	0.758	0
目标6	饮水及卫生	0.531	0.167	0.561	0.129	0.537	0.100
目标7	清洁能源	0.687	0.374	0.778	0.234	0.687	0.335
目标8	工作及增长	0.575	0.155	0.580	0.037	0.653	0.044
目标9	产业与创新	0.340	0.347	0.346	0.289	0.342	0.412
目标10	减少不平等	0.606	0.066	0.568	0.019	0.621	0.055
目标11	可持续城市	0.649	0.069	0.659	0.041	0.661	0.031
目标12	负责任消费及生产	0.745	0.108	0.732	0.103	0.738	0.103
目标13	气候行动	0.680	0.145	0.669	0.152	0.721	0.153
目标14	水下生物	0.624	0.199	0.628	0.157	0.693	0.067
目标15	陆地生物	0.624	0.199	0.628	0.157	0.693	0.067
目标16	和平与正义	0.477	0.222	0.484	0.127	0.552	0.119
目标17	伙伴关系	0.315	0.695	0.294	0.626	0.319	0.627
SDG	综合得分	0.603	0.078	0.612	0.040	0.629	0.052

资料来源：笔者计算。

巴西城市整体处于"稍有距离"状态，但巴西在减少不平等（SDG10）方面面临的挑战较大。巴西是南美洲最大的国家，巴西城市可持续发展目标的实现进展整体表现一般，SDG综合得分均值为0.612。在多数发展目标上表现较好，超过南美洲城市的平均水平，但在SDG1、SDG5、SDG10、SDG12、SDG13、SDG17等发展目标上表现较差，说明在消除贫穷、促进性别平等、减少不平等、推进负责任消费及生产、应对气候变化、建立伙伴关系等方面存在较大挑战，需要进一步改善，尤其在减少不平等（SDG10）方面与南美洲城市的平均水平差距很明显。

哥伦比亚城市整体处于"稍有距离"状态,在优质教育(SDG4)和负责任消费及生产(SDG12)方面发展得相对滞后。哥伦比亚是南美洲人口规模较大的国家,哥伦比亚城市可持续发展目标实现进展整体表现一般,SDG综合得分均值为0.629,但优于巴西及南美洲的整体水平。在绝大多数可持续发展目标上表现较好,超过南美洲城市的平均水平,但在SDG4和SDG12等发展目标上则低于南美洲城市的平均水平,存在较大挑战。

(三)亚洲国家

亚洲城市整体处于"稍有距离"状态,在优质教育产业与创新等方面面临的挑战较大。整体上,亚洲城市可持续发展目标的实现进展表现一般,SDG综合得分均值为0.615,低于全球平均水平。SDG1、SDG8、SDG10、SDG14—SDG16等子目标的实现水平高于全球城市平均水平,而其余11个SDG子目标的实现程度相对不足,低于全球平均水平。

表3.9　　亚洲主要国家可持续发展目标实现进展

SDG目标	对应内容	亚洲 均值	亚洲 变异系数	日本 均值	日本 变异系数	中国 均值	中国 变异系数
目标1	无贫困	0.949	0.116	0.998	0	0.960	0.021
目标2	零饥饿	0.790	0.107	0.905	0	0.840	0
目标3	健康与福祉	0.469	0.215	0.792	0.115	0.460	0.069
目标4	优质教育	0.384	0.427	0.687	0.173	0.363	0.416
目标5	性别平等	0.665	0.060	0.652	0	0.676	0
目标6	饮水及卫生	0.469	0.215	0.792	0.115	0.460	0.069
目标7	清洁能源	0.577	0.367	0.825	0.165	0.509	0.361
目标8	工作及增长	0.618	0.141	0.543	0.101	0.596	0.159
目标9	产业与创新	0.332	0.413	0.638	0.141	0.332	0.340
目标10	减少不平等	0.747	0.116	0.838	0.004	0.679	0.028
目标11	可持续城市	0.687	0.065	0.771	0.038	0.695	0.029
目标12	负责任消费及生产	0.717	0.113	0.841	0.037	0.751	0.059
目标13	气候行动	0.621	0.172	0.785	0.036	0.642	0.122
目标14	水下生物	0.676	0.284	0.618	0.225	0.732	0.164
目标15	陆地生物	0.676	0.284	0.618	0.225	0.732	0.164

续表

SDG目标	对应内容	亚洲均值	亚洲变异系数	日本均值	日本变异系数	中国均值	中国变异系数
目标16	和平与正义	0.656	0.157	0.930	0.051	0.683	0.073
目标17	伙伴关系	0.416	0.510	0.525	0.486	0.494	0.283
SDG	综合得分	0.615	0.093	0.750	0.037	0.624	0.059

资料来源：中国社会科学院城市与竞争力指数数据库。

日本城市整体达到"非常接近"状态，表现很优秀，但在工作及增长（SDG8）方面的发展相对不足。日本是G7集团成员国，经济很发达。日本城市可持续发展目标的实现进展整体表现优秀，SDG综合得分均值为0.750。在大多数可持续发展目标上表现很好，超过亚洲城市的平均水平，相对而言，在SDG5、SDG8、SDG14和SDG15等发展目标上相对不足，低于亚洲平均水平，仍需要进一步改善。

中国城市整体处于"稍有距离"状态，中国城市在优质教育（SDG4），清洁能源（SDG7）以及产业与创新等（SDG9）方面发展相对滞后，存在较大挑战。中国是世界上最大的发展中国家，城市可持续发展目标的实现进展整体表现一般，SDG综合得分均值为0.624，与全球平均水平一致。中国城市的可持续发展在多数SDG子目标方面表现较好，优于亚洲平均水平。而在SDG3、SDG4、SDG6—SDG8、SDG10等几个发展目标方面表现较差，面临较大挑战，未来需要重点改善。

（四）欧洲国家

欧洲城市整体表现良好，处于"比较接近"状态，但在采取紧急行动应对气候变化及其影响方面存在一定挑战。整体上，欧洲城市可持续发展目标的实现进展表现良好，SDG综合得分均值为0.694，高于全球平均水平。大部分SDG目标的实现水平远远高于全球城市平均水平，而SDG8、SDG12和SDG13的实现水平则相对不高。

德国城市整体很靠近"非常接近"状态，且在清洁能源（SDG7）方面表现突出。德国是"欧洲经济的火车头"，德国城市可持续发展目标的实现进展整体表现良好，SDG综合得分均值为0.742。德国城市的大多数SDG目标表现很好，实现水平超过欧洲城市的平均水平。但仍有少数几个发展目标如 SDG13 – SDG15 表现不佳,这说明德国城市的可持续发展在生态环境及气候变化方面还应该继续改善。

表 3.10　　欧洲主要国家可持续发展目标实现进展

SDG目标	对应内容	欧洲 均值	欧洲 变异系数	德国 均值	德国 变异系数	俄罗斯 均值	俄罗斯 变异系数
目标1	无贫困	0.994	0.008	1.000	0	0.992	0.004
目标2	零饥饿	0.881	0.091	0.964	0	0.825	0
目标3	健康与福祉	0.659	0.088	0.674	0.077	0.641	0.077
目标4	优质教育	0.633	0.205	0.661	0.147	0.558	0.201
目标5	性别平等	0.742	0.051	0.787	0	0.706	0
目标6	饮水及卫生	0.659	0.088	0.674	0.077	0.641	0.077
目标7	清洁能源	0.754	0.340	0.919	0.100	0.534	0.569
目标8	工作及增长	0.607	0.120	0.643	0.026	0.541	0.058
目标9	产业与创新	0.512	0.293	0.623	0.126	0.363	0.266
目标10	减少不平等	0.783	0.101	0.854	0.005	0.671	0.016
目标11	可持续城市	0.757	0.050	0.795	0.034	0.727	0.029
目标12	负责任消费及生产	0.723	0.111	0.741	0.067	0.677	0.168
目标13	气候行动	0.611	0.132	0.574	0.146	0.536	0.178
目标14	水下生物	0.659	0.158	0.628	0.141	0.662	0.157
目标15	陆地生物	0.659	0.158	0.628	0.141	0.662	0.157
目标16	和平与正义	0.679	0.161	0.782	0.074	0.590	0.099
目标17	伙伴关系	0.489	0.519	0.661	0.239	0.236	0.788
SDG	综合得分	0.694	0.084	0.742	0.033	0.621	0.041

资料来源:中国社会科学院城市与竞争力指数数据库。

俄罗斯城市整体处于"稍有距离"状态,整体挑战较大,尤其是产业与创新(SDG9)和伙伴关系(SDG17)发展相对滞后。俄罗斯是欧洲的大国之一,俄罗斯城市可持续发展目标的实现进展整体表现一般,SDG综合得分均值为 0.621,略低于全球平均水平。俄罗斯城市在少数指标上表现较好,优于欧洲城市的平均水平,如 SDG14 和 SDG15,但在其余发展目标上面临很大挑战,实现水平大多远低于欧洲城市的平均水平,如在产业与创新（SDG9），伙伴关系（SDG17）等方面最为突出。

（五）非洲国家

非洲城市整体处于有"较大距离"状态，实现联合国可持续发展目标面临巨大挑战，不过在气候变化（SDG13）方面的表现相对较好。整体上，非洲城市可持续发展目标的实现进展表现很差，SDG综合得分均值为0.524，远低于全球平均水平。非洲城市在可持续发展目标实现进程中，大多数目标实现的得分情况远低于世界平均水平，只有少数指标如SDG10和SDG13表现较好，高于全球平均水平或与其一致。

表3.11　　　　　　非洲主要国家可持续发展目标实现进展

SDG目标	对应内容	非洲 均值	非洲 变异系数	南非 均值	南非 变异系数	尼日利亚 均值	尼日利亚 变异系数
目标1	无贫困	0.709	0.415	0.830	0.110	0.916	0.097
目标2	零饥饿	0.595	0.173	0.796	0	0.573	0
目标3	健康与福祉	0.284	0.423	0.318	0.173	0.372	0.195
目标4	优质教育	0.277	0.534	0.501	0.449	0.250	0.416
目标5	性别平等	0.658	0.081	0.780	0	0.635	0
目标6	饮水及卫生	0.284	0.423	0.318	0.173	0.372	0.195
目标7	清洁能源	0.623	0.433	0.826	0.109	0.579	0.409
目标8	工作及增长	0.561	0.131	0.666	0.069	0.516	0.074
目标9	产业与创新	0.257	0.397	0.430	0.256	0.242	0.267
目标10	减少不平等	0.736	0.129	0.473	0.016	0.685	0.045
目标11	可持续城市	0.615	0.084	0.626	0.065	0.641	0.036
目标12	负责任消费及生产	0.705	0.173	0.672	0.182	0.736	0.141
目标13	气候行动	0.705	0.138	0.647	0.173	0.623	0.153
目标14	水下生物	0.570	0.284	0.614	0.078	0.643	0.136
目标15	陆地生物	0.570	0.284	0.614	0.078	0.643	0.136
目标16	和平与正义	0.475	0.236	0.462	0.050	0.384	0.113
目标17	伙伴关系	0.291	0.770	0.481	0.468	0.170	0.906
SDG	综合得分	0.524	0.118	0.591	0.087	0.528	0.055

资料来源：中国社会科学院城市与竞争力指数数据库。

南非城市整体很靠近"稍有距离"状态，可持续发展目标的实现水平在非洲处于领先地位，但不平等方面问题严峻。南非是非洲经济最发达的国家，南非城市可持续发展目标的实现进展整体表现较差，SDG综合得分均值为0.591，低于全球平均水平。南非城市整体的可持续发展目标实现水平高于非洲城市的平均水平，大多数的SDG子目标表现更好，但在SDG10、SDG12、SDG13和SDG16等发展目标方面，南非城市面临的挑战很严峻，尤其在减少不平等方面存在的问题最大。

尼日利亚城市整体处于"较大距离"状态，但在无贫困（SDG1）方面表现较好。尼日利亚是非洲人口最多的国家，尼日利亚城市可持续发展目标的实现进展整体表现很差，SDG综合得分均值为0.528，远低于全球平均水平。整体来看，尼日利亚城市的可持续发展水平较低，大多数SDG子目标得分低于非洲城市的平均水平。但少数可持续发展目标表现相对较好，包括SDG1、SDG3、SDG6、SDG11、SDG12、SDG14和SDG15等，优于非洲城市平均水平，其中在无贫困（SDG1）方面表现相对最优。

（六）大洋洲国家

大洋洲城市整体处于"比较接近"状态，领先全球平均水平且内部分化较小。整体上，大洋洲城市可持续发展目标的实现进展表现良好，SDG综合得分均值为0.735，高于全球平均水平。绝大部分SDG目标的实现水平远远高于全球平均水平，而生态环境方面的发展目标SDG14和SDG15实现水平相对不足。

表3.12　　大洋洲主要国家可持续发展目标实现进展

SDG目标	对应内容	大洋洲均值	变异系数	澳大利亚均值	变异系数	新西兰均值	变异系数
目标1	无贫困	0.998	0	0.998	0	0.997	—
目标2	零饥饿	0.959	0.012	0.963	0	0.933	—
目标3	健康与福祉	0.638	0.095	0.627	0.092	0.705	—
目标4	优质教育	0.626	0.174	0.603	0.166	0.761	—
目标5	性别平等	0.741	0.035	0.731	0	0.799	—
目标6	饮水及卫生	0.638	0.095	0.627	0.092	0.705	—

续表

SDG目标	对应内容	大洋洲 均值	大洋洲 变异系数	澳大利亚 均值	澳大利亚 变异系数	新西兰 均值	新西兰 变异系数
目标7	清洁能源	0.902	0.160	0.947	0.095	0.633	—
目标8	工作及增长	0.683	0.031	0.683	0.034	0.684	—
目标9	产业与创新	0.604	0.242	0.562	0.185	0.857	—
目标10	减少不平等	0.792	0.004	0.791	0.004	0.796	—
目标11	可持续城市	0.746	0.042	0.739	0.039	0.785	—
目标12	负责任消费及生产	0.793	0.037	0.783	0.018	0.853	—
目标13	气候行动	0.727	0.052	0.718	0.045	0.780	—
目标14	水下生物	0.562	0.308	0.541	0.333	0.686	—
目标15	陆地生物	0.562	0.308	0.541	0.333	0.686	—
目标16	和平与正义	0.799	0.036	0.803	0.036	0.773	—
目标17	伙伴关系	0.726	0.292	0.706	0.319	0.843	—
SDG	综合得分	0.735	0.055	0.727	0.052	0.781	—

资料来源：笔者计算。

澳大利亚城市整体处于"比较接近"状态，但在保护、恢复和促进可持续利用陆地生态系统方面表现相对不足。从大洋洲的两个国家来看，澳大利亚城市可持续发展目标的实现进展整体表现良好，SDG综合得分均值为0.727。与全球平均水平相比，澳大利亚城市的可持续发展目标实现水平很高，但在生态环境（SDG14和SDG15）方面需要进一步改善。

新西兰城市整体处于"非常接近"状态，但在清洁能源（SDG7）方面有待提升。新西兰城市可持续发展目标的实现进展整体表现优秀，SDG综合得分均值为0.781。相比于世界平均水平，新西兰城市大部分的可持续发展目标实现水平各项得分均更高，但清洁能源（SDG7）则低于世界平均水平，有待进一步提升。

三 不同等级城市的进展分析

（一）Ⅰ类城市特征事实分析

目前未有城市实现所有SDGs目标，都存在一定短板。可持续发展目

第三章 全球城市可持续发展目标(SDGs)的实施进展   ◇   115

标的评估结果表明，都柏林是表现最为优异的城市，其 SDG 综合得分最高，且是唯一超过 0.8 的城市，SDG 得分靠前的城市大多数分布于欧洲、北美以及亚洲与日本，这些地区（国家）经济发展水平也更高。然而在这些表现最为优秀的城市中，目前没有哪个城市实现了所有可持续发展目标，都存在一定的短板，可见全球城市的可持续发展仍然有待继续推进。

头部城市中欧洲领跑，美日德主导。可持续发展目标处于"非常接近"状态的Ⅰ类城市共有 45 个，分布于欧洲、北美洲、亚洲和大洋洲。欧洲城市最多，独占 23 个，占比超过 50%，其中德国占据 5 个，瑞典、瑞士、英国、意大利等各占据 2 个，爱尔兰、奥地利、丹麦、法国、芬兰、荷兰、捷克、挪威、葡萄牙、西班牙这 10 个国家各占 1 个。北美洲占据 10 个，其中美国有 9 个城市，加拿大 1 个城市。亚洲占 9 个城市，其中日本占据 5 个，韩国 1 个，新加坡 1 个，中国 2 个。大洋洲占据 3 个，分别为澳大利亚 2 个和新西兰 1 个。可见，美国、日本和德国在头部城市中具有主导地位。

表 3.13　　可持续发展目标实施进展表现优秀的 45 个城市

城市	国家	大洲	SDG
都柏林	爱尔兰	欧洲	0.8010
奥斯陆	挪威	欧洲	0.7935
波士顿	美国	北美洲	0.7922
大阪	日本	亚洲	0.7919
赫尔辛基	芬兰	欧洲	0.7892
东京	日本	亚洲	0.7878
苏黎世	瑞士	欧洲	0.7831
慕尼黑	德国	欧洲	0.7817
奥克兰	新西兰	大洋洲	0.7809
温哥华	加拿大	北美洲	0.7800
伦敦	英国	欧洲	0.7788
巴黎	法国	欧洲	0.7784
墨尔本	澳大利亚	大洋洲	0.7761

续表

城市	国家	大洲	SDG
斯德哥尔摩	瑞典	欧洲	0.7726
日内瓦	瑞士	欧洲	0.7712
新加坡	新加坡	亚洲	0.7696
首尔	韩国	亚洲	0.7695
柏林	德国	欧洲	0.7693
悉尼	澳大利亚	大洋洲	0.7691
哥本哈根	丹麦	欧洲	0.7688
汉堡	德国	欧洲	0.7676
费城	美国	北美洲	0.7659
里斯本	葡萄牙	欧洲	0.7646
罗马	意大利	欧洲	0.7640
静冈—滨松大都市圈	日本	亚洲	0.7630
西雅图	美国	北美洲	0.7629
斯图加特	德国	欧洲	0.7624
台北	中国	亚洲	0.7605
芝加哥	美国	北美洲	0.7600
维也纳	奥地利	欧洲	0.7575
南卡罗来纳州哥伦比亚	美国	北美洲	0.7569
纽约	美国	北美洲	0.7568
阿姆斯特丹	荷兰	欧洲	0.7564
香港	中国	亚洲	0.7563
北九州—福冈大都市圈	日本	亚洲	0.7546
哥德堡	瑞典	欧洲	0.7546
巴尔的摩	美国	北美洲	0.7545
辛辛那提	美国	北美洲	0.7545
布拉格	捷克	欧洲	0.7543
诺丁汉	英国	欧洲	0.7538
汉诺威	德国	欧洲	0.7524
札幌	日本	亚洲	0.7510
匹兹堡	美国	北美洲	0.7509
米兰	意大利	欧洲	0.7507
巴塞罗那	西班牙	欧洲	0.7500

资料来源：笔者整理。

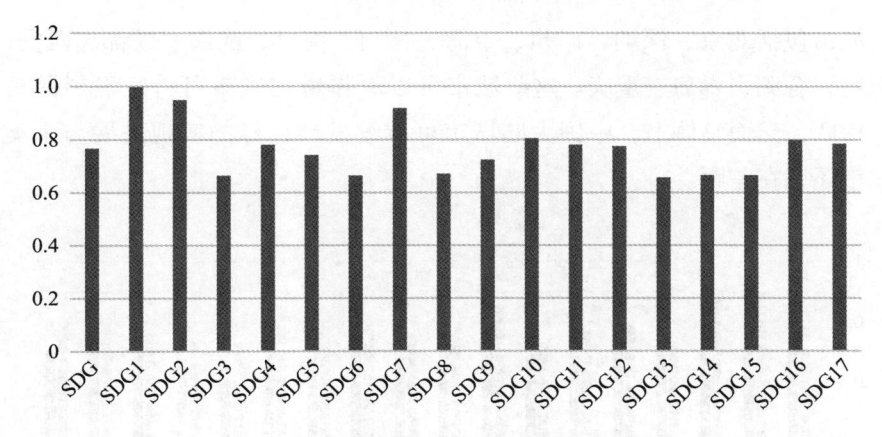

图3.2 Ⅰ类城市的SDG目标比较分析

资料来源:笔者整理。

可持续发展目标处于"非常接近"状态的Ⅰ类城市在无贫困（SDG1）和零饥饿（SDG2）方面基本实现目标，而另外15项目标在实现方面都存在不同程度的挑战。从分项的目标来看，SDG1、SDG2、SDG7等发展目标表现最好，平均得分都超过0.9，而SDG3、SDG6、SDG8、SDG13—SDG15等发展目标表现较差，均值都低于0.7，离整体得分差距较大。这说明Ⅰ类城市在无贫困、零饥饿以及清洁能源等方面的表现出众，基本达到联合国要求的可持续发展目标或很接近。而在医疗卫生，健康福祉，经济增长，气候变化及生态环境等方面，这些头部城市依然面临一定挑战，未来需要继续提升，向可持续发展目标靠近。

(二) Ⅱ类城市特征事实分析

可持续发展目标处于"比较接近"状态的Ⅱ类城市共有257个，分布于六大洲，其中亚洲占据94个，占比约为36.58%，北美洲占据80个，占比约为31.13%，欧洲占据67个，占比约为26.07%，余下的则分布于南美洲（9个）、非洲（3个）和大洋洲（4个）。从国家层面来看，美国占据61个，中国占据48个，印度占据12个，意大利占据11个，英国占据10个。

中国城市可持续发展目标的实现水平与全球领先城市存在较大差距。除香港、台北，中国城市可持续发展目标实现水平最高的为北京，Ⅱ类城市SDG综合得分均值为0.7，而中国大陆可持续发展水平得分超过0.7

的城市包括北京、深圳、广州、上海、杭州、南京、武汉、成都、西安、厦门、合肥、青岛、重庆。这些城市可以看作中国城市可持续发展的第一梯队，然而整体上，中国大陆城市可持续发展目标的实现进展与Ⅰ类城市还存在差距。

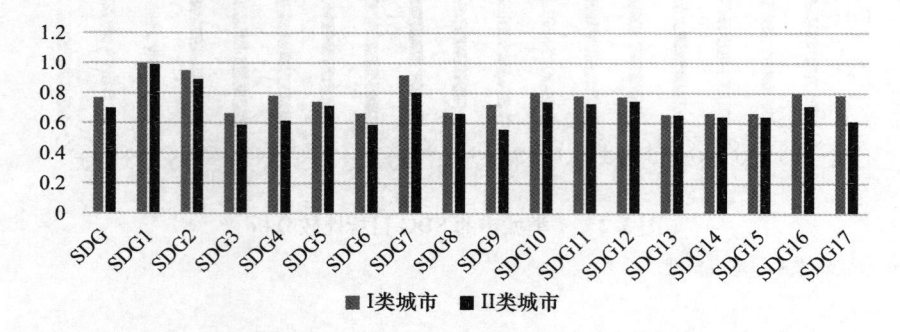

图 3.3　Ⅰ类城市与Ⅱ类城市的 SDG 目标比较分析

资料来源：笔者整理。

从分项的目标来看，Ⅱ类城市的 SDG1、SDG2、SDG7 等发展目标表现较好，平均得分都超过 0.8，而 SDG3、SDG4、SDG6、SDG9、SDG17 等发展目标表现较差，均值离整体得分差距较大。这说明Ⅱ类城市在无贫困、零饥饿以及清洁能源等方面的表现较好，基本达到可持续发展目标或很接近。Ⅱ类城市各个 SDG 得分均值都低于Ⅰ类城市，其中优质教育（SDG4）、产业与创新（SDG9）以及伙伴关系（SDG17）等差距明显，表明Ⅱ类城市在这些方面面临的挑战更为严峻。

（三）Ⅲ类城市特征事实分析

可持续发展目标处于"稍有距离"状态的Ⅲ类城市共有 387 个，其中亚洲占据 278 个，占比约为 71.83%，其余各大洲包括北美洲（34 个）、南美洲（35 个）、欧洲（29 个）和非洲（11 个），占比均不超过 10%。具体而言，中国大陆占据 183 个，约占 50%，其次为印度，占据 50 个，墨西哥占据 24 个，俄罗斯占据 23 个，巴西占据 17 个，印度尼西亚占据 11 个，土耳其占据 10 个。可见，Ⅲ类城市成员主要由中国和印度主导，中国城市的主体仍处于"稍有距离"的状态，实现可持续发展目标还需要很大努力。

从分项的目标来看，Ⅲ类城市在 SDG14 和 SDG15 方面的表现优于Ⅱ类城市，其余各项目标的表现均比Ⅱ类城市差，尤其是在优质教育（SDG4），产业与创新（SDG9）以及伙伴关系（SDG17）方面差距较大，面临的挑战很严峻。Ⅲ类城市未来应该在教育及创新方面不断改善，以弥补相关发展目标的短板。

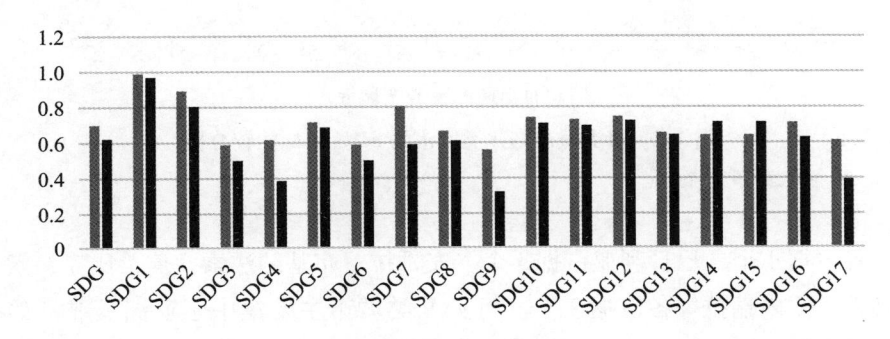

图3.4　Ⅱ类城市与Ⅲ类城市的 SDG 目标比较分析

资料来源：笔者整理。

（四）Ⅳ类城市特征事实分析

可持续发展目标处于"较大距离"状态的Ⅳ类城市共有 260 个，其中亚洲占据 161 个，占比约为 61.92%，非洲占据 55 个，南美洲占据 29 个，欧洲占据 8 个，北美洲占据 7 个。具体而言，中国大陆占据 53 个，印度占据 38 个，尼日利亚占据 18 个，巴西和伊朗各占据 13 个。

分项的目标上，Ⅳ类城市在 SDG1、SDG2、SDG5、SDG10—SDG12 等发展目标表现相对较好，而在 SDG3、SDG4、SDG6、SDG7、SDG9、SDG17 等方面表现较差。相比于Ⅲ类城市，Ⅳ类城市各项 SDG 得分均更低，但在减少不平等（SDG10）方面的表现优于Ⅲ类城市。

（五）Ⅴ类城市特征事实分析

可持续发展目标处于"很大距离"状态的Ⅴ类城市共 57 个，分布于亚洲、非洲和南美洲，这些城市可持续发展目标的实施进展表现最差，其中非洲占据 35 个，亚洲占据 20 个，南美洲占据 2 个。从国家层面来看，刚果（金）占据 9 个，伊拉克和叙利亚各占据 5 个，巴基斯坦和也

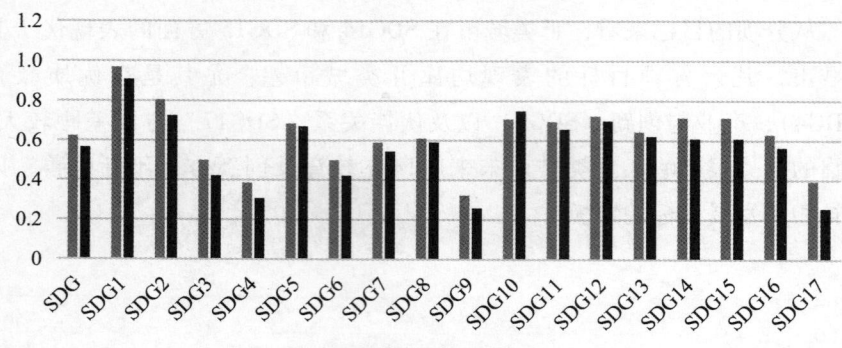

120　◇　第二部分　主题报告：城市竞争力与SDG

图3.5　Ⅲ类城市与Ⅳ类城市的SDG目标比较分析

资料来源：笔者整理。

门各占据4个，尼日利亚占据3个，安哥拉、布基纳法索、莫桑比克、索马里、委内瑞拉等各占据2个。可见Ⅴ类城市主要集中于亚洲及非洲的落后国家。

从分项的目标来看，Ⅴ类城市在减少不平等（SDG10），负责任消费及生产（SDG12）和气候行动（SDG13）方面表现相对较好，远高于SDG整体得分，甚至优于Ⅳ类城市，然而在其他方面都表现较差，尤其在优质教育（SDG4）、产业与创新（SDG9）以及伙伴关系（SDG17）等方面远低于SDG整体得分，面临的挑战很严峻。

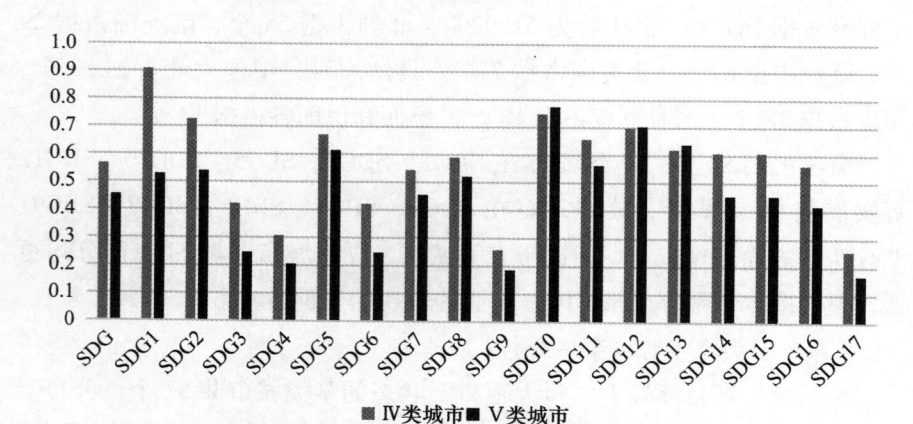

图3.6　Ⅳ类城市与Ⅴ类城市的SDG目标比较分析

资料来源：笔者整理。

第四章

全球城市可持续发展目标 11 （SDG11）的实施进展

——基于城市可持续竞争力的视角

在全球的快速城镇化进程中，可持续发展已成为全球最重要的发展议题之一。对可持续发展进行评估和监测的重要理论基础是联合国可持续发展目标（SDGs）体系，这也是《2030年可持续发展议程》（以下简称《2030议程》）的核心内容。SDGs囊括17个领域，其中SDG11集中探讨了对于建设包容、安全、有抵御灾害能力和可持续的城市和人类住区的目标与要求。然而，SDGs的评价主体是全球和区域，对于在城市层面进行可持续发展程度的评价，有一定的局限性。因此，有必要构建一套符合城市发展特点的评估指标体系，更好的评估城市可持续发展的综合现状，并形成与SDG11评估的对标和衔接，以监测和促进SDG11各项目标的实施。

本书的主要创新点在于：1. 提出了一个以矩阵形式分解提炼SDG11具体目标的理论框架。2. 以城市可持续竞争力指标为主体，构建了一个统一的、适用于城市维度监测SDG11进展情况的指标体系。3. 首次对全球50万人口以上的城市进行了全样本评估，代表性更全，观察尺度更精细。

上一章我们研究了SDGs总体的实验情况，本章聚焦SDG11，以集中探讨对于建设包容、安全、有抵御灾害能力和可持续的城市和人类住区的目标与要求。通过研究发现：1. 全球城市在SDG11方面的进展整体呈现"头尾小，中间大"的纺锤形结构。对于1006个样本城市来说，在SDG11完成度方面，1.8%的城市"接近完成"，44.33%的城市"比较接近"目标，47.51%的城市距离达成目标"还有距离"，6.36%的城市距离目标"差距较大"。

2. SDG11的整体进展正处于由量变引起质变的关键阶段，目前全球城市在SDG11方面的平均得分为0.69，处于"还有距离"但即将迈入"比较接近"阶段的临界值。由于大量城市在目标实现度方面处于即将"升级"的关键时段，笔者预计，如果全球城市在SDG11的实现方面持续推进，有望在可见的未来整体迈入"比较接近"的历史阶段。

3. SDG11各具体目标的进展状况并不同步，全球在11.1住房、11.7空间方面的内部差距明显；在11.3管理、11.5防灾方面进展较为领先；在11.2交通、11.4遗产、11.6环境面临共同的挑战。

4. 从六大洲维度看，欧洲城市、大洋洲城市、北美洲城市位列前三名且平均水平领先世界，亚洲、南美洲随后，非洲排名最靠后。

5. 从四类城市分组来看，不同发展阶段的城市面临的问题存在差异。环境问题和遗产保护依然是头部城市面临的最主要的共性问题，Ⅱ类城市的主要短板集中在11.1住房、11.2交通、11.4遗产和11.7空间上；Ⅲ类城市在11.1住房、11.4遗产、11.5防灾和11.7空间上弱于Ⅱ类城市，在11.6环境方面则优于Ⅱ类城市；Ⅳ类城市除去环境污染方面包袱较小之外，在其他各方面均面临严峻挑战。

第一节 联合国可持续发展目标

一 可持续城市和人类住区目标简介

当前，有一半人（超过35亿人）居住在城市里，而这个数字将持续增长。预计到2030年，城市人口会增加到50亿人。城市，在经济、文化、科技、社会发展中，起着越来越重要的作用。然而，城市发展的过程中仍然存在着许多挑战，包括交通拥堵、基本服务缺乏、住房短缺、基础防灾能力不足，温室气体排放的增加，城市的无序扩张等。我们期望，在未来，人们能居住在这样的城市：所有公民都过上体面的、有品质的生活，且投

表 4.1　　建设包容、安全、有抵御灾害能力和可持续的城市和人类住区

	具体目标	指标
SDG11	11.1 到 2030 年，确保所有人都能获得充足、安全、负担得起的住房和基本服务，改善贫民窟	11.1.1 居住在贫民窟和非正规住区内或者住房不足的城市人口比例
	11.2 到 2030 年，为所有人提供安全、负担得起、可获得和可持续的交通系统，改善道路安全，特别是通过扩大公共交通，特别注意弱势群体、妇女、儿童、残疾人和老年人的需要	11.2.1 可便利使用公共交通的人口比例，按年龄、性别和残疾人分列
	11.3 到 2030 年，提高包容性和可持续城镇化水平，增强各国参与、综合和可持续人居规划管理能力	11.3.1 土地使用率与人口增长率之间的比率
		11.3.2 已设立以民主方式定期运作的、民间社会直接参与城市规划和管理架构的城市所占百分比
	11.4 加强对世界文化和自然遗产的保护	11.4.1 保存、保护和养护所有文化和自然遗产的人均支出总额
	11.5 到 2030 年，显著减少灾害造成的死亡人数和受影响人数，大幅减少包括与水有关的灾害在内的灾害对全球国内生产总值（GDP）造成的直接经济损失，重点保护贫困人口和弱势群体	11.5.1 每 10 万人当中因灾害死亡、失踪和直接受影响的人数
		11.5.2 灾害造成的直接经济损失（与全球国内生产总值相比）、重要基础防灾的损坏和基本服务的中断次数
	11.6 到 2030 年，减少城市对人均环境的不利影响，包括特别注意空气质量和城市及其他废物管理	11.6.1 定期收集并得到适当最终排放的城市固体废物占城市固体废物总量的比例，按城市分列
		11.6.2 城市细颗粒物（例如 PM2.5 和 PM10）年度均值（按人口权重计算）
	11.7 到 2030 年，特别是妇女儿童、老年人和残疾人，普遍享有安全、包容、可及的绿色和公共空间	11.7.1 城市建设区中供所有人使用的开放公共空间的平均比例，按性别、年龄和残疾人分列
		11.7.2 过去 12 个月中遭受身体骚扰或性骚扰的受害人比例，按性别、年龄和残疾情况及发生地点分列

续表

具体目标	指标
11.a 通过加强国家和区域发展规划，支持城市、城市周边和农村地区之间积极的经济、社会和环境联系	11.a.1 执行人口预测和资源需求一体化的城市和区域发展计划的城市，按城市规模的比例分列
11.b 到2020年，大幅增加采取和实施综合政策和计划以构建包容、资源使用效率高、减缓和适应气候变化、具有抵御灾害能力的城市和人类住区数量，并根据《2015—2030年仙台减轻灾害风险框架》在各级建立和实施全面的灾害风险管理	11.b.1 依照《2015—2030年仙台减轻灾害风险框架》通过和执行国家减少灾害风险战略的国家数目 11.b.2 依照国家减少灾害风险战略通过和执行地方减少灾害风险战略的地方政府比例
11.c 支持最不发达国家，包括通过财政和技术援助，利用当地材料建造可持续的、有抵御灾害能力的建筑	11.c.1 支持最不发达国家就地取材建造和翻新可持续、抗灾和资源节约型建筑的财政支助的比例

资料来源：笔者根据联合国网站公开信息整理。

身于城市的生产性和能动性活动中，创造共同繁荣和社会稳定，同时不伤害环境。因此，17项可持续发展目标中的第11项就提出"建设包容、安全、有抵御灾害能力和可持续的城市和人类住区"。可持续发展目标11是可持续发展在城市方面的集中展现。

SDG11包含多个子目标，不同子目标也对应着不同的指标。其中，指标11.1.1—11.7.2为技术类指标，主要反映城市可持续发展的状态，11.a—11.c为合作支持类指标，主要测度国家及区域为了建设可持续城市而开展的合作处于何种水平。SDG11的指标囊括了城市社会、经济、环境、安全、制度等诸多方面，反映了当前国际社会普遍关注的城市可持续发展问题，为城市间的可持续发展比较研究提供了一个统一的评价框架。

二 可持续城市与人类住区目标：理论框架

深入分析可持续发展目标11，我们发现对于可持续发展目标11的10个子目标是多维互联的。横向上，10个子目标分别涉及住房保障、高效交通、城市管理、遗产保护、防灾减灾、环境治理、公共空间、城乡关系、城市社区和援助建筑。从纵向上，10个子目标要实现的目标效果可以归类为：人、社会、自然三大维度。而这三大维度，又包含：高效、便捷、可及、可负担、生命、财产、平等、普及、减灾、减污、绿色和持久12个方面。故而，可持续发展目标11的理论框架可以用一个矩阵表示（见表4.2）。

表4.2　　　　　　　　　　SDG11理论框架

	人				社会				自然			
	高效	便捷	可及	可负担	生命	财产	平等	普及	减灾	减污	绿色	持久
11.1 住房保障												
11.2 高效交通												
11.3 城市管理												
11.4 遗产保护												
11.5 防灾减灾												
11.6 环境治理												
11.7 公共空间												
11.a 城乡关系												
11.b 城市社区												
11.c 援助建筑												

注：白色表示没有涉及，浅色表示涉及，深色表示多次涉及。
资料来源：笔者整理。

第二节　城市可持续竞争力与可持续城市及住区目标

通过对SDG11的理论解构，我们发现SDG11的理论内核与城市可持续竞争力相容；其关注的问题，与城市可持续竞争力亦有共通之处。故而，本书结合城市可持续竞争力的基本理论，与SDG11评价体系进行对照分析。在理论对接之后，再建立以可持续竞争力指标为框架、适用于评估和监测全球城市在SDG11方面的实施进展的指标体系（见表4.3）。

表 4.3　城市可持续竞争力与可持续城市及住区目标的指标匹配

	人				社会				自然			
	高效	便捷	可及	可负担	生命	财产	平等	普及	减灾	减污	绿色	持久
11.1 住房保障	劳动生产率		间接市场融资便利度	居住成本指数			社会公平指数					
11.2 高效交通		交通便捷度										
11.3 城市管理								*市民参与度				*人地关系
11.4 遗产保护											生态多样性	历史文化指数
11.5 防灾减灾									自然灾害指数			
11.6 环境治理										环境污染度		
11.7 公共空间					社会安全指数							
11.a 城乡关系												
11.b 城市社区												
11.c 援助建筑												

注：(1) 白色表示没有涉及，浅色表示涉及，深色表示多次涉及。(2) *表示非城市可持续竞争力指标。

资料来源：笔者整理。

本小节从 SDG11 具体目标维度出发，分别介绍其理论基础、与可持续竞争力的对接及指标选择方面的考量。

住房问题涉及一国经济的多个方面，并广泛影响各个社会发展部门。合适的居所有利于人们的身心健康、人力资本的改善，使人们享受到城市环境提供的各种机会。与此同时，一个表现良好的住房部门会发挥"发展乘数"的效应，有利于互补产业，促进经济发展、创造就业、提供服务和全面减贫。一般来说，房屋建筑行业的每一个细分行业，如建筑材料和其他投入行业通常会增加 1.5 到 2 个就业岗位。住房对城市繁荣的贡献也是显而易见的。因此，住房问题既是全球城市可持续发展面临的挑战，也是机遇。由此具体目标 11.1 提出到 2030 年，确保所有人都能获得适当、安全和负担得起的住房和基本服务，改造贫民窟，其对应的指标 11.1.1 为居住在贫民窟、非正规住区或住房不足的城市人口比例。本书认为其指标内核是居住的可得性，它依托于一个地区的整体生产效率，与城市的居住成本水平、收入公平情况息息相关。此外，介于在全球大部分地区，住房的获取经常需要获得信贷支持，因而本书认为，高效可及的信贷服务也是需要考虑的重要因素。由此我们选择了 4 个指数来综合描绘 SDG11.1，即劳动生产率、居住成本指数、社会公平指数、间接市场融资便利度。

交通系统是经济活动和包容性社会的关键促成因素，而公共交通是收入、消费和空间不平等的重要平衡点。对于交通在具体目标中的直接体现，是 SDG 相较于 MDG 的一个显著差别。保证所有市民通过有效和低成本的交通，有机会享受到城市的产品和就业市场，以及学校、医院等公共产品，对于经济发展和社会公平非常重要。然而，交通运输在环境、拥堵和事故方面的"外部性"已经成为一个显著的问题。一方面，交通运输过程中产生的温室气体受到广泛关注；另一方面，室外空气污染和道路交通事故每年造成大量的人员伤亡；严重的交通拥堵正在制约经济效率的提升，不断推大城市半径，造成居民时间浪费、生活成本上升、生活幸福感下降等问题。于是具体目标 11.2 提出到 2030 年，为所有人提供安全、负担得起、无障碍和可持续的交通系统，改善道路安全，扩大公共交通，特别注意弱势群体如妇女、儿童、残疾人和老年人的需要。其对应的指标 11.2.1 使用按性别、年龄和残疾人分列的方便使用公共交通的人口比例。本书认为这一目标的重点是让所有人都能公平地获取服务、商品和机会。基于这样的目标内涵，我们选择了交通便捷度指数来衡量。交通便捷度指标，是以网络舆情数据，结合 Numbeo 网站对全球城市的交通情况的问卷调查得分计算得出。其中网络舆情分析数据，是以交通、通勤、畅通、堵塞、堵车等 27 个相关词语或短语为关键词，结合城市名称，通过网络媒体搜寻相关报道数据，考虑其传播深度与情感极度计算得出。交通便捷度数据可视为对城市的交通情况的一种网络评价的提取，是对一城市交通情况满足人们需求情况的综合反映，即 SDG11.2 = F（交通便捷度）。

当今，土地覆盖的变化主要受人类活动的影响，例如，农业和畜牧业的拓展、城市的建设和发展。城市需要有序的扩张，以提高土地利用效率，为未来国内人口增长和城市人口迁移带来的增长做好规划，并且适应未来不断变化的城市功能。然而，城市地区的实际增长往往与人口增长不成比例，这导致土地利用效率低下。世界上许多城市的一个显著特征是，其向外扩张的范围已远远超出了行政范围。一项针对 120 个城市的全球研究表明，城市土地覆盖率的平均增长率是城市人口的 3 倍多。这种增长方式，很可能是不可持续的。故而，目标 11 的具体目标 11.3 提出，到 2030 年，在所有国家加强包容性和可持续的城镇化以及参与性、综合性和可持续的人类住区规划和管理能力。其对应的指标 11.3.1 是土地消耗率与人口增长率之比。本书认为，有心者要将土地使用效率指标，即土地消耗率与人口增长率的比率，作为可持续发展目标的一项衡量指标，也就是合理的建成区人口密度。因为，只要土地消耗和人口增长是协同的、科学的，那么单位面积城区的人口应该有一个合理的范围，既不会过度拥挤，也不会过于分散。虽然由于产业结构、发展阶段、地理环境、风俗文化、历史沿革等因素，每个城市会体现出很大的差异性，但依然存在一个合理高效的经验密度区间。根据余亦奇，郑玥的研究，[①] 我们将所有国家按照高、中、低收入和耕地的丰富程度分为 6 组，并基于其研究结果，为每一组城市设立对应的人口密度区间（见表 4.4，表 4.5）。

---

① 余亦奇、郑玥：《国外人均城市建设用地标准研究，共享与品质》，2018 年中国城市规划年会论文集，2018 年。

表 4.4　　　　　　　人均城市建设用地面积标准研究结果

收入分组 （美元计价的人均 GDP）	人均耕地面积丰富 （>6000 平方米）	人均耕地面积匮乏 （<6000 平方米）
高（>12735 美元）	400 平方米/人	200—400 平方米/人
中（4125—12735 美元）	200—300 平方米/人	100—200 平方米/人
低（<4125 美元）	200 平方米/人	100 平方米/人

资料来源：笔者计算。

表 4.5　　　　　　　人均城市建成区人口密度经验指标

收入分组 （美元计价的人均 GDP）	人均耕地面积丰富 （>6000 平方米）	人均耕地面积匮乏 （<6000 平方米）
高（>12735 美元）	2500 人/平方千米	5000—2500 人/平方千米
中（4125—12735 美元）	5000—3333 人/平方千米	10000—5000 人/平方千米
低（<4125 美元）	5000 人/平方千米	10000 人/平方千米

资料来源：笔者计算。

对于标准单一数值的分组，我们根据数据偏离标准密度的远近进行评价（城市建成区人口密度/标准密度）；对于标准为区间型的分组，我们认为落在区间之内的都为最优值（赋值为 1），落在区间外的，则根据偏离上限或下限的远近进行评价。所得数据，经过标准化处理，即成为人地关系指标。

此外，可持续人类住区的发展需要所有利益相关方的积极参与，因此，中央政府和地方政府应努力促进和保护公民参与。首先，城市治理体现了意识形态和国家制度。公民参与意味着建立更广泛的共识，这将大大加强公民和政府之间的政治互动，提高规划过程和计划本身的合法性。其次，公民参与，可以通过有效沟通和合作解决冲突，促进政府与公民之间的积极关系。避免由于沟通不充分造成的资源低效配置和不合作，确保考虑到各种各样的意见，有助于决策者了解面临的问题和潜在解决办法。最后，公民对城市治理的参与也体现了决策者对参与者意见、需求、愿望和资产的尊重，有利于建设一个积极、包容和公平的城市环境。由此，具体目标 11.3 之下的指标 11.3.2 是"民间社会，定期和民主的直接参与城市规划和管理的比例"。这一指标测量的是城市治理中的公民参与度问题,由此,我们通过人工查询1006个样本城市的地方政府网站,评价其网站建设和交互方式,并通过邮件或网站留言、记录其回复的时长的方式评价交互效率,综合得出市民参与度指标来衡量11.3.2。由此,我们可得SDG11.3 = F(人地关系,市民参与度)。

文化遗产,按照联合国的有关定义,包括文物、纪念碑、建筑物和遗址、博物馆等。它们具有象征性、历史性、艺术性、审美性等多方面的价值,承载了民族学、人类学、科学和社会意义。既包括有形遗产,也包括非物质遗产。而自然遗产,是具有科学价值、自然价值或美的价值的,自然地貌、地质构造形态,以及受威胁的动植物物种栖息地等在内的区域。它包括私人和公共的自然区域、动物园、水族馆、植物园、自然栖息地、海洋生态系统、庇护所、水库等。文化遗产保护,是指为延长文化遗产的寿命,同时加强其重要的遗产信息和价值的传递而采取的措施。自然遗产保护是指保护、照料、管理和维护自然环境内外的生态系统、野生动物物种和种群,以保障其长期存在的自然条件。从具体目标11.4的表述以及对应的指标11.4.1的内容来看,这一指标衡量的是公、私部门一段时间以来在保护文化和自然遗产方面的投入。我们认为,投入固然是一个很好的测评维度,但是在数据可得性不佳的情况下,以博物馆数量为内核的历史文化指数,以及用反映森林、湖泊、草地、河流、农田、冰川、苔原等10种地貌的生态多样性指数,来分别测度对文化遗产和自然遗产保护方面取得的成果,是一个可以接受的近似评估。故而我们令SDG11.4 = F(生态多样性,历史文化指数)。

自然的力量澎湃汹涌,一些大的灾害性事件会使人类社会的发展成果和积累的财富付诸东流。2015年3月,联合国会员国通过了《2015—2030年仙台减轻灾害风险框架》(以下简称为"仙台框架"),作为全球性减少灾害风险的政策,仙台框架对落实联合国2030年可持续发展议程至关重要。仙台框架提出了两个具体目标,其一,到2030年前大幅度降低全球灾害死亡率;其二,到2030年大幅度减少全球受灾人数。在SDG11中,相应的表达为具体目标11.5,并由指标11.5.1和指标11.5.2进行测度。该具体目标的内核主要在于防范自然灾害,并减少自然灾害对人类社会造成的生命和财产损失。而这和中国社会科学院城市与竞争力中心数据库中的自然灾害指数内核接近。自然灾害指数使用哥伦比亚大学和世界银行联合开发的关于自然灾害暴露程度和脆弱性的空间热点数据，在综合考量了包括旋风、洪水、干旱、地震、滑坡和火山爆发这六种自然灾害的地理分布、发生频率、人身伤害和经济损失的基础上计算得出。这一数据和指标，可以合理地衡量自然灾害造成的损失情况，并且可以灵活地取得次国家空间维度的数据。因此，本书选择而这一指标衡量 SDG11.5，即 SDG11.5 = F（自然灾害指数）。

环境问题是当今世界各国面临的重大问题，城市中的家庭和企业部门产生大量的固体废物，必须定期收集、回收或妥善处理，以保持健康和卫生的生活条件。全球范围内迅速的城镇化和经济增长带来了巨量的废弃物，如果现在不加以解决，处于不同发展阶段的国家都将受到重大负面影响。据世界银行的估计，2016 年全球产生了 20 亿吨城市固体废物，如果没有变化，到 2050 年，这一数字将增至 34 亿吨。故而，可持续发展目标 11.6 聚焦于改善城市的环境绩效，其中指标 11.6.1 在于衡量一个城市固体废物管理的进展情况，指标 11.6.2 在于衡量城市空气污染问题。目标 11.6 和中国社会科学院中国城市与竞争力中心数据库中的环境污染度指标内核高度一致。环境污染度指标是以全球环境信息统计数据库的环境污染数据为基础，计算出 PM2.5、人均 CO_2 排放量、人均 SO_2 排放量三项指标，通过打分合成，并经过地均 GDP 修正得出，旨在衡量发展中的环境污染问题。其中 PM2.5 是指标 11.6.2 明确检测的两个指标（PM2.5，PM10）之一，且 SO_2 也是空气污染检测中的常见指标。而固体废弃物管理与人均 CO_2 排放息息相关，因为不当的固废处置，已经是温室气体的主要来源之一。由此，我们选择采用环境污染度指标来衡量具体目标 11.6，即 SDG11.6 = F（环境污染度）。

根据定义，公共空间是指一切公共所有或公共使用、人人可进入和享受、免费且无盈利动机的场所，分为街道、开放空间和公共防灾，一般来说包含：绿地公园、娱乐区（海滨、海滩、河岸等）、市民广场等。公共空间的价值往往被人们忽视或低估。造成这种情况的原因有很多，比如对公共空间功能的认知缺失，资源不足或者能力的缺陷。事实上，公共空间对于城市的安全保障、创造经济机会、改善公共卫生、创造多样化的公共环境和公共民主都有积极作用。我们需要的城市，是使所有收入群体、社会阶层和年龄层的人都能安全、幸福地享受生活保障和发展机会的空间。近年来，以联合国人类住区规划署为代表的国际机构一直在推动利用公共空间作为城市规划、住房和贫民窟改造、城市治理和安全等项目执行方案中的核心要素。SDG11.7提出，到2030年，向所有人，特别是妇女、儿童、老年人和残疾人，普遍提供安全、包容、无障碍、绿色的公共空间。其中指标11.7.1旨在监测城市用于公共空间的土地数量，而指标11.7.2旨在衡量遭受身体骚扰、性骚扰的人数占有关地区总人口的百分比。从这一维度来说，生态多样性指标，与11.7.1的内核接近，因此可以近似反映11.7.1。身体骚扰和性骚扰一般认为与社会安全息息相关。一个安全度高的社会其骚扰案件的比例应该更低，这是一个可以接受的假设，故而可以使用社会安全指数来近似监测11.7.2。因为生态多样性指标已经在SDG11.4中得到了体现，故而我们在这里只选用社会安全指数来衡量，即SDG11.7=F（社会安全指数）。

11.a、11.b、11.c为合作支持类具体目标，主要测度国家及区域间为了建设可持续城市而开展的合作处于何种水平，是高于城市的空间维度。在联合国人类住区规划署给出的"协助国家和地方政府监测和报告可持续发展目标11指标的指南"（A GUIDE TO ASSIST NATIONAL AND LOCAL GOVERNMENTS TO MONITOR AND REPORT ON SDG GOAL 11 + INDICATORS）中，对于监测这三个具体目标给出的指标，11.a使用的是推行了国家城市发展政策的国家数量数据，11.b使用的是采取了符合仙台框架的减灾战略的国家和地方政府比例数据，目前均未很好地分解到城市层面，而对于11.c目前并没有给出相对应的监测指标，故而本书暂不对这三个具体目标进行监测评价。

通过以上的分析，我们建立了一个以城市可持续竞争力指标体系为框架，监测联合国可持续发展目标11的理论框架和指标体系（见表4.6）。对应这7个具体目标，共有12个参数指标被纳入考量范围。每一个参数都按照完成水平居于[0，1]，越靠近1代表目标完成度越高。以平权方式将这12个参数求和，再取数学平均，即可得到每一个城市在SDG11方面的进展情况（11.a—11.c部分不纳入衡量范围，以下不再赘述），监测结果及分析将在后文进行介绍。

表4.6　　　城市可持续竞争力监测SDG11的指标体系

目标	具体目标（SDG11 Targets）	监测指标（SDG11 Indicators）	城市可持续竞争力指标	最优标准
SDG11	11.1	11.1.1	劳动生产率	前1%分位城市水平
			社会平等指数	前1%分位城市水平
			居住成本指数	以房价收入比=5为最优水平
			间接市场融资便利度	前1%分位城市水平
	11.2	11.2.1	交通便捷度	前1%分位城市水平
	11.3	11.3.1	*人地关系	以经验数据提出6个合理区间或水平为最优,其他依照偏离距离递减
		11.3.2	*市民参与度	根据查询水平打分,得分1为最优
	11.4	11.4.1	生态多样性	前1%分位城市水平
		11.4.2	历史文化指数	前1%分位城市水平
	11.5	11.5.1&11.5.2	自然灾害指数	前1%分位城市水平
	11.6	11.6.1	环境污染度指数	前1%分位城市水平
	11.7	11.7.2	社会安全指数	前1%分位城市水平

注：*表示非城市可持续竞争力指标。
资料来源：笔者整理。

第三节　监测结果分析

一　全球总体状况统计描述

1006个样本城市SDG11的综合得分居于［0.383，0.849］的区间，我们将得分在0.8分及以上的城市归为Ⅰ类城市,共有18个城市,约占全部样本的1.80%,可以认为他们在SDG11方面接近完成；得分在［0.7，0.8）的城市归为Ⅱ类城市,共得到446个城市,可以认为他们在SDG11方面比较接近完成；得分在［0.6，0.7）的城市为Ⅲ类城市,共得到478个城市,可以认为他们距离达成目标还有距离;得分小于等于0.6分的城市归为Ⅳ类城市,共计64个,可以认为他们完成在SDG11的目标方面距离较大。1006个样本城市的整体平均得分为0.690分,处于"还有距离"但即将迈入"比较接近"阶段的临界值。从图4.1可以发现,大量城市属于Ⅱ类和Ⅲ类,Ⅰ类、Ⅳ类占比较少,整体呈现纺锤形结构。随着全球城市正在可持续发展目标方面的持续努力,相信会有越来越多的城市正在SDG11完成度方面持续攀升,全球城市在建设包容、安全有抵御灾害能力和可持续的城市和人类住区方面有望在未来3—5年进入一个新的阶段。

表4.7　　　　　　　SDG11综合得分与完成度分组　　　　　　（单位:%）

城市类别	实现程度	SDG11综合得分	城市数量	样本占比	均值
Ⅰ类	接近完成	≥0.8	18	1.80	0.820
Ⅱ类	比较接近	≥0.7, <0.8	446	44.33	0.731
Ⅲ类	还有距离	≥0.6, <0.7	478	47.51	0.666
Ⅳ类	距离较大	≤0.6	64	6.36	0.549
总计		≥0.383, ≤0.849	1006	100	0.690

资料来源:中国社会科学院城市与竞争力研究中心数据库。

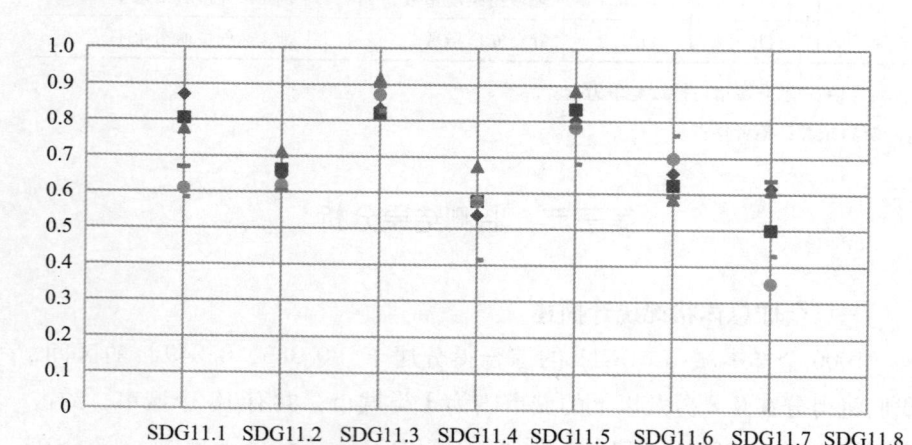

图4.1　六大洲城市具体目标进展情况

资料来源:中国社会科学院城市与竞争力研究中心数据库。

第四章 全球城市可持续发展目标11(SDG11)的实施进展 ◇ 135

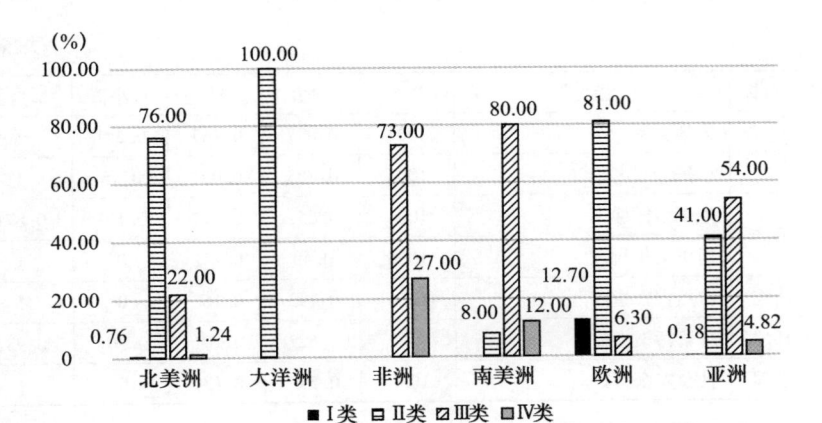

图 4.2 六大洲四种城市类型占比

资料来源：中国社会科学院城市与竞争力研究中心数据库。

从六大洲维度看，欧洲城市（平均得分 0.757 分）、大洋洲城市（0.746 分）、北美洲城市（0.720 分）位列前三名且平均水平领先世界（0.690 分）；亚洲（0.686 分），南美洲（0.649 分）随后，非洲（0.690 分）最后。这一位次顺序基本与各地区的综合发展水平相匹配。从 7 个具体目标来看，六大洲在 11.1 住房、11.7 空间方面的差距比较明显，在 11.2 交通、11.4 遗产、11.6 环境面临共同的挑战。

从城市结构来看，欧洲的Ⅰ类城市占比最高，约占样本量的 12.7%；大洋洲样本城市全部为Ⅱ类城市；亚洲和北美洲同时拥有四种类型城市分布，内部差异较大，区别在于北美洲超过 82% 的样本城市为Ⅰ类或Ⅱ类城市，亚洲 95% 左右的样本城市为Ⅱ类或Ⅲ类城市；南美洲的样本城市主要为Ⅲ类城市，而非洲样本城市则全部为Ⅲ类城市或Ⅳ类城市。

表 4.8　　　　　SDG11 子目标对应指标的描述性统计

SDG11 目标	指标	样本	均值	标准差	最小值	最大值
11.1 住房	劳动生产率	1006	0.573	0.199	0	1
	社会公平指数	1006	0.735	0.091	0.464	0.95
	居住成本指数	1006	0.896	0.178	0	1
	间接市场融资便利度	1006	0.551	0.181	0	1
11.2 交通	交通拥挤度	1006	0.637	0.142	0	1

续表

SDG11 目标	指标	样本	均值	标准差	最小值	最大值
11.3 管理	人地关系	1006	0.877	0.157	0.271	1
	市民参与度	1006	0.883	0.051	0.75	1
11.4 遗产	生态多样性	1006	0.651	0.171	0.101	0.871
	历史文化指数	1006	0.49	0.212	0	1
11.5 防灾	自然灾害指数	1006	0.793	0.168	0	1
11.6 环境	环境污染指数	1006	0.622	0.101	0.207	0.932
11.7 空间	社会安全指数	1006	0.573	0.171	0	1

资料来源：中国社会科学院城市与竞争力研究中心数据库。

从全球范围来看，SDG11 的各子目标实现的进展并不相同。大部分子目标实现情况得分的波峰处于 0.6—0.8 区间，交通、环境和遗产保护方面进展相对落后。从具体指标看来，住房问题依然严峻，劳动生产率水平和信贷支持水平有待提高且全球各城市发展水平参差不齐，居住成本在不同城市差距较大。11.2 交通方面，面临效率提升和公平普惠问题；11.3 管理方面，全球城市表现较好，但是在人地关系方面由于历史问题和现实约束，各地发展差异较大；11.4 遗产方面，全球进展不容乐观，特别是文化遗产的保护，因为战争、经费、走私活动等原因面临巨大挑战；11.5 防灾方面，自然灾害问题应该引起各方警觉，调整发展方向，尽早走上可持续发展道路；11.6 环境污染方面，各城市由于发展阶段和发展方式的不同，实现水平方面差异较大，部分城市的生产和消费方式面临严重的环境压力和资源制约；11.7 在空间方面，平均社会安全指数仅为 0.573，并不令人满意，部分城市的社会安全状态与经济发展水平并不匹配，治安问题亟待解决。

二 区域维度进展情况

（一）北美洲国家

北美洲城市在住房和防灾方面表现较好，但在遗产和管理方面有待提高，空间方面表现较差。具体来说，对于 11.1 住房问题，美国城市在劳动生产率和居住成本方面表现突出，信贷支持也较为充分，社会整体公平程度尚可。墨西哥在住房方面的绝对水平略低于北美洲平均水平但整体也处于中等偏上的层级。对于11.2交通问题，美国、墨西哥两国和北美洲水平接近，主要依靠私人交通，公共交通建设还有待提高。对于11.3管理问题，美国整体水平低于全球平均水平，墨西哥在人地关系方面面临的挑战更为严峻。对于11.4遗产保护，两国仍有提升空间，特别是墨西哥在人文遗产方面。对于11.5防灾方面，美国、墨西哥两国和整个北美洲的进展比较顺利。对于11.7空间方面，整个北美洲的安全问题并不乐观，而墨西哥的这一问题更加突出。

表4.9　　　北美洲及代表性国家可持续发展目标11实现进展

SDG11具体目标	监测指标	北美洲 均值	北美洲 标准差	美国 均值	美国 标准差	墨西哥 均值	墨西哥 标准差
11.1 住房	劳动生产率	0.805	0.167	0.835	0.155	0.793	0.169
	社会公平指数	0.707	0.062	0.71	0.056	0.701	0.050
	居住成本指数	0.958	0.106	0.975	0.021	0.945	0.118
	间接市场融资便利度	0.752	0.108	0.777	0.07	0.742	0.027
11.2 交通	交通拥挤度	0.663	0.128	0.667	0.133	0.646	0.123
11.3 管理	人地关系	0.754	0.207	0.755	0.184	0.653	0.242
	市民参与度	0.887	0.049	0.893	0.045	0.876	0.047
11.4 遗产	生态多样性	0.626	0.127	0.619	0.126	0.626	0.130
	历史文化指数	0.529	0.160	0.572	0.148	0.427	0.146
11.5 防灾	自然灾害指数	0.834	0.141	0.854	0.120	0.832	0.108
11.6 环境	环境污染指数	0.624	0.079	0.617	0.072	0.601	0.072
11.7 空间	社会安全指数	0.500	0.153	0.534	0.136	0.427	0.128

资料来源：中国社会科学院城市与竞争力研究中心数据库。

（二）南美洲国家

南美洲城市在SDG11的进展上比较滞后，在六大洲中位于第五名，12个指标中有9项低于世界平均水平，社会公平和治安问题尤为突出。具体来看，11.1住房方面，南美洲整体的劳动生产率与世界平均水平基本持平，其他3项均面临挑战，巴西和哥伦比亚城市在社会公平方面得分甚至低于南美洲平均水平，更是远远落后于世界其他城市。11.2交通方面，哥伦比亚交通拥堵问题较为严峻。11.5 防灾方面，巴西表现相对较好。11.6 环境方面，两国的环境保护水平较为领先，尤其是哥伦比亚。11.7 空间方面，南美洲城市社会安全问题严重，尤其是哥伦比亚，得分远低于世界平均水平，和巴西相比差距明显。

表 4.10　　南美洲及代表性国家可持续发展目标 11 实现进展

SDG11 具体目标	监测指标	南美洲 均值	南美洲 标准差	巴西 均值	巴西 标准差	哥伦比亚 均值	哥伦比亚 标准差
11.1 住房	劳动生产率	0.574	0.080	0.560	0.078	0.545	0.054
	社会公平指数	0.606	0.040	0.584	0.032	0.573	0.024
	居住成本指数	0.799	0.293	0.902	0.065	0.816	0.188
	间接市场融资便利度	0.460	0.136	0.503	0.147	0.481	0.151
11.2 交通	交通拥挤度	0.619	0.118	0.631	0.118	0.553	0.111
11.3 管理	人地关系	0.865	0.158	0.850	0.169	0.820	0.179
	市民参与度	0.880	0.042	0.883	0.042	0.886	0.042
11.4 遗产	生态多样性	0.624	0.124	0.658	0.086	0.608	0.105
	历史文化指数	0.529	0.200	0.528	0.169	0.470	0.198
11.5 防灾	自然灾害指数	0.782	0.198	0.849	0.144	0.804	0.152
11.6 环境	环境污染指数	0.698	0.078	0.708	0.075	0.720	0.067
11.7 空间	社会安全指数	0.352	0.136	0.374	0.127	0.298	0.118

资料来源：中国社会科学院城市与竞争力研究中心数据库。

（三）亚洲国家

亚洲城市在建设可持续城市及人类住区上的进展整体表现较一般，内部差异比较明显。11.1 住房方面，亚洲整体的劳动生产率低于世界平均水平，但居住成本高于世界平均水平，提供了一个较为宽松的环境，日本在社会公平方面比较领先于 11.2 交通方面，中国要低于亚洲平均水平。在 11.3 管理方面，日本的城市在土地利用方面做得更加高效。11.4 遗产保护方面，日本处于世界顶尖水平，与地区内其他城市的差距明显。11.5 在防灾方面，日本城市由于特殊的地理位置，灾害威胁度较高，而中国在这一指标上的表现比较突出。11.6 环境质量方面，中国的污染问题比较严重，说明中国城市在环境治理方面面临很大挑战。在 11.7 公共空间方面,亚洲城市的社会安全水平优于世界平均水平,中国和日本都优于亚洲平均水平。特别是日本表现突出,值得全球其他城市学习借鉴。

表4.11　　亚洲及代表性国家可持续发展目标11实现进展

SDG11具体目标	监测指标	亚洲 均值	亚洲 标准差	日本 均值	日本 标准差	中国 均值	中国 标准差
11.1 住房	劳动生产率	0.505	0.143	0.817	0.090	0.522	0.094
	社会公平指数	0.747	0.087	0.801	0.077	0.680	0.023
	居住成本指数	0.902	0.148	0.912	0.048	0.934	0.081
	间接市场融资便利度	0.523	0.152	0.574	0.164	0.515	0.064
11.2 交通	交通拥挤度	0.604	0.140	0.604	0.082	0.570	0.081
11.3 管理	人地关系	0.913	0.127	0.984	0.025	0.959	0.070
	市民参与度	0.881	0.047	0.892	0.040	0.887	0.040
11.4 遗产	生态多样性	0.675	0.192	0.683	0.052	0.729	0.124
	历史文化指数	0.473	0.198	0.777	0.133	0.504	0.158
11.5 防灾	自然灾害指数	0.785	0.160	0.707	0.240	0.809	0.104
11.6 环境	环境污染指数	0.593	0.088	0.698	0.118	0.560	0.068
11.7 空间	社会安全指数	0.637	0.142	0.867	0.096	0.663	0.094

资料来源:中国社会科学院城市与竞争力研究中心数据库。

(四)非洲国家

非洲城市在建设可持续城市及人类住区这一目标的进展上整体表现较差,12项指标中有9项低于世界平均水平。11.1住房方面,劳动生产率水平处于较低水准,居住成本偏高。南非虽然在经济发展方面领先,但社会公平问题比较严峻。11.3管理方面,非洲的人地关系和市民参与度均低于世界平均,但南非表现相对较好。11.4遗产保护方面,非洲整体水平较低,南非和尼日利亚两国在人文遗产保护方面短板明显。11.5防灾方面,非洲整体水平落后于世界平均水平,南非和尼日利亚均低于非洲平均水平,特别是尼日利亚在这方面差距较大。11.6环境质量方面,非洲工业化整体还处于初始阶段,碳排放总量较小,因而经济活动对环境的影响较小,这一指标的表现,领先世界平均水平。11.7公共空间方面,非洲城市的社会安全问题非常严重,维护社会安和稳定是非洲城市面临的共性问题。

表 4.12　非洲及代表性国家可持续发展目标 11 实现进展

SDG11 具体目标	监测指标	非洲 均值	非洲 标准差	南非 均值	南非 标准差	尼日利亚 均值	尼日利亚 标准差
11.1 住房	劳动生产率	0.383	0.145	0.490	0.073	0.476	0.106
	社会公平指数	0.736	0.095	0.636	0.085	0.641	0.096
	居住成本指数	0.793	0.295	0.961	0.026	0.978	0.005
	间接市场融资便利度	0.426	0.233	0.707	0.039	0.649	0.092
11.2 交通	交通拥挤度	0.699	0.146	0.712	0.161	0.687	0.131
11.3 管理	人地关系	0.800	0.148	0.938	0.061	0.802	0.156
	市民参与度	0.854	0.072	0.931	0.034	0.890	0.047
11.4 遗产	生态多样性	0.572	0.162	0.659	0.064	0.631	0.085
	历史文化指数	0.258	0.168	0.342	0.232	0.220	0.157
11.5 防灾	自然灾害指数	0.682	0.203	0.611	0.153	0.579	0.155
11.6 环境	环境污染指数	0.763	0.101	0.747	0.052	0.697	0.146
11.7 空间	社会安全指数	0.430	0.166	0.330	0.051	0.295	0.105

资料来源：中国社会科学院城市与竞争力研究中心数据库。

（五）欧洲国家

欧洲城市在可持续城市及住区建设的进展上整体表现很好，12 项指标中除去环境污染均领先于世界平均水平，在六大洲中排第一名。具体而言，在 11.1 住房方面，欧洲的劳动生产率显著高于世界平均水平，特别是德国，根据经济合作与发展组织报告，德国是世界上劳动生产率最高的国家之一。但是俄罗斯的社会公平问题比较突出，收入分配差距扩大带来严重的社会问题。11.2 交通问题方面，德国的城市和较大的城镇拥有高效的公共交通系统，四通八达，方便快捷，发展水平领先世界，而俄罗斯则面临挑战。11.3 管理方面，两国的人地关系处于合理水平。11.4 遗产保护方面，欧洲整体成绩卓越，德国更是处于标杆之列。11.5 防灾方面，欧洲城市整体的防灾能力高于世界平均水平，但俄罗斯进展相对滞后且城市之间的发展并不平衡。11.6 环境方面，环境保护是欧洲城市所面临的共同挑战。11.7 公共空间方面，欧洲城市整体的水平比较高,社会安全度较好。

表4.13 欧洲及代表性国家可持续发展目标11实现进展

SDG11具体目标	监测指标	欧洲 均值	欧洲 标准差	德国 均值	德国 标准差	俄罗斯 均值	俄罗斯 标准差
11.1 住房	劳动生产率	0.771	0.149	0.877	0.097	0.651	0.089
	社会公平指数	0.782	0.079	0.825	0.072	0.682	0.045
	居住成本指数	0.945	0.039	0.951	0.025	0.955	0.035
	间接市场融资便利度	0.607	0.150	0.648	0.134	0.655	0.067
11.2 交通	交通拥挤度	0.713	0.126	0.809	0.076	0.609	0.114
11.3 管理	人地关系	0.926	0.126	0.991	0.019	0.920	0.091
	市民参与度	0.909	0.039	0.923	0.023	0.904	0.037
11.4 遗产	生态多样性	0.658	0.104	0.658	0.091	0.651	0.105
	历史文化指数	0.690	0.151	0.735	0.105	0.676	0.126
11.5 防灾	自然灾害指数	0.885	0.109	0.900	0.065	0.875	0.138
11.6 环境	环境污染指数	0.585	0.064	0.586	0.018	0.538	0.068
11.7 空间	社会安全指数	0.610	0.119	0.646	0.116	0.598	0.117

资料来源:中国社会科学院城市与竞争力研究中心数据库。

(六)大洋洲国家

大洋洲城市在可持续城市及住区建设的进展上整体表现良好,在六大洲中排名第二仅次于欧洲,但在人地关系方面仍需进一步提升。11.1住房方面,大洋洲城市取得了令人瞩目的成果,有较高的劳动生产率和合理的居住成本,且在信贷支持方面走在世界前列。11.2交通方面,大洋洲基本与世界平均水平持平,但新西兰在该项指标方面得分较低。11.3管理方面,公民参与度水平较高,但是由于地广人稀,人口聚集度略低,人地关系方面落后于世界平均水平,特别是澳大利亚。11.4遗产保护方面,新西兰在自然遗产和人文遗产方面的保护工作均走在全球前列。11.5防灾方面,澳大利亚面临挑战,而新西兰表现比较亮眼。11.6环境方面,大洋洲城市整体环境质量优良,但澳大利亚由于资源密集型产业的发展,二氧化碳人均排放量很高,急需改善。11.7公共空间方面,大洋洲整体优于世界平均水平,但新西兰的奥克兰市有待进一步提高。

表 4.14　大洋洲及代表性国家可持续发展目标 11 实现进展

SDG11 具体目标	监测指标	大洋洲 均值	大洋洲 标准差	澳大利亚 均值	澳大利亚 标准差	新西兰 均值	新西兰 标准差
11.1 住房	劳动生产率	0.907	0.033	0.914	0.032	0.869	—
	社会公平指数	0.792	0.003	0.791	0.003	0.796	—
	居住成本指数	0.972	0.026	0.979	0.020	0.931	—
	间接市场融资便利度	0.814	0.131	0.815	0.144	0.805	—
11.2 交通	交通拥挤度	0.646	0.098	0.657	0.103	0.582	—
11.3 管理	人地关系	0.727	0.151	0.689	0.125	0.951	—
	市民参与度	0.940	0.041	0.944	0.043	0.917	—
11.4 遗产	生态多样性	0.562	0.173	0.541	0.180	0.686	—
	历史文化指数	0.515	0.135	0.480	0.110	0.721	—
11.5 防灾	自然灾害指数	0.802	0.073	0.790	0.073	0.871	—
11.6 环境	环境污染指数	0.657	0.046	0.642	0.029	0.742	—
11.7 空间	社会安全指数	0.616	0.064	0.627	0.062	0.552	—

资料来源：中国社会科学院城市与竞争力研究中心数据库。

三　四类城市分组分析

（一）Ⅰ类城市特征事实分析

1006 个样本城市中，在 SDG11 方面接近完成的Ⅰ类城市共有 18 个，分布于欧洲、亚洲和北美洲，其中欧洲独占 16 席，涉及奥地利、波兰、丹麦、德国、芬兰、荷兰、拉脱维亚、挪威、葡萄牙、瑞典、瑞士这 11 个国家，其中德国占据 5 席，瑞士占据 2 席，其他国家各占 1 席。亚洲国家中日本占据一席，北美洲国家中加拿大占据一席（见图 4.3）。

本书统计了Ⅰ类城市在 SDG11 具体目标方面的平均进展情况（见图 4.4）我们发现，环境问题和遗产保护依然是头部城市面临的最主要共性问题。城市居民和企业每天在生产和生活活动中产生大量的废弃物，必须妥善处置，以保持健康和卫生的生活条件。由于快速城镇化、技术限制、财政支持不足和政策优先度问题，许多城市面临日益严峻的环境挑战。从国际经验来说，收入水平越高的地区，废弃物排放量就越大。因此，未来几十年，伴随经济增长，人类在废弃物管理和环境保护方面将面临的更大挑战。而自然遗产和文化遗产作为人类共同的财富，

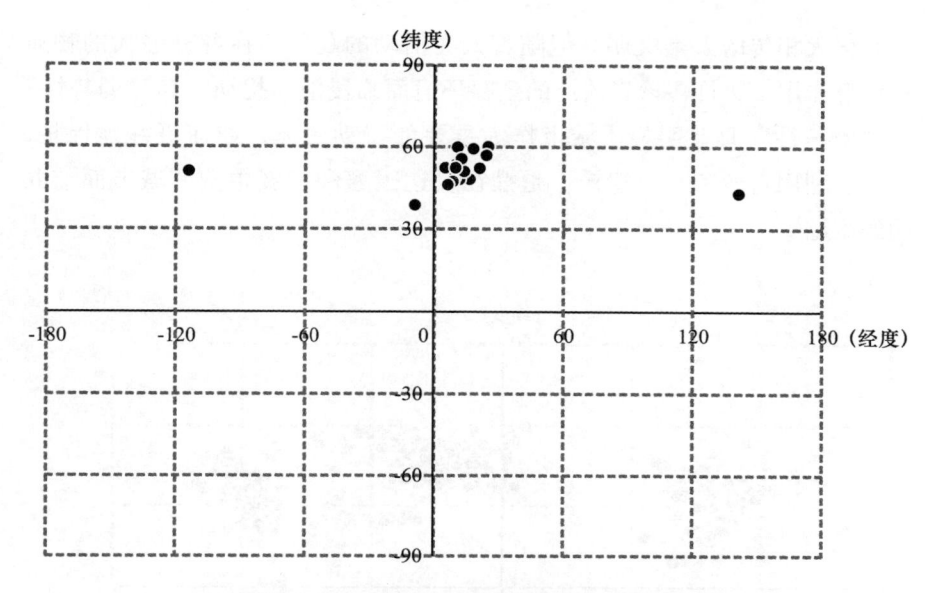

第四章　全球城市可持续发展目标11(SDG11)的实施进展 ◇ 143

图 4.3　I 类城市 SDG11 进展空间分布

资料来源：中国社会科学院城市与竞争力研究中心数据库。

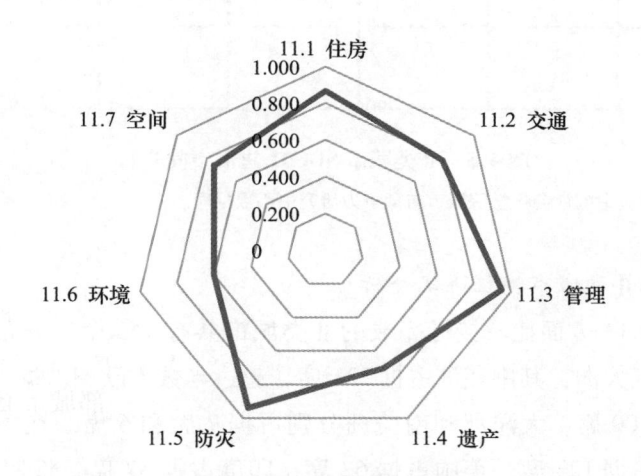

图 4.4　I 类城市 SDG11 具体目标平均进展水平

资料来源：中国社会科学院城市与竞争力研究中心数据库。

对于人类多元文化并存的格局维系、可持续发展方式的实现，以及应对目前和未来面对的各种困境，起到"智慧集"和"资源库"的作用，串联起薪火相传的人类文明。但随着人类活动的蔓延,在各种强大的物质和信息作用下,许多珍贵遗产的生存环境面临侵蚀和扰动,其"弱势性"与"濒危性"日益明显。城市作为重要的行动主体,如何更好地保护、传承、利用自然和文化遗产,是摆在发达国家和发展中国家城市面前共同的难题。

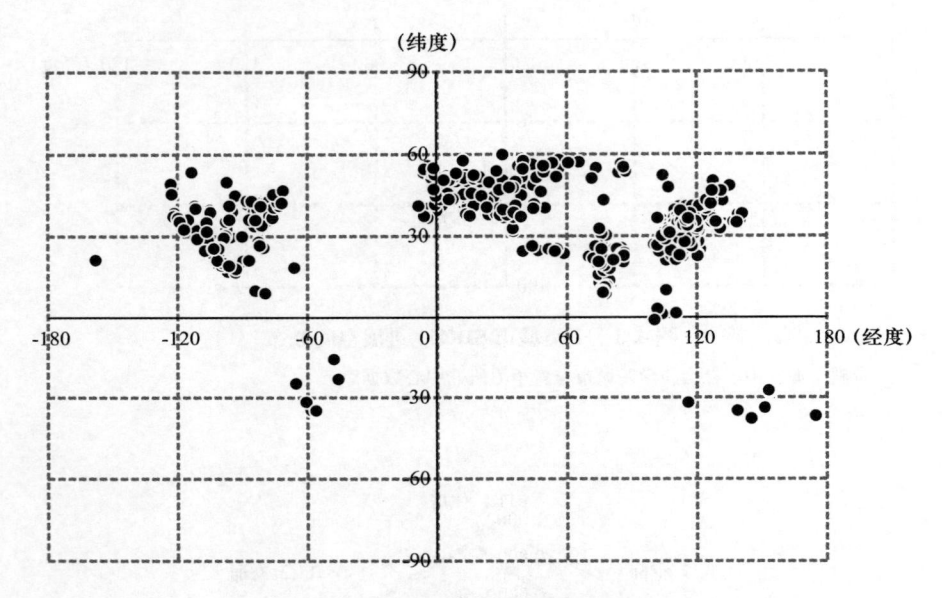

图 4.5　Ⅱ类城市 SDG11 进展空间分布

资料来源:中国社会科学院城市与竞争力研究中心数据库。

(二) Ⅱ类城市特征事实分析

在 SDG11 方面比较接近完成的Ⅱ类城市共有 446 个,分布于除非洲外的其他五大洲,其中亚洲占据 231 席,超过半数,欧洲占据 102 席,北美洲占据 100 席,大洋洲和南美洲分别占据 7 席和 6 席。在主要国家方面,中国占据 123 席,美国占据 62 席,印度占据 57 席,俄罗斯占据 28 席,墨西哥占据 27 席,意大利占据 13 席,英国占据 12 席,土耳其占据 12 席。

通过对比Ⅰ类城市和Ⅱ类城市在 SDG11 具体目标方面的进展情况(见图 4.6),我们发现,Ⅱ类城市的最主要短板在 11.1 住房、11.2 交

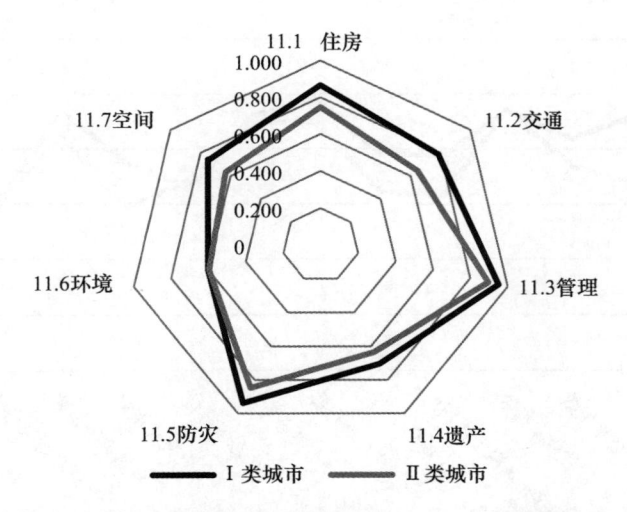

第四章 全球城市可持续发展目标11(SDG11)的实施进展 ◇ 145

图4.6 Ⅰ类和Ⅱ类城市SDG11具体目标平均进展水平对比

资料来源：中国社会科学院城市与竞争力研究中心数据库。

通、11.4遗产和11.7空间上。同时，Ⅱ类城市也同样面临来自环境保护的压力，但是在11.5防灾和11.3管理方面，和Ⅰ类城市差距不大，均处于较高水平。我们通过不同类型城市在指标方面的平均得分对比发现，造成11.1住房方面的差距主要来自劳动生产率、社会公平和信贷支持；造成11.4遗产保护方面的差距主要来自对文化遗产的保护情况（见图4.7）。Ⅱ类城市在这些方面的短板应引起足够的重视。

（三）Ⅲ类城市特征事实分析

在SDG11方面进程还有距离的Ⅲ类城市共有487个，分布于除大洋洲之外的其他五大洲，其中亚洲占据306席，非洲占据75席，南美洲占据60席，北美洲占据29席，欧洲占据8席。在主要国家方面，中国城市占据165席，印度占据43席，巴西占据30席，尼日利亚占据22席，印度尼西亚占据19席，美国占据13席，巴基斯坦、伊朗、墨西哥各占据11席。

通过对比Ⅲ类城市和Ⅱ类城市在SDG11具体目标方面的进展情况，我们发现，Ⅲ类城市在11.1住房、11.4遗产、11.5防灾和11.7空间上弱于Ⅱ类城市；在11.2交通和11.3管理方面，和Ⅱ类城市不相上下；在11.6环境方面，优于Ⅱ类城市（见图4.9）。具体指标方面（见图4.10），

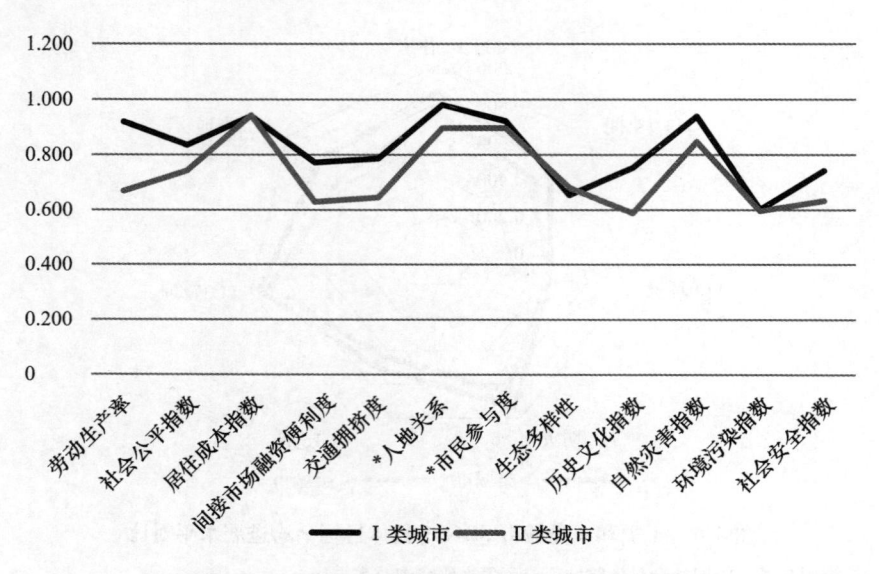

146 ◇ 第二部分 主题报告:城市竞争力与SDG

图 4.7　Ⅰ类和Ⅱ类城市数据指标均值水平对比

注：＊表示非可持续竞争力指标。

资料来源：中国社会科学院城市与竞争力研究中心数据库。

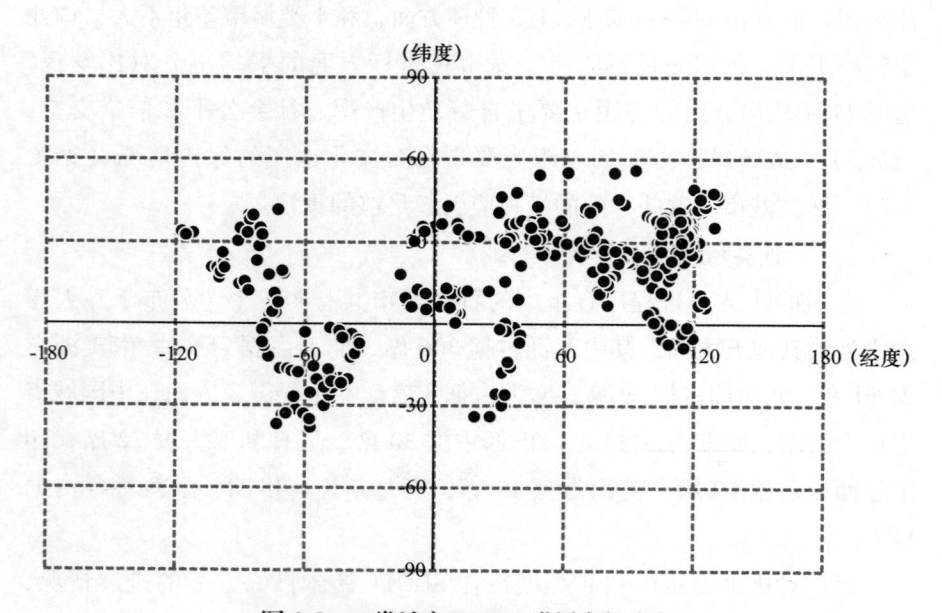

图 4.8　Ⅲ类城市 SDG11 进展空间分布

资料来源：中国社会科学院城市与竞争力研究中心数据库。

住房方面的差距主要来自于劳动生产率和信贷支持；遗产保护方面的差距主要来自于对文化遗产的保护。Ⅱ类城市在这些方面的短板应引起足够的重视。

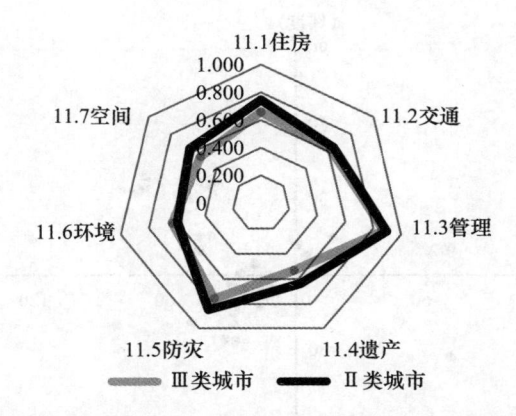

图 4.9　Ⅱ类和Ⅲ类城市 SDG11 具体目标平均进展水平对比

资料来源：中国社会科学院城市与竞争力研究中心数据库。

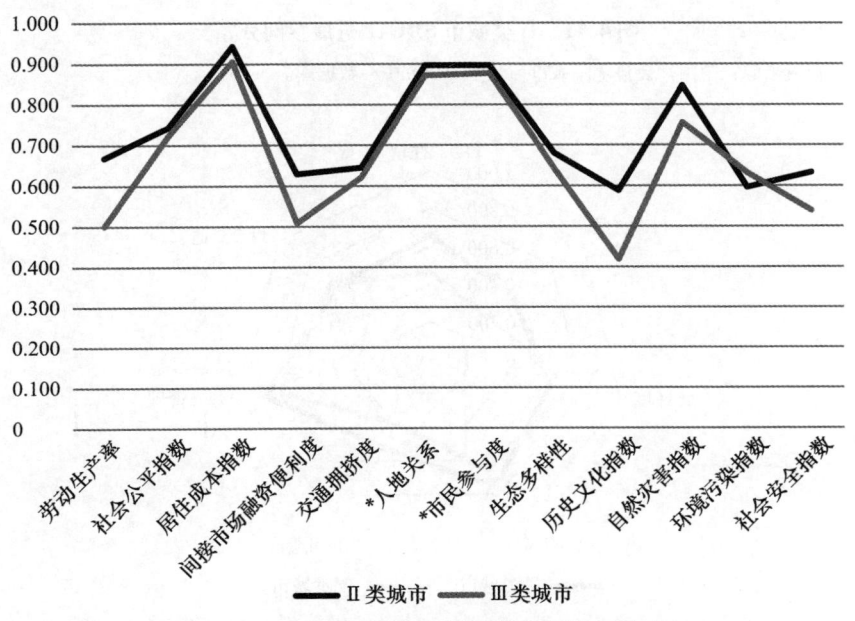

图 4.10　Ⅱ类和Ⅲ类城市数据指标均值水平对比

注：＊表示非城市可持续竞争力指标。

资料来源：中国社会科学院城市与竞争力研究中心数据库。

(四) Ⅳ类城市特征事实分析

在SDG11方面距离实现目标距离较远的Ⅳ类城市共有64个,分布于亚洲、非洲、北美洲和南美洲,其中亚洲占据26席,非洲占据28席,南

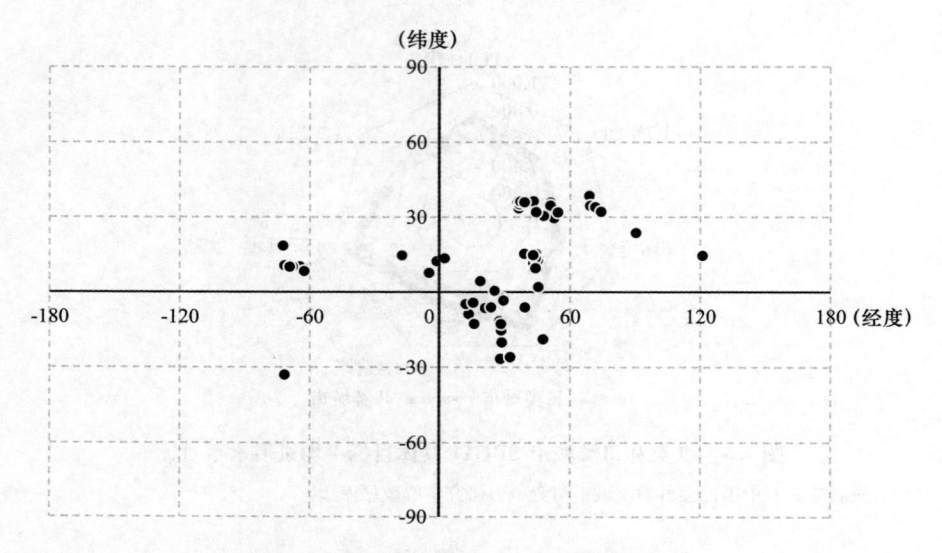

图4.11 Ⅳ类城市SDG11进展空间分布

资料来源:中国社会科学院城市与竞争力研究中心数据库。

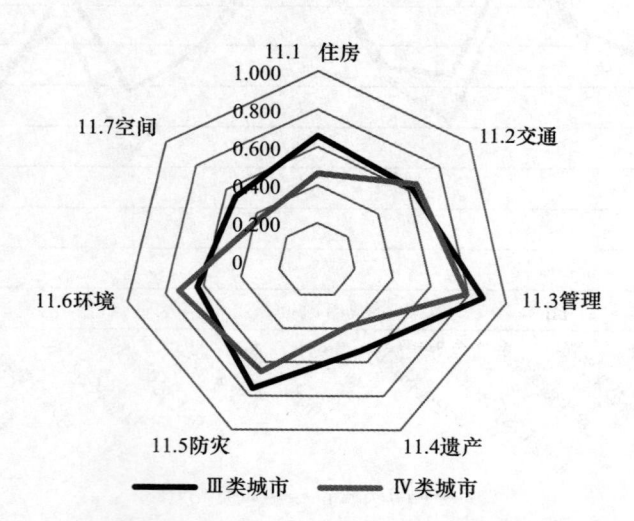

图4.12 Ⅲ类和Ⅳ类城市SDG11具体目标平均进展水平对比

资料来源:中国社会科学院城市与竞争力研究中心数据库。

第四章 全球城市可持续发展目标11(SDG11)的实施进展 ◇ 149

美洲占据9席，北美洲占据1席。国家方面，主要分布于刚果（金）（9席）、委内瑞拉（8席）、叙利亚（6席）、伊朗（5席）、也门（4席）等，基本都属于发展中国家。

通过对比Ⅲ类城市和Ⅳ类城市在SDG11具体目标方面的进展情况，我们发现，Ⅳ类城市除去环境污染方面压力较小之外，在其他各方面均面临严峻挑战。通过分析具体指标可以看出，Ⅳ类城市处于发展的早期阶段，故在收入差距，交通拥挤和环境污染方面的得分较高外，其他指标得分均明显偏低。Ⅳ类城市在可持续发展方面任重而道远。

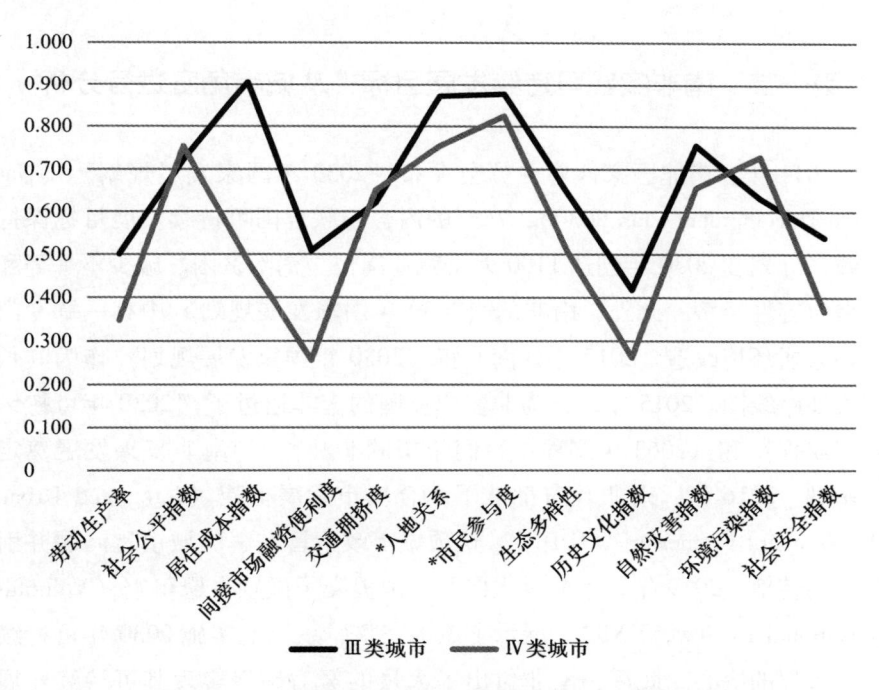

图 4.13　Ⅲ类Ⅳ类城市数据指标均值水平对比

注：*表示非城市可持续竞争力指标。

资料来源：中国社会科学院城市与竞争力研究中心数据库。

第 五 章

全球城市可持续发展典型案例

第一节　南非实践可持续发展目标：从城市角度进行分析

2011 年，南非国家计划委员会发布《2030 年国家发展规划》（National Development Plan 2030），74% 的内容与联合国可持续发展目标保持一致，计划在 2030 年创造 1100 万个就业岗位、消除贫困、减少不平等和发展包容性经济。此外，南非的《2030 年国家发展规划》中有一章专门阐述人居环境改造。2012 年，南非将《2030 年国家发展规划》作为其长期发展路线图。2015 年，作为非盟成员国的南非通过了《2030 年可持续发展议程》和《2063 年议程：我们希望的非洲》，为南非复兴发展奠定了基础。2016 年，南非政府批准了综合城市发展框架（Integrated Urban Development Framework，IUDF），这项城市政策旨在解决城镇化问题并引导空间转换。2019 年，南非首次向联合国提交了国别自愿审查（Voluntary National Review，VNR），展示了该国完整、系统地实施 2030 年可持续发展议程的决心。此后，南非付出了大量的努力确保实现其可持续发展目标。

一　南非的协调机制

南非政府分为三个层级：中央政府、省级政府和地方政府，各级政府在报告和实施过程中发挥着协调和支持作用。南非合作治理和传统事务部旨在确保促进各部门和地方政府在三个方面进行合作，同时促进在全社会合作。南非政府确保各级政府政策一体化、调整和协调并确保在监督、监控和评估方面发挥积极作用。

在国家层面，南非规划、监测和评估部（Department of Planning Monitoring and Evaluation，DPME）和南非统计局（Statistics South Africa）合作引导国别自愿审查流程。作为可持续发展目标部际委员会的一部分，南非合作治理和传统事务部（Department of Cooperative Governace and Traditional Aflairs）与当地政府机构合作，在地方性自愿审查协调行动、加强地方性自愿审查协调行动和国别自愿审查之间联系方面发挥着潜在作用。这还涉及其他相关参与者（学术界和民间团体）及其监测，以使其真正成为一个全国范围而不仅仅政府参与的流程。

二　南非可持续发展目标的实施流程

南非政府已经开始就其可持续发展目标展开对话并通过多方利益相关者（民间团体、学术界和私营部门）增强实现可持续发展目标的意识，以将可持续发展目标纳入规划工具（空间开发框架、综合开发计划和其他本地政策框架）。

2019年7月25—26日，南非合作治理和传统事务部与南非东部城市德班市政府、德班市立学习学院和国际地方政府环境行动理事会南非东部城市共同举办了可持续发展目标讨论会。此外，社会各界还制定了其他一些可持续发展目标。

三　南非市级可持续发展目标的实现

南非致力于联合国的可持续发展目标，各个城市也积极采取切实行动努力实现这些目标。

第一，开普敦市。开普敦市根据其具体目标和需要针对可持续发展目标进行了大量的本地化工作。开普敦的常住人口约在370万人，是南非第二大城市，也是该国仅次于约翰内斯堡的经济中心。开普敦位于南非西南海岸，是一座港口城市，其金融、服务、制造和旅游业发达。此外，开普敦城市人口不断增长，其失业率、犯罪率、经济社会发展以及空间不均衡性相对较高。

解决这些问题的关键是塑造城市韧性，这是开普敦市综合发展计划的指导原则之一，对于其制定韧性城市的战略非常重要。南非韧性城市战略和行动在目标层面与可持续发展目标保持一致。①

可持续发展目标本地化的重要工具是通过多方利益相关者进行知识合作生产和交换。因此，开普敦积极参与各种全球城市网络，与学术合作伙伴开展密切合作。作为这些合作计划的一部分，开普敦参与了可持续发展目标指标计划和项目，比如 Mistra 城市未来研究项目②，而且还在 2017—2019 年主办了一次嵌入式研究，帮助城市制定可持续发展目标实现战略。③

当前，开普敦可持续发展目标本地化方法涵盖多个方面，其一，由一个跨部门技术可持续发展目标任务团队牵头，这便于使该市的政策生态系统按照现有需求和优先级分阶段符合可持续发展目标，并在政策、行业、计划/项目和数据层面监测实现可持续发展目标。其二，开普敦注重增强内部意识、横向交互能力并在国内外宣传本书为实现可持续发展目标所作的努力。

因此，可持续发展目标本地化的内容可以互相区分开：内部强化、国家报告和全球定位。作为非洲最大的城市之一，开普敦已经签署了"地方性自愿审查报告声明"，这项声明在 2019 年由纽约市发起，计划在地方性自愿审查中报告其可持续发展目标的实施情况，并于 2021 年向可持续发展高级别政治论坛（UN High Level Political Forum）提交。

第二，茨瓦内市。茨瓦内市（City of Tshwane）位于南非东北部，约有 290 万人。茨瓦内是南非的政治决策中心兼行政首都，也是南非最大的六个都会市之一。

茨瓦内市的可持续发展目标本地化计划是其正在实施的可持续、资源节约型和气候中性城市长期计划的一部分，这是一个综合规划，旨在努力实现全面可持续发展目标。

---

① S. Croese et al., "Localizing the Sustainable Development Goals through the Lens of Urban Resilience: Lessons and Learnings from 100 Resilient Cities and Cape Town", *Sustainability*, Vol. 12, No. 2, 2020.

② Z. Patel et al., "Local Responses to Global Sustainability Agendas: Learning from Experimenting with the Urban Sustainable Development Goal in Cape Town", *Sustainability Science*, Vol. 12, No. 5, 2017.

③ S. Croese et al., "Localisation of the 2030 Agenda and its Sustainable Development Goals in Cape Town", Mistra Urban Futures Report, 2019.

茨瓦内市已开始进行自我定位并启动了一个流畅的可持续发展目标本地化流程。这个本地化流程的一个重要组成部分是茨瓦内市与南非大学（UNISA）合作，争取技术支持，合作通过当地政府实施的可持续发展目标本地化项目来完成。茨瓦内市与南非大学的合作已产生了一些成果。这些成果包括对城市计划、项目数据和信息的初步评估和审核，并将此作为实施现有发展计划和政策的一项措施。

资源、流程和系统就绪之后，茨瓦内市计划发布一份有关可持续发展目标本地化的自愿本地审查报告并将其作为一项关键结果。自愿本地审查报告与一项集中的宣传和认知项目共同支持茨瓦内市民积极参与各种活动。

迄今为止，利益相关者的参与大多是在各种平台上通过一对一的方式完成，目的在于评估各级政府提供的支持程度并确定所需和可用的资源。作为这个过程的一部分，茨瓦内市在2020年年初召开了可持续发展目标本地化高级研讨会。在这次研讨会上，城市高层管理者和可持续发展目标专家展开了对话。这是一个知识共享平台，鼓励城市管理者按照可持续发展目标本地化流程制定各种项目。

茨瓦内市还编写了一份可持续发展目标草稿、开展了综合发展规划绘制练习活动（仍处于早期）并计划启动内部参与流程。可持续发展目标本地化流程由一个多行业团队驱动，该团队包括IDP、战略合作伙伴、城市可持续部门和经济情报部门代表。这些部门对于推动流程和确保实现结果具有至关重要的作用。

2020年，受包括领导力挑战和新冠肺炎疫情在内的多种因素影响，茨瓦内市的可持续发展目标本地化进程严重受阻。然而，通过合作项目从主要专家获得技术支持后，茨瓦内市将在2021年加强可持续发展目标实施流程。

第三，德班市。德班市位于南非东海岸，2021年，人口约为372万人。德班是南非第三大城市，拥有繁忙的港口和海滩，是南非主要商贸中心和旅游目的地。历史上，德班曾快速扩张至农村地区，包括大面积的非正式聚落和传统权力机关所拥有的土地。因此，在（可用资源）服务交付和土地管理方面，仍面临着巨大挑战。然而，德班在参与全球网络以及有关可持续发展和气候变化论坛方面拥有悠久的历史，这意味着德班市在应对发展挑战方面具有强大的领导力。这可以通过各种可持续发展目标本地化方式体现出来，德班市也是南非最具创新性和开拓性的城市之一。

德班可持续发展目标本地化的特点是开展认知和教育项目，这一点非常重要。这些项目的一个关键因素是德班市立学习学院（Municiple Institute of Learning，MILE），德班市举办了内部可持续发展目标认知课程。这些课程针对中高级管理层。知识交流的主要目的是确保行政和政治领导人充分意识到城市在可持续发展目标本地化过程中的作用。德班市立学习学院与综合开发规划办公室共同开展了有关可持续发展目标的培训，培训对象是南非的城市官员。所有大师班课程都进行了修改以满足可持续发展目标。

在制度层面，IDP办公室负责确保可持续发展目标与该市战略保持一致。德班的流程和方法被认为是一种良好的做法，现在正在南非国内及世界其他城市推广。这种方法还采用了全球城市、地方政府联合组织（UCLG）和联合国开发计划署（UNDP）开发的可持续发展目标培训工具箱（参考）。更重要的一点是，德班市政府任命了三个可持续发展目标支持者对该市的可持续发展目标进行本地化。这些支持者主要负责以下三个方面：认知、实现调节和报告。德班市政府充分发挥支持者的作用，通过这些支持者在全球层面获取的可持续发展目标集体性知识来实现全球议程本地化，并确保该市的资本投资符合长期可持续发展原则。

当前，德班市政府正在制定一个报告和监测框架并进行地方性自愿审查。该流程涉及城市内部的横向管理，旨在开发地方性自愿审查所需内容。指导委员会成员每两周召开一次会议，目前正使用现有报告机制构建一个可持续发展目标监测框架。德班市政府现在面临的困难是如何使可持续发展目标指数与国家报告框架保持一致。

可持续发展目标本地化并非全球可持续发展目标的缩小版。相反，可持续发展目标本地化是在本地和全球层面实施全球可持续发展议程。这是一个基于利用本地机会、优先事项和理念的政治进程。

地方政府在可持续发展目标本地化方面发挥着至关重要的作用。作为政策制定者、变革推动者和发展的关键因素，地方政府在地方层面实施和监测可持续发展、实现繁荣和公共福利方面发挥着独特的作用。确保将可持续发展目标纳入政策工具并针对可持续发展目标编制预算。

第二节　全球城市卓越性的关键因素——东京、新加坡、马德里和墨西哥城

本书中，在衡量城市的复杂要素，特别是把某些城市与其他城市进行比较时，我们强调了定量指标所具有的局限性。因此，我们采用了一种可以称之为"专家判断"的方法，用于评估全球城市竞争力的战略独特性、卓越要素和关键因素。本书的中心主题是要针对选定城市来确定我们想要评估的关键问题，并选择一组具有权威知识和保持中立的专家，他们非常了解自己的城市，并同意分享自己在评估关键问题方面的经验。这种方法需要说服公共部门、私营部门和民间团体中愿意参与本研究的重要人士。该方法涉及复杂概念的评估，我们认为这些复杂概念是战略性的，与城市的未来息息相关。

西班牙大都市基金会在世界30多个大都市的"城市项目"中应用了这种定性方法，但采用的是问卷调查方式，称之为"机构参与渠道（CPI）"。一方面，本书中提到的独特性在于调查问卷的主题，这些主题来自于国际上最重要指数的主题模块，并整合了与全球动力城市指数（GPCI）综合数值相关性最高的指标；另一方面，邀请专家来分享他们的经验和对于自己所在城市的看法，这也体现了独特性。

如前文所述，应邀参与的专家分享了他们在选定城市公共部门、私营部门、民间社会组织相关的经验。

本书选择了东京、新加坡、马德里和墨西哥城等城市。这些城市都是各种指数中的重点研究对象，我们在这些城市有机会接触到政府、私营部门和民间社会组织的专家。最终确定了40名专家，每个城市10名。我们采用的问卷，围绕竞争力的关键因素，请专家们回答我们考量的相关问题。

一　关于全球城市的主要指数中使用的关键卓越因素

问卷包括两个部分：其一"竞争力因素Ⅰ"调查问卷非常详细地收集了在城市指数文献中出现频率很高的主题模块。从国际视角来看，为了

更好地理解一个城市最有意义的方面以及影响其实力和吸引力方面的要素，这些主题模块具有至关重要的意义。其二，"竞争力因素Ⅱ"包括森纪念基金会（Mori Memorial Foundation）城市战略研究所选取的指标，其中有一个数值较高的相关系数是采用2015年全球动力城市指数观察到的。

调查问卷"竞争力因素Ⅰ"拟设置14个主题模块。包括的内容有：（1）当地经济的实力；（2）研发活动的实力；（3）文化互动；（4）宜居性；（5）环境；（6）无障碍和连通性；（7）城市规划与设计；（8）善治；（9）有效的领导力；（10）技术准备；（11）出口集群的实力；（12）国际预测；（13）创业生态系统；（14）安全和治安。主题1—7来自森纪念基金会2015年全球动力城市指数。

从这个意义上说，可以证明在迥然不同的情况下，"善治"对城市的运作非常重要。我们详细分析了以下指数：2016年IESE大都市交通、Insight Australia的地区竞争力指数、2014年拉丁美洲最佳营商城市、《重新定义全球城市：全球大都市经济的七种类型》、2016年全球最具声誉城市、城市景气指数、2014年IMCO城市竞争力指数、2015年竞争力与可持续城市指数、2016年全球城市指数、2016年全球城市展望、新华—道琼斯国际金融中心发展指数、全球宜居城市指数、2016年全球宜居性排名、Solidiance亚太地区最具创新城市、花旗基金会青年经济策略指数、2016年Monocle最宜居城市指数、2017年美世生活质量排名、2017年英国智慧城市指数等。

在有效的领导力方面，虽然没有使用全球动力城市指数直接评估，但在分析意义重大的指数时，有效领导力的重要性得到了验证，例如：2014年城市竞争力指数、2015年竞争力和可持续发展城市指数、科技、创新和创业的城市倡议。

另一个选定的主题模块是技术准备，其对城市的总体战略重要性在以下城市基准研究中得以确认：2016年IESE大都市交通、Insight Australia区域竞争力指数、2016年毕马威竞争力报告、2015年NEC平安城市指数、2017年机遇城市、2017年城市动力指数、Solidiance亚太地区最具创新城市、网络化社会城市指数和米尔肯研究所的2016年最佳表现城市。

在著名的报告《重新定义全球城市：全球大都市经济的七种类型》中，还特别提到"外向型经济集群的实力"在城市中的重要性。

我们还在专家调查问卷中纳入"国际预测"这一因素。这一主题涉及以下城市基准研究指数：2016 年 IESE 大都市交通、2014 年拉丁美洲最佳营商城市、21 世纪全球金融中心指数、2025 年热点城市、城市未来竞争力标杆、全球城市竞争力标杆、Anholt-GFK 城市品牌指数、科技城市倡议、创新和创业指数、平等中的第一名、世界城市品牌晴雨表、2017QS 全球最佳留学城市等。

下面这些城市指数更深入地考量了创业生态系统这一主题模块的重要性：Insight Australia 地区竞争力指数、2017 年考夫曼创业活动指数、大都市区和城市趋势、《重新定义全球城市：全球大都市经济的七种类型》、2017 年全球创业生态系统报告、2014 年城市竞争力指数、2015 年竞争力和可持续城市指数。

我们还纳入了"安全和治安"主题模块。无论是在发达国家还是在发展中国家，这都是全球城市越来越敏感的问题。特别强调安全和治安的相关分析指数如下：特大城市自然灾害风险指数、韧性城市、2016 年 Monocle 全球最宜居城市指数、2017 年美世生活质量品质排名等。

我们对森纪念基金会 2015 年全球动力城市指数使用的一组指标进行了分析，最终选择了与全球动力城市指数综合数值相关系数较高的指标。

首先，各项指标的归一化数值均取自 2015 年的全球动力城市指数。

其次，全球动力城市指数的最终值也通过下面的公式归一化处理。

$$X' = \frac{X - X_{min}}{X_{max} - X_{min}}$$

最后，利用 IBM 公司的统计产品与服务解决方案（SPSS Statistics），计算出各项指标与 2015 年全球动力城市指数综合数值的相关系数。取得的结果如表 5.1 所示。

表 5.1 各项指标与 2015 年全球动力城市指数综合数值的相关系数

	要素	指标	相关系数
研发	研究背景	接受外国研究人员的准备情况	0.806
宜居性	生活设施	各种零售店	0.755
研发	学术资源	世界排名前 200 的大学	0.728
经济	营商环境	确保人力资源的便利性	0.704
无障碍	国际运输基础设施	乘坐国际航班抵达/离开的乘客人数	0.682

续表

要素		指标	相关系数
文化互动	对访客的吸引力	购物场所的数量	0.666
文化互动	互动量	来自国外的访客数量	0.656
文化互动	引领潮流的潜力	举办世界级大型文化活动的数量	0.655
无障碍	城际交通服务	通勤便利	0.643
经济	营商便利性	政治、经济和商业的风险水平	0.640
经济	市场规模	名义国内生产总值	0.639
无障碍	城际交通服务	公共交通的准时和覆盖范围	0.628
文化互动	互动量	外国居民人数	0.626
文化互动	对访客的吸引力	餐饮场所的吸引力	0.624
文化互动	交互量	国际学生人数	0.605

资料来源：笔者计算。

我们通过研究与全球动力城市指数综合数值相关度最高的指标，确定了关键主题。最有意义的指标是：接受国外研究人员的准备情况（0.806）。各种零售店（0.755）、世界排名前200的大学（0.728）、确保人力资源的便利性（0.704）。我们根据自己的标准，整合结果，避免了11个相关主题之间的内容重复，这些主题使我们能够完成"竞争力因素Ⅱ"的专家调查问卷。具体包含：(1) 大学的实力；(2) 吸引人才的能力；(3) 吸引游客和访客的能力；(4) 休闲项目；(5) 国际活动的实力和质量；(6) 营商环境；(7) 创造和创新的环境；(8) 大都市交通；(9) 国际连通性；(10) 城市文化多样性；(11) 公司和机构接受风险的文化能力。

通过以下方法，获得"专家判断"的调查问卷表，其中针对每一座城市，我们邀请了10位专家回答问卷。首先，我们请专家对调查问卷里25个因素中的每一个因素，从0到10给城市的卓越程度打分。其次，我们要求专家对所提出的意见从0到10打分，专家认为自己所在的城市应该就问卷中的因素继续改进。即优先的程度。最后，我们请专家针对问卷中的两个主题模块，分别指出对自己城市未来最具战略意义的两个竞争力因素。

对提出的每一个问题，都计算了其分散系数（DC），以评估不同专家对调查问卷表中每一个问题的共识程度。计算分散系数的公式如下：

$$G_D = \frac{\sigma}{|\bar{X}|} \cdot 100$$

分散系数用于衡量专家答复的差异或变化。因此，分散系数降低，说明专家的答复达成了广泛共识。

根据每个城市的问卷结果，我们设计了一个矩阵，同时表示卓越水平和优先程度。这个卓越—优先矩阵可以直观地表达卓越和优先之间的感知差异较大的因素；即城市的"关键性不足"。

二 东京

以东京为例，根据我们与城市专家的研究结果，我们有可能在卓越要素、优先事项、关键性不足和有战略意义因素方面描述出其独特的特征，用来指导东京的未来城市政策。专家们认为卓越的主要方面表现在：其一，大都市交通；其二，安全和治安；其三，当地经济的实力；其四，宜居性；其五，无障碍和连通性。

表5.2　　　　　　　　竞争力因素Ⅰ：东京　　　　　　　（单位：%）

	卓越水平	分散系数	优先程度	分散系数
当地经济的实力	858	12.60	783	27.70
研发活动的实力	733	12.10	758	22.80
文化互动	683	25.60	800	17.70
宜居性	783	22.30	833	15.60
环境	750	19.30	708	21.20
无障碍和连通性	783	21.00	767	19.50
城市规划与设计	650	32.50	733	22.80
善治	692	24.20	733	22.80
有效的领导力	608	23.70	733	24.90
技术准备	717	15.60	758	14.30
出口集群实力	708	14.10	608	27.60
国际预测	667	17.30	808	25.50
创业生态系统	558	22.20	867	14.20
安全和治安	892	12.10	767	25.10

资料来源：笔者计算。

表5.3　　　　　　　　　竞争力因素Ⅱ：东京　　　　　　　（单位：%）

	卓越水平	分散系数	优先程度	分散系数
大学的实力	617	23.80	875	9.90
吸引人才的能力	625	32.80	933	9.50
吸引游客和访客的能力	725	15.70	750	23.80
休闲项目	767	17.00	625	25.60
国际活动的实力和质量	692	23.40	633	24.60
营商环境	658	20.90	850	11.80
创造和创新的环境	625	36.20	942	7.10
大都市交通	942	7.10	742	32.20
国际连通性	725	13.30	800	18.50
城市文化多样性	683	19.60	733	32.00
公司和机构接受风险的文化能力	508	35.00	767	27.40

资料来源：笔者计算。

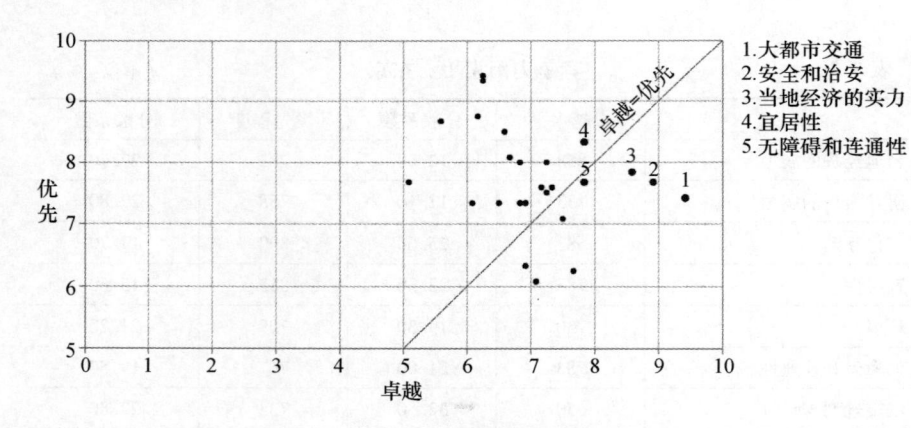

图5.1　东京卓越矩阵

资料来源：笔者根据调查问卷和"专家判断"整理。

这些结果揭示了像东京这样的城市其令人感兴趣之处，东京是世界上最大的城市之一，也是最发达的城市之一，在本书中，东京在不同城市指数等级的位置靠前。东京的连通性和无障碍系统的总体实力非常重要。得分最高的卓越要素是大都市交通，这也是专家答复中分散系数最低的因素，只有7.1%。

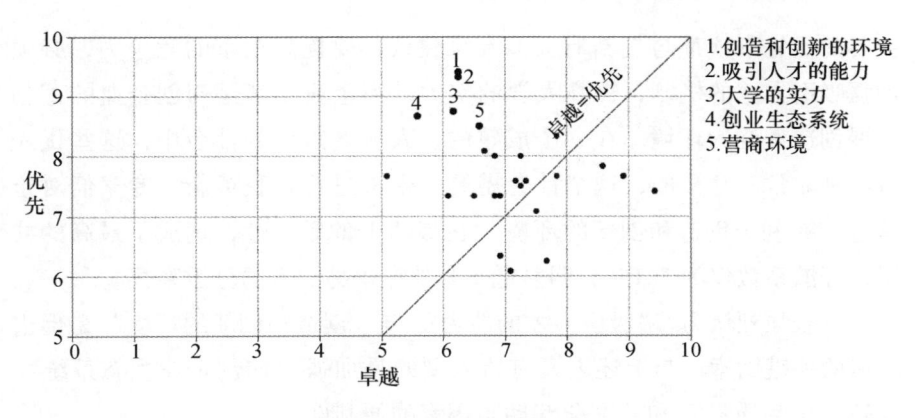

第五章 全球城市可持续发展典型案例 ◇ 161

图5.2 东京优先矩阵

资料来源：笔者根据调查问卷和"专家判断"整理。

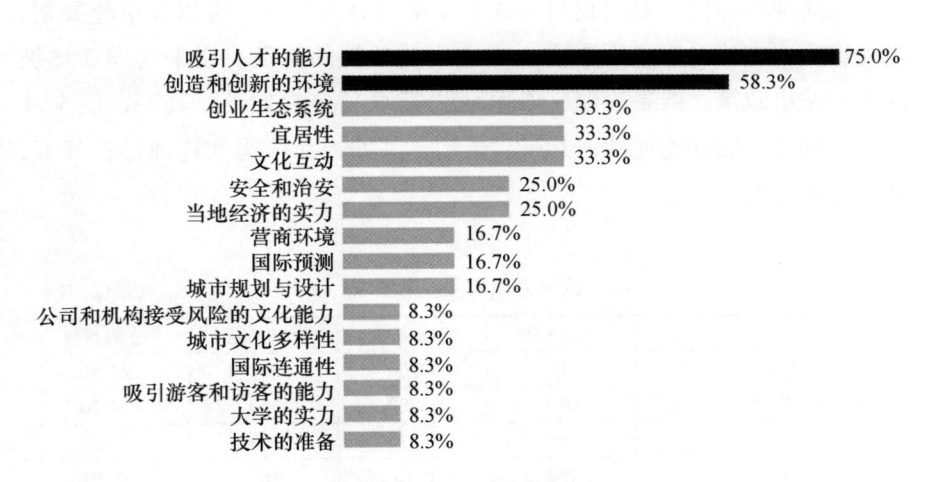

关键因素	百分比
吸引人才的能力	75.0%
创造和创新的环境	58.3%
创业生态系统	33.3%
宜居性	33.3%
文化互动	33.3%
安全和治安	25.0%
当地经济的实力	25.0%
营商环境	16.7%
国际预测	16.7%
城市规划与设计	16.7%
公司和机构接受风险的文化能力	8.3%
城市文化多样性	8.3%
国际连通性	8.3%
吸引游客和访客的能力	8.3%
大学的实力	8.3%
技术的准备	8.3%

图5.3 东京的关键因素

资料来源：笔者根据调查问卷和"专家判断"整理。

此外，生活质量、市民安全感、当地经济实力等其他要素的分散系数也很低。这意味着专家们对这些竞争力因素的评估答复达成了高度共识。同样，在提高竞争力的优先事项方面，我们也得到了以下结果：其一，创造和创新的环境；其二，吸引人才的能力；其三，大学的实力；其四，创业生态系统；其五，营商环境。

像东京这样发达的城市，要继续加强其在国际舞台上的竞争地位，主要的优先事项都与创新有关。专家建议，要提高东京的竞争力，必须加强吸引人才的机制，提高大学的实力，为企业尤其是初创企业的蓬勃发展创造良好的环境。在一个成熟的、人口老龄化的社会中，这些优先事项是非常有意义的，这个社会需要在未来进行自我革新。专家们对于营造"有利于创造和创新的环境"在战略上的重要性，达成了最高的共识，分散系数仅为7.1%，明显低于其他竞争力因素的分散系数。

专家强烈认为，"吸引人才的能力"与"创造和创新的环境"是促进发展的关键因素。与上述因素有所差别的是加强"初创企业生态系统"、提高"生活质量"和"文化互动"因素的便利性。

三 新加坡

以新加坡为例，根据我们与城市专家的研究结果，可以在卓越要素、优先事项、有战略意义因素方面描述出其独特的特征，用来指导新加坡的未来城市政策。结果表明，专家认为其卓越要素如下：其一，安全和治安；其二，国际连通性；其三，善治；其四，无障碍和连通性；其五，城市规划与设计。

表5.4　　　　　　　竞争力因素Ⅰ：新加坡　　　　　　（单位：%）

	卓越水平	分散系数	优先程度	分散系数
当地经济的实力	710	14.00	850	22.40
研发活动的实力	640	13.20	860	15.70
文化互动	690	10.70	760	9.20
宜居性	780	8.10	860	9.80
环境	760	11.10	770	8.80
无障碍和连通性	820	11.20	790	24.20
城市规划与设计	810	10.80	760	22.50
善治	840	11.50	850	20.90
有效的领导力	770	13.80	830	29.00
技术准备	750	11.30	780	18.90
出口集群实力	660	26.90	830	18.00
国际预测	750	19.10	720	36.30
创业生态系统	660	16.30	840	15.10
安全和治安	900	10.50	790	43.60

资料来源：笔者计算。

表5.5　　　　　　　　　竞争力因素Ⅱ：新加坡　　　　　　（单位：%）

	卓越水平	分散系数	优先程度	分散系数
大学的实力	770	12.80	840	13.80
吸引人才的能力	730	12.70	850	13.00
吸引游客和访客的能力	780	23.70	750	13.20
休闲项目	670	19.40	730	21.20
国际活动的实力和质量	760	39.80	670	15.40
营商环境	800	10.40	880	5.90
创造和创新的环境	660	9.80	890	17.80
大都市交通	740	18.30	790	14.50
国际连通性	900	30.30	820	7.40
城市文化多样性	740	15.20	790	17.10
公司和机构接受风险的文化能力	640	12.80	840	23.50

资料来源：笔者计算。

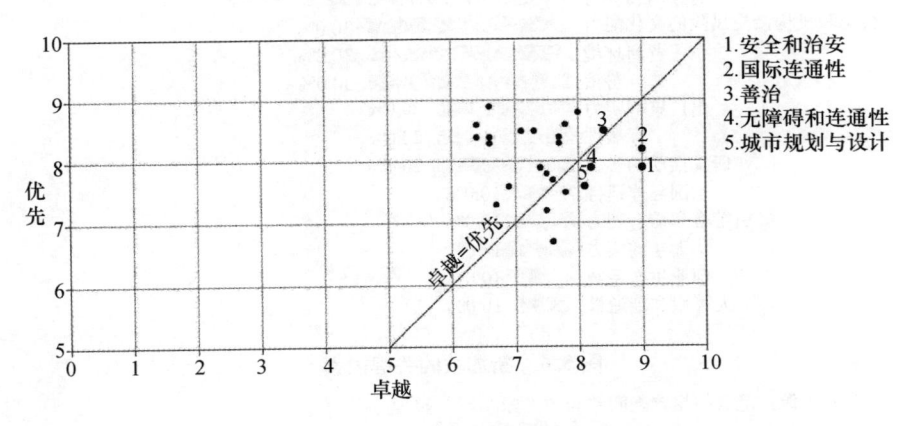

图5.4　新加坡卓越矩阵

1. 安全和治安
2. 国际连通性
3. 善治
4. 无障碍和连通性
5. 城市规划与设计

资料来源：笔者根据调查问卷和"专家判断"整理。

"城市安全"这一卓越要素表现较为突出。"本地交通便利和国际连通性良好"的表现也很突出。这些因素与东京的结果是一致的，二者都是高度发达的城市。在新加坡，"治理"和"城市规划与设计"方面的实力也

164 ◇ 第二部分 主题报告:城市竞争力与SDG

图中图例:
1. 创造和创新的环境
2. 营商环境
3. 宜居性
4. 研究活动的实力
5. 善治

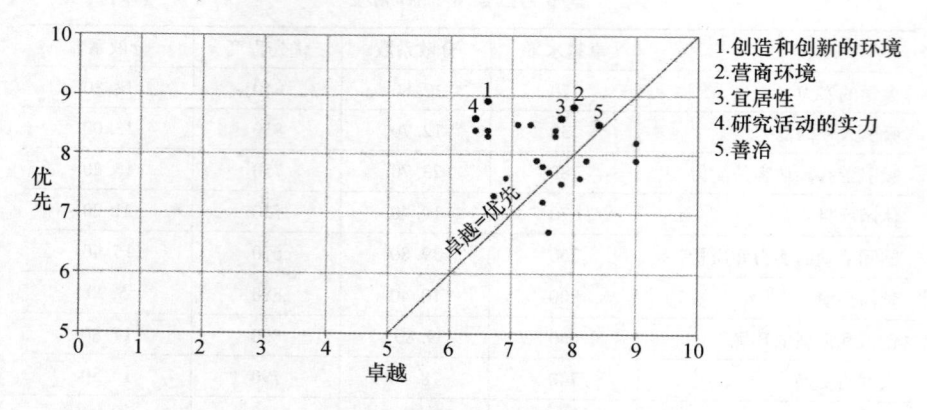

图5.5 新加坡优先矩阵

资料来源:笔者根据调查问卷和"专家判断"整理。

因素	百分比
创造和创新的环境	70.0%
当地经济的实力	50.0%
吸引人才的能力	40.0%
有效的领导力	40.0%
公司和机构接受风险的文化能力	30.0%
营商环境	30.0%
善治	30.0%
出口集群实力	20.0%
宜居性	20.0%
研发活动的实力	20.0%
国际连通性	10.0%
吸引游客和访客能力	10.0%
大学的实力	10.0%
创业生态系统	10.0%
无障碍和连通性	10.0%

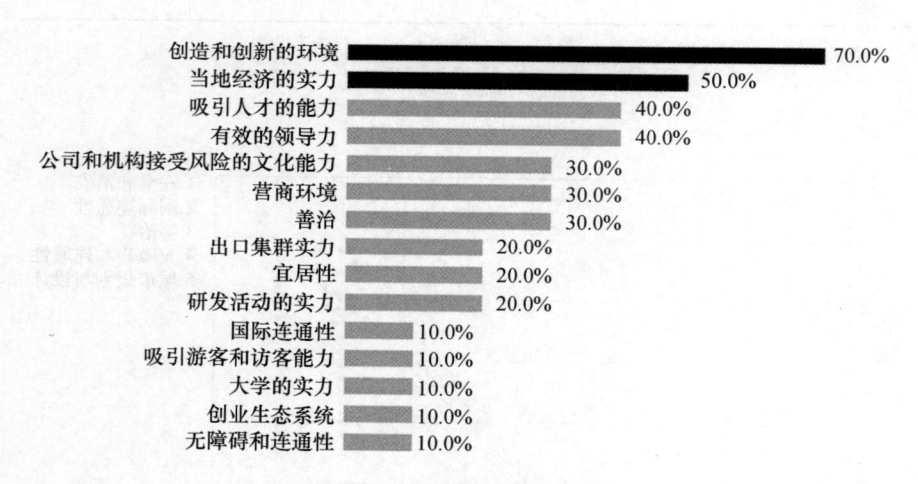

图5.6 新加坡的关键因素

资料来源:笔者根据调查问卷和"专家判断"整理。

属于卓越要素。最后一个卓越要素在战略上正激励着新加坡成为城市解决方案的全球领导者。同样值得注意的是,在本地专家对竞争力因素的评估中,相关因素分散系数较低,特别是在"营商环境"(5.9%)、"国际连通性"(7.4%)和"生活质量"(8.1%)等问题上达到了较高的共识。

同样,关于提高未来竞争力的基本优先事项,我们获得了以下结果:

其一，创造和创新的环境；其二，营商环境；其三，宜居性；其四，研发活动的实力；其五，善治。

我们看到，"有利于创造和创新的环境"与良好的"促进企业发展的体制和营商环境"，受到高度重视。同时也提高了"城市生活质量"，加强了"研发"活动的实力。显然，要在这些因素方面实现高度卓越，需要"善治"，不仅要有远见卓识，还要有执行能力。所有这些因素共同促成吸引人才的能力，在本书的研究中，吸引人才被认为是关系到各个城市，特别是新加坡未来发展的一个关键因素。

此外，分散系数相对较低，"有利于创造和创新的环境"为9.85%，"吸引人才的能力"为12.7%左右。专家就这些因素达成了明确的共识，这使人们非常肯定地认识到，新加坡在战略上需要创造有利于创新的环境，这是提升其未来竞争力的关键。这与我们就东京在这一方面取得的结果是相似的。

参与此次研究的专家认为，未来要继续提升新加坡的竞争力，必须加强的关键因素是营造创新和创造的环境，增强当地经济实力、吸引人才的能力，继续推动有效的领导力。

四　马德里

以西班牙首都马德里为例，根据我们与城市专家的研究结果，可以在卓越要素、优先事项、有战略意义因素方面描述出其独特的特征，用来指导马德里的未来城市政策制定。

表5.6　　　　　　　　竞争力因素Ⅰ：马德里　　　　　　　（单位：%）

	卓越水平	分散系数	优先程度	分散系数
当地经济的实力	690	12.60	790	17.40
研发活动的实力	550	32.80	800	30.00
文化互动	770	15.20	790	13.80
宜居性	770	22.00	750	15.10
环境	580	11.40	830	31.30
无障碍和连通性	810	13.80	820	7.00
城市规划与设计	640	18.20	740	18.30

续表

	卓越水平	分散系数	优先程度	分散系数
善治	590	30.10	790	18.70
有效的领导力	490	31.00	750	40.20
技术准备	630	30.30	750	19.90
出口集群实力	700	21.30	770	20.20
国际预测	670	13.80	820	12.30
创业生态系统	620	21.60	780	25.00
安全和治安	810	18.00	820	13.60

资料来源：笔者计算。

表5.7　　　　竞争力因素Ⅱ：马德里　　　　（单位：%）

	卓越水平	分散系数	优先程度	分散系数
大学的实力	580	18.60	850	17.80
吸引人才的能力	680	21.00	870	19.40
吸引游客和访客的能力	820	8.10	780	15.00
休闲项目	840	11.80	780	12.80
国际活动的实力和质量	730	21.20	800	11.30
营商环境	710	21.40	860	15.50
创造和创新的环境	670	14.70	860	15.80
大都市交通	820	10.00	840	11.20
国际连通性	810	24.10	830	10.80
城市文化多样性	770	9.30	790	16.30
公司和机构接受风险的文化能力	620	13.20	780	22.60

资料来源：笔者计算。

就马德里的情况而言，其突出的卓越要素包括如下：休闲项目；大都市交通；吸引游客和访客的能力；国际连通性；无障碍和连通性。

研究结果证实了马德里这个旅游目的地的卓越和成功。马德里有发展成熟的国际旅游休闲项目，极具吸引力，还有坚实而重要的连通性要素，成为文化、休闲和国际博览会的目的地。相关的卓越要素有大都市

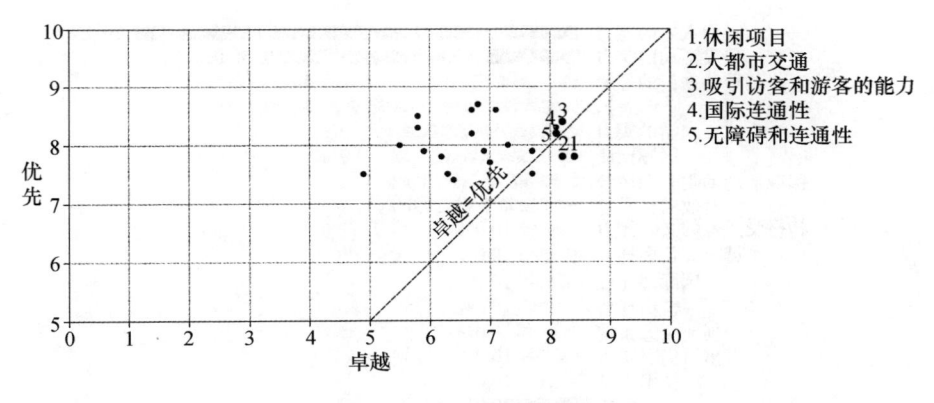

第五章　全球城市可持续发展典型案例　◇　167

图 5.7　马德里卓越矩阵

资料来源：根据调查问卷和"专家判断"整理。

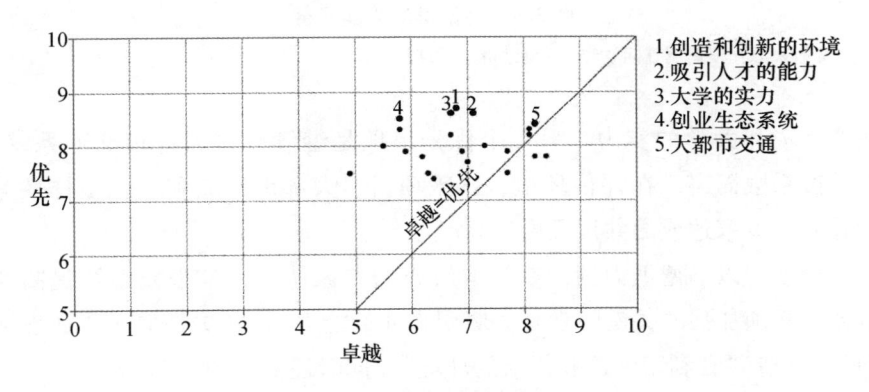

1. 休闲项目
2. 大都市交通
3. 吸引访客和游客的能力
4. 国际连通性
5. 无障碍和连通性

图 5.8　马德里优先矩阵

资料来源：根据调查问卷和"专家判断"整理。

1. 创造和创新的环境
2. 吸引人才的能力
3. 大学的实力
4. 创业生态系统
5. 大都市交通

交通以及国内和国际连通性。专家认为，马德里与世界联系紧密，大都市交通功能完善，效率高。这些卓越要素基本上是与马德里的物流和休闲优势相协同的。

专家的评价共识度较高、分散系数较低的因素，包括"大都市交通""国际连通性"和"国际活动的组织"。

马德里的主要优先事项是：吸引人才的能力；营商环境；创造和创新的环境；大学的实力；大都市交通。

与东京和新加坡在知识经济相关问题上的情况类似，马德里专家们的意见高度一致，其提出的战略优先事项一个是：人才、创造、创新、

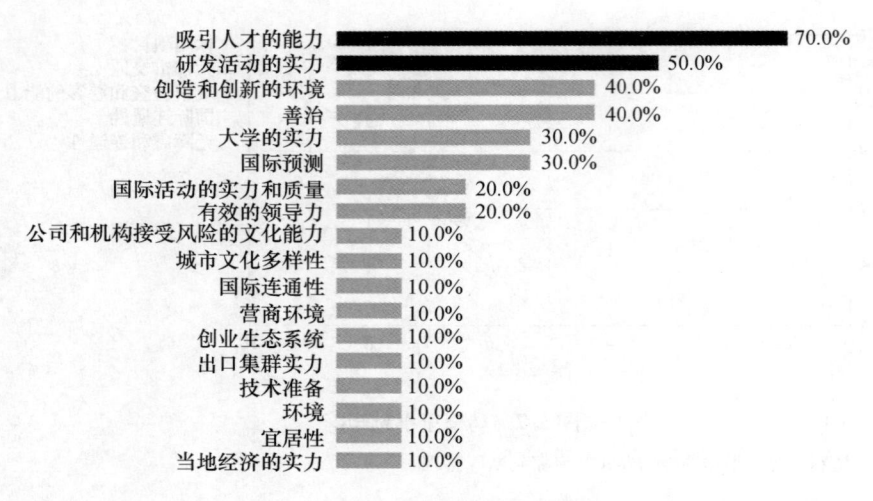

关键因素	百分比
吸引人才的能力	70.0%
研发活动的实力	50.0%
创造和创新的环境	40.0%
善治	40.0%
大学的实力	30.0%
国际预测	30.0%
国际活动的实力和质量	20.0%
有效的领导力	20.0%
公司和机构接受风险的文化能力	10.0%
城市文化多样性	10.0%
国际连通性	10.0%
营商环境	10.0%
创业生态系统	10.0%
出口集群实力	10.0%
技术准备	10.0%
环境	10.0%
宜居性	10.0%
当地经济的实力	10.0%

图 5.9　马德里的关键因素

资料来源：根据调查问卷和"专家判断"整理。

营商环境和大学的实力。另一个优先事项是继续改善大都市交通系统。就分散系数而言，在评估环境、休闲项目、大都市交通和文化多样性等问题时，专家达成的共识程度最高。

最后，以马德里为例，参与本研究的专家认为，未来要继续提高竞争力，必须加强的关键因素是"吸引人才的能力"，其次是加强"研发活动"，营造"有利于创造和创新的环境"，同时还要做到"善治"。

五　墨西哥城

研究结果表明，专家们认为墨西哥城的卓越要素是：国际活动的实力和质量；休闲项目；吸引游客和访客的能力；国际预测；城市文化多样性。

在卓越要素方面，尽管与马德里有某些共同点，但是墨西哥城与之前研究过的城市有根本上的不同，尤其是与东京和新加坡相比较。墨西哥城的卓越要素包括"国际活动的实力和质量""休闲项目""吸引游客和访客的能力""国际预测"和城市"文化多样性"。在治理、领导素质和市民安全等主题的卓越性评价中，分散系数非常高。

关于墨西哥城提高未来竞争力的基本优先事项，我们获得了以下结果：善治；安全和治安；城市规划与设计；大都市交通；环境。

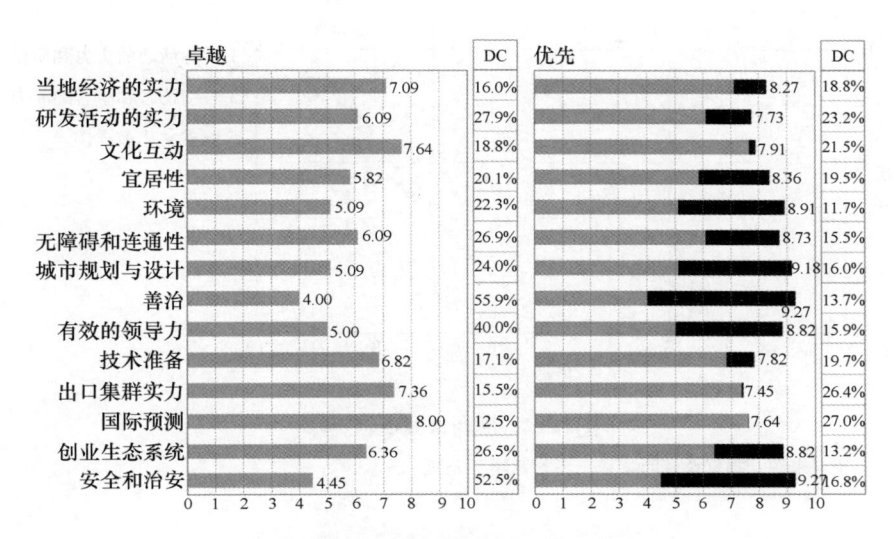

第五章　全球城市可持续发展典型案例　◇　169

图 5.10　竞争力因素 I：墨西哥城

指标	卓越	DC	优先	DC
当地经济的实力	7.09	16.0%	8.27	18.8%
研发活动的实力	6.09	27.9%	7.73	23.2%
文化互动	7.64	18.8%	7.91	21.5%
宜居性	5.82	20.1%	8.36	19.5%
环境	5.09	22.3%	8.91	11.7%
无障碍和连通性	6.09	26.9%	8.73	15.5%
城市规划与设计	5.09	24.0%	9.18	16.0%
善治	4.00	55.9%	9.27	13.7%
有效的领导力	5.00	40.0%	8.82	15.9%
技术准备	6.82	17.1%	7.82	19.7%
出口集群实力	7.36	15.5%	7.45	26.4%
国际预测	8.00	12.5%	7.64	27.0%
创业生态系统	6.36	26.5%	8.82	13.2%
安全和治安	4.45	52.5%	9.27	6.8%

资料来源：根据调查问卷和"专家判断"整理。

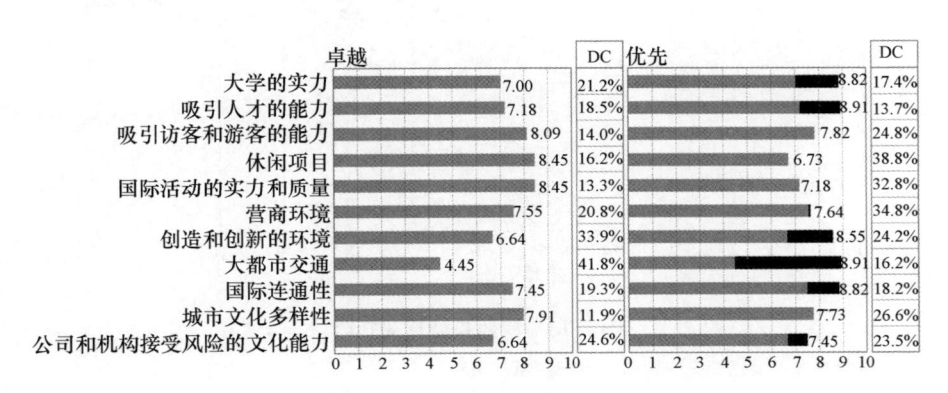

图 5.11　竞争力因素 II：墨西哥城

指标	卓越	DC	优先	DC
大学的实力	7.00	21.2%	8.82	17.4%
吸引人才的能力	7.18	18.5%	8.91	13.7%
吸引访客和游客的能力	8.09	14.0%	7.82	24.8%
休闲项目	8.45	16.2%	6.73	38.8%
国际活动的实力和质量	8.45	13.3%	7.18	32.8%
营商环境	7.55	20.8%	7.64	34.8%
创造和创新的环境	6.64	33.9%	8.55	24.2%
大都市交通	4.45	41.8%	8.91	16.2%
国际连通性	7.45	19.3%	8.82	18.2%
城市文化多样性	7.91	11.9%	7.73	26.6%
公司和机构接受风险的文化能力	6.64	24.6%	7.45	23.5%

资料来源：根据调查问卷和"专家判断"整理。

根据国家的政治和社会形势，"善治"和"安全城市"是优先程度较高的事项，同时提高"城市的城镇化程度"，做好城市与规划设计，改善"大都市交通"，从总体上做到城市的"环境改善"。

东京、新加坡和马德里等城市都在优先考虑实施吸引人才和加强创

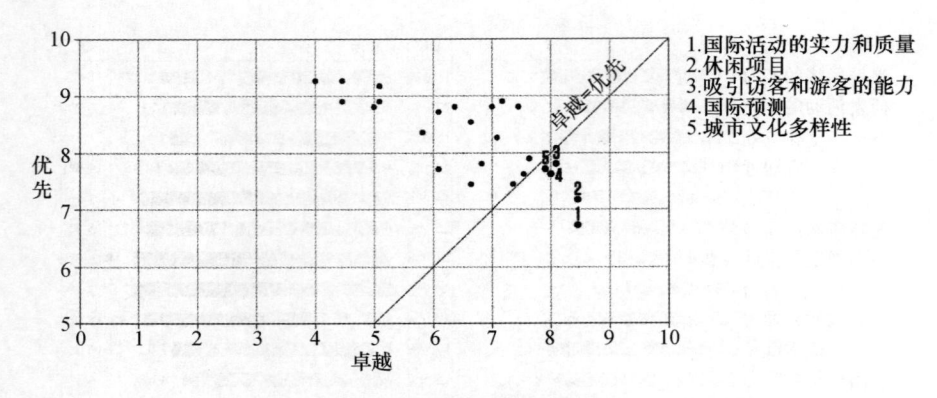

图 5.12　墨西哥城卓越矩阵

1. 国际活动的实力和质量
2. 休闲项目
3. 吸引访客和游客的能力
4. 国际预测
5. 城市文化多样性

资料来源：根据调查问卷和"专家判断"整理。

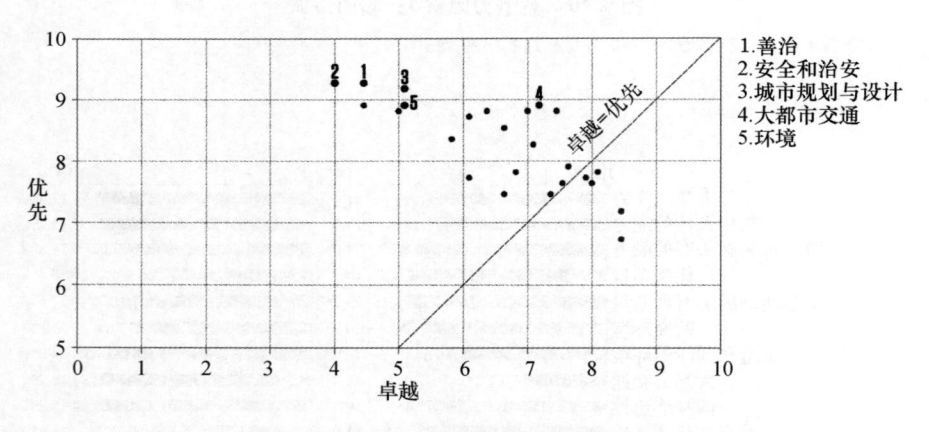

图 5.13　墨西哥城优先矩阵

1. 善治
2. 安全和治安
3. 城市规划与设计
4. 大都市交通
5. 环境

资料来源：根据调查问卷和"专家判断"整理。

新生态建设的战略，而墨西哥城仍处于另一个发展阶段，面临着不同的挑战和优先事项。了解墨西哥正在经历的动乱、毒品泛滥和腐败等尖锐危机，以及墨西哥城大片地区的环境严重恶化，就不会对研究结果感到奇怪了。有趣的是，评价优先事项的分散系数总体上比评价卓越要素对应的系数要低，这说明参与本次研究的专家对墨西哥城未来优先事项的看法比对其现状的看法更加趋于一致。

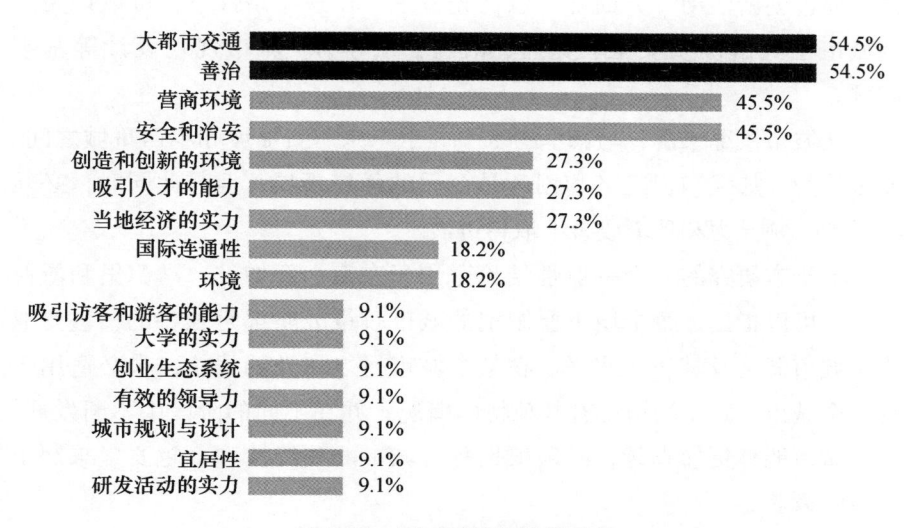

第五章　全球城市可持续发展典型案例　◇　171

关键因素	百分比
大都市交通	54.5%
善治	54.5%
营商环境	45.5%
安全和治安	45.5%
创造和创新的环境	27.3%
吸引人才的能力	27.3%
当地经济的实力	27.3%
国际连通性	18.2%
环境	18.2%
吸引访客和游客的能力	9.1%
大学的实力	9.1%
创业生态系统	9.1%
有效的领导力	9.1%
城市规划与设计	9.1%
宜居性	9.1%
研发活动的实力	9.1%

图 5.14　墨西哥城的关键因素

资料来源：根据调查问卷和"专家判断"整理。

最后，就墨西哥城而言，专家认为，为了继续提高竞争力，未来必须加强的关键因素是"大都市交通"和"善治"。其他相关因素还包括"市民安全"和营造"有利的营商环境"。

六　选定城市的联合评估

根据对选定城市的分析结果，墨西哥城的经济发展水平低于东京、新加坡和马德里，在安全、交通和治理等方面存在问题，这些都是为经济和社会发展创造条件的基本方面。

就墨西哥城而言，改善这座城市的治理、领导力、市民安全、交通和城市规划设计被认为对今后发展至关重要。这些方面确实是东京、新加坡等发达城市的强项，它们在市民安全、大都市交通、国际连通性等方面都有很高的水平。就新加坡而言，善治和领导力被认为是这座城市竞争力的关键因素。

从所研究的城市来看，那些已经处于经济发展先进阶段的城市，对于发展创意经济、加强公司和"初创企业"的生态系统、增强大学和研发活动实力、吸引人才、提高公司和机构接受风险的文化能力，以及总体上促进创新活动等方面都予以优先考虑。在这些条件下，可以认为这些城市已经解决了安全、交通、治理、领导力、城市规划设计等基本问题。

从城市概况来讲，马德里的水平介于东京—新加坡和墨西哥城之间。专家认为，加强知识经济和创新是今后的优先事项，但与此同时，必须在治理、领导力和环境改善上取得进展。

鉴于本研究的一个一般性结论适用于东京、新加坡、马德里和墨西哥城，可以指出，每个城市要制定的城市政策战略都是独特的，主要取决于城市概况及其发展水平。在某个城市行之有效的战略，未必适用于另一个城市。每个城市都有其独特的概况，并在不同的阶段中不断发展。为了城市能够更加卓越，必须根据每个城市的独特性和卓越要素来制定城市政策。

第三节　皇家海港城，可持续发展目标本地化的瑞典典范案例

一　概述

欧盟认为，斯德哥尔摩是欧洲最具竞争力的地区之一，其卫生和创新是特别突出的两个方面。瑞典缺乏煤炭和石油资源。20 世纪 70 年代的世界石油危机给瑞典经济带来巨大冲击。瑞典社会不得不采取应对措施。得益于瑞典的政策取向、技术发展以及瑞典人民环保意识的提升，瑞典的经济增长已摆脱了对碳排放的依赖，并且成功转型为低碳发展先锋。

二　斯德哥尔摩的综合可持续发展目标

斯德哥尔摩占地 188 平方千米，现有人口 80 万人，到 2030 年人口将达到 100 万人。经过多年在可持续发展领域的深耕，斯德哥尔摩在 2010 年被评为首个"欧洲绿色之都"。从哈默比水岸新城（Hammarby Sjöstad）到首个"欧洲绿色之都"，从欧盟气候中性城市发展区到 C40 气候中性城市试验区，斯德哥尔摩的可持续发展计划稳步推进。

斯德哥尔摩虽然被认为是可持续发展方面的典范，但仍面临着全球

快速发展所带来的新挑战，包括全球和宏观区域影响。斯德哥尔摩最新的区域发展计划提出了以下六项长期发展挑战：促进人口增长，改善地区环境及其居民的健康状况；解决能力短缺问题并满足增长需求；在不断增长的全球竞争格局中成为一个国际领先的都市区；减少气候变化影响，同时提高可达性并实现经济增长；继续成为一个开放区域并加强包容性；认为世界不安全时提升地区信任和安全。

基于这些挑战，斯德哥尔摩"2040愿景"包括以下总体目标，这些目标阐述了该市到2040年的发展愿景：团结的斯德哥尔摩；生态智能的斯德哥尔摩（在2040年实现气候中性）财务可持续的斯德哥尔摩；民主可持续的斯德哥尔摩。

斯德哥尔摩"2040愿景"与联合国人类住区规划署关于促进城镇和城市社会和环境可持续发展的工作相呼应，并通过实施2030年可持续发展目标（SDG）来解决《新城市议程》中提出的问题。

三　皇家海港城作为践行可持续发展目标的样本

瑞典是世界上公认的城市可持续发展典范，在其城市规划中采用了全方位的专业技术，确保实现可持续发展目标。皇家海港城项目在2009年启动，是斯德哥尔摩城市可持续发展示范工程。该项目始于一片棕色地带，旨在试验和展示各种最新的可持续发展理念和技术。皇家海港城是首个C40气候中性城市试验区并将在2030年成为首个不使用化石燃料的碳中和区域，可以引导城市在2040年实现碳中和。

皇家海港城包括北部的"鹿苑"居民区、中部的海港区商业服务中心以及南部的Loudden混合商业区和居民区。经过改造和开发后的皇家海港城将容纳1.2万栋建筑并提供3.5万个工作岗位。

根据皇家海港区2030年愿景，斯德哥尔摩将继续加强其作为地区社会、经济和文化发展中心的地位。皇家海港城的设施将经过现代化改造并发挥新的作用，成为斯德哥尔摩水上门户和连接波罗的海各国的一个重要的游船码头。皇家海港城将成为一个新的经济、文化和休闲活动中心。

皇家海港城的居民区、工作区、自然环境和文化设施组成了舒适宜人的城区。这里的公共设施有饭店、咖啡馆、健身房、电影院以及会议中心和宾馆。一些经过重新装修的工业建筑和构筑物还规划和建造了音乐、艺术、舞蹈和其他文化设施。

四 过程与方法

（一）合作伙伴和参与皇家海港项目

该项目从一开始就注重加强公私合作、公众参与和居民参与以帮助利益相关者获得正确、充分的信息并共同打造一个高质量的魅力社区，而且还从一开始就采取了大量措施确保通过参与和合作来支持各种民主进程。

首先，项目管理中的合作伙伴关系，对项目目标达成共识。2004年，斯德哥尔摩市政府将第一块地卖给开发商。确立了建立C40气候积极城区的新目标之后，斯德哥尔摩市政府在2010年组织项目相关方签订了"世界级协议"，确保相关部门和企业愿意共同实现更高的目标。同时，斯德哥尔摩市政府还与已取得土地的建筑开发商签订了"自愿环保承诺"，以尽量优化项目的环境目标，同时不制定严格的规章制度。

同年，为确保实现目标，斯德哥尔摩市政府启动了"专业开发项目"。参与土地开发的投资者、设计咨询公司和建筑承包商受邀学习和讨论项目的高标准，了解和交流相关技术解决方案以及最新的产品以共同讨论可能的解决方案。

其次，可持续解决方案论坛。通过交流可持续性技术，投资者、承包商和供应商构建网络并讨论新的可能性。

再次，物流中心和场地管理培训。皇家海港区实施统一的物流和场地管理并组织了一次特殊的培训，以帮助现场建筑和货运人员了解场地管理和安全要求。

最后，居民自始至终参与项目。在良好的系统设计中，规划和设计能够支持有利于可持续发展的行动，以使每个人能够做出符合可持续发展目标的选择。然而，不能低估每个人的意识和意志对实际效果的影响。帮助本地居民以不同方式采取行动并参与发展过程对于建设安全、友好和环保的城区非常重要。一是居民会议。所有新居民将被陆续邀请参加皇家海港区项目组的情况通报会，以增进他们对项目的了解以及参与项目的兴趣和机会。此外，项目组和专业人士定期召开开放研讨会，内容涉及能源问题、幼儿园、废物回收利用和城市花园等，居民自愿参加。其中，主题城市花园活动引起了参与者广泛的兴趣，在一年内就扩展到63个小型私人菜园/花园，有同样数量的居民希望加入这项活动。同时，养蜂成为一项广受欢迎的生产和生态活动。二是社区网络。2014年，皇家海港区首个新居民点"鹿苑"的居民协会成立。社区网络最初包括40位居民。该协会的重点是通过社区网络鼓励居民参与当地社区管理和改善。三是自然与文化路线。为配合项目开发，斯德哥尔摩市政府建设了一条长达4千米的自然文化海滨步行大道以便当地居民和游客了解当地历史和自然环境。"鹿苑"树立了15个信息板介绍其自然条件、文化和历史。居民参与标牌和信息板的设计。四是媒体与传播。皇家海港区项目开发活动经常见诸报端。项目管理团队经常在"脸书"（Facebook）主页发布活动信息并回答问题。天然气处理厂是位于斯德哥尔摩文化中心的一处历史文化遗产，"皇家海港日"活动在这里举行，皇家海港区管理处接待了全球数千名专业人士参与活动。

（二）生态智能城市开发示范区

在斯德哥尔摩，生态智能绝不是一句空话。斯德哥尔摩市政府在制定宏大的环境和气候计划方面拥有悠久的历史。斯德哥尔摩市政府早在1976年就通过了其第一份环境计划，并在此后制定了多项政策。2010年，斯德哥尔摩获得首个"欧洲绿色之都"称号，并被认为是最有可能实现碳中和及2030年可持续发展目标的国家之一。

皇家海港城是一个有关生态智能城市开发的示范项目，旨在到2030年成为一个不使用化石燃料的碳中和区域，并应对包括气候变暖、海平面上升、地下水位下降和降水增多在内的气候变化问题。由于在环保方面的不懈努力，皇家海港城在2015年巴黎联合国气候变化大会上荣获城市可持续发展最佳项目奖。

为实现城市可持续发展目标和积极的城市增长，绿色和蓝色结构发挥了重要的作用。皇家海港城市区现在已到处充满绿意。皇家海港城市绿廊具有多种功能，提供生态系统服务，比如集会和娱乐公共开放空间、景观、城市农业和生态教育等。从更大范围来看，皇家海港城的绿色空间还连接地方生态结构，因此有助于生物多样性、野生动物迁徙和局地气候改善等。

生态智能开发的一个重要方面是可持续交通。一个高质量的交通体系不仅有助于提高社区可及性，而且有助于创造一种热情和充满活力的氛围、减少能量消耗和二氧化碳排放，有益于公共健康和促进公益活动的开展。

"可行走的城市"是斯德哥尔摩的一项计划，旨在建立一个舒适、悠闲的交通网络。这种理念已融入皇家海港城的规划。斯德哥尔摩拥有美观的步行道、漂亮的绿色景观和河流、交通便利的街区和充满活力的公共空间，这些都便于人们步行。此外，"TOD 理念"有助于为服务和公共活动设立集中和多用途节点，从而最大限度减少运输需求。

斯德哥尔摩是欧洲最大的城市之一。该市实现其 2030 年不使用化学燃料的目标的一个关键要素是其制定了循环经济策略，这种策略在建设阶段就已被采纳。能源、水和材料的使用和重新利用经过认真规划并最终形成高度独立和重叠的循环。通过这种方式可以最大限度减少新原材料和能源需求、垃圾填埋和碳排放。

（三）皇家海港城财务可持续性

皇家海港城主要通过以下方式支持实现财务可持续斯德哥尔摩的目标。

首要且最直接的方面是成为一个可持续城市的试验平台和试点项目。皇家海港城是斯德哥尔摩自哈默比水岸新城项目以来最大的城市开发项目。这是一个特殊的试验区，使皇家海港项目成为工作新理念、新方法和新方式的试验平台。这将激励其他城市和直辖市、研究人员、公司和组织以新的方式进行思考。这还将检验和展示新的技术和可持续解决方案，并将此应用到绿色行业的新业务中。在整个项目中，还将制定有关公共活动、知识和经验共享的明确目标。皇家海港接待了大量的考察访问团，他们希望学习有关城市可持续发展的经验和解决方案。2012 年以来，皇家海港城共接待了来自 120 多个国家的 40000 名访问者。2019 年，皇家海港接待了来自 57 个国家的 6000 名访问者。

其次是在斯德哥尔摩改善城市生活环境，这将提高斯德哥尔摩吸引人才的竞争力。制定"2040 愿景"的难题之一是，当斯德哥尔摩人口快速增加（斯德哥尔摩是欧洲人口增长最快的地区之一）时，特别需要提高住房质量、可及性和公共服务。同时，斯德哥尔摩需要保护其生存环境并减少城市的气候影响。通过改造靠近市中心的一处老旧工业区，斯德哥尔摩修建了许多新房屋并创造了很多工作机会，但这并未减少宝贵的现有绿地面积。这一处老旧工业区一侧临近市中心，另一侧是大面积自然区域和海滨，在城市设计和可持续性方面表现突出，可创造一个独特的、引人注目的城区。与世界上其他地方相比，斯德哥尔摩提供高质量的生活和良好的公共服务，颇受跨国公司和人才的青睐，皇家海港城在其中发挥了很大的作用。此外，斯德哥尔摩行政机关和公司广泛合作开展 Norra Djurgårdsstaden 项目，并且制定了大规模城市可持续发展计划。Norra Djurgårdsstaden 项目由开发委员会管辖，其工作人员来自开发办公室、城市规划办公室、交通办公室和环境部门。Östermalm 区政府、其他区政府和市政公司参与了开发过程。此外，还需要开展各种合作、论坛和培训活动，以便市政府、开发商、基础设施所有者、顾问、学术界和供应商开展对话和交流活动。协作过程需要包括经验交流和共同学习。这种合作促进了开发并改善了创新条件。

最后是振兴和引入各种经济活动。通过考虑现有活动及继续在该地区运营的能力，斯德哥尔摩市政府对于使现有企业界成为本地经济发展基础非常敏感。该地区的工业活动被认为对于城市生活和经济可持续性至关重要。其中一个例子是港口和航运活动。皇家海港城确保提供主要渡口和游船设施长短期条件。利用人流提升总体城市生活水平并发展该地区的服务业。皇家海港城的做法是创造不同环境和地点，从而吸引人们留在渡轮码头附近。通过利用独特的现有工业建筑（比如煤气厂），皇家海港城引入了新的文化功能，加强了活动并在该地区创造了新的工作场所。皇家海港城始终坚持持续对话并使所有利益相关者参与并反馈可持续工作。这一流程涉及广泛，有助于形成一些想法，增强该地区的活力，支持网络和协同效应并激励该地区可持续创业。对于城市地域和土地整治规划而言，城市规划促进经济可持续性最简洁的方式是为各种会议和活动提供场所。斯德哥尔摩市规划涉及每个街区的各种功能以及要求土地开发商在底层提供店铺和社区场所。

五 结语

皇家海港城因其"可持续社区"最佳城市可持续发展项目获得了第

三届年度 C40 城市奖。获奖者名单已在第 21 届联合国气候变化大会上公布。皇家海港城制定了严格的环保目标并采用多方论证方法，是值得其他城市效仿的全球典范。

第四节　全球未来城市规划——开普敦案例研究

一　城市介绍

开普敦市面积 2440 平方千米，预计其总人口在 2030 年将达 510 万人。2019 年，开普敦约有 1402671 户居民，79.1% 的家庭居住在正规房屋里，19.3% 的家庭居住在简易房屋中，1.6% 的居民居住在其他类型房屋中。

开普敦是南非第二大城市，也是南非第二大经济中心，仅次于约翰内斯堡。这座港口城市位于南非西南海岸，拥有发达的金融、服务、制造和旅游业。此外，开普敦城市人口不断增长，其失业率、犯罪率以及服务业发展水平相对较高。

开普敦根据其可持续发展目标进行了大量的本地化工作。

二　城市可持续发展的条件与挑战

开普敦正在集中精力培育城市可持续性、塑造城市韧性并提高居民生活质量，这与其城市规划密切相关。为此，开普敦实施可持续发展目标本地化战略并将其纳入服务和政策当中。这些可持续发展目标正在逐步、持续地与开普敦有关生态系统的政策以及相关部门的现有需求和优先事项结合起来。

在这方面，开普敦面临着很大挑战。建设韧性城市，需要将这些挑战与城市管理部门的承诺联系起来，以制定多样化、可持续的城市发展计划。这些挑战包括高企的失业率、总体犯罪率以及居民的安全感受和对城市基本服务的满意度。

新冠肺炎疫情暴发后，各国政府针对居民的日常生活采取了限制措施，严重地影响了服务交付的持续性。造成的这种局面的原因有前所未有、不可预测的工作环境，高缺勤率、有限的税收以及不断增加的社会挑战。

2019年，开普敦的广义失业率达到24.1%，尽管这在南非所有城市中是最低的并且自2014年以来总体呈持续下降趋势。从2018年到2019年，南非的失业率上升了1.03%，表明了南非在这一时期的经济环境略有恶化。随着新冠肺炎疫情的暴发，开普敦的失业率上升并预计将来会继续上升。

在2018/2019财政年度，开普敦的总体犯罪率为6636/100000。虽然犯罪率有所下降，但由于其累计犯罪率高，开普敦在世界最暴力城市排行榜上位居第8，其中枪支泛滥是最主要的原因之一。

开普敦将社区安全列为优先事项并努力在公共和私人空间培养个人安全意识。调查显示，在2017/2018财政年度，16.5%的开普敦居民在夜间独行感觉安全，58.6%的居民在白天独行时感觉安全。

在过去4年，一项针对开普敦基本服务状况的年度调查显示，居民对开普敦的基本服务状况的满意度平均分保持稳定，为2.8，属于"良好"范畴。开普敦优先为非正式居住区和居住在其他非正式居所的人们提供主要基本服务，并从长远角度改善生活条件、关爱弱势群体，包括增加了许多供水服务点、卫生服务点并为电力服务提供补贴。

三 可持续发展目标城市实践流程和方法

开普敦可持续发展目标的本地化分为以下三个方面：内部强化、国家报告和全球定位。可持续发展目标的城市实践与开普敦相关部门计划和项目保持一致，特别注重已制订服务交付计划和拥有服务交付项目的社区。

四 主要成绩

可持续发展目标本地化的重要工具是联合知识生产和多方利益相关者进行交流。为此，开普敦积极参加各种全球城市网络并与学术合作伙伴密切合作。作为合作伙伴模型的一部分，各方围绕可持续发展目标指标计划和项目进行协作。这些计划和项目包括Mistra城市未来可持续发展目标指标试点项目（2014—2015）和嵌入式研究大会（2017、2019），旨在促进制定城市可持续发展目标并实施相关战略，以及在国家和国际层面参与相关活动，并围绕可持续发展目标本地化提供有价值的见解、群体智慧和分享经验。

开普敦遵循"中心辐射型"城市发展理念。按照此理念，一个办公室/部门与城市内的其他部门互相配合。开普敦政策与策略部门制定了可持续发展目标本地化方法，这种方法由开普敦高级管理团队批准和支持，由跨部门可持续开发目标技术任务团队牵头实施。

作为非洲最早的城市之一，开普敦已经签署了2019年在纽约启动的自愿本地审查报告，现在正致力于其第一次自愿本地审查的可持续发展目标实施。这次自愿本地审查2021年提交至联合国高级别政治论坛。

解决城市挑战和实现可持续发展目标的关键是塑造城市韧性，这是开普敦当前"2017—2022综合发展计划"的六个指导原则之一，对于其制定韧性城市的战略非常重要。南非韧性城市战略及其所有目标和行动在目标层面与可持续发展目标保持一致。这便于使该市的政策生态系统按照现有需求和优先级分阶段符合可持续发展目标，并在政策、行业、计划/项目和数据层面监测和实现可持续发展目标。同时，需要进一步增强内部意识、横向交互能力并在国内外展示该市的工作。在各种直线部门内提高内部意识并非易事。然而，与相关部门打交道是一个支持、学习和分享当前做法的过程。

五 主要经验与启示（包括未解决的问题）

内部强化。已获批准并受支持的城市EMT本地化和实施方法有助于提高直线部门的参与度。具体而言，内部强化涉及培养城市内部直线部门的可持续发展目标意识，而且这种来自高级行政管理结构的支持模型支持建设性和有效的工作对话。所采用的方法包括推进现有的计划和项目并确保其与可持续发展目标保持一致，而不是为官员创建全新的项目和制定新的工作计划。

国家报告。各种协作（包括Mistra城市未来可持续发展目标指标试点项目）以及国家和地方政府直线部门为这一流程增加了实际价值。在本地化过程中，无论是提供支持还是受到面临类似社会经济难题的其他城市的支持，都有助于增进对挑战的理解并制定可行的解决方案。对于南非的城市而言，数据是一个难题，以前的城市指标项目阐明了城市监测和报告中长期成果能力中的关键差距。借助可持续发展目标和自愿本地审查报告流程，开普敦试图解决可选数据和报告差距。

全球定位。在学习和贡献平台上参与各种知识共享会议有助于开普敦了解可持续发展目标在全世界的实施情况并在地方层面应用可行的全球解决方案。这还有利于城市形成深刻见解、开展学习活动并借鉴经验，比如在各种社团中采用替代措施、如何管理非正式居住场所等。

第五节 发展中国家城市创新相关可持续发展目标的实现
——基于机器学习的肯尼亚技术枢纽街区案例研究

一 引言

《联合国人类住区规划署战略计划2020—2023》第二项"促进城市和地区共同繁荣"中强调了尖端技术的大规模应用和城市发展创新。事实上，城市创新是地区发展的引擎，可以激发、形成、培育和促进世界城市创新，形成"创新驱动环境"。[①]"创新驱动环境"有助于形成低成本、实用并经得起检验的解决方案，从而形成可持续社区、倡导健康的生活方式和可持续的经济模式并充分利用创造性和数字化转型。然而，就基于动态本地创新系统的创新能力而言，城市之间存在差异。[②] 按照"在所有国家，特别是发展中国家，加强科学研究，提升工业部门的技术能力"（见表5.8），这种差异在地方层面实施可持续发展目标9.5时非常重要。表5.8列出了可持续发展目标9（建设有风险抵御能力的基础设施、促进包容的可持续工业，并推动创新）和可持续发展目标17（加强执行手段、重振可持续发展全球伙伴关系）的一些与创新相关的可持续发展目标，这些发展目标在全球和本地实施，考虑了不同地区（特别是发展中国家）之间的差异。

[①] R. Dvir and E. Pasher, "Innovation Engines for Knowledge Cities: An Innovation Ecology Perspective", *Journal of Knowledge Management*, 2004.

[②] A. Bramwell and D. A. Wolfe, "Universities and Regional Economic Development: The Entrepreneurial University of Waterloo", *Research Policy*, Vol. 37, No. 8, 2008.

表 5.8　可持续发展目标 9 和可持续发展目标 17 中的创新相关子目标

目标 9. 建设有风险抵御能力的基础设施、促进包容的可持续工业，并推动创新	子目标 9.5：在所有国家，特别是发展中国家，加强科学研究，提升工业部门的技术能力，包括到 2030 年，鼓励创新，大幅增加每 100 万人口中的研发人员数量，并增加公共和私人研发支出
	子目标 9.6：支持发展中国家的国内技术开发、研究与创新，包括提供有利的政策环境，以实现工业多样化，增加商品附加值
目标 17. 加强执行手段、重振可持续发展全球伙伴关系	子目标 17.6：在科学、技术和创新方面以及获得相关机会方面加强南北、南南和三角区域以及国际合作，加强关于共同商定的条件方面的知识共享，包括通过现有机制之间，特别是联合国一级已改进的协调，以及一个商定后的全球技术推动机制
	子目标 17.8：促成最不发达国家的技术库和科学、技术和创新能力建设机制到 2017 年全面投入运行，加强利用赋能技术，特别是信息和通信技术
	子目标 17.16：加强促进可持续发展全球伙伴关系，以多利益攸关方伙伴关系作为补充，调动和分享知识、专长、技术和财政资源，以支持所有国家，尤其是发展中国家实现可持续发展的目标

资料来源：笔者整理。

为实现相关创新目标，本节阐述肯尼亚技术枢纽案例以进一步讨论发展中国家城市的创新实践。

二　案例背景

你可能听说过"Silicon Havannah"这个词，其反映了近年来肯尼亚信息与通信服务业的迅猛发展，年增长率达到 8%，是该国经济增长的最大驱动因素之一。[1] 实际上，更具体地说，技术枢纽是非洲创新、社会变革以及非洲和世界经济发展机会的驱动力。[2] 技术枢纽可支持业务发展、社区创建和本地能力构建，促进本地创新生态系统延伸并加强政府、本地市场和大型群体之间的联系，在创新培育方面发挥越来越重要的作用。

---

[1] C. Akamanzi et al., "Silicon Savannah: The Kenya ICT Services Cluster", *Microeconomics of Competitiveness*, Vol. 7, No. 2, 2016.

[2] J. De Beer et al., "A Framework for Assessing Technology Hubs in Africa", *NYU J. Intell. Prop. & Ent. L.*, Vol. 6, 2016.

就更广泛的利益相关者而言,基于开放创新和协作的理念,创新实验室不仅是一个可帮助年轻人发挥其创业潜能的固定机构,[①] 而且是本地创业团体、投资者、学术界、技术公司和更广泛私营部门的桥梁,包括本地政府和大型网络运营商。本案例旨在阐述肯尼亚技术枢纽(即创新枢纽和技术中心)周边街区的特点,从而从地理角度更好地了解发展中国家城市由创新驱动的快速发展。

三 方法论

数据描述。本案例中的原始数据是来自"肯尼亚开放数据"(在本节中指"创新数据")的地理数据"肯尼亚基础设施/创新枢纽和技术中心",发表于2020年4月22日,包括肯尼亚现有创新枢纽和技术中心的类型、地址和目标市场。

探索性数据分析。获得包含技术枢纽信息(见表5.9)的数据框之后,可以对肯尼亚创新枢纽和技术中心的基本条件进行一些初始研究。

表5.9　　　　"创新数据"表头(Panda数据框)

类型	名称	地点	目标市场	纬度	经度
0 技术枢纽与计划	Ihub	内罗毕	信息通信技术行业	-1.298752	36.790795
1 技术枢纽与计划	Nailab	内罗毕	信息通信技术行业	-1.299116	36.790860
2 技术枢纽与计划	Lakehub	基苏木	信息通信技术行业	-0.108192	34.746901
3 技术枢纽与计划	Chandaria 商务中心/肯雅塔大学	基安布	所有行业	-1.182003	36.936359
4 技术枢纽与计划	Empty hub	邦戈马	信息通信技术行业	0.566012	34.559121

资料来源:笔者整理。

根据世界银行统计数据,肯尼亚政府早期承诺在其所有47个郡设立

[①] G. De Bastion, *Technology Hubs-Creating Space for Change：Africa's Technology Innovation Hubs*, Deutsche Gesellschaft für Internationale Zusammenarbeit (GIZ)：Bonn, 2013.

技术枢纽。图 5.15 显示，至少七个郡（包括基安布、泰塔塔维塔、涅里、蒙巴萨、基苏木、邦戈马和内罗毕市）均设有创新枢纽或技术中心。条形图和 Folium Map 中清晰显示，大多数枢纽都聚集在内罗毕市。

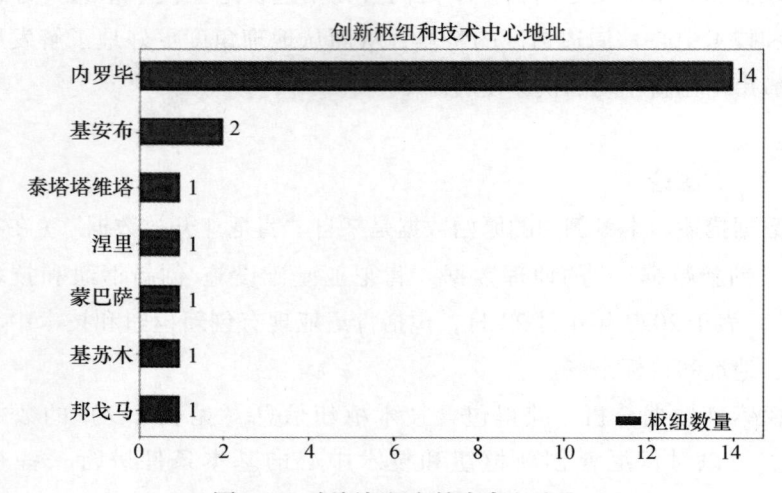

图 5.15 创新枢纽和技术中心地址

资料来源：笔者绘制。

街区研究。确定所有枢纽地址之后，我们针对主要项目问题使用 Foursquare API 对技术中心周边的街区进行了研究。API 查询 URL 由枢纽名称、纬度、经度、"探索半径"（800 米）和"探索界限"150 米组成。按照枢纽名称对场所分组之后，我们使用适用于所有场所类别的独热编码法计算了所有 91 个场所类别，每个枢纽场所类别的频率可按表 5.11 计算。基于此，可通过频率排序对多数公共场所进行筛选。表 5.11 显示了每个枢纽最大的 5 个公共场所。

表 5.10　　　　　使用独热编码法的频率分组

名称	非洲饭馆	艺术画廊	工艺美术馆	烧烤	面包店	酒吧	棒球场	简易旅馆	公寓	书店	汉堡店	公交车站	咖啡馆	中餐馆
Akirachix	0.0328	0.0164	0	0.0164	0.0328	0.0984	0	0.0164	0	0.0328	0.0328	0	0.0492	0.0164
C4D 实验室	0	0	0	0.0513	0	0	0	0.0256	0	0	0.0513	0.0513

续表

名称	非洲饭馆	艺术画廊	工艺美术馆	烧烤	面包店	酒吧	棒球场	简易旅馆	公寓	书店	汉堡店	公交车站	咖啡馆	中餐馆
Chandaria 商务中心/肯雅塔达	0	0	0	0	0	0	0.1667	0	0	0	0	0	0	0
德丹基马蒂大学创新孵化器	1	0	0	0	0	0	0	0	0	0	0	0	0	0
E4impact-Tangaza 学院	0	0	0.2	0	0	0	0	0	0	0	0	0.2	0	0

资料来源：笔者整理。

表 5.11　　枢纽最大的 5 个公共场所（合并）

类型	名称	地点	目标市场	纬度	经度	集群标签	最常见公共场所	第二常见公共场所	第三常见公共场所	第四常见公共场所	第五常见公共场所
0 技术枢纽与计划	Ihub	内罗毕	信息通信技术行业	-1.2987	36.7907	0	酒吧	饭店	咖啡馆	休息室	咖啡馆
1 技术枢纽与计划	Nailab	内罗毕	信息通信技术行业	-1.2991	36.7908	0	饭店	酒吧	咖啡馆	休息室	购物中心
2 技术枢纽与计划	Lakehub	基苏木	信息通信技术行业	-0.1082	34.7589	0	购物中心	饭店	办公室	酒吧	休息室
3 技术枢纽与计划	Chandaria 商务中心/肯雅塔达	基安布	所有行业	-1.182	36.9363	0	咖啡馆	健身房	公园	溜冰场	棒球场

续表

类型	名称	地点	目标市场	纬度	经度	集群标签	最常见公共场所	第二常见公共场所	第三常见公共场所	第四常见公共场所	第五常见公共场所
4 技术枢纽与计划	Empty Hub	邦戈马	信息通信技术行业	0.566	34.5591	2	非洲饭馆	夜总会	百货商店	杂货店	宾馆酒吧

资料来源：笔者整理。

机器学习应用。如前文所述，多数公共场所可通过街区研究步骤获得。在这一部分，使用机器学习技术按照表 5.10 中的场所频率特征对街区进行组合。我们使用了 K 均值集群，这是一种最简单、最常用的无人监督机器学习算法。集群数据点具有某些类似点，具有固定 K 值。最佳 K 值可通过肘部法则获得，结果如图 5.16 所示。

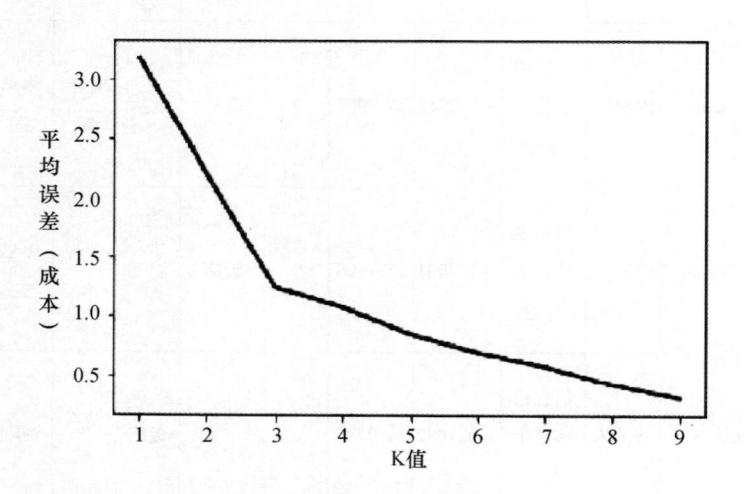

图 5.16 K 值图与平均误差

资料来源：笔者绘制。

集群结果在每个集群（表 5.12—5.14）中形成数据框。

表 5.12　集群 1

名称	纬度	经度	集群标签	最常见公共场所	第二常见公共场所	第三常见公共场所	第四常见公共场所	第五常见公共场所	第六常见公共场所	第七常见公共场所	第八常见公共场所
Ihub	-1.2987	36.7907	0	酒吧	饭店	咖啡馆	休息室	咖啡馆	购物中心	鞋店	小饭店
Nailab	-1.2991	36.7908	0	饭店	酒吧	咖啡馆	休息室	购物中心	鞋店	小饭店	夜总会
Lakehub	-0.1082	34.7489	0	购物中心	饭店	办公室	酒吧	休息室	小饭店	中餐馆	宾馆酒吧
Chandaria商务中心/肯雅塔达	-1.182	36.9363	0	咖啡馆	健身房	公园	溜冰场	棒球场	游泳池	杂货店	快餐店
Sotehub	-3.3973	38.5559	0	饭店	亚洲饭馆	休息室	夜总会	亚洲饭馆	艺术与娱乐场所	加油站	东欧饭馆

资料来源：笔者整理。

如表 5.12 所示，集群 1 中的枢纽拥有诸如"酒吧""饭店""购物中心"和"咖啡馆"等公共场所，体现出强烈的城市特征，比如城市中心、商业区或其他发展完善成熟的区域。

表 5.13　集群 2

名称	纬度	经度	集群标签	最常见公共场所	第二常见公共场所	第三常见公共场所	第四常见公共场所	第五常见公共场所	第六常见公共场所	第七常见公共场所	第八常见公共场所
内罗比工业园	-1.0936	37.0117	1	旅馆	便利店	百货商店	小旅馆	饺子馆	东欧饭馆	埃塞俄比亚饭馆	快餐店

资料来源：笔者整理。

如表 5.13 所示，集群 2 仅有一个枢纽点，即"内罗毕工业园"。内罗毕工业园的周围是各种饭馆和店铺，表现出远离市中心的独立技术区的特征。

表 5.14　　　　　　　　　　集群 3

名称	纬度	经度	集群标签	最常见公共场所	第二常见公共场所	第三常见公共场所	第四常见公共场所	第五常见公共场所	第六常见公共场所	第七常见公共场所	第八常见公共场所
Empty Hub	0.566	34.5591	2	非洲饭馆	夜总会	百货商店	杂货店	宾馆酒吧	泰式饭馆	美食广场	熟食店
德丹—基马蒂大学创新孵化器	-0.3972	35.951	2	非洲饭馆	便利店	百货商店	小饭馆	饺子馆	东欧饭馆	埃塞俄比亚饭馆	快餐店

资料来源：笔者整理。

如在表 5.14 所示，集群 3 的枢纽点描述为混合创新区，其中的街区具有餐饮、生活和娱乐等各种功能，这可以指独特城镇的成熟社区。

因此，这三个集群分类如表 5.15 所示。

表 5.15　　　　　　集群分类

集群 1	城市集群
集群 2	独立技术区
集群 3	创新社区

资料来源：笔者整理。

四　讨论

观察结果。集群 1 主要集中在内罗毕市，分布密度特别高，证明了结果部分中集群 1 的"城市集群"分类。技术公司的稠密地理网络显示

"创新密度"变量:① 人才能够从事创新活动、发展技术密集型产业并促进经济增长,他们受内罗毕市创新环境的影响。此外,集群1还包括基苏木、蒙巴萨和泰塔塔维塔的枢纽点。泰塔塔维塔枢纽点具有城市特征,这得益于泰塔塔维塔大学。基苏木的湖畔枢纽(Lakehub)临近基苏木大湖大学和基苏木创新中心。蒙巴萨拥有一个竞争力非常强大的创新生态系统,造就了包括SwahiliBox在内的著名枢纽。关于集群1最常见公共场所(见图5.17),饭店和酒吧是"城市枢纽"周边的主要场所,城市枢纽可以在数字企业家、投资者、研究人员和其他团体之间创建足够规模的大众传播空间。

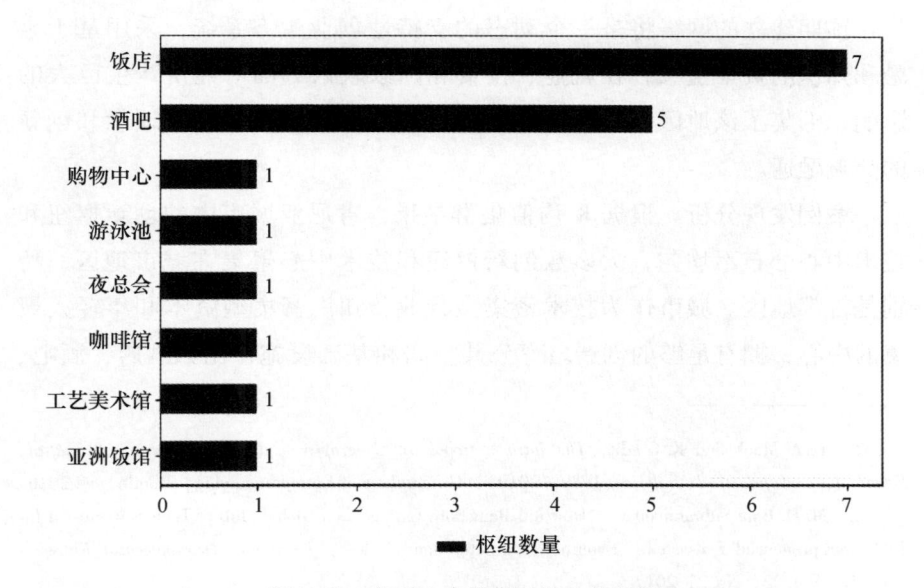

场所	枢纽数量
饭店	7
酒吧	5
购物中心	1
游泳池	1
夜总会	1
咖啡馆	1
工艺美术馆	1
亚洲饭馆	1

图5.17 集群1中最常见的公共场所

资料来源:笔者整理。

创新中心开发方法。创新枢纽和技术中心对于数字创新和吸引人才、公司和投资至关重要。实际上,真正的技术枢纽"集群"是一个复杂的演化过程,所谓的"集群生命周期"也是如此,② 这将在很大程度上受以

---

① B. Knudsen et al., "Urban Density, Creativity and Innovation", 2007.
② S. Denney et al., "Entrepreneurs and Cluster Evolution: The Transformation of Toronto's ICT Cluster", *Regional Studies*, Vol. 55, No. 22, 2021.

下因素影响：工业发展趋势、新设施的空间分布和时间动态变化趋势、[1]当地政策对技术创业的影响[2]（机遇和风险并存）[3]、劳动力、对人才的吸引程度[4]、土地价格（直接影响初创企业租金的支付能力）[5]、本地知识基础[6]和合作意愿[7]，以及其他许多因素，包括主要现有条件和必要的民间资本。

技术枢纽的扩大最好建立在"区域现实主义"基础上，尊重历史，采用针对特定场所的方法，避免照搬其他城市或地区的经验，并积极应对全球经济下的市场力量。上述各种因素互相作用，其作用和重要性各不相同。[8]

预期建立的网络将是一个动态的支持性创业生态系统，采用基于金融和知识的资本主义，在就业、投资和国家收入方面对经济产生巨大的影响，汇集了该地区大量的潜在客户、客户和合作者，用于理念和创新的交流融通。

案例发现分析。根据 K 均值集群结果，肯尼亚城市中的创新枢纽和技术中心分布不均匀，大多数创新枢纽和技术中心聚集在城市地区，特别是首都地区。城市作为技术密集型行业、知识密集型资本和年轻人聚集的中心，拥有足够的创新培育公共空间和基础设施，比如酒店、酒吧、

---

[1] E. A. Mack and K. Credit, *The Intra-Metropolitan Geography of Entrepreneurship: A Spatial, Temporal, and Industrial Analysis (1989 – 2010)*, Geographies of Entrepreneurship, Routledge, 2016.

[2] M. H. Bala Subrahmanya, "How did Bangalore Emerge as a Global Hub of Tech Start-ups in India? Entrepreneurial Ecosystem: Evolution, Structure and Role", *Journal of Developmental Entrepreneurship*, Vol. 22, No. 2, 2017.

[3] G. J. Hospers et al., "The Next Silicon Valley? On the Relationship between Geographical Clustering and Public Policy", *International Entrepreneurship and Management Journal*, Vol. 5, No. 3, 2009.

[4] R. Florida and C. Mellander, "The Geography of Inequality: Difference and Determinants of Wage and Income Inequality across US Metros", *Regional Studies*, Vol. 50, No. 1, 2016.

[5] J. J. Gregory and C M. Rogerson, "Suburban Creativity: The Geography of Creative Industries in Johannesburg", *Bulletin of Geography, Socio-economic Series*, Vol. 39, No. 39, 2018.

[6] G. L. Evans, "Emergence of a Digital Cluster in East London: Birth of a New Hybrid Firm", *Competitiveness Review: An International Business Journal*, 2019.

[7] H. D. Evers et al., "Growth through Knowledge Clusters: Singapore as a Knowledge Hub", 2015.

[8] S. Zukin, "Seeing like a City: How Tech Became Urban", *Theory and Society*, Vol. 49, No. 5, 2020.

购物中心和咖啡馆等。包括蒙巴萨和基苏木在内的其他城市正在借鉴类似的技术枢纽"城市集群"特征，但技术枢纽分布密度比较小。

此外，还有一些枢纽位于独立技术区（比如工业园区）和创新社区（大学）或其周边区域。它们具有建立创新枢纽和技术中心的前提条件，但和其他枢纽之间缺乏必要的连接，无法形成群体效应。此外，周边场所缺乏多样性，不足以为枢纽开发提供功能设施。

总而言之，肯尼亚城市创新枢纽和技术中心的总体分布和街区特征表明特殊创业生态系统仍处于开始阶段，预计将大幅度增长，但仍面临很多障碍和挑战。基于当前的情况，重要的是不断创新、积累知识、充分利用当前的市场流动性并为应对技术和社会不确定性做充分的准备。

五　结语和建议

通过在肯尼亚城市技术枢纽街区周边应用 Safari 虚拟数据技术，可以使用无人监督的机器学习集群算法得到一些有趣的结果。结果表明，技术枢纽分布不均衡，大多数技术枢纽聚集在城市地区，少数技术位于工业园区和大学内部或附近。数字集群仍处于初始阶段，但有很大的增长潜力。机遇和挑战并存，这可以从当前的技术枢纽分布状况和社区特征反映出来。

案例分析结果显示，内罗毕市密集分布着技术枢纽，而在其他郡，甚至像蒙巴萨和基苏木这样的城市，仍远未形成成熟的集群环境。连接性在创新和协作中发挥着至关重要的作用，[1] 因此集群环境将对创新生态系统产生很大的作用。考虑到肯尼亚城市的地理位置特殊性，即"地区现实主义"，建议政府、学术机构和非政府组织对城市和农村地区开发创新连接性方面进行进一步分析，以减少《联合国人类住区规划署战略计划 2020—2023》第一项下的空间不均衡性，从而提高效率并促进创新。

此外，在"城市特征"枢纽点，为避免创新密集型增长的负面社会影响，[2] 建议采用渐进的网络化模式，从经济、技术、地方文化保护和社

---

[1] I. V. Da Cunha and C. Selada, "Creative Urban Regeneration: The Case of Innovation Hubs", *International Journal of Innovation and Regional Development*, Vol. 1, No. 4, 2009.

[2] J. He et al., "Urban Amenities for Creativity: An Analysis of Location Drivers for Photography Studios in Nanjing, China", *Cities*, Vol. 74, 2018.

会变革的角度考虑城市环境的动态复杂性,利用现有的街区建立四个区域:商务区、商业区、知识区和装配区[①],以便进行包容性创新和开发,提高研发人员的数量(可持续发展目标9子目标9.5)并且增强工业多样性(可持续发展目标9子目标9.6),这将对技术枢纽周围街区和整个城市居民日常生活的改善产生长期作用。

对于独立枢纽点或位于农业郡的枢纽点,可研究如何引入各行业投资者或资助者激励创新和包容,加强国际合作和知识共享(可持续发展目标17子目标17.6),以及发展中国家城镇的能力建设改进(可持续发展目标17子目标17.8)。可以设法扩展现有街区基础设施(比如大学和学院)的功能,将其纳入本地多方利益相关者合作伙伴网络和全球合作伙伴网络(可持续发展目标17子目标17.16),在高质量研究和地理优势方面强调大学和产业之间协作联系的重要性。[②]

而且,基于这个案例,从更广角度来看,关于在发展中国家农村/城市实现创新相关可持续发展目标,有些方法值得考虑。

实施基于地点的方法。通过恢复有关可持续社区的"基于地点"的知识[③]并考虑地理差异来促进创新和城市/农村开发。创新不仅仅是集合创新数据,而且关乎区域象征性知识基地的分布。[④] 服务型创新发展未必高效,这是因为需要足够的时间进行本土化和演化,而不是快速发展,[⑤]特别是对于那些相对落后的区域尤其如此,以防出现后劲不足的情况。

采用以人为本的方法。由于本地开发创新不仅是一个技术概念而且是一个社会经济概念,这是一种具有局限性的、片面的技术导向型创新

[①] T. Kelly, R. Firestone, "How Tech Hubs are Helping to Drive Economic Growth in Africa", 2016.

[②] G. L. Evans, "Emergence of a Digital Cluster in East London: Birth of a New Hybrid Firm", *Competitiveness Review: An International Business Journal*, 2019.

[③] M. Deakin and S. Allwinkle, "Urban Regeneration and Sustainable Communities: The Role of Networks, Innovation, and Creativity in Building Successful Partnerships", *Journal of Urban Technology*, Vol. 14, No. 1, 2007.

[④] B. Klement and S. Strambach, "Innovation in Creative Industries: Does (related) Variety Matter for the Creativity of Urban Music Scenes?", *Economic Geography*, Vol. 95, No. 4, 2019.

[⑤] T. Nam and T. A. Pardo, "Smart City as Urban Innovation: Focusing on Management, Policy, and Context", Proceedings of the 5th International Conference on Theory and Practice of Electronic Governance, 2011.

方法。注重改善居民的日常生活，城市/农村创新可以是一个增强社会包容和促进更大范围积极社会变化的有力工具,[①] 增强了城市或城镇居民的归属感和身份认同，包括儿童、青年人、妇女、老人和残疾人等所有人群。

最终采用流畅的自下而上法。基于以上两种方法，在可持续发展目标 9 和目标 17 的指引下，可逐渐在本地形成一种综合的技术、组织和协作创新方法，从成功的全球创新案例汲取经验，保留本地特色，从分散式技术枢纽到动态和支持性创业生态系统，然后从试验性实践到主流创新实践。

第六节 向可持续城市迈进：都市农业在中国的新探索

一 背景

联合国于 2015 年，基于 21 世纪初所确立的 8 个"千年发展目标（MDGs）"，制定了 17 项"可持续发展目标（SDGs）"，包括了发达国家和发展中国家，呼吁世界各国共同采取行动，在促进经济繁荣的同时保护地球环境。该目标特别重视有机地整合经济、社会、环境三者的互动，比 MDGs 更具有普遍性、全面性和变革性。到 2030 年，世界人口的 60%将居住在城市。城市正面临着日益严峻和复杂的问题，但也是集中解决问题和实现可持续发展的重要场所。都市农业，作为一种城市创新的综合策略，自 20 世纪上半叶在欧洲、美国、日本等发达国家的城市出现以来，正在更广的范围加速涌现，对降低能耗、提高资源利用效率、减少环境影响、促进健康食物和生活方式等多个方面产生积极作用。由于其兼具经济、生态和社会功能，在国际上正日益成为可持续城市发展的流行策略。

都市农业一般以现代农业产业体系为核心，融生产、生活、生态、

[①] D. C. Littlewood and W. L. Kiyumbu, "'Hub' Organisations in Kenya: What are They? What do They do? And what is Their Potential?", *Technological Forecasting and Social Change*, Vol. 131, 2018.

科学、教育和文化于一体，为城市提供优质的服务和产品。通常出现在城市中心和边缘地区，并由先进的现代科学技术和设施所支持。由于城市发展阶段、定位以及社会经济和自然条件各异，国际上不同城市的都市农业发展会呈现丰富的发展内容和形式。例如，在伦敦，都市农业作为生态绿地系统的一部分，减缓了城市的无序蔓延，并且与其他各级绿地组成了生态网络。在纽约，都市农业主要表现在农业社区或市民农场，将食物生产与消费者直接联系起来。在新加坡，即使城镇化率达到100%，仍完成了5%的蔬菜自产，并在2019年提出"30·30"愿景，力争在2030年实现本地生产的食物满足国民总体需求30%的目标。而在东京，5114公顷的农用地镶嵌在高楼大厦之间，开发了屋顶菜园、都市农场、植物工厂等多种形式，不但实现了农业的集约化、解决了一部分人的就业问题，还对维护城市绿色环境、防灾应急避难起到重要作用。

中国是重要的发展中国家，也是农业大国，其发展以为城市供应农副产品，精细化水平较低的城郊农业为主。都市农业在中国的探索始于20世纪90年代中期，起步相对较晚。但随着中国城镇化水平的提高，农业现代化的推动、向高质量发展的目标转变以及不断变革的新技术，都市农业在中国的实践和前景逐渐受到关注，并出现了局部的快速发展，例如在上海、北京等一线城市。然而，目前对于中国城市范围内的都市农业发展的研究和总结还较为缺乏。本书将以上海和北京地区为例，通过典型的案例和实践，分析都市农业的空间、技术、模式等发展特征和条件，在城市可持续发展的突出作用以及未来的趋势和发展方向。

二 案例分析

（一）上海倚云天空农场

1. 项目概况

上海在爱琴海购物公园8楼屋顶和真北路红星美凯龙7楼屋顶已建成了倚云天空农场。其致力于将农业主题应用到经常被忽视的屋顶空间，为在城市中生活的人们提供新鲜的有机蔬菜及农业休闲环境。在空间布局上天空农场分为种植区、宠物区、马术区等片区，包括了农业生产、休闲体验和科普的功能。

2. 项目效益

项目产生了积极的生态环境效益和经济、社会效益，并具备可持续性。根据联合国环境署的研究数据表明，如果一个城市的屋顶绿化率达到70%以上，城市上空的CO_2含量将会下降80%。屋顶农场作为植被覆盖，相比于沥青、混凝土等吸热材料，可以吸收短波辐射，减轻城市热岛效应。另外农场可作为屋顶防水防漏设施，保护建筑物，延长其使用寿命，降低屋顶维护保养费用。由于项目位于城市中心区，农作物运输的成本会大大降低；且城市人口密度高，消费水平高，在为项目带来可观的市场前景的同时，也为城市居民提供了一个休闲体验、人际交往的空间。

3. 资源整合

在整合城市的剩余资源方面，天空农场项目有着较好的表现。对于自然资源的整合、天空农场的灌溉用水主要来源于雨水收集和中水处理，将雨水和废水变废为宝。由于位置在屋顶，这给都市农业带来了充足的阳光和相对于城市污染隔离的环境。且屋顶农场坐落在餐厅层的上方，由此散发的热量可帮助植物的生长突破季节的变化。另外，在人力资源的整合方面：倚云天空农场项目由倚云品牌公司与有屋顶所有权的业主合作经营，前者负责策划运营，后者提供场地，在项目实施的过程中，逐步发展了多方参与。如项目与上海交通大学合并生物公司合作，为农场提供农业技术支持；与 Pony Club 马术俱乐部合作，共同经营马术区；还聘用有农耕经验的退休老人进行种植。

4. 小结

中心城区通常是资金注入量较大的产业中心和人居中心，其主导产业往往是高附加值的第三产业。由于中心城区土地稀缺且地价高昂，故都市农场在中心城区通常以依附于商业综合体或住宅的"屋顶农场"的形式出现。屋顶农场是利用既有建筑的农业生产空间，通常不涉及土地用地性质问题，所有权较为清晰；并且作为屋顶绿化，屋顶农场还可根据各省市间不同的政策获得资金补贴。因此，近年来中国涌现出一批以"倚云品牌"为代表的屋顶农场项目运营商，通过不断整合资源、专业运营，使屋顶农场项目具备更强的可复制性。

（二）北京中粮智慧农场

1. 项目概况

中粮智慧农场，位于北京市房山区南部琉璃河镇，规划面积1178亩，是中国最大的粮油食品企业中粮集团携手中国农科院共同打造的集高科技农业示范与转化、现代农业科普教育、高品质生态田园休闲为一体的中国第一个世界级都市农场。农场的整体布局为"一心六园"，一心指智慧农业中心，包括7栋联体的温室，其主要功能是现代都市农业技术和农产品的展示；六园位于室外，是不同主题的生态休闲空间。

2. 科技领先

本项目拥有7项世界领先技术、11项国内领先技术和9项中国农科院专利技术，充分利用地源热泵、光伏发电、风机湿帘等系统实现节能低碳；利用雨水回收、滴水灌溉等方式有效节水；利用立体栽培、水培技术等节约土地；并采用国际最先进技术有效节省人力。比如，人工光植物工厂应用目前国内最先进的全封闭种植系统和从荷兰引进的LED补光系统，技术高度密集，产品安全无污染，机械化程度高，单位资源利用率高，产量可达陆地的30—40倍，人工使用减少30%。另外，项目在京生产蔬菜瓜果，直接供应本地社区和北京居民，实现农产品短链供给。

3. 市民参与

除了常规的休闲观光功能以外，智慧农场还提供市民农园租赁。农场开辟了近20亩土地，将其切分成10—300平方米的地块以对外租赁，租户可以享受土地的使用权以及作物的所有权。在种植过程中，农场还提供技术指导。另外，在农场内设有"中粮自然学校"，开设有亲近自然类、手工制作类等活动项目，其场地可同时容纳5000名学生。

4. 小结

中粮智慧农场位于城市外缘区，地租较低、规模较大；靠近人口、资金、科技等资源要素集中城市，因此其有着较强的市场优势、技术优势和信息优势。且中粮集团作为粮油食品企业，对项目可以进行更好的技术整合以及上下游资源整合。作为高科技、大规模的都市农业，资金、技术投入巨大，为了保证资金平衡及经济回报率，其所采用的商业模式是以都市农业项目为特色，进而在后期进行经济收益较高的产业开发、房地产开发。在做专业特色的都市农业的同时，带动和提升土地和住房开发的价值，既实现资金平衡，又走出未来城市融合发展的道路。

（三）京承高速农业走廊

1. 项目概况

2006年年底北京市委正式提出要建设都市型现代农业走廊，其中，京承高速农业走廊是市政府最早启动建设的农业走廊。京承高速路已通车路段67.8千米，涉及朝阳、顺义、昌平、怀柔和密云5个区县，21个乡镇，130个村庄。公路两侧1千米范围内的18.9万亩土地是都市型现代农业走廊建设的范围。以该走廊赵全营段为例，赵全营镇位于北京城的东北部，京承高速穿镇而过，长度达4千米，镇域内公路两侧各1千米内土地面积达4980亩。原来这些土地大部分都由农户个人种植一些粮食作物，小部分为苗圃和草坪。为响应市政府建设现代农业走廊的任务，赵全营镇在高速路两侧积极发展现代都市农业。

2. 项目效益

目前，赵全营镇已在京承高速两侧成功打造了花卉产业园区和观光采摘休闲园区。在观光采摘休闲园区中已建成农产品种植、沼气、集雨功能三位一体的103栋温室大棚；在花卉产业园区中以种植各种高档花卉、苗木为主。通过打造四季有绿、三季有花、季季可采摘的现代都市农业走廊，让行驶在京承高速公路的路人充分享受大自然的美景，并为他们提供采摘、踏青等休闲体验场所。两个园区还为当地农民提供工作并创造收益，实现致富增收。

3. 科技支持

2007年11月，北京市科委启动"京承高速都市型现代农业走廊科技示范工程"重大科技计划项目。将在京承高速农业走廊推广9套实用新技术，其中包括新品种展示与高效生产技术、裸露农田生态治理与雨养旱作技术；废弃地生态治理综合技术；精准农业技术；景观设计、林草复合与集雨技术；农业废弃物综合利用技术；产地环境监测与测土施肥技术；观光采摘与休闲农业关键技术和农业走廊虚拟展示与生态监测评估技术。在这9套技术中，精准农业技术和废弃地生态治理综合技术是亮点。精准农业技术可以实现农场内部土地及养分资源的计算机信息化管理，土壤样品从采集到保存的规范化运行，化学肥料和农药的按需投入，充分减少过量使用肥料和化学农药造成的环境污染。该技术提高了示范农场的肥、水、药的利用率，辅助解决了京承高速沿线生产技术陈旧、盲目施肥施药等突出问题。

4. 小结

中国高铁、高速公路营业总里程均居世界第一，而在高速、高铁沿线有着大量的低效用地，以京承高速农业走廊为代表的走廊区都市农业无疑是盘活这些低效用地的有效方法之一。且靠近高铁、高速沿线，农产品运往城市的效率会更高、成本会更低。同时，由于这些都市农业项目位于高速、高铁沿线，可达性较强，更易满足城市居民休闲观光的需求。走廊区农业的经营主体往往是高速、高铁沿线村庄的农民，生产经营精细化程度较低，加之由于相对远离技术资源、市场要素集中的城市，这类都市农业较为需要政府提供的市场引导与技术支持。

三 结论与展望

以上所讨论的案例，分别位于城市中心、城市外缘区和城市之间的大型交通走廊，都具有经济、社会和生态环境等多纬度的综合效益，对城市的可持续发展目标产生积极的推动作用。在上海倚云天空农场案例中，空闲屋顶的再利用有效减缓了城市热岛效应，对气候问题有一定缓解作用，同时屋顶农场在生活节奏较快的城市中心区域为市民提供了公共社交的空间；而北京中粮智慧农场和京承高速农业走廊，通过政府的支持，企业市场化、规模化的推动以及对高新技术的采用，在节地、节能、节人力的同时为市民提供教育、休闲等丰富的功能。随着这些效应的发挥和逐步地被认识，特别是这方面国际领先技术和专业运营力量的发展，都市农业有望在中国发达城市地区首先进入快速发展的阶段，成为新型可持续发展策略方式的重要部分，但同时也表现出与中国地方特色结合的特征，而其更广泛的发展还需得到更多战略性的重视和策略的推动。基于以上案例分析，我们的结论如下。

第一，北京、上海等一线城市人口集中，人均收入相对较高，对都市农业产品和服务的消费需求更加旺盛。同时都市人对绿色空间和农业体验的需求也在增加，特别是近年来围绕健康的议题也得到更多重视。故都市农业作为一种生产、消费的新模式，在中国一线城市发展较快。而且资金、技术等资源也在一线城市聚集度较高，这为都市农业的发展提供了更优质的条件。同时，由于这些城市土地资源紧张并且价格昂贵，考虑到地方政府对土地财政的依赖，见缝插针似地高效利用中心地带的现有空间，或在城郊与综合性的开发项目结合，成为发展都市农业的重要形式。

第二，中国是农业大国，近年来多层次物流体系的发达使得食物供给的成本大大降低且效率明显提升，因此都市农业在人口稠密和土地稀缺的城市中，其发展规模可能会有限，即尽管有巨大潜力，但未必能得到大规模发展。当然，这也取决于政府的发展目标和对城市的定位是否发生转变，如果对未来城市的展望是以绿色生态可持续为首要任务，那么即便在城镇化率很高、土地稀缺的城市和地区，都市农业还是可以作为一项重要的综合策略，并配以政策和规划，包括土地、空间、融资、技术、建筑规范和人才培养等方面的全面指引，以释放其针对可持续发展的综合效应。

第三，国际和中国城市的案例都说明，发展都市农业需要技术、资金和良好的运营模式以保证其长期稳定发展。目前部分中国都市农业项目的发展受益于主要品牌的推动，比如倚云和中粮，都是在食物、农业方面有一定基础的，或对高新技术有一定积累的企业机构。但是整体上都市农业项目之间在技术含量、项目效益等方面水平还是参差不齐，缺乏专业化的组织，更多是自发的形式，面临着区域分布不均、不受重视、缺乏政策和缺乏行业标准的情况，同时往往生命周期较短且发展不确定性较大。中国政府在农业项目的资金、技术上有相应的扶持政策，但扶持政策大多注重于项目落成之初，缺少对项目全生命周期的支持和指导。为保证其创新综合效应的集中发挥，还有待于打通资金和技术的有效渠道，培养和集中跨学科的专业人才，并深化政策的深度和广度，释放其潜力的同时，防止不规范和过度市场化，兼顾公平性和公共效应。

综上所述，多种功能融合、多元化社会参与和高新技术的支持等特点表明都市农业是实现经济、社会、环境综合可持续发展的重要模式之一。它在中国城市的快速发展预示着其在高质量可持续发展方面的重要潜力。随着中国经济的发展和城镇化"由量到质"的转变，都市农业在中国城市经济的版图中也将有机会变得越来越重要。

第七节 包容性和参与性治理：加快实现可持续发展目标的多层面方法

一 引言

2016年，联合国人居署指出，全球城市长期存在的老问题和最近出现的新问题，大多与人口快速增长、气候变化和全球移民有关。

因此，环境、社会和经济是各个国际组织的重要关切，是全球城市面临的优先事项。从环境的角度来看，城市发展的实际模式是破坏性的，该模式倾向于低密度的郊区化，不是由公共利益主导，而是由私营部门主导，对汽车的依赖性强，而且这种模式十分消耗能源，对气候变化的危险影响是众所周知的。从社会的角度看，当前的城镇化趋势产生了多种形式的不平等、排斥和冲突。从经济的角度看，目前的情况凸显出，年轻一代的失业是不可持续的，从事低薪和不稳定的工作在全世界普遍存在。

这些情况在城镇化迅速发展的地区更为明显，而且此类情况正在世界最不发达的地区发生，这一点值得注意。从官方资料来看，非洲城市增长率几乎是欧洲城市增长率的11倍。在非洲，人口从农村向城市迁移，土地兼并实现城市住区的空间扩张，这些因素推动了其迅速地城镇化。值得注意的是，非洲和亚洲地区的人口增长率较高，分别为3.44%和2.78%。

这就要求我们优先考虑让城市更有韧性、更加平等、更有生产力，这也是当前在发展领域围绕城镇化展开的辩论中提到的。与这一问题密切相关的是，城市有能力保障市民最低生活质量，通过向所有人提供公共产品（包括交通网络、供水和卫生设施、电力、医疗、教育以及公共空间、公园、公共照明和墓地等其他服务），改善人民的福利，这一点至关重要。这些都将对贫困、不平等、失业、环境退化和气候变化产生深刻影响。从联合国人居署的城市优先事项来看，我们可以断言，人类的进步与政府提供公共产品的能力密切相关，公共产品是城市繁荣和社区福利保障的基础。

在这方面，联合国人居署在其战略计划（2020—2030）中呼吁采取相互联系和贯穿各领域的方法，使治理更加有效，促进模式转变，更好地整合知识、政策和行动，以实现《2030年可持续发展议程》。围绕该框架，我们研究了替代政策和行动。这些政策和行动提供了一种新方法，把参与式预算（PB）和可持续发展目标联系起来。参与式预算被认为是过去三十年来最成功的民主创新成果之一。据估计，在高收入国家和发展中地区，已经有3000多个地方机构和前文提到一些城市开展了参与式预算试验。

我们探讨了一个理论框架，该框架是关于墨西哥和全球经验的实际案例研究。我们传播关于参与式预算的前沿知识和国际实践，采用参与式预算把《2030年可持续发展议程》的可持续发展目标和具体目标进行巧妙联系。事实上，我们采用了一种新方法，目的是把参与式预算作为一种多层面的工具，加速实现可持续发展目标。

二 文献回顾

无论是高收入国家还是发展中地区的地方政府，都发起了参与式预算的倡议。在欧洲，博洛尼亚和里斯本等城市分别从资本预算中拨出100万欧元和250万欧元用于参与式预算。《博洛尼亚合作》（Collaborare è Bologna）和《里斯本参与》（Lisboa Participa）这两项倡议在过去几年中吸引了成千上万名的参与者。而在拉丁美洲，像巴西的伊帕廷加等城市从2003年到2007年为类似的倡议筹集了1000多万美元。在亚洲地区，把公民与当地政策相联系，已成为一种综合做法，斯里兰卡和马来西亚就采用了这种做法。据统计，在非洲有48个国家从2003年开始采取大胆行动，实现参与式预算（如喀麦隆、莫桑比克、乌干达、南非、坦桑尼亚、肯尼亚和赞比亚）。参与式预算作为一种治理工具，2019年至少在40个国家有6000多条与之相关的经验。①

在世界各地发起的参与式预算倡议已经证明，这一工具对于解决与可持续发展相关的问题具有强大的积极力量。参与式预算的多层面特点，

---

① Y. Cabannes, "The Contribution of Participatory Budgeting to the Achievement of the Sustainable Development Goals: Lessons for Policy in Commonwealth Countries", *Commonwealth Journal of Local Governance*, 2018.

对于采取综合性的新方法,加快实现可持续发展目标尤为重要。正如最近有人指出的那样,促进各项目标之间的协同作用,鼓励与可持续发展目标的联系,是决策和方案执行过程中的关键环节。例如,联合国经社部的勒布朗(Le Blanc)① 通过网络分析为这一机制绘制了关系图,分析了目标之间的联系。根据网络分析和全球实践,我们会提出,理论上的参与式预算:可以影响教育领域及其相关具体目标(4.7),同时促进和平、包容的社会(可持续发展目标16)。根据勒布朗的关系图,具体目标(4.7)与可持续发展目标(16)之间的联系是由其他目标促成的。可以影响城市政策及其具体目标(11.7),同时改善条件,使社会更加平等(可持续发展目标10)。可以增强具体目标(10.2)在社会、经济和政治上的包容性,这可能会产生积极的溢出效应,使社会更加稳定与和谐(可持续发展目标16)。可以缩小数字鸿沟,增加获得技术的机会(具体目标5.6),同时支持社区采取重要举措,实现平等社会(可持续发展目标10)。可以促进建立透明的机构(具体目标16.6)和"确保各级的决策反应迅速,具有包容性、参与性和代表性"(具体目标16.7)。这为缩小性别差距以及增强妇女和女童在社会中的作用创造了有利环境(具体目标5.1和可持续发展目标5)。可以帮助政府提供基本服务(具体目标6.2)。实现这些目标可以支持实现性别平等的变革行动(可持续发展目标5),同时还可以提高妇女的生产力及妇女在社会中的作用。能源部门(具体目标7.1)及其对减少不平等(可持续发展目标10)的影响也是如此,特别是在农村地区和贫困地区。

从这上述证据中,可以得出两个主要结论:第一,总的来说,参与式预算可能与17个可持续发展目标中的7个目标有关;第二,参与式预算可以同时与一个或多个具体目标相关联。从理论上讲,这表明参与式预算可以直接影响一个或多个具体目标,同时间接影响其他具体目标,总体上影响其他可持续发展目标。

这种动态互动强调了一个要点:一种工具可以同时与更多的具体目标和可持续发展目标产生联系。类似的分析可以由城市领导人单独进

---

① D. Le Blanc, "Towards Integration at Last? The Sustainable Development Goals as a Network of Targets", DESA Working Paper, No. 141, 2015.

行，旨在找到最佳的方法来采用以可持续发展目标为重点的参与式预算，因为不同的地方有不同的优先事项和挑战，他们可能会根据具体情况强调各种不同的可持续发展目标和具体目标。特别要提出的是，探讨在某一地方尤为重要的目标，可以厘清参与式预算是否支持城市治理。从地理分析可以看出，对于拉丁美洲、非洲和亚洲地区的许多城市来说，可持续发展目标涉及重要问题，参与式预算将成为这些城市的一个重要工具。

三 埃斯科韦多将军镇：试点案例研究

在参与式预算 30 周年之际，联合国人居署和埃斯科韦多将军镇（General Escobedo）政府（墨西哥）发起了参与式人居倡议。采用这种新方法，它们向世界各地其他城市的领导人展示了一种新途径和参与式预算方法，以应对气候变化等当地和全球所面对的挑战。埃斯科韦多将军镇的市民第一次与自己的城市共同决定价值超过 100 万美元（占城市自身收入来源的 40%）的项目，用来改善他们的城市，加快可持续发展目标行动，创造更佳的环境，提高流动性和安全性。因此，参与式人居倡议有助于公民以多种不同方式参与《2030 年可持续发展议程》，并在行动中践行这一议程。

埃斯科韦多将军镇的参与式人居倡议采用了数字平台，该平台整合了现有的信息通信技术，使市民能够增加在可持续发展方面的知识，为了更好地满足自身需求和利益，市民可以提出建议，并在线为之投票。该倡议的平台有很多功能，可以提升市民和政府对于传统参与式预算的体验感。市民在平台上可以找到许多与《2030 年可持续发展议程》相关的资源，比如视频、出版物和新闻，这会帮助他们学习和提出与可持续发展目标有关的建议。政府实现了现代化，同时迎来了新的数字时代，促进了公民与政府之间的互动。此外，人们还可以接触其他提案和想法，并与之互动。各国政府也可以与公民接触，更好地了解公民，建立交换和接收数据信息的渠道，改进治理对策，并实时遵循公民的偏好，确定投资领域的优先次序。

四 经验教训和结论

Edward Glaeser[①]在他的文章《城市的胜利》中称:"城市是互动和创新的场所。"参与式预算使这种互动成为可能,促进新思想、新知识和新模式的发展,找到既能解决当地问题,也能解决全球问题的办法。

总的来说,参与式预算可以:在民众中推广公民文化和新知识,影响人力资本;把可持续标准与规划和监管问题联系起来,积极影响地方一级采取健全的环境政策(环境资本);在公民和政府之间形成一种相互信任的积极氛围,增加社会资本;使政府的行动更加有效,为整个社会及其经济更好地发挥作用。

"游戏规则"的灵活性,加之实现更公平、更可持续目标的能力,使得参与式预算成为当地政策的合适工具,通过这一工具可以应对全球城市变化的更大复杂性。通过对可持续发展目标和具体目标之间的网络分析,得出了两条主要的理论经验。第一,参与式预算与7个可持续发展目标直接相关;第二,参与式预算可以同时面对更多的具体目标和可持续发展目标。

为此,正如世界银行所指出的,参与式预算系统需要在人力资源、资本、参与和信息流方面做出更多努力。技术、机构和关系能力是采用以可持续发展目标为重点的参与式预算的先决条件。

这就需要转变模式,在法律和实践中发展和恢复有效的城市治理。从分析中可以看出,关于参与式预算做法的知识可能会形成新的治理模式。这可能使地方政策得以转变,同时采用与可持续发展目标和具体目标相关联的多层面工具,确保取得符合《2030年可持续发展议程》的有效成果。这是《参与式人居倡议》的重要经验,该倡议为加快实现可持续发展目标的转型开辟了一条新的道路,确保"不让任何一个人掉队",这也是联合国使命的基础。

[①] E. L. Glaeser, "Triumph of the City: How Our Greatest Invention Makes Us Richer, Smarter, Greener, Healthier, and Happier (an excerpt)", *Journal of Economic Sociology*, Vol. 14, No. 4, 2013.

第三部分　全球城市经济竞争力报告

第 六 章

2020年度全球城市经济竞争力表现

第一节 顶级城市"洗牌"

一 顶级城市"洗牌"

全球城市综合经济竞争力20强的城市分别为纽约、新加坡、东京、伦敦、慕尼黑、旧金山、洛杉矶、巴黎、深圳、圣何塞、香港、上海、法兰克福、波士顿、都柏林、维也纳、杜塞尔多夫、斯图加特、汉堡和西雅图。科技新贵闯进前10,多个发达的中小都市区闯入前20。相对于2015—2016年而言,纽约和新加坡的经济竞争力排名没变,伦敦上升14名,慕尼黑、巴黎等由于增量减小下降2名,顶级城市位序仍处于激烈竞争中。从其分项角度来看,2020—2021年全球城市竞争力前20名的综合增量竞争力总体也较强,除了维也纳、杜塞尔多夫以外,其他18个城市均处于全国前列,纽约、洛杉矶、上海的综合经济增量竞争力分别位列前3名;慕尼黑、新加坡经济密度竞争力分别位列全球前2名,除了上海和洛杉矶的经济密度竞争力较低以外,其他城市的经济密度竞争力均较高。

表6.1 2020—2021年全球城市经济竞争力前20名及其5年变化

	国家	洲	经济竞争力 排名	经济竞争力 排名变化	经济密度竞争力 排名	经济密度竞争力 排名变化	综合增量竞争力 排名	综合增量竞争力 排名变化
纽约	美国	北美洲	1	0	21	2	1	2
新加坡	新加坡	亚洲	2	0	2	1	23	1

续表

	国家	洲	经济竞争力 排名	经济竞争力 排名变化	经济密度竞争力 排名	经济密度竞争力 排名变化	综合增量竞争力 排名	综合增量竞争力 排名变化
东京	日本	亚洲	3	122	32	-3	5	975
伦敦	英国	欧洲	4	14	18	2	7	50
慕尼黑	德国	欧洲	5	-2	1	0	40	22
旧金山	美国	北美洲	6	2	11	5	10	25
洛杉矶	美国	北美洲	7	31	94	16	2	26
巴黎	法国	欧洲	8	-2	39	3	6	10
深圳	中国	亚洲	9	-5	50	40	8	-1
圣何塞	美国	北美洲	10	1	10	8	29	9
香港	中国	亚洲	11	-6	8	0	31	2
上海	中国	亚洲	12	-2	131	49	3	-1
法兰克福	德国	欧洲	13	7	4	0	59	114
波士顿	美国	北美洲	14	2	27	3	15	27
都柏林	爱尔兰	欧洲	15	51	44	41	22	65
维也纳	奥地利	欧洲	16	5	6	-1	107	109
杜塞尔多夫	德国	欧洲	17	7	5	1	116	145
斯图加特	德国	欧洲	18	8	9	1	73	80
汉堡	德国	欧洲	19	13	15	-1	65	111
西雅图	美国	北美洲	20	16	59	7	14	32

二 北半球经济竞争力上升、南半球经济竞争力下降

过去5年，亚洲、欧洲、北美洲的城市综合经济竞争力稳步上升，南美、非洲、大洋洲城市的经济竞争力则相对下降。具体来看，北美洲的城市上升幅度最大，排名平均上升了13.8名，亚洲的城市排名平均上升了8.6名，欧洲的城市排名平均上升了3.4名，南美洲下降幅度最大，平均下降了65.1名，非洲平均下降了21.1名，大洋洲平均下降了7.1名。从前200名角度来看，北美洲2020—2021年经济竞争力前200名城市数量处于领先地位，共有72个城市处于前200名，占36%，并且相对于2015—2016年增加了1位；其次为欧洲，共有60个城市处于前200名，相对于2015—2016年增加了8个城市；再次为亚洲，有59个城市的

经济竞争力处于 200 强以内，但相比于 2015—2016 年减少了 5 个城市；最后为大洋洲和南美洲。从比例角度来看，大洋洲的 7 个城市的经济竞争力全部在 200 强以内，54.96% 的北美洲城市在 200 强以内，有 47.62% 的欧洲城市在 200 强以内，有 10.44% 亚洲的城市在 200 强以内，仅有 2.67% 的南美洲城市在 200 强以内。从排名上升幅度角度来看，相对于 2015—2016 年，欧洲和北美洲前 200 名城市排名总体大幅上升，平均上升 15.6 名和 7.8 名，全球城市竞争力迅速崛起；而南美洲和大洋洲的经济竞争力排名均处于下降状态，亚洲则降幅不大，基本维持不变。

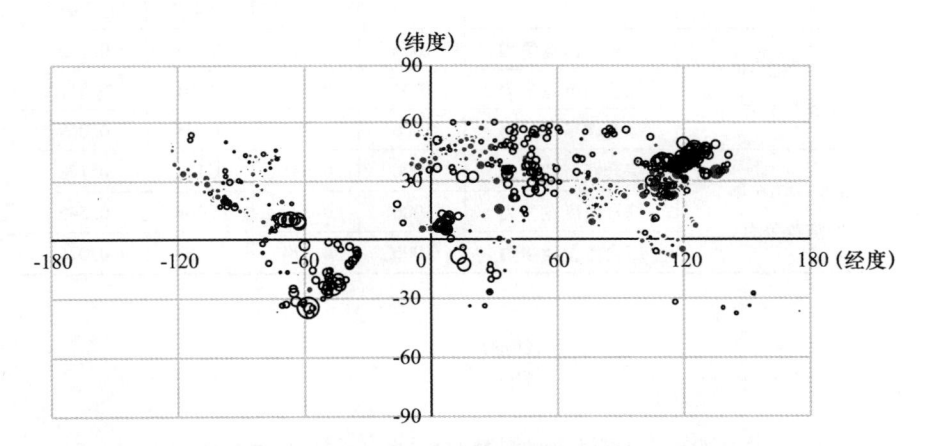

图 6.1　2020—2021 年全球城市竞争力排名 5 年变化

注：实心表示全球城市竞争力排名上升，空心表示全球城市竞争力排名降低。

表 6.2　2020—2021 年各大洲经济竞争力前 200 名城市数量及变化

	2020—2021 年经济竞争力前 200 名城市数量	2015—2016 年经济竞争力前 200 名城市数量	2020—2021 年经济竞争力前 200 名城市经济竞争力 5 年排名变化统计分析		
			均值	标准差	变异系数
亚洲	59	64	-0.661	58.382	88.321
北美洲	72	71	7.833	17.960	2.293
南美洲	2	6	-31.500	7.778	0.247
大洋洲	7	7	-7.143	12.838	1.797
欧洲	60	52	15.550	25.324	1.629

三 全球城市经济竞争力差异略有收敛

2020—2021年经济竞争力的总体变异系数为0.175，而2015—2016年的经济竞争力变异系数为0.178。且从综合密度竞争力和综合增量竞争力来看，变异系数对比5年前均有下降。全球城市经济竞争力差异呈现略微收敛趋势。

表6.3　　　　2020—2021年城市综合经济竞争力统计分析

	变量	样本量	均值	标准差	变异系数
2020—2021年经济竞争力	综合经济竞争力	1006	0.617	0.108	0.175
	综合密度竞争力	1006	0.388	0.201	0.517
	综合增量竞争力	1006	0.704	0.048	0.069
2015—2016年经济竞争力	综合经济竞争力	1006	0.631	0.112	0.178
	综合密度竞争力	1006	0.382	0.208	0.545
	综合增量竞争力	1006	0.714	0.055	0.076

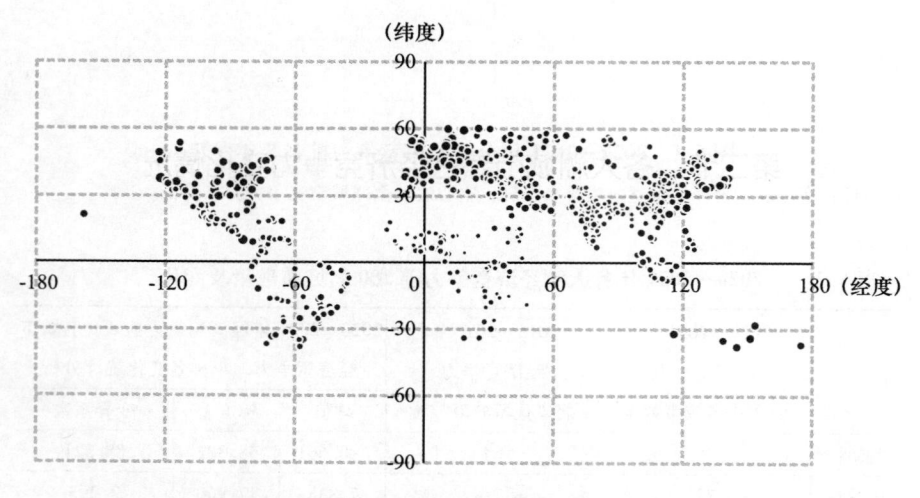

图6.2　2020—2021年全球城市竞争力分布

四 高竞争力区域分化、低竞争力区域收敛

无论是国家还是区域均呈现综合经济竞争力较高的分化趋势，综合经济竞争力较低的趋于收敛。具体而言，2020—2021年经济竞争力分化

的国家的竞争力均值为 0.420，而经济竞争力收敛的国家的竞争力均值为 0.320；北美洲的综合经济竞争力为 0.717，变异系数从 2015—2016 年的 0.141 上升到 0.142，欧洲的综合经济竞争力为 0.698，变异系数从 0.156 上升到 0.162，北美洲、欧洲呈现高位分化状态；亚洲的综合经济竞争力为 0.594，变异系数从 0.158 降低到 0.147，南美洲的综合经济竞争力为 0.601，变异系数从 0.106 降低到 0.082，非洲的综合经济竞争力为 0.520，变异系数从 0.166 降低到 0.154，呈现低位收敛状态。

表 6.4　2020—2021 年各大洲城市综合经济竞争力统计分析

	综合经济竞争力 均值	综合经济竞争力 变异系数	综合密度竞争力 均值	综合密度竞争力 变异系数	综合增量竞争力 均值	综合增量竞争力 变异系数
亚洲	0.594	0.147	0.333	0.469	0.704	0.059
北美洲	0.717	0.142	0.583	0.316	0.731	0.071
南美洲	0.601	0.083	0.383	0.282	0.683	0.045
大洋洲	0.766	0.040	0.687	0.080	0.738	0.030
欧洲	0.698	0.162	0.559	0.398	0.716	0.052
非洲	0.520	0.154	0.218	0.527	0.667	0.107

第二节　各大洲城市综合经济竞争力变化情况

一　美国引导北美城市格局并处绝对领先地位

北美洲 10 强全部为美国城市，并且全部处于全球 30 强以内，纽约、旧金山和洛杉矶位列北美前 3 强，总体 10 强相对于 2015—2016 年而言，洛杉矶、西雅图和迈阿密的经济竞争力分别大幅上升 31 名、16 名和 27 名，而达拉斯—佛尔沃斯堡的经济竞争力大幅降低 14 名。总体上看，美国引导北美城市格局，但城市变化加大。综合增量竞争力全部处于较强状态且均大幅上升；综合密度竞争力总体排名相对较低且上升变化幅度不大。

表 6.5　　北美洲前 10 名城市综合经济竞争力排名及变化

排名	城市	国家	综合经济竞争力 全球排名	排名变化	综合增量竞争力 全球排名	排名变化	综合密度竞争力 全球排名	排名变化
1	纽约	美国	1	0	1	2	21	2
2	旧金山	美国	6	2	10	25	11	5
3	洛杉矶	美国	7	31	2	26	94	16
4	圣何塞	美国	10	1	29	9	10	8
5	波士顿	美国	14	2	15	27	27	3
6	西雅图	美国	20	16	14	32	59	7
7	费城	美国	23	8	30	29	46	2
8	巴尔的摩	美国	24	-2	78	41	13	-1
9	达拉斯—佛尔沃斯堡	美国	27	-14	16	-3	79	-1
10	迈阿密	美国	30	27	36	114	48	2

二　欧洲综合密度竞争力较强，有 5 个城市处于全球前 10 名

欧洲城市综合经济竞争力前 10 名分别为伦敦、慕尼黑、巴黎、法兰克福、都柏林、维也纳、杜塞尔多夫、斯图加特、汉堡、日内瓦，分别来自英国、德国、法国、爱尔兰、奥地利和瑞士，有 5 个城市来自德国，其余国家各 1 位。相对于 2015—2016 年综合经济竞争力而言，都柏林大幅上升 51 名，伦敦大幅上升 14 名，汉堡大幅上升 13 名，除此之外其他城市变化基本不大。从分项指标来看，欧洲的综合增量竞争力全球排名相对较低且大幅上升，特别是维也纳、杜塞尔多夫、日内瓦综合增量竞争力全球仅排 107 名、116 名和 309 名，显著低于总体经济竞争力；而综合密度竞争力全球排名较靠前，除都柏林以外，前 10 名变化不大。

表6.6 欧洲前10名城市综合经济竞争力排名及变化

排名	城市	国家	综合经济竞争力 排名	排名变化	综合增量竞争力 排名	排名变化	综合密度竞争力 排名	排名变化
1	伦敦	英国	4	14	7	50	18	2
2	慕尼黑	德国	5	-2	40	22	1	0
3	巴黎	法国	8	-2	6	10	39	3
4	法兰克福	德国	13	2	59	114	4	0
5	都柏林	爱尔兰	15	51	22	65	44	41
6	维也纳	奥地利	16	5	107	109	6	-1
7	杜塞尔多夫	德国	17	7	116	145	5	1
8	斯图加特	德国	18	8	73	80	9	1
9	汉堡	德国	19	13	65	111	15	-1
10	日内瓦	瑞士	22	-3	309	26	3	-1

三 东京全球经济竞争力大幅上升122位，位列全球第3名

亚洲城市综合经济竞争力10强分别为新加坡、东京、深圳、香港、上海、北京、首尔、特拉维夫—雅法、大阪、广州，其中日本2个城市，中国5个城市，新加坡、韩国、以色列各1个城市。相对于2015—2016年而言，日本东京大幅上升122名，大阪大幅上升308名，中国城市排名总体处于降低状态，特别是广州下降25名。此外，亚洲城市综合增量竞争力表现较强，变化幅度不大，但综合密度竞争力有升有降。从分项指标来看，亚洲10强城市的综合增量竞争力总体较强且变化不大，格局基本稳定，但综合密度竞争力相对较弱。亚洲10强的城市经济竞争力在全球处于较强地位，总体均在50强以内，中国主导亚洲城市格局。

表 6.7　　亚洲前 10 名城市综合经济竞争力排名及变化

排名	城市	国家	综合经济竞争力 排名	综合经济竞争力 排名变化	综合增量竞争力 排名	综合增量竞争力 排名变化	综合密度竞争力 排名	综合密度竞争力 排名变化
1	新加坡	新加坡	2	0	23	1	2	1
2	东京	日本	3	122	5	975	32	-3
3	深圳	中国	9	-5	8	-1	50	40
4	香港	中国	11	-6	31	2	8	0
5	上海	中国	12	-2	3	-1	131	49
6	北京	中国	21	-1	4	-3	190	47
7	首尔	韩国	25	-11	9	0	103	4
8	特拉维夫—雅法	以色列	26	3	54	6	28	10
9	大阪	日本	41	308	24	981	90	-3
10	广州	中国	42	-25	11	-5	138	35

四　南美洲全球城市经济竞争力水平总体呈降低趋势

南美洲全球城市竞争力 10 强分别是蒙得维的亚、圣地亚哥、波哥大、利马、容迪亚伊、阿雷格里港、亚松森、罗萨里奥、巴西利亚、坎皮纳斯，分别来自乌拉圭、智利、哥伦比亚、秘鲁、巴西、阿根廷这 6 个国家，南美洲综合经济竞争力最强的蒙得维的亚全球仅排第 192 名，其他城市中，除圣地亚哥外均在 200 名以外。从变化角度来看，相对于 2015—2016 年而言，南美洲 10 强城市排名大多处于降低状态且幅度较大。从分项角度来看，综合密度竞争力总体变化不大，但综合增量竞争力大幅降低。

表 6.8　　南美洲前 10 名城市综合经济竞争力排名及变化

排名	城市	国家	综合经济竞争力 排名	综合经济竞争力 排名变化	综合增量竞争力 排名	综合增量竞争力 排名变化	综合密度竞争力 排名	综合密度竞争力 排名变化
1	蒙得维的亚	乌拉圭	192	-37	335	-116	157	-6
2	圣地亚哥	智利	198	-26	102	-7	219	0

续表

排名	城市	国家	综合经济竞争力 排名	综合经济竞争力 排名变化	综合增量竞争力 排名	综合增量竞争力 排名变化	综合密度竞争力 排名	综合密度竞争力 排名变化
3	波哥大	哥伦比亚	234	-14	104	-18	261	8
4	利马	秘鲁	239	-31	117	-52	264	9
5	容迪亚伊	巴西	244	-47	622	-188	202	-43
6	阿雷格里港	巴西	269	-19	544	-178	242	-26
7	亚松森	巴拉圭	271	66	267	186	280	28
8	罗萨里奥	阿根廷	273	-30	668	-259	238	-31
9	巴西利亚	巴西	293	-37	462	-258	276	-30
10	坎皮纳斯	巴西	316	-56	580	-367	288	-41

五 非洲全球城市经济竞争力持续分化

非洲全球城市经济竞争力10强分别是比勒陀利亚、约翰内斯堡、内罗毕、瓦赫兰、开罗、的黎波里、开普敦、德班、拉各斯、罗安达，分布在250—450名。非洲总体全球城市经济竞争力偏低，最强的城市比勒陀利亚全球仅排249名，综合增量竞争力和综合密度竞争力也表明非洲城市的经济竞争力处于较低水平。

表6.9　非洲前10名城市综合经济竞争力排名及变化

排名	城市	国家	综合经济竞争力 排名	综合经济竞争力 排名变化	综合增量竞争力 排名	综合增量竞争力 排名变化	综合密度竞争力 排名	综合密度竞争力 排名变化
1	比勒陀利亚	南非	249	8	336	-7	237	-16
2	约翰内斯堡	南非	275	-7	194	-31	298	-20
3	内罗毕	肯尼亚	322	51	292	102	336	11
4	瓦赫兰	阿尔及利亚	335	-39	607	73	301	-58
5	开罗	埃及	385	87	74	135	527	9
6	的黎波里	利比亚	387	3	867	137	311	-133

续表

排名	城市	国家	综合经济竞争力 排名	综合经济竞争力 排名变化	综合增量竞争力 排名	综合增量竞争力 排名变化	综合密度竞争力 排名	综合密度竞争力 排名变化
7	开普敦	南非	391	-2	430	71	377	-29
8	德班	南非	408	0	401	7	408	-19
9	拉各斯	尼日利亚	464	-123	311	-157	496	-116
10	罗安达	安哥拉	467	-249	927	-806	365	-121

第三节　中美引领全球城市格局逐步凸显

一　印度全球城市经济竞争力总体较低，但稳步提升

印度经济竞争力3强分别是德里、孟买、班加罗尔，科技和国家中心城市引领印度城市格局；但是从全球角度来看，印度总体仍然处于较低水平，其首位城市德里在全球仅排232名，仅仅处于中前列，并且除了德里、孟买这2个城市以外，其他城市均排在300名以外，总体处于非常低的水平，但从变化来看，印度全球城市经济竞争力处于稳步提升状态。此外，印度的综合增量竞争力要显著强于综合密度竞争力，德里的综合增量竞争力处于全球第66名。

表6.10　2020—2021年印度前10名经济竞争力及其变化

排名	城市	经济竞争力 排名	经济竞争力 排名变化	综合增量竞争力 排名	综合增量竞争力 排名变化	综合密度竞争力 排名	综合密度竞争力 排名变化
1	德里	232	30	66	-2	290	34
2	孟买	292	13	89	8	370	9
3	班加罗尔	314	57	151	28	368	30
4	钦奈	383	36	206	20	429	19
5	科钦	445	81	541	127	420	59
6	哥印拜陀	458	67	476	72	453	53

续表

排名	城市	经济竞争力 排名	经济竞争力 排名变化	综合增量竞争力 排名	综合增量竞争力 排名变化	综合密度竞争力 排名	综合密度竞争力 排名变化
7	马拉普兰	481	94	441	88	492	67
8	奎隆	483	96	540	93	471	69
9	浦那	512	29	321	64	544	25
10	海得拉巴	548	−8	260	−7	619	−10

二 中国城市经济竞争力全球排名总体有所上升

中国综合经济竞争力10强城市分别是深圳（9）、香港（11）、上海（12）、北京（21）、广州（42）、苏州（71）、台北（74）、南京（83）、武汉（87）和无锡（91）。从5年变化来看，由于中国经济增速放缓，中国10强城市总体经济竞争力全球排名处于降低状态，但仍然均在全球100强以内，其中深圳全球排第9名，香港全球排第11名，上海全球排第12名。从经济密度和经济增量角度来看，2020年10强城市的经济密度竞争力全球排名有所上升，但经济增量竞争力有所下降。总体来看，2020—2021年中国城市经济竞争力全球排名相对于2015年有所上升。在291个中国城市样本中，有106个城市的综合经济竞争力全球排名处于降低状态，有183个城市的综合经济竞争力全球排名处于上升状态，综合而言，总体上升了6.5名。100强中有10个城市，200强中有30个城市。

表6.11　2020—2021年中国前10名城市综合经济竞争力及其变化

排名	城市	综合经济竞争力 排名	综合经济竞争力 排名变化	综合增量竞争力 排名	综合增量竞争力 排名变化	综合密度竞争力 排名	综合密度竞争力 排名变化
1	深圳	9	−5	8	−1	50	40
2	香港	11	−6	31	2	8	0
3	上海	12	−2	3	−1	131	49
4	北京	21	−1	4	−3	190	47
5	广州	42	−25	11	−5	138	35
6	苏州	71	−38	20	−12	159	42

续表

排名	城市	经济竞争力 排名	经济竞争力 排名变化	综合增量竞争力 排名	综合增量竞争力 排名变化	综合密度竞争力 排名	综合密度竞争力 排名变化
7	台北	74	−31	140	−51	54	−3
8	南京	83	−8	28	−11	177	46
9	武汉	87	1	17	−5	208	66
10	无锡	91	−7	39	−13	147	59

三　尼日利亚城市经济竞争力大幅降低，仅处于全球中列

从尼日利亚10强城市来看，其总体竞争力较弱，其首位城市拉各斯在全球仅排第464名，其他城市都在500名以外，处于全球中后列。相对于2015—2016年而言，尼日利亚前10名城市经济竞争力全球排名均大幅降低，下降幅度基本均在100名以上。此外，其综合增量竞争力和综合密度竞争力也表明其竞争力水平较弱，均处于全球中后列。

表6.12　2020—2021年尼日利亚前10名城市综合经济竞争力及其变化

排名	城市	综合经济竞争力 排名	综合经济竞争力 排名变化	综合增量竞争力 排名	综合增量竞争力 排名变化	综合密度竞争力 排名	综合密度竞争力 排名变化
1	拉各斯	464	−123	311	−157	496	−116
2	贝宁	514	−85	641	−45	483	−110
3	哈科特港	543	−104	472	−102	539	−112
4	奥韦里	602	−105	673	−18	547	−109
5	乌约	626	−104	646	−26	599	−110
6	阿巴	630	−107	740	−31	579	−120
7	瓦里	640	−82	728	−9	603	−101
8	阿布贾	658	−108	632	−74	655	−130
9	伊科罗杜	679	−99	888	−59	609	−131
10	卡诺	685	−101	657	−32	677	−133

四　巴西城市经济竞争力总体下降，综合增量竞争力处于大幅降低趋势

从巴西城市经济竞争力10强来看，巴西各城市经济竞争力总体偏低且处于降低状态，降幅基本都在40名以上；而从综合增量竞争力和综合

密度竞争力角度来看，其综合增量竞争力处于绝对劣势且处于降低趋势。

表6.13　2020—2021年巴西前10名城市综合经济竞争力及其变化

排名	城市	综合经济竞争力		综合增量竞争力		综合密度竞争力	
		排名	排名变化	排名	排名变化	排名	排名变化
1	容迪亚伊	244	−47	622	−188	202	−43
2	阿雷格里港	269	−19	544	−178	242	−26
3	巴西利亚	293	−37	462	−258	276	−30
4	坎皮纳斯	316	−56	580	−367	288	−41
5	里约热内卢	328	−150	775	−706	273	−33
6	圣若泽杜斯坎普斯	340	−40	695	−82	297	−43
7	维多利亚	347	−37	549	−102	320	−38
8	里贝朗普雷图	359	−48	707	−75	312	−42
9	若茵维莱	366	−40	553	−65	337	−42
10	累西腓	409	−55	500	−181	387	−44

五　美国城市经济竞争力稳中有升

美国城市经济竞争力10强全部处于全球30强以内，且10强中就占据4席，引领全球城市格局，并且各城市经济竞争力稳中有升。

表6.14　2020—2021年美国前10名城市综合经济竞争力及其变化

排名	城市	综合经济竞争力		综合增量竞争力		综合密度竞争力	
		排名	排名变化	排名	排名变化	排名	排名变化
1	纽约	1	0	1	2	21	2
2	旧金山	6	2	10	25	11	5
3	洛杉矶	7	31	2	26	94	16
4	圣何塞	10	1	29	9	10	8
5	波士顿	14	2	15	27	27	3
6	西雅图	20	16	14	32	59	7
7	费城	23	8	30	29	46	2
8	巴尔的摩	24	−2	78	41	13	−1

续表

排名	城市	综合经济竞争力 排名	排名变化	综合增量竞争力 排名	排名变化	综合密度竞争力 排名	排名变化
9	达拉斯—佛尔沃斯堡	27	-14	16	-3	79	-1
10	迈阿密	30	27	36	114	48	2

六 德国城市经济竞争力缓慢上升，综合密度竞争力优势显著

德国城市经济竞争力 10 强均在全球 100 强以内，并相对于 2015—2016 年均处于缓慢上升状态，只有慕尼黑城市经济竞争力降低 2 位，全球排第 5 名。综合密度竞争力则基本维持不变、小幅度有升有降，而综合增量竞争力总体偏低，但有大幅上升，上升幅度基本在 100 名以上。

表 6.15　　2020—2021 年德国前 10 名经济竞争力及其变化

排名	城市	经济竞争力 排名	排名变化	综合增量竞争力 排名	排名变化	综合密度竞争力 排名	排名变化
1	慕尼黑	5	-2	40	22	1	0
2	法兰克福	13	2	59	114	4	0
3	杜塞尔多夫	17	7	116	145	5	1
4	斯图加特	18	8	73	80	9	1
5	汉堡	19	13	65	111	15	-1
6	柏林	28	9	48	58	30	3
7	科隆	29	6	108	98	16	-1
8	汉诺威	34	6	150	151	14	3
9	多特蒙德	51	2	304	120	19	5
10	德累斯顿	94	12	231	132	69	6

第七章

2020年度全球城市经济竞争力解析

年轻且高素质的人口是最重要的要素竞争力构成。当地要素作为影响城市经济竞争力的重要因素，主要包含信贷市场融资便利度、资本市场融资便利度、学术论文指数、专利申请指数、青年人才比例指数、劳动力总数指数。当地要素竞争力20强城市分别为纽约、深圳、芝加哥、伦敦、波士顿、上海、东京、首尔、都柏林、新加坡、北京、巴黎、旧金山、莫斯科、悉尼、洛杉矶、孟买、香港、迪拜和多伦多，均为全球、区域或国家的中心城市，吸引了各地的科技、资本和人才，主导全球当地要素竞争力。分项指标表明资本市场融资便利度、专利申请指数和青年人才比例指数对当地要素竞争力影响最大，其变异系数分别为0.94、0.82和1.09，其中青年人才比例指数变异系数最大，影响最明显，其高低决定当地要素竞争力的高低。

环境质量依然是全球城市面临的共性挑战，新兴经济体生活环境整体水平亟待提升，且各分项指标均存在较大分化。优良的生活环境既是对人类住区的基本要求，也是创业的重要保障。全球生活环境20强城市分别是东京、纽约、大阪、新加坡、罗马、广岛、柏林、维也纳、伦敦、洛杉矶、旧金山、名古屋、北九州—福冈、休斯敦、波士顿、熊本、慕尼黑、芝加哥、札幌和费城。对于全球城市而言，环境污染度指数平均得分最低，说明环境质量依然是全球城市面临的共性挑战。对于新兴经济体来说，生活环境指标得分普遍偏低，如印度（0.432）、印尼（0.562）均低于全球平均水平（0.583），且其各分项指标存在较大分化。

营商环境的本质在于为企业经营者和投资者建设一个良好的社会发

展环境，主要包括硬环境和软环境两大方面，而营商软环境主要是指一个地方与经济社会发展相关的政务、政策、法制、市场与人文等发展"软环境"。软环境对竞争力的影响越来越重要，开放程度是决定营商软环境竞争力的关键。开放程度既是营商环境的结果，也是其实现手段。在营商软环境的分项指标中，开放度的变异系数为0.799，其对营商软环境的影响具有关键作用。

全球城市营商软环境整体上呈现北美洲、亚洲和欧洲三足鼎立的格局，且中美两国主导营商软环境头部城市。营商软环境分项指标的均值存在较大差异，高等教育指数及开放度的内部差距更大。从G20来看，美国和中国城市领跑全球，欧盟城市表现强劲；G20营商软环境的均值显著高于非G20，且内部分化程度更低。英国和澳大利亚城市营商软环境的各分项指标基本都比较有优势，而印度和巴西等新兴经济体整体水平依然偏低。

机场和互联网设施对于营商硬环境竞争力影响最大。城市营商硬环境是竞争力的重要组成部分，它包括：交通便利度、电力充沛度、网络信息传输速度、机场设施指数、自然灾害指数、航运便利度6个方面。全球营商硬环境前20名的城市分别是阿姆斯特丹、新加坡、温哥华、杜塞尔多夫、墨尔本、里斯本、汉堡、布鲁塞尔、法兰克福、费城、亚特兰大、达拉斯、巴黎、纽约、伦敦、上海、吉隆坡、悉尼、巴尔的摩和柏林，皆为航空枢纽或者港口城市。总体而言，城市间的各项硬件环境差异在缩小，但作为城市营商硬环境的重要影响因素，机场设施的变异系数为0.434，在各项指标中较为突出。与此同时，互联网设施的状况对于营商活动的影响在当今时代越发重要，0.527的变异系数说明全球城市在互联网设施方面依然存在较大的差距。

全球联系度是城市竞争力的重要方面，它包括航空联系度、网络热度、科研人员联系度、金融企业联系度、科创企业联系度和航运联系度，在逆全球化思潮抬头和新冠肺炎疫情的背景之下，全球联系面临巨大挑战，可能成为全球城市竞争力的主要短板。航空联系度、金融企业联系度、科技企业联系度是决定全球联系竞争力的主要因素。2020年全球城市联系度指数前20名的城市分别是上海、纽约、伦敦、阿姆斯特丹、香港、巴黎、北京、新加坡、东京、伊斯坦布尔、迪拜、广州、米兰、洛杉矶、深圳、悉尼、华盛顿特区、休斯敦、巴塞罗那、马德里。全球联系竞争力最强的城市，都是全球科技和金融中心。在全球联系度的三级指标中，科技企业联系度、航空联系度、金融企业联系度的变异系数均较高，分别为1.331、1.248和0.920，这三个指标是影响全球联系竞争力的主要因素，同时也都面临着逆全球化和新冠肺炎疫情带来的巨大挑战。

受新冠肺炎疫情影响，科研人员联系或将成为全球联系的重要支撑。根据国际航空运输协会（IATA）的研究，受新冠肺炎疫情的影响，一些国家及地区相继采取了入境管制措施，国际航班数量大幅减少，城市间航空联系度显著降低，而且疫情对航空旅行的影响将持续多年，这对全球联系指数造成了严重威胁。相比之下，通过线上会议等形式开展的科研活动增强了科研人员间的联系，城市的科研合作论文发表数量显著提升，将成为支撑全球联系的重要支柱。科研人员联系度前10名的城市分别为北京、巴黎、伦敦、上海、纽约、波士顿、圣保罗、马德里、米兰和多伦多。新兴经济体城市的科研人员联系度分化比较严重，65%以上的城市处在全球城市均值以下。

第一节 全球城市当地要素竞争力报告

一 当地要素总体格局

（一）头部城市概况

中心城市主导当地要素竞争力格局。当地要素竞争力20强城市分别为纽约、深圳、芝加哥、伦敦、波士顿、上海、东京、首尔、都柏林、新加坡、北京、巴黎、旧金山、莫斯科、悉尼、洛杉矶、孟买、香港、迪拜和多伦多，均为全球、区域或国家的中心城市，吸引了各地的科技、资本和人才，主导全球当地要素竞争力。

表7.1　　　　　　　　当地要素指标全球20强城市

	国家	城市	指数	世界排名
北美洲	美国	纽约	1.000	1
亚洲	中国	深圳	0.937	2

续表

	国家	城市	指数	世界排名
北美洲	美国	芝加哥	0.841	3
欧洲	英国	伦敦	0.837	4
北美洲	美国	波士顿	0.834	5
亚洲	中国	上海	0.833	6
亚洲	日本	东京	0.832	7
亚洲	韩国	首尔	0.815	8
欧洲	爱尔兰	都柏林	0.801	9
亚洲	新加坡	新加坡	0.799	10
亚洲	中国	北京	0.783	11
欧洲	法国	巴黎	0.772	12
北美洲	美国	旧金山	0.767	13
欧洲	俄罗斯	莫斯科	0.766	14
大洋洲	澳大利亚	悉尼	0.765	15
北美洲	美国	洛杉矶	0.760	16
亚洲	印度	孟买	0.759	17
亚洲	中国	香港	0.757	18
亚洲	阿拉伯联合酋长国	迪拜	0.747	19
北美洲	加拿大	多伦多	0.747	20

从当地要素100强角度来看，亚洲的100强数量最多，占据31个城市，其次为北美洲和欧洲，再次为南美洲、非洲、大洋洲；从指数来看，100强城市中，亚洲的当地要素竞争力指数最强，均值为0.685，其次为大洋洲、北美洲、欧洲，最后为非洲，其仅有2个城市在100强城市内，当地要素竞争力均值仅为0.608。

表7.2　　当地要素指标全球100强城市的洲际分布情况

	样本量	均值	变异系数	最优城市	指数	最优城市世界排名
亚洲	37	0.685	0.126	深圳	0.938	2
北美洲	31	0.672	0.141	纽约	1.000	1
南美洲	5	0.633	0.068	圣保罗	0.692	29

续表

	样本量	均值	变异系数	最优城市	指数	最优城市世界排名
大洋洲	3	0.678	0.122	悉尼	0.765	15
欧洲	22	0.667	0.105	伦敦	0.837	4
非洲	2	0.608	0.077	约翰内斯堡	0.642	57

（二）整体空间格局

欧洲和北美洲主导100强格局。从区域角度来看，大洋洲的7个样本城市有3个城市入围100强，其次为北美洲，131个样本城市中有23.66%的城市在前100强内，再次为欧洲，有17.46%的样本城市入围前100强，从次为南美洲和亚洲，分别有6.67%和6.55%的样本城市入围前100强，最低为非洲，仅1.96%的样本城市入围100强。从指数角度来看，大洋洲的当地要素竞争力要显著高于其他大洲，总体均值高达0.57，并且内部各城市差异最小，变异系数仅为0.235；其次为北美洲和欧洲，均高于全球均值，再次为亚洲，最后为南美洲和非洲，均低于全球均值。总体而言，当地要素竞争力越强，内部城市差异越低，当地要素竞争力越弱，内部城市差异越大。

表7.3　　　　　全球城市当地要素指标的洲际分布　　　　（单位：%）

	样本	百强城市比重	均值	变异系数
亚洲	565	6.55	0.333	0.447
北美洲	131	23.66	0.455	0.369
南美洲	75	6.67	0.296	0.443
大洋洲	7	42.86	0.57	0.235
欧洲	126	17.46	0.406	0.377
非洲	102	1.96	0.214	0.612
全球	1006	—	0.345	0.472

年轻且高素质人口是最关键的要素竞争力。分项指标表明资本市场融资便利度、专利申请指数和青年人才比例指数对当地要素竞争力影响最大，其变异系数分别为0.94、0.82和1.09，其中青年人才比例指数变

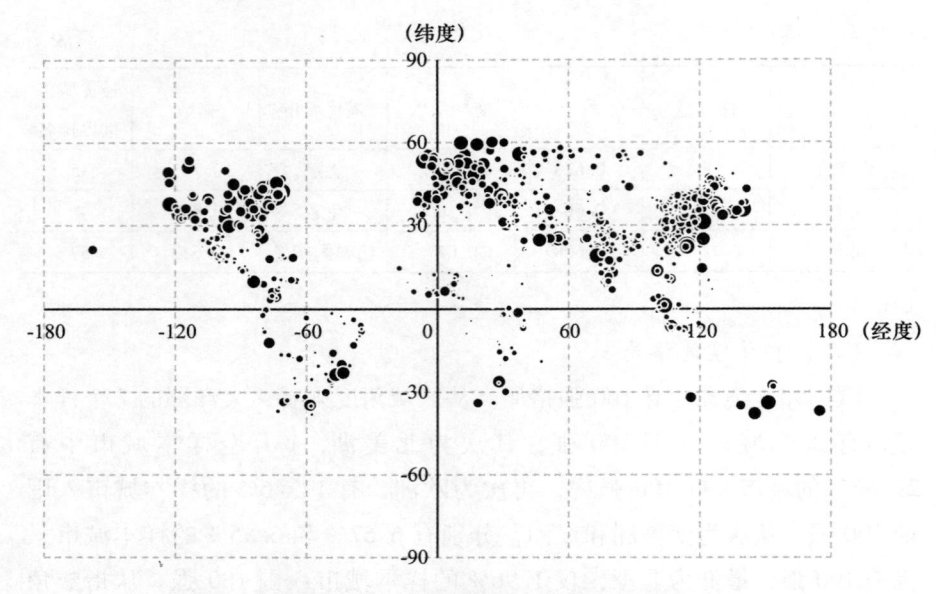

图 7.1　全球 1006 个城市当地要素指标的空间分布

资料来源：中国社会科学院城市与竞争力研究中心数据库。

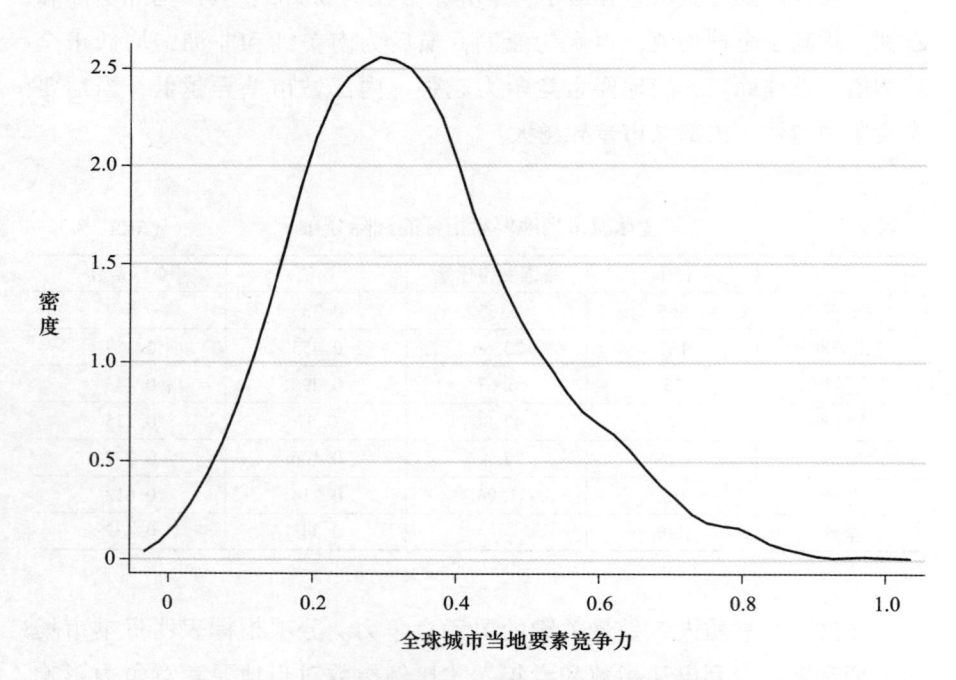

图 7.2　全球城市当地要素指标的核密度

资料来源：中国社会科学院城市与竞争力研究中心数据库。

异系数最大，影响最明显，其高低决定当地要素竞争力的高低。

表 7.4   全球城市当地要素竞争力分项指标统计描述

	均值	变异系数	最优城市
信贷市场融资便利度	0.484	0.333	纽约
金融市场融资便利度	0.243	0.942	纽约
学术论文指数	0.551	0.310	北京
专利申请指数	0.281	0.815	东京
青年人才比例指数	0.111	1.090	迪拜
劳动力总数	0.401	0.489	重庆

二 当地要素国家格局

（一）G20 概况

美国、中国和欧盟在各个层级的总体占比均较高，主导着当地要素格局。从 G20 的前 50 占比分布来看，美国处于绝对领先地位，有 12 个城市在前 50 名之内；中国仍然有 9 个城市入围前 50；与去年保持一致；欧盟则有 6 个城市入围前 50，排第三位；之后为加拿大、巴西、日本、澳大利亚；从 100 强占比来看，美国、中国和欧盟总体引领当地要素竞争力，美国、中国和欧盟总共有 63 个城市在 100 强以内，其中美国有 26 个城市、中国有 19 个城市、欧盟有 18 个城市；从 101—200 强来看，又有所不同，总体呈现中国和美国主导格局，中国有 31 个城市的当地要素竞争力位列 101—200 强，美国有 30 个城市的当地要素竞争力位列 101—200 强，其他国家则相对较低；而从当地要素竞争力 201—500 强来看，最多也为中国，处于绝对领先地位；从 500 强占比来看，中国最多，占比达到 36.6%，其次为美国，占比为 14.2%，最后为欧盟，占比为 11%。总体来看，美国、中国和欧盟在各个层级的总体占比均较高，主导着当地要素格局，美国和欧盟主要分布在前 200 名，中国则主导 200 名以后，其他国家城市则在各个层级均有分布。

表 7.5　　G20 样本城市当地要素竞争力指标排名分布　　（单位:%）

	前 50 名占比	前 100 名占比	101—200 占比	201—500 占比	前 500 名占比
澳大利亚	4.00	2.00	3.00	0.33	1.20
中国	18.00	19.00	31.00	44.33	36.60
俄罗斯	2.00	1.00	1.00	2.33	1.80
加拿大	6.00	4.00	3.00	0.67	1.80
南非	0	1.00	1.00	0.67	0.80
印度	2.00	4.00	3.00	8.33	6.40
印度尼西亚	2.00	1.00	0	1.00	0.80
土耳其	2.00	1.00	1.00	2.33	1.80
墨西哥	2.00	1.00	1.00	2.67	2.00
巴西	4.00	2.00	1.00	2.67	2.20
德国	2.00	4.00	2.00	2.33	2.60
意大利	0	1.00	1.00	1.33	1.20
日本	4.00	3.00	1.00	1.67	1.80
沙特阿拉伯	2.00	1.00	0	0.33	0.40
法国	2.00	1.00	0	1.67	1.20
美国	24.00	26.00	30.00	5.00	14.20
英国	2.00	1.00	3.00	2.67	2.40
阿根廷	0	1.00	0	0	0.20
韩国	2.00	2.00	3.00	1.00	1.60
欧盟	12.00	18.00	8.00	10.00	11.00

G20 的当地要素竞争力要显著优于非 G20。从 G20 当地要素指数和变异系数分析来看，加拿大、澳大利亚、美国、韩国等国家的当地要素竞争力最强，并且比较接近，处于第一梯队；其次为日本、德国、英国、欧盟，总体比较接近，处于第二梯队；巴西、俄罗斯、墨西哥、沙特阿拉伯、阿根廷、印度、印度尼西亚等国家的当地要素竞争力相对较弱，属于同一个层级，并且均要高于非 G20 的当地要素竞争力。从变异系数角度来看，总体仍然呈现当地要素竞争力与变异系数负相关关系，即当地要素竞争力越强，分化越低状态。

表 7.6　　　　　　　G20 样本城市当地要素指标统计描述

	样本量	指数	变异系数	最优城市/国家	全球排名
加拿大	9	0.575	0.19	多伦多	20
澳大利亚	6	0.565	0.258	悉尼	15
美国	75	0.539	0.245	纽约—纽瓦克	1
韩国	8	0.533	0.246	首尔	8
日本	10	0.496	0.357	东京	7
德国	13	0.488	0.244	斯图加特	47
英国	12	0.487	0.24	伦敦	4
欧盟	68	0.451	0.313	爱尔兰	9
南非	6	0.403	0.429	约翰内斯堡	57
法国	9	0.396	0.399	巴黎	12
中国	291	0.371	0.345	深圳	2
土耳其	16	0.366	0.363	伊斯坦布尔	24
意大利	13	0.347	0.303	米兰	81
巴西	32	0.308	0.435	圣保罗	29
俄罗斯	33	0.306	0.346	莫斯科	14
墨西哥	35	0.299	0.341	墨西哥城	32
沙特阿拉伯	9	0.297	0.562	利雅德	28
阿根廷	9	0.292	0.466	布宜诺斯艾利斯	66
印度	100	0.287	0.411	孟买	17
印度尼西亚	20	0.268	0.474	雅加达	44
G20	739	0.38	0.398	纽约	1
非 G20	267	0.247	0.621	新加坡	10

（二）代表性国家概况

根据洲际划分，本书重点选择亚洲的中国、日本、印度，欧洲的英国，北美洲的美国，南美洲的巴西，非洲的南非，大洋洲的澳大利亚进行比较研究。总的来看，融资便利度指数、青年人才比例指数和劳动力指数总体较为接近，论文指数和专利指数呈现指数越高、分布越均衡格局。

从信贷市场融资便利度指数角度来看，澳大利亚的总体均值最高，均值为 0.728；其次为美国，均值为 0.689；而中国、日本、巴西的信贷

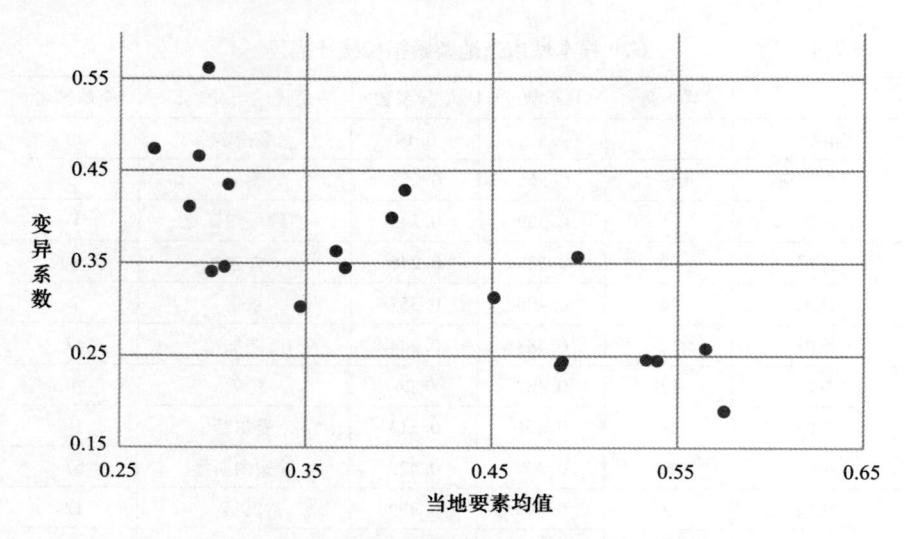

230　◇　第三部分　全球城市经济竞争力报告

图7.3　G20当地要素竞争力均值与变异系数

市场融资便利度则较低；从变异系数角度来看，印度的信贷市场融资便利度分化程度最低，变异系数仅为0.08，印度各个城市最为均衡，相对而言，日本的分化程度最高，各城市间差异较大。

从资本市场融资便利度角度来看，日本、澳大利亚的总体水平较高，印度、巴西的总体水平较低；从变异系数角度来看，巴西的变异系数最大，分化最为严重，而美国各城市间的差异最小。

从论文指数角度来看，总体与2019年相一致，2020年仍然是澳大利亚、英国和日本的指数最高，中国和印度的指数最低；中国、南非和印度的分化也较为严重，各城市分布不均衡，而英国、日本的变异系数最低，总体分布也较为均衡。这表明，均值越高的国家分布也越均衡。

从专利指数角度来看，日本的水平最高，其次为美国、英国和澳大利亚，最低为印度和巴西，分化也基本如此。专利指数表现总体与论文指数相一致，指数越高，分布越均衡。

从青年人才比例指数和劳动力指数角度来看，除了日本的青年人才比例指数相对较低和分化较为严重以外，其他国家指数均比较接近，相对差距不大。而劳动力指数和当地要素指数各个国家均比较接近，数值大致相当。

表7.7 代表性国家当地要素分项指标的统计分析

		澳大利亚	中国	南非	印度	巴西	日本	美国	英国
信贷市场融资便利度	均值	0.728	0.455	0.501	0.587	0.369	0.448	0.689	0.576
	变异系数	0.199	0.141	0.242	0.080	0.165	0.257	0.115	0.194
资本市场融资便利度	均值	0.403	0.280	0.303	0.173	0.180	0.430	0.373	0.368
	变异系数	0.672	0.575	1.000	1.000	1.400	0.726	0.534	0.563
学术论文指数	均值	0.772	0.515	0.582	0.505	0.614	0.739	0.684	0.754
	变异系数	0.111	0.311	0.359	0.321	0.163	0.101	0.202	0.088
专利申请指数	均值	0.546	0.305	0.405	0.150	0.220	0.706	0.600	0.581
	变异系数	0.225	0.580	0.311	1.140	0.745	0.215	0.233	0.155
青年人才比例指数	均值	0.329	0.097	0.105	0.040	0.116	0.055	0.331	0.148
	变异系数	0.182	0.969	0.438	0.400	0.397	2.000	0.320	0.277
劳动力指数	均值	0.408	0.554	0.468	0.325	0.384	0.459	0.374	0.362
	变异系数	0.370	0.271	0.376	0.538	0.516	0.645	0.457	0.445
当地要素指数	均值	0.565	0.371	0.403	0.287	0.308	0.496	0.539	0.487
	变异系数	0.258	0.345	0.429	0.411	0.435	0.357	0.245	0.240

(三) 中国概况

中国多数样本城市的当地要素已处在较具竞争力的水平之上。深圳、上海、北京、香港、广州、台北、成都、杭州、南京等城市均处于全球50强；其中深圳和上海处于全球10强，分别排全球第2名和全球第6名；北京、香港处于全球20强，分别排全球第11名和全球第18名。共有19个城市处于全球100强以内，有50个城市处于全球200强以内，有183个城市处于全球500强以内，总体处于领先地位。

粤港澳大湾区当地要素竞争力优势明显。总体均值为0.58，与国际湾区水平（纽约湾0.65、旧金山湾0.59）接近，显著高于环渤海湾和杭州湾。从湾区内部来看，深圳处在绝对核心的位置，香港和广州较为接近，江门、澳门和肇庆则相对较低。

第二节 全球城市生活环境竞争力报告

环境质量依然是全球城市面临的共性挑战，新兴经济体生活环境整体水平亟待提升，且各分项指标均存在较大分化。优良的生活环境既是对人类住区的基本要求，也是创业的重要保障。对于全球城市而言，环境污染度指数平均得分最低，说明环境质量依然是全球城市面临的共性挑战。对于新兴经济体来说，生活环境指标得分普遍偏低，如印度（0.432）、印尼（0.562）均低于全球平均水平（0.583），且其各分项指标存在较大分化。

一 生活环境总体格局

（一）头部城市概况

亚洲、欧洲、北美洲三强分立。从全球生活环境指标20强城市在各大洲的分布情况看，亚洲占据8席，欧洲5席，北美洲7席，三强分立。国家维度方面，美国和日本各占7席，领跑全球。

表7.8　　　　　生活环境指标全球20强城市

	国家	城市	指数	世界排名
亚洲	日本	东京	1.000	1
北美洲	美国	纽约	0.960	2
亚洲	日本	大阪	0.945	3
亚洲	新加坡	新加坡	0.942	4
欧洲	意大利	罗马	0.927	5
亚洲	日本	广岛	0.927	6
欧洲	德国	柏林	0.926	7
欧洲	奥地利	维也纳	0.912	8
欧洲	英国	伦敦	0.908	9
北美洲	美国	洛杉矶	0.906	10
北美洲	美国	旧金山	0.902	11
亚洲	日本	名古屋	0.882	12

续表

国家		城市	指数	世界排名
亚洲	日本	北九州—福冈大都市圈	0.880	13
北美洲	美国	休斯敦	0.877	14
北美洲	美国	波士顿	0.875	15
亚洲	日本	熊本	0.873	16
欧洲	德国	慕尼黑	0.869	17
北美洲	美国	芝加哥	0.869	18
亚洲	日本	札幌	0.867	19
北美洲	美国	费城	0.865	20

资料来源：本报告研究整理。

全球生活环境指标前100名的城市，集中于北美洲、欧洲和亚洲，绝对水平接近，波动幅度极小。比较前100名城市和全体样本的均值和变异系数可以发现，前100城市的均值水平显著高于全球平均，而变异系数显著低于全球平均。从前100名城市的洲际分布看，北美洲占据了40%，北美、欧洲和亚洲一起，占据了超过95%，集中度明显。从各大洲生活环境的最优城市看，欧洲、北美洲、亚洲的最优城市均进入全球前5，大洋洲和南美洲的领先城市均进入全球前50，而非洲无城市进入全球前100名。

表7.9 生活环境指标全球100强城市的洲际分布情况

	样本	均值	变异系数	最优城市	指数	世界排名
北美洲	40	0.833	0.044	纽约	0.960	2
欧洲	39	0.833	0.043	罗马	0.927	5
亚洲	17	0.869	0.064	东京	1.000	1
大洋洲	2	0.823	0.049	奥克兰	0.851	31
南美洲	2	0.829	0.026	布宜诺斯艾利斯	0.844	36
全球	1006	0.583	0.270	东京	1.000	1

资料来源：本报告研究整理。

（二）整体空间格局

大洋洲、欧洲和北美洲领跑全球。从全球城市生活环境洲际分布的均值特征看,大洋洲、欧洲和北美洲的城市生活环境相对发达,非洲的城市生活环境较差,亚洲和南美洲的城市生活环境水平整体居中。从变异系数看,大洋洲的生活环境波动幅度较小,欧洲和北美洲次之,非洲城市的生活环境波动幅度较大。从各洲样本城市中全球百强的比重看,北美洲和欧洲占比超过30%,领跑全球,南美洲和亚洲仅有3%左右,大部分城市较为落后,非洲则无城市进入世界100强。

表7.10　　　　　全球城市生活环境指标的洲际分布　　　　（单位:%）

	样本	百强城市比重	均值	变异系数
北美洲	131	30.53	0.719	0.152
大洋洲	7	28.57	0.766	0.062
非洲	102	0	0.397	0.386
南美洲	75	2.67	0.579	0.197
欧洲	126	30.95	0.736	0.121
亚洲	565	3.01	0.549	0.232
总计	1006	9.94	0.583	0.270

资料来源:本报告研究整理。

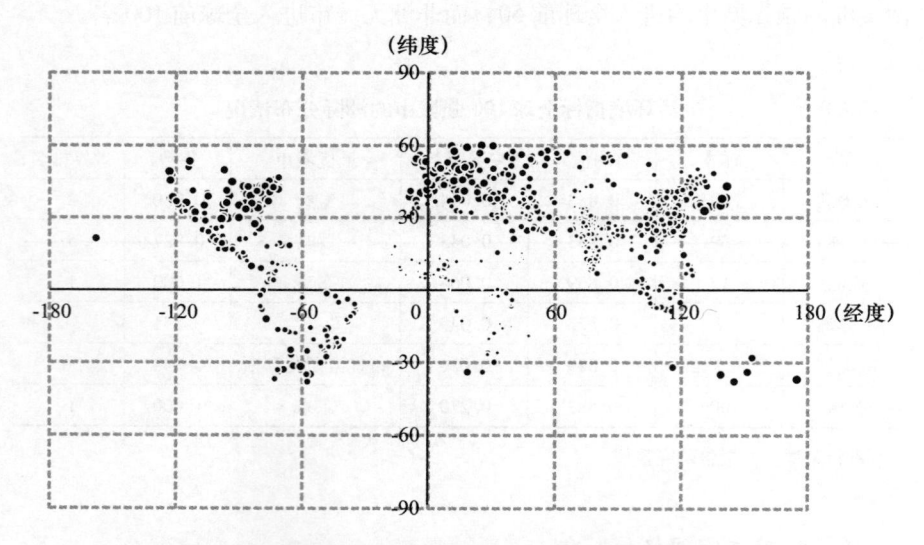

图7.4　全球1006个城市生活环境指标的空间分布

资料来源:中国社会科学院城市与竞争力研究中心数据库。

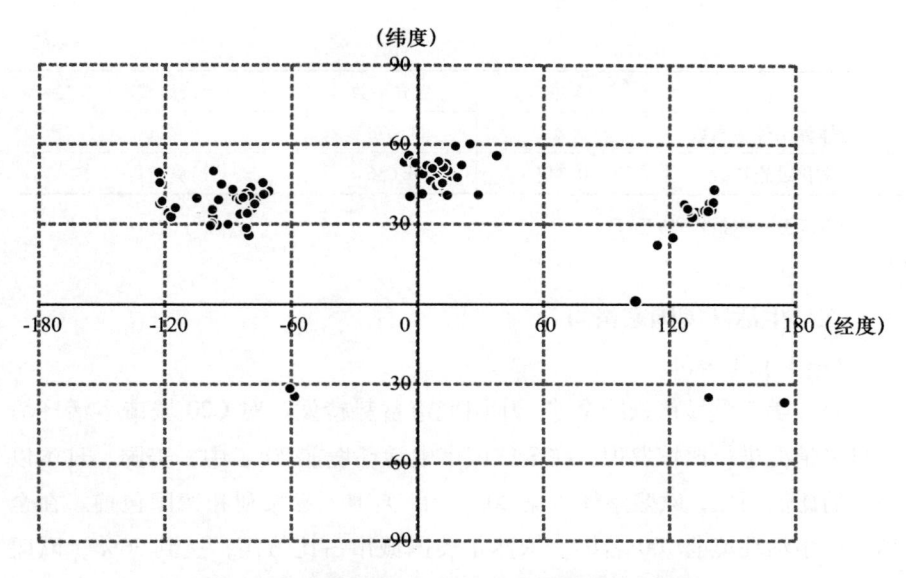

图 7.5　全球前 100 名城市生活环境指标的空间分布

资料来源：中国社会科学院城市与竞争力研究中心数据库。

全球城市生活环境分项指标的均值和波动幅度存在较大的差别。从生活环境分项指标来看，1006 个样本城市主要集中在气候宜居地带，历史文化传承与保护方面做得较好，绝大多数城市的居住成本在合理区间，医疗健康机构建设处在中等偏上水平。环境问题相对比较突出，说明环境质量依然是全球城市面临的共性挑战。文化设施建设有待加强，而健体休闲设施方面的短板比较明显且城市间差距较大，需要重点关注。

表 7.11　全球城市生活环境分项指标描述性统计

	均值	变异系数	最优城市
历史文化指数	0.622	0.295	东京
医疗健康机构指数	0.651	0.147	大阪
气候舒适度指数	0.659	0.275	茂物
环境污染度指数	0.319	0.282	新加坡
市民消费水平指数	0.555	0.245	布里奇波特—斯坦福德
居住成本指数	0.910	0.194	迪拜等（不唯一）

续表

	均值	变异系数	最优城市
健体休闲设施指数	0.202	1.073	东京
文化设施指数	0.347	0.636	莫斯科

资料来源：本报告研究整理。

二　生活环境国家格局

（一）G20概况

日、美、欧城市领跑全球，中国城市蓄势待发。对G20城市生活环境的排名情况进行比较发现，在全球城市生活环境前20名中，美国、日本以35%的比例领先，欧盟整体占据20%，由英国、意大利和德国包揽。在全球城市生活环境前100名中，依然是美国城市占比最高，达到36%，欧盟整体占据30%，第三名为日本，占比保持10%。在全球城市生活环境前101—200名中，欧盟、美国和中国分别占据28%、26%和13%。在全球城市生活环境前201—500名中，中国城市数量占比最高，达到38.3%，其次是欧盟，占比达到10%，随后是墨西哥，占8.3%。在全球城市生活环境前500名中，中国城市的占比最高，达到26%，其次是美国和欧盟，分别占14.8%和13.6%。从排名分布我们可以看出，日本、美国和欧盟等发达经济体的城市依然处于领先位置，但中国的头部城市已经跻身世界前列，且在中上水平阶段有大量储备，蓄势待发。G20的城市占据了全球前20和95%，及全球前100和96%，几乎垄断了所有高生活环境水平城市。

表7.12　　　　G20样本城市生活环境指标排名分布　　　（单位：%）

	前20名占比	前100名占比	101—200占比	201—500占比	前500名占比
阿根廷	0.0	2.0	1.0	2.0	1.8
澳大利亚	0	1.0	4.0	0.3	1.2
巴西	0	0	2.0	3.7	2.6
德国	10.0	8.0	4.0	0.3	2.6
俄罗斯	0	1.0	3.0	7.7	5.4
法国	0	1.0	4.0	1.3	1.8

续表

	前 20 名占比	前 100 名占比	101—200 占比	201—500 占比	前 500 名占比
韩国	0	3.0	2.0	1.0	1.6
加拿大	0	4.0	2.0	1.0	1.8
美国	35.0	36.0	26.0	4.0	14.8
墨西哥	0	0	1.0	8.3	5.2
南非	0	0	1.0	1.0	0.8
日本	35.0	10.0	0	0	2.0
沙特阿拉伯	0	0	1.0	1.7	1.2
土耳其	0	1.0	3.0	3.0	2.6
意大利	5.0	9.0	4.0	0	2.6
印度	0	0	0	2.7	1.6
印度尼西亚	0	0	0	2.7	1.6
英国	5.0	6.0	5.0	0.3	2.4
中国	0	2.0	13.0	38.3	26.0
欧盟	20.0	30.0	28.0	10.0	13.6
G20	95.0	96.0	92.0	81.0	86.2
非 G20	5.0	4.0	8.0	19.0	13.8
全球	100.0	100.0	100.0	100.0	100.0

资料来源：本报告研究整理。

总体来看，非 G20 城市生活环境的均值仍然低于 G20 城市，且内部分化程度更高。对 G20 城市生活环境的情况进行比较发现，在生活环境的均值方面，日本、意大利、德国处于第一梯队，英国、美国、加拿大、澳大利亚、韩国、法国、阿根廷处于第二梯队，印度、印尼、整体低于全球均值，而巴西、中国的城市表现仅略微高于全球平均水平。从生活环境的变异系数看，澳大利亚、意大利、日本的城市波动幅度较小，印度和南非的城市波动幅度较大。从最优城市的定位看，半数 G20 的最优城市进入全球排名前 50，较为落后的印度和印尼的首位城市居于 200—250 名。

表 7.13　　　　　G20 样本城市生活环境指标描述性统计

	均值	变异系数	最优城市	世界排名
阿根廷	0.7191	0.0983	布宜诺斯艾利斯	36
澳大利亚	0.7516	0.0416	阿德莱德	95
巴西	0.5832	0.1252	里约热内卢	133
德国	0.8033	0.0753	柏林	7
俄罗斯	0.6506	0.0989	莫斯科	28
法国	0.7205	0.0686	巴黎	66
韩国	0.7446	0.1059	釜山	41
加拿大	0.7721	0.0794	多伦多	39
美国	0.7821	0.0863	纽约	2
墨西哥	0.6138	0.1208	墨西哥城	113
南非	0.6013	0.1734	开普敦	175
日本	0.8910	0.0579	东京	1
沙特阿拉伯	0.6305	0.0973	吉达	174
土耳其	0.6547	0.1164	伊斯坦布尔	73
意大利	0.8180	0.0508	罗马	5
印度	0.4315	0.2203	班加罗尔	247
印度尼西亚	0.5623	0.1286	雅加达	228
英国	0.7903	0.0835	伦敦	9
中国	0.5861	0.1169	台北	49
欧盟	0.7822	0.0736	罗马	5
G20	0.6231	0.2144	东京	1
非 G20	0.4722	0.3481	新加坡	4
全球	0.5830	0.2696	东京	1

资料来源：本报告研究整理。

（二）代表性国家概况

根据洲际划分，这里重点选择亚洲的中日印、欧洲的英国、北美洲的美国、南美洲的巴西、非洲的南非、大洋洲的澳大利亚进行比较研究。总的来看，日本城市在生活环境的各个分项指标中基本都比较有优势，英国、美国各有长板和短板，而新兴经济体整体水平依然偏低，且各分项指标均存在较大的内部分化。

从历史文化指数看，日本的表现特别突出且波动很小，其他国家水平相近，印度整体稍显落后。从医疗健康机构指数看，日本、澳大利亚和英国处于领先。中国与巴西处于中等偏下的水平，南非和印度仍有较大进步空间。从气候舒适度指数看，大部分城市的气候舒适度都比较好，印度、巴西和英国的舒适度整体偏低且波动幅度较大。从环境污染度指数看，日本、英国和澳大利亚整体领先。印度、中国的环境污染问题较为严重，各国内部城市之间的差异都不是很大。

从市民消费水平指数看，美国、英国和日本城市的市民消费水平较高，南非和印度的城市，市民消费水平有待提高，且城市间差距较大。从居住成本指数看，各国的整体水平都较为合理，相对而言，巴西的城市居住成本压力比较明显，且城市间分化比较大。从健体休闲设施指数看，日本和英国比较领先，巴西、印度和中国较为落后，且城市间差距比较大。从文化设施指数看，日本和英国的文化设置较为发达，且城市间差异较小，印度和中国在该方面差距明显。

表7.14　　　　代表性国家生活环境分项指标的统计分析

		澳大利亚	巴西	美国	南非	日本	印度	英国	中国
历史文化指数	均值	0.638	0.659	0.671	0.602	0.825	0.484	0.670	0.653
	变异系数	0.137	0.184	0.186	0.311	0.102	0.464	0.161	0.184
医疗健康机构指数	均值	0.828	0.671	0.780	0.488	0.972	0.560	0.806	0.678
	变异系数	0.108	0.090	0.080	0.159	0.030	0.150	0.065	0.074
气候舒适度指数	均值	0.794	0.639	0.748	0.754	0.830	0.534	0.668	0.728
	变异系数	0.066	0.268	0.105	0.081	0.040	0.361	0.201	0.174
环境污染度指数	均值	0.400	0.354	0.393	0.322	0.416	0.226	0.426	0.270
	变异系数	0.034	0.023	0.054	0.050	0.076	0.086	0.074	0.068
市民消费水平指数	均值	0.719	0.559	0.755	0.509	0.749	0.415	0.735	0.554
	变异系数	0.001	0.059	0.071	0.060	0.003	0.114	0.006	0.075
居住成本指数	均值	0.979	0.877	0.978	0.981	0.932	0.919	0.966	0.929
	变异系数	0.020	0.145	0.011	0.014	0.027	0.100	0.029	0.095

续表

		澳大利亚	巴西	美国	南非	日本	印度	英国	中国
健体休闲设施指数	均值	0.391	0.085	0.492	0.433	0.736	0.105	0.616	0.142
	变异系数	0.313	1.731	0.307	0.383	0.178	1.397	0.148	1.216
文化设施指数	均值	0.301	0.347	0.515	0.496	0.642	0.250	0.629	0.224
	变异系数	0.422	0.511	0.329	0.514	0.263	0.734	0.200	0.768
生活环境整体	均值	0.752	0.583	0.782	0.601	0.891	0.431	0.790	0.586
	变异系数	0.042	0.125	0.086	0.173	0.058	0.220	0.083	0.117

资料来源：本报告研究整理。

（三）中国概况

中国城市在生活环境竞争力方面还有较大提升空间。中国城市在生活环境方面的平均得分为0.586，仅略高于全球平均水平。其中，港澳台城市排名靠前，内地（大陆）城市中上海与广州排名领先，中国共有15个城市跻身生活环境全球前200，分别是台北（49）、香港（55）、台南（104）、高雄（118）、台中（123）、上海（137）、广州（158）、新竹（168）、澳门（170）、深圳（173）、东莞（183）、北京（189）、杭州（192）、昆明（194）、重庆（197）。中国城市整体排名不高的主要原因是房价较高，但一、二线城市在健体休闲设施指数、文化设施指数及历史文化指数方面表现较好，所以依然处在前列。

从全球坐标来看，粤港澳大湾区城市生活环境整体较好。大湾区城市在生活环境指标方面的平均得分为0.709，显著高于全球平均水平和中国平均水平，也优于国内的杭州湾区0.672与环渤海湾区的0.634；与国际湾区比较，得分也比较接近。除江门和肇庆外，其他城市水平皆相对较高且差异不大。

第三节 全球城市营商软环境竞争力报告

一 营商软环境总体格局

（一）头部城市概况

中美两国主导营商软环境头部城市。从全球营商软环境20强城市在各大洲的分布情况来看,北美洲和亚洲上榜城市最多,均达到8席,欧洲占据4席,其中以中美两国的城市占据主导性地位。2020年营商软环境全球20强城市为纽约、北京、伦敦、新加坡、洛杉矶、香港、上海、东京、波士顿、多伦多、慕尼黑、西雅图、芝加哥、首尔、台北、圣地亚哥、旧金山、苏黎世、杭州、阿姆斯特丹,其中美国一国独占7席,随后是中国占据5席。

表7.15 营商软环境全球20强城市

	国家	城市	指数	世界排名
北美洲	美国	纽约	1.000	1
亚洲	中国	北京	0.976	2
欧洲	英国	伦敦	0.953	3
亚洲	新加坡	新加坡	0.953	4
北美洲	美国	洛杉矶	0.942	5
亚洲	中国	香港	0.942	6
亚洲	中国	上海	0.942	7
亚洲	日本	东京	0.936	8
北美洲	美国	波士顿	0.915	9
北美洲	加拿大	多伦多	0.905	10
欧洲	德国	慕尼黑	0.905	11
北美洲	美国	西雅图	0.902	12
北美洲	美国	芝加哥	0.900	13
亚洲	韩国	首尔	0.897	14
亚洲	中国	台北	0.877	15
北美洲	美国	圣地亚哥	0.876	16
北美洲	美国	旧金山	0.875	17
欧洲	瑞士	苏黎世	0.869	18
亚洲	中国	杭州	0.863	19
欧洲	荷兰	阿姆斯特丹	0.859	20

资料来源:本报告研究整理。

全球营商软环境前100强城市中,北美洲、亚洲和欧洲三足鼎立。从前100名城市的洲际分布看,亚洲占据了36%,欧洲占据31%,北美洲则占据29%,三个大洲一起合计超过了95%,头部城市的集中度很明显。从各大洲营商软环境的最优城市看,欧洲、北美洲、亚洲的领先城市均进入全球前5，而大洋洲最优城市的全球排名在50名以内，非洲与南美洲最优城市的全球排名均未进入100强。

表7.16　　营商软环境全球100强城市的洲际分布情况

	样本	均值	变异系数	最优城市	指数	世界排名
北美洲	29	0.836	0.074	纽约	1.000	1
亚洲	36	0.804	0.093	北京	0.976	2
欧洲	31	0.795	0.073	伦敦	0.953	3
大洋洲	4	0.786	0.034	悉尼	0.816	43
南美洲	0	—	—	—	—	—
非洲	0	—	—	—	—	—
全球	100	0.810	0.083	纽约	1.000	1

资料来源：本报告研究整理。

（二）整体空间格局

大洋洲、北美洲和欧洲营商软环境领跑全球。从全球城市营商软环境的洲际分布的均值特征看，大洋洲、北美洲和欧洲的城市营商软环境相对较好，均高于全球城市的平均水平，非洲和南美洲的营商软环境相对较弱，低于全球均值，而亚洲的城市营商软环境与全球水平接近。从变异系数看，大洋洲、北美洲和欧洲城市营商软环境波动幅度较小，相对更为均衡，而非洲城市的营商软环境波动幅度较大，内部差距和分化明显。从各洲全球城市百强比重看，大洋洲、欧洲和北美洲占比都超过20%，营商软环境优秀率很高，领跑全球，其中大洋洲甚至超过50%。

表7.17　　　　全球城市营商软环境的洲际分布　　　　（单位：%）

	样本	百强城市比重	均值	变异系数
北美洲	131	22	0.550	0.365
亚洲	565	6	0.386	0.453
欧洲	126	25	0.570	0.316
大洋洲	7	57	0.722	0.134
南美洲	75	0	0.297	0.441
非洲	102	0	0.197	0.650
总计	1006	10	0.407	0.502

资料来源：本报告研究整理。

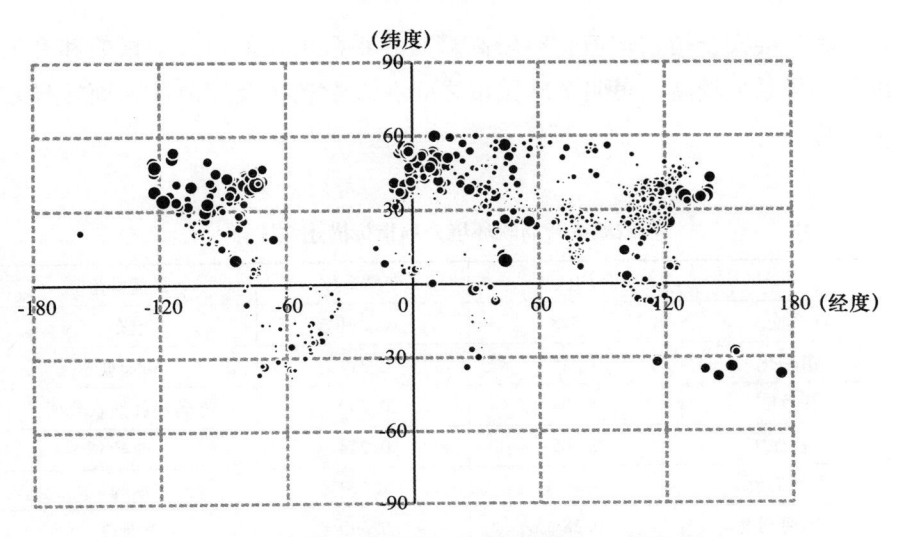

图 7.6　全球 1006 个城市营商软环境的空间分布

资料来源：中国社会科学院城市与竞争力研究中心数据库。

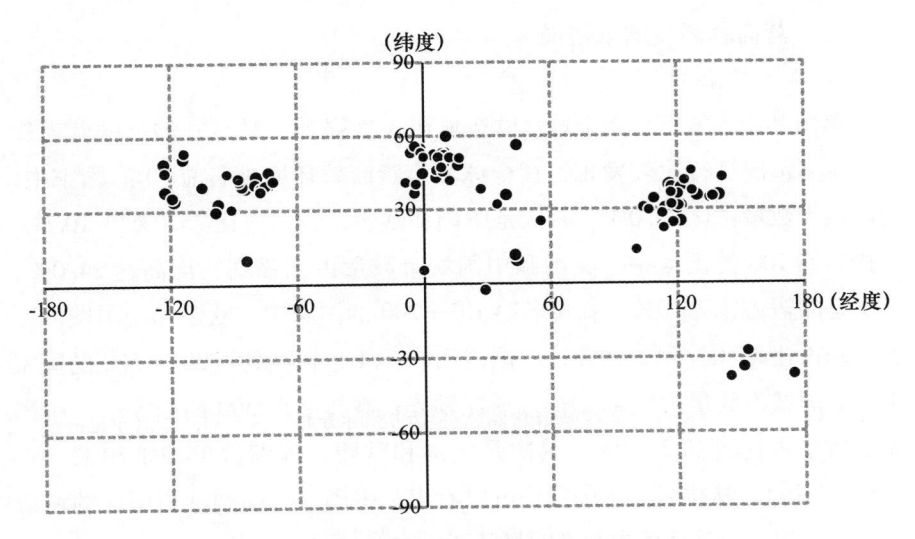

图 7.7　全球前 100 名城市营商软环境的空间分布

资料来源：中国社会科学院城市与竞争力研究中心数据库。

全球城市营商软环境分项指标的均值存在较大差异，大学指数及开放度的内部差距更大。从营商软环境分项指标来看，在营商软环境的六项分指标中，市场化指数的均值最低，其次是大学指数也较低，而产权保护和社会安全指数均值相对较高，变异系数则较低。大学指数和开放度的变异系数较高，表明全球城市之间在大学教育及开放度方面差异较为明显。

表7.18　　　　　　　全球城市营商软环境分项指标描述性统计

	均值	变异系数	最优城市
社会安全	0.578	0.291	巴东
市场化	0.045	0.311	新加坡
开放度	0.309	0.799	圣若泽杜斯坎普斯
产权保护	0.585	0.234	纽约
大学指数	0.197	1.127	纽约
经商便利度	0.388	0.590	莫斯科

资料来源：本报告研究整理。

二　营商软环境国家格局

（一）G20 概况

美国和中国城市领跑全球，欧盟城市表现强劲。对 G20 城市的营商软环境排名情况进行比较发现，在全球城市营商软环境排名前 20 的国家中，美国城市数量占比 35.0%，其次是中国和欧盟，分别占比 25.0% 和 10.%；在排名前 100 的国家中，美国和中国城市数量占比最高，均高达 24.0%，其次是欧盟占比 21.0%；在排名第 101—200 的国家中，欧盟和美国城市数量分别占比 25.0% 和 23.0%，中国占比 18.0%；在排名第 201—500 的国家中，中国城市数量占比 40.0%，遥遥领先；在排名前 500 的国家中，中国城市数量占比高达 32.4%，其次是美国和欧盟，分别占 14.4% 和 13.4%（见表 7.19）。从排名分布中我们可以看出，中国、美国和欧盟国家的城市在全球城市营商软环境中具有明显的竞争力。

表7.19　　　　　G20 样本城市营商软环境排名分布　　　　　（单位：%）

	前 20 名占比	前 100 名占比	101—200 占比	201—500 占比	前 500 名占比
中国	25.0	24.0	18.0	40.0	32.4
美国	35.0	24.0	23.0	8.3	14.4

续表

	前20名占比	前100名占比	101—200占比	201—500占比	前500名占比
欧盟	10.0	21.0	25.0	7.0	13.4
德国	5.0	7.0	3.0	1.0	2.6
法国	0	1.0	5.0	1.0	1.8
英国	5.0	6.0	6.0	0	2.4
意大利	0	2.0	3.0	2.7	2.6
俄罗斯	0	1.0	1.0	5.3	3.6
日本	5.0	4.0	3.0	1.0	2.0
韩国	5.0	2.0	2.0	1.3	1.6
印度	0	0	2.0	4.7	3.2
印度尼西亚	0	0	0	4.3	2.6
墨西哥	0	0	1.0	4.3	2.8
巴西	0	0	0	2.3	1.4
阿根廷	0	0	0	0.7	0.4
加拿大	5.0	5.0	4.0	0	1.8
澳大利亚	0	3.0	2.0	0.3	1.2
南非	0	0	0	1.0	0.6
沙特阿拉伯	0	0	2.0	1.7	1.4
土耳其	0	1.0	3.0	2.3	2.2
G20	90.0	91.0	92.0	84.7	87.4
非G20	10.0	9.0	8.0	15.3	12.6
全球	100	100	100	100	100

资料来源：本报告研究整理。

总体来看，G20营商软环境的均值显著高于非G20，且内部分化程度更低（见表7.19）。对G20的城市进行统计描述发现，在营商软环境的均值方面，加拿大、英国、澳大利亚、德国的城市具有明显优势，印度、印度尼西亚、南非、墨西哥、巴西、阿根廷的城市表现相对较差；从营商软环境的变异系数看，印度、中国、阿根廷、土耳其等国城市波动幅度较大，内部分化比较严重，日本、法国、德国、加拿大、澳大利亚、意大利、英国等国城市波动幅度较小，内部表现更为均衡；从最优城市来看，G20的7个城市进入全球城市营商软环境排名前20，有12个城市进入全球城市营商软环境排名前100（见表7.20）。

表7.20　　　　G20样本城市营商软环境统计描述

	均值	变异系数	最优城市	世界排名
中国	0.423	0.355	北京	2
美国	0.647	0.246	纽约	1
欧盟	0.646	0.179	慕尼黑	11
德国	0.704	0.151	慕尼黑	11
法国	0.613	0.179	巴黎	44
英国	0.731	0.123	伦敦	3
意大利	0.585	0.140	米兰	80
俄罗斯	0.414	0.297	莫斯科	23
日本	0.682	0.198	东京	8
韩国	0.610	0.270	首尔	14
印度	0.278	0.385	孟买	168
印度尼西亚	0.400	0.213	雅加达	244
墨西哥	0.364	0.283	墨西哥城	132
巴西	0.330	0.279	圣保罗	258
阿根廷	0.317	0.334	布宜诺斯艾利斯	242
加拿大	0.750	0.149	多伦多	10
澳大利亚	0.710	0.141	悉尼	43
南非	0.396	0.280	开普敦	284
沙特阿拉伯	0.477	0.266	利雅得	109
土耳其	0.454	0.306	伊斯坦布尔	73
G20	0.458	0.409	纽约	1
非G20	0.265	0.685	新加坡	4
全球	0.407	0.502	纽约	1

资料来源：本报告研究整理。

（二）代表性国家概况

根据洲际划分，这里重点选择亚洲的中国、日本和印度、欧洲的英国、北美洲的美国、南美洲的巴西、非洲的南非、大洋洲的澳大利亚进行比较研究。总的来看，英国和澳大利亚城市在营商软环境的各分项指标都具有一定的优势,而印度和巴西等新兴经济体各分项指标整体水平依然偏低;从社会安全方面看,日本和中国处于领先地位,巴西和南非则表现比较差;从市场化程度看,澳大利亚和英国表现较好,印度和巴西相对落后;从开放度看,日本、美国和英国处于领先地位,中国和印度表现较差,且内部分化明显;从产权保护看,日本、澳大利亚、美国和英国的优势明显,巴西和印度表现较差;从大学指数来看,澳大利亚、英国和美国优势明显,而中国和印度则表现较差,且内部分化更大;从经商便利度看,英国和澳大利亚表现更优,而印度和巴西则表现较差;整体营商软环境上,英国、澳大利亚、日本和美国的表现更优(见表7.21)。

表 7.21　代表性国家营商软环境分项指标统计分析

		中国	日本	印度	英国	美国	巴西	南非	澳大利亚
社会安全	均值	0.701	0.854	0.581	0.553	0.503	0.331	0.208	0.630
	变异系数	0.103	0.116	0.193	0.121	0.247	0.314	0.154	0.111
市场化	均值	0.044	0.061	0.033	0.070	0.067	0.039	0.045	0.071
	变异系数	0.136	0.082	0.273	0.043	0.090	0.128	0.089	0.042
开放度	均值	0.229	0.674	0.137	0.581	0.583	0.448	0.529	0.441
	变异系数	0.878	0.098	1.175	0.162	0.225	0.375	0.282	0.229
产权保护	均值	0.603	0.855	0.567	0.805	0.832	0.550	0.598	0.847
	变异系数	0.083	0.043	0.048	0.035	0.059	0.044	0.040	0.032
大学指数	均值	0.122	0.410	0.090	0.618	0.492	0.233	0.305	0.700
	变异系数	1.336	0.524	0.889	0.269	0.587	0.785	0.639	0.154
经商便利度	均值	0.434	0.481	0.230	0.712	0.584	0.259	0.377	0.631
	变异系数	0.447	0.385	0.700	0.176	0.377	0.440	0.337	0.190
营商软环境	均值	0.423	0.682	0.278	0.731	0.647	0.330	0.396	0.710
	变异系数	0.355	0.198	0.385	0.123	0.246	0.279	0.280	0.141

资料来源:本报告研究整理。

(三) 中国概况

中国城市营商软环境具有较强竞争力,但整体分化较大。中国共有42个城市跻身全球城市营商软环境排名前200,北京(2)、香港(6)和上海（7）排名领先，均位列前 10；台北（15）和杭州（19），均位列前 20；南京（24），广州（25），深圳（29），武汉（39），西安（45），天津（48），均位列前 50；成都（54），大连（62），青岛（65），苏州（66），厦门（67），长沙（79），澳门（82），合肥（82），沈阳（88），济南（90），重庆（91），珠海（97），哈尔滨（100），均位列前 100。整体上，中国城市营商软环境的变异系数达到 0.355，处于较高水平，表明城市之间分化程度较大（见表 7.20）。

第四节 全球城市营商硬环境竞争力报告

一 营商硬环境总体格局

（一）头部城市概况

全球城市营商硬环境排名前 20 的城市分别是：阿姆斯特丹、新加坡、温哥华、杜塞尔多夫、墨尔本、里斯本、汉堡、布鲁塞尔、法兰克福、费城、亚特兰大、达拉斯、巴黎、纽约、伦敦、上海、吉隆坡、悉尼、巴尔的摩和柏林，皆为航空枢纽或港口城市；排名前 20 的城市就洲际分布而言，欧洲、北美、亚洲和大洋洲分别有 9 个、6 个、3 个和 2 个，美国绝对优势削弱，中国相对优势增强（见表 7.22）。

表 7.22　全球前 20 名城市营商硬环境竞争力水平得分及排名

	国家	城市	指数	世界排名
欧洲	荷兰	阿姆斯特丹	1.000	1
亚洲	新加坡	新加坡	0.988	2
北美洲	加拿大	温哥华	0.957	3
欧洲	德国	杜塞尔多夫	0.956	4
大洋洲	澳大利亚	墨尔本	0.947	5
欧洲	葡萄牙	里斯本	0.943	6
欧洲	德国	汉堡	0.940	7
欧洲	比利时	布鲁塞尔	0.935	8
欧洲	德国	法兰克福	0.931	9
北美洲	美国	费城	0.930	10

续表

	国家	城市	指数	世界排名
北美洲	美国	亚特兰大	0.922	11
北美洲	美国	达拉斯	0.920	12
欧洲	法国	巴黎	0.920	13
北美洲	美国	纽约	0.915	14
欧洲	英国	伦敦	0.913	15
亚洲	中国	上海	0.910	16
亚洲	马来西亚	吉隆坡	0.907	17
大洋洲	澳大利亚	悉尼	0.903	18
北美洲	美国	巴尔的摩	0.902	19
欧洲	德国	柏林	0.902	20

资料来源：中国社会科学院城市与竞争力研究中心数据库。

全球城市营商硬环境排名前100的城市中，非洲的约翰内斯堡成为最优城市，亚洲城市数量与北美基本持平，且城市之间的差异与欧洲基本持平；欧洲、北美洲和亚洲分别有38、30和28个城市上榜，非洲的约翰内斯堡位列第66名（见表7.23）。

表7.23　全球前100名城市营商硬环境竞争力指数及洲际分布

	样本	均值	标准差	变异系数	最优城市	指数	世界排名
北美洲	30	0.847	0.056	0.067	温哥华	0.957	3
大洋洲	3	0.877	0.087	0.1	墨尔本	0.947	5
欧洲	38	0.858	0.061	0.071	阿姆斯特丹	1.000	1
亚洲	28	0.818	0.057	0.07	新加坡	0.988	2
非洲	1	0.813	—	—	约翰内斯堡	0.813	66

资料来源：中国社会科学院城市与竞争力研究中心数据库。

由图7.8可知，全球城市营商硬环境排名前100的城市主要集中分布在西欧、北美、东亚和大洋洲区域，其中亚洲和北美在排名100强城市的数量上基本持平。

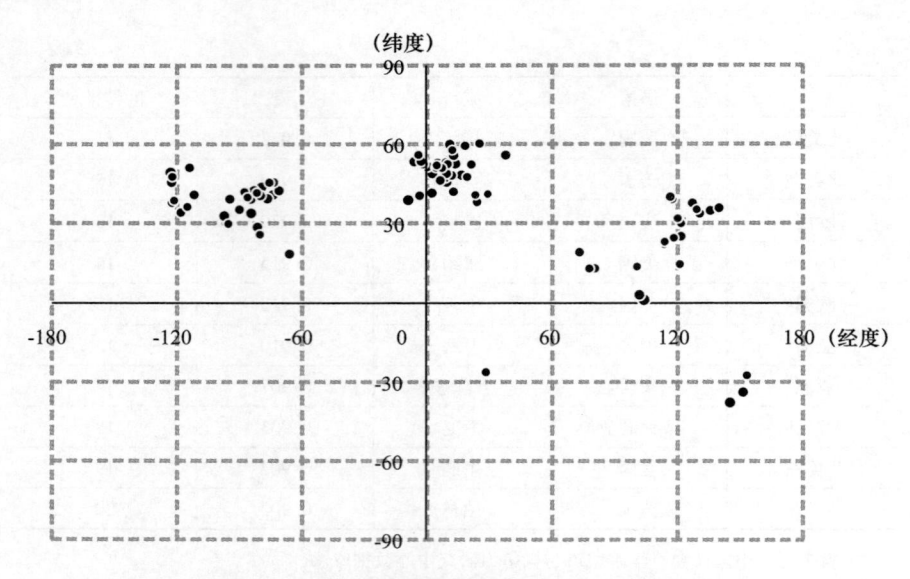

250 ◇ 第三部分 全球城市经济竞争力报告

图7.8 全球城市营商硬环境TOP100的空间分布

（二）整体空间格局

全球1006个城市营商硬环境整体空间分布与前100名城市十分相似。从100强城市占比看，欧洲100强城市占比为37.730%，其次是北美洲的29.820%和亚洲的27.833%，因此在1006个样本城市中亚洲100强城市数量直逼北美（见表7.24）。

表7.24 全球城市营商硬环境竞争力水平洲际分布及统计性描述

	样本	100强城市占比（%）	均值	标准差	变异系数
北美洲	131	29.820	0.631	0.155	0.246
大洋洲	7	2.982	0.763	0.124	0.163
非洲	102	0.994	0.428	0.173	0.404
南美洲	75	0	0.446	0.128	0.287
欧洲	126	37.730	0.627	0.206	0.329
亚洲	565	27.833	0.465	0.139	0.298

资料来源：中国社会科学院城市与竞争力研究中心数据库。

值得注意的是，亚洲城市营商硬环境竞争力水平整体超越南美。2020年亚洲565个城市的营商硬环境竞争力均值为0.465，虽然与北美的

0.631 和欧洲的 0.627 之间仍有一定差距，但是已经超过了南美洲的 0.446；亚洲城市之间的变异系数为 0.298，城市之间的差异仅小于欧洲，与南美洲基本一致，但是远小于北美洲的 0.246（见表 7.24）。因此，亚洲城市之间的差异亟须缩小。

由图 7.9 可知，全球 1006 个城市营商硬环境的空间分布与 100 强城市的空间分布较为相似，西欧、北美和东亚仍然是营商硬环境水平较高城市的集聚区域。

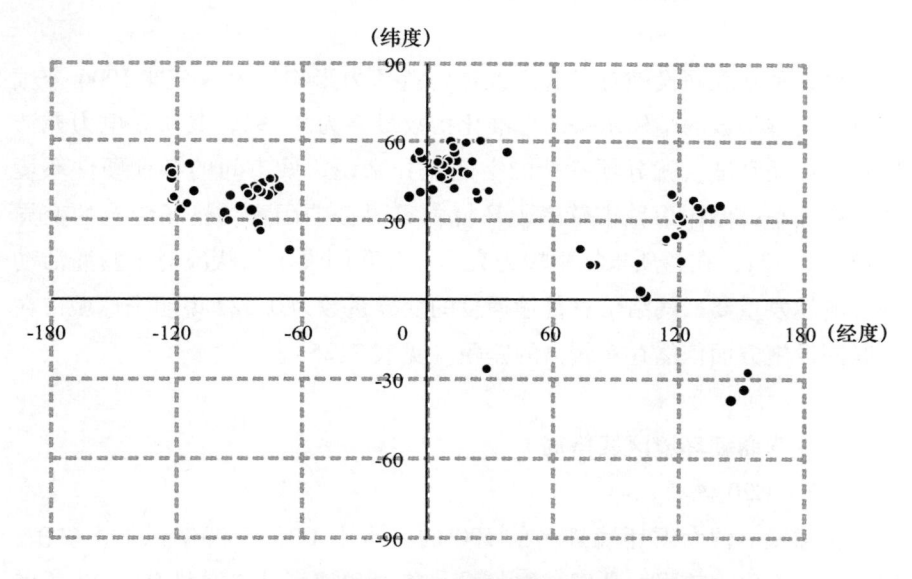

图 7.9 全球 1006 个城市营商硬环境的空间分布

城市营商硬环境是竞争力的重要组成部分，它包括：交通便利度、电力充沛度、网络信息传输速度、机场设施指数、自然灾害指数、航运便利度 6 个方面。就分项指标而言，自然灾害指数、电力充沛度、航运便利度的整体水平相对较高，均值均超过 0.6；全球城市之间的网络信息传输速度和机场设施（变异指数）指数差异较大，交通便利度和自然灾害指数差异较小。

表 7.25　全球城市营商硬环境分项指标及描述性统计

	均值	标准差	变异系数	最优城市	国家
交通便利度	0.585	0.131	0.224	卡尔巴拉	伊拉克
电力充沛度	0.64	0.24	0.375	纽约等	不唯一
网络信息传输速度	0.495	0.261	0.527	洛杉矶等	不唯一
航运便利度	0.64	0.158	0.246	上海	中国
机场设施指数	0.441	0.191	0.434	亚特兰大	美国
自然灾害指数	0.793	0.168	0.211	北京等	不唯一

资料来源：中国社会科学院城市与竞争力研究中心数据库。

机场和互联网设施对于营商硬环境竞争力影响最大。全球1006个城市自然灾害指数的整体水平的标准化指数最高为0.793，其次是电力充沛度和航运便利度；就分项指标的空间差异来说，城市间的各项硬件环境差异在缩小，但作为城市营商硬环境的重要影响因素，机场设施的变异系数为0.434，在各项指标中较为突出；互联网设施的状况对于营商活动的影响越发重要，网络信息传输速度的变异系数为0.527说明全球城市在互联网设施方面依然存在较大的差距（见表7.25）。

二　营商硬环境区域格局

（一）G20概况

全球城市营商硬环境排名前100的城市中G20占90%以上，美国、德国城市竞争力较强。从区域视角看，美国和德国城市在排名前20的城市中分别占25%和20%，大于澳大利亚、法国、加拿大、英国和中国5个国家城市之和（见表7.26）。

表 7.26　G20 城市营商硬环境分区间排名分布　　　（单位：%）

	前20占比	前20—100占比	101—200占比	201—500占比	前500占比
阿根廷	0	0	0	1.333	0.800
澳大利亚	10	1.250	2	0.333	1.200
巴西	0	0	1	3	2
德国	20	6.250	4	0.333	2.800

续表

	前20 占比	前20—100 占比	101—200 占比	201—500 占比	前500 占比
俄罗斯	0	1.250	0	2.667	1.800
法国	5	0	5	1	1.800
韩国	0	2.500	3	1	1.600
加拿大	5	5	2	0.667	1.800
美国	25	23.750	22	9.333	14.800
墨西哥	0	0	5	5.333	4.200
南非	0	1.250	1	1	1
日本	0	3.750	1	1.667	1.800
沙特阿拉伯	0	0	0	2	1.200
土耳其	0	1.250	0	1.667	1.200
意大利	0	2.500	7	1.333	2.600
印度	0	3.750	4	13.333	9.400
印度尼西亚	0	0	3	3.333	2.600
英国	5	5	4	1	2.400
中国	5	16.250	5	24	18.200
欧盟	75	73.750	69	74.333	73.200
G20	90	91.250	75	77.333	79.600
非G20	10	8.750	25	22.667	20.400
全球	100	100	100	100	100

资料来源：中国社会科学院城市与竞争力研究中心数据库。

由表7.26可知，G20城市的营商硬环境水平在全球1006个城市占据绝对优势，在排名前20的城市和前100的城市中分别占比90%和91.25%，在排名前500的城市中约占80%。同时，美国和德国城市在排名前20的城市中占据绝对优势，美国和中国在前100名城市占据绝对优势，且美国在前100—200名城市中同样占据较大优势。

G20城市营商硬环境整体水平高于非G20，且城市之间的营商硬环境水平差异小于非G20。具体而言，G20城市营商硬环境整体水平为0.521，高于非G20的0.455，且差异系数为0.327略小于非G20的0.363（见表7.27）。

表 7.27　　　　　G20 城市营商硬环境水平及统计性描述

	均值	标准差	变异系数	最优城市	世界排名
阿根廷	0.493	0.129	0.263	罗萨里奥	240
澳大利亚	0.771	0.133	0.173	墨尔本	5
巴西	0.409	0.106	0.260	圣保罗	175
德国	0.798	0.108	0.135	杜塞尔多夫	4
俄罗斯	0.396	0.168	0.424	莫斯科	37
法国	0.683	0.095	0.139	巴黎	13
韩国	0.685	0.076	0.110	首尔	52
加拿大	0.770	0.121	0.157	温哥华	3
美国	0.685	0.134	0.196	费城	10
墨西哥	0.519	0.112	0.215	墨西哥城	105
南非	0.602	0.126	0.210	约翰内斯堡	66
日本	0.651	0.147	0.226	大阪	42
沙特阿拉伯	0.502	0.050	0.100	利雅得	270
土耳其	0.478	0.094	0.197	伊斯坦布尔	95
意大利	0.676	0.098	0.146	米兰	21
印度	0.490	0.106	0.216	孟买	60
印度尼西亚	0.538	0.122	0.227	雅加达	103
英国	0.755	0.097	0.129	伦敦	15
中国	0.438	0.133	0.304	上海	16
欧盟	0.509	0.149	0.292	杜塞尔多夫	2
G20	0.521	0.171	0.327	阿姆斯特丹	1
非 G20	0.455	0.165	0.363	新加坡	2
全球	0.504	0.305	0.341	阿姆斯特丹	1

资料来源：中国社会科学院城市与竞争力研究中心数据库。

由表 7.27 可知，德国城市营商硬环境水平最高为 0.798，其次是澳大利亚 0.771、加拿大 0.770 和英国 0.755，法国、韩国、美国、南非、日本、意大利营商硬环境标准化指数均超过 0.600，仅有阿根廷、巴西、俄罗斯、土耳其、印度和中国的标准化指数低于 0.500。同时，沙特阿拉伯、韩国和英国城市营商硬环境的变异系数分别为 0.100、0.110 和 0.129 相对较小，俄罗斯的变异系数最大为 0.424，G20 和中国的变异系数已经超过 0.300，城市间的分化值得警惕。

（二）代表性国家概况

作为经济增长的重要引擎，本报告选择澳大利亚、巴西、美国、南非、日本、印度、英国和中国作为代表性国家进行分析。整体而言，美国城市营商硬环境的优势正在削弱，中国营商硬环境的优势正在增强。

表 7.28　　代表性国家营商硬环境及分项指标统计性描述

	统计量	澳大利亚	巴西	美国	南非	日本	印度	英国	中国
交通便利度	均值	0.604	0.542	0.621	0.484	0.586	0.580	0.629	0.522
	变异系数	0.157	0.201	0.183	0.221	0.032	0.207	0.177	0.143
电力充沛度	均值	0.947	0.778	0.800	0.826	0.825	0.629	0.973	0.518
	变异系数	0.095	0.234	0.214	0.109	0.165	0.232	0.052	0.370
网络信息传输速度	均值	0.738	0.502	0.914	0.474	0.696	0.436	0.801	0.355
	变异系数	0.159	0.251	0.097	0.244	0.154	0.435	0.084	0.580
航运便利度	均值	0.610	0.273	0.669	0.662	0.750	0.659	0.738	0.686
	变异系数	0.405	0.620	0.181	0.157	0.087	0.124	0.056	0.157
机场设施指数	均值	0.810	0.374	0.601	0.546	0.590	0.391	0.574	0.385
	变异系数	0.240	0.460	0.487	0.445	0.429	0.374	0.449	0.414
自然灾害指数	均值	0.790	0.897	0.843	0.744	0.581	0.838	0.821	0.808
	变异系数	0.092	0.094	0.140	0.206	0.376	0.157	0.068	0.132

资料来源：中国社会科学院城市与竞争力研究中心数据库。

由表 7.28 可知，美国交通便利度、电力充沛度、网络信息传输速度、机场设施指数和自然灾害指数优于中国，中国航运便利度反超美国。

就分项指标而言，英国、美国和澳大利亚的交通便利度水平较高，巴西、印度和中国次之，南非的交通便利度较差。日本、中国和英国城市交通便利度的空间差异较小；澳大利亚、南非、日本和英国电力充沛度较高，中国电力充沛度较差，且澳大利亚和英国电力充沛度发展较为均衡，内部分化较小；美国的网络信息传输速度在全球占据绝对优势，中国存在一定弱势。美国城市网络信息传输速度的空间差异仅次于英国，小于其他国家城市的空间分化；日本城市的航运便利度全球最优，略优于英国、中国和美国。英国城市航运便利度的空间差异全球最小，其次是日本，澳大利亚航运便利度的空间差异较大；澳大利亚机场设施全球最优，美国仅次于澳大利亚，中国机场设施指数仅优于巴西。不仅如此，澳大利亚城市机场设施指数的空间差异同样最小；巴西自然灾害指数全球最高，美国、印度和英国城市的自然灾害指数均高于中国。澳大利亚、巴西和英国城市自然灾害指数的内部分化较小。

（三）中国概况

虽然中国的营商硬环境取得了显著进步，但在质量上依然存在很大的提升空间。2020—2021年，中国共有19个城市位列全球排名前200，分别是上海（16）、香港（39）、天津（40）、深圳（47）、台北（48）、北京（57）、澳门（68）、苏州（69）、无锡（82）、广州（90）、宁波（91）、厦门（93）、常州（94）、东莞（96）、廊坊（104）、珠海（138）、杭州（165）、青岛（179）和福州（191）。整体来看，中国城市的营商硬环境平均得分仅为0.438，低于全球平均水平的0.504（见表7.27），在全球排名前500的城市中，中国仅占18.2%，而欧盟占据73.2%，中国依然存在较大质量提升的空间。

第五节　全球城市全球联系竞争力报告

全球联系度是城市竞争力的重要方面，它包括航空联系度、网络热度、科研人员联系度、金融企业联系度、科创企业联系度和航运联系度，在逆全球化和新冠肺炎疫情的背景之下，全球联系面临巨大挑战，可能成为全球城市竞争力的主要短板。

一　全球联系总体格局

（一）头部城市概况

全球联系竞争力最强的城市，都是全球科技和金融中心。从表7.29中可以看出，2020年全球联系度指数前20名的城市分别是上海、纽约、伦敦、阿姆斯特丹、香港、巴黎、北京、新加坡、东京、伊斯坦布尔、迪拜、广州、米兰、洛杉矶、深圳、悉尼、华盛顿特区、休斯敦、巴塞罗那、马德里。其中，亚洲占9席，欧洲占6席，北美洲占4席，大洋洲占1席。亚洲城市表现强劲，几乎占据了全球20强的一半席位，欧洲和北美洲合计占据了另外一半席位。从国家维度来看，中国占 5 席，美国占 4 席，领跑全球，而且上海超过了纽约位居全球第一。全球联系指标 20 强无一例外都是全球科技和金融中心城市。

表 7.29　　　　　　　　　全球联系指标 20 强城市

	国家	城市	指数	世界排名
亚洲	中国	上海	1.000	1
北美洲	美国	纽约	0.982	2
欧洲	英国	伦敦	0.934	3
欧洲	荷兰	阿姆斯特丹	0.932	4
亚洲	中国	香港	0.930	5
欧洲	法国	巴黎	0.928	6
亚洲	中国	北京	0.903	7
亚洲	新加坡	新加坡	0.897	8
亚洲	日本	东京	0.896	9
亚洲	土耳其	伊斯坦布尔	0.895	10
亚洲	阿拉伯联合酋长国	迪拜	0.859	11
亚洲	中国	广州	0.858	12
欧洲	意大利	米兰	0.852	13
北美洲	美国	洛杉矶	0.849	14
亚洲	中国	深圳	0.848	15
大洋洲	澳大利亚	悉尼	0.844	16
北美洲	美国	华盛顿特区	0.842	17
北美洲	美国	休斯敦	0.841	18
欧洲	西班牙	巴塞罗那	0.841	19
欧洲	西班牙	马德里	0.837	20

资料来源：中国社会科学院城市与竞争力研究中心数据库。

排名前 100 名的城市中，亚洲、欧洲、北美洲占比总计达 9 成，城市之间差距微弱竞争性强。比较前 100 名城市和全样本的均值和变异系数可以发现，前 100 名城市的洲际均值均显著高于全球平均水平（0.344），且洲际变异系数也均显著低于全球变异系数（0.603），说明 100 强城市之间整体水平都较高，城市差异非常微弱，同时城市之间的竞争也异常激烈（见表7.30）。

表7.30　　　　　　全球联系100强城市的洲际分布情况

	样本	均值	变异系数	最优城市	指数	世界排名
北美洲	21	0.778	0.094	纽约	0.982	2
大洋洲	5	0.758	0.079	悉尼	0.844	16
南美洲	5	0.744	0.065	圣保罗	0.799	35
欧洲	26	0.768	0.110	伦敦	0.934	3
亚洲	43	0.763	0.110	上海	1	1
全球	1006	0.344	0.603	上海	1	1

资料来源：中国社会科学院城市与竞争力研究中心数据库。

从图7.10中可以看出，从前100名城市的洲际分布来看，亚洲占据了43%，北美洲和欧洲各占20%左右，大洋洲和南美洲各占5%；从各个大洲全球联系的最优城市来看，全球前3甲分别位于亚洲、北美洲和欧洲，大洋洲和南美洲的领先城市也均进入全球前50名，但非洲无城市进入全球前100名。

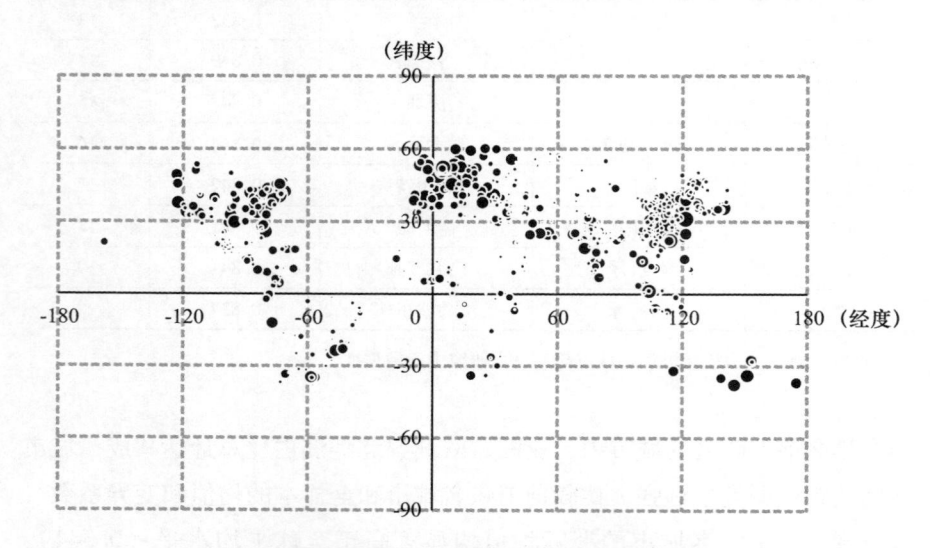

图7.10　全球1006个城市全球联系指数的空间分布

资料来源：中国社会科学院城市与竞争力研究中心数据库。

(二) 整体空间格局

大洋洲领跑全球，亚洲城市内部差距较大，南美洲和非洲整体偏弱。

从全球联系洲际分布情况看，大洋洲的均值最高，而且变异系数最低，说明大洋洲城市在全球联系指数上整体都比较领先，城市之间差距非常小。北美洲和欧洲城市的均值紧随大洋洲之后，但欧洲城市的变异系数与亚洲相当，洲际内部城市之间差异也比较大；亚洲、南美洲和非洲的均值均低于全球平均值，亚洲较大的城市差距拉低了整体均值，而南美洲和非洲城市均值偏低且城市差异也较大；从各州样本城市中全球100强的比重来看，大洋洲的比重高达71.429%，明显领先于其他洲际，北美洲和欧洲均在10%以上，亚洲和南美洲则在5%左右，非洲无城市进入世界100强（见表7.31）。

表7.31　　　　　　　全球联系指标的洲际分布　　　　　　（单位：%）

	样本	前100占比	均值	变异系数
亚洲	565	7.611	0.327	0.566
北美洲	131	16.031	0.448	0.471
欧洲	126	20.635	0.430	0.572
非洲	102	0	0.229	0.725
南美洲	75	6.667	0.278	0.671
大洋洲	7	71.429	0.681	0.230
总计	1006	9.940	0.344	0.603

资料来源：中国社会科学院城市与竞争力研究中心数据库。

航空联系度、金融企业联系度、科技企业联系度是决定全球联系竞争力的主要因素。 从1006个样本城市在全球联系的三级指标来看，科研人员联系度、金融企业联系度和网络热度方面整体表现优异。但在航空联系度和科技创新企业方面均值普遍偏低，且科创企业联系度、航空联系度、金融企业联系度的变异系数均较高，分别为1.331、1.248和0.920（见表7.32），这三个指标是影响全球联系竞争力的主要因素，同时也都面临着逆全球化和新冠肺炎疫情带来的巨大挑战。

表 7.32　　　　　　　　　全球联系分项指标统计描述

	均值	变异系数	最优城市
航空联系度	0.130	1.248	巴黎
网络热度	0.402	0.502	纽约
科研人员联系度	0.502	0.463	北京
金融企业联系度	0.408	0.920	纽约
科创企业联系度	0.293	1.331	新加坡
航运联系度	0.374	0.588	上海

资料来源：中国社会科学院城市与竞争力研究中心数据库。

受新冠肺炎疫情影响，科研人员联系或将成为全球联系的重要支撑。根据国际航空运输协会（International Air Transport Association，IATA）的研究，受疫情影响，一些国家及地区相继采取了入境管制措施，国际航班数量大幅减少，城市间航空联系度显著降低，而且疫情对航空旅行的影响将持续多年，这对全球联系指数造成了严重威胁。相比之下，通过线上会议等形式开展的科研活动增强了科研人员间的联系，城市的科研合作论文发表数量显著提升，将成为支撑全球联系的重要支柱。科研人员联系度前 10 的城市分别为：北京、巴黎、伦敦、上海、纽约、波士顿、圣保罗、马德里、米兰和多伦多。新兴经济体城市的科研人员联系度分化比较严重，65%以上的城市处在全球城市均值以下。

二　全球联系国家格局

（一）G20 概况

中国、美国和欧盟领跑全球，G20 城市领先优势明显。G20 全球联系指数排名前 20 的城市中，中国和欧盟各占 25%，美国占 20%；排名前 100 的城市中，中国占 25%较为领先，欧盟和美国分别占 19%和 18%，说明中国有相当一部分城市在全球联系指数中能达到世界领先；排名在 101—200 名的城市中，中国与美国不分上下，分别占比 22%和 21%，欧盟占比为 16%，整体来看还是明显领先于其他国家，这些全球联系指数次优的城市相对较多；排名在 201—500 名的城市中，中国占比最高达到 45.67%，而欧盟和美国占比均不到 10%，这说明相比欧美国家，中国城市还是较多地集中在中游水平;排名前 500 名的城市中,中国依然是占比最高的国家,是欧洲和北美洲国家的 3 倍左右(见表 7.33)。总体而言,G20 在全球联系上表现优异,20 强占比达 90%,前 100 名、101—200、201—500 和前 500 名排名中城市数量占比均在 70% 或以上。

表 7.33　　　　G20 样本城市全球联系指标排名分布　　　　(单位:%)

	前 20 名占比	前 100 名占比	101—200 占比	201—500 占比	前 500 名占比
法国	5.00	1.00	2.00	1.67	1.60
意大利	5.00	2.00	1.00	2.67	2.20
日本	5.00	2.00	1.00	1.33	1.40
美国	20.00	18.00	21.00	8.67	13.00
阿根廷	0	1.00	0	0.33	0.40
韩国	0	1.00	1.00	1.67	1.40
墨西哥	0	0	1.00	2.67	1.80
澳大利亚	5.00	4.00	0	0	1.20
英国	5.00	5.00	1.00	1.67	2.20
巴西	0	2.00	0	2.67	2.00
加拿大	0	3.00	2.00	1.33	1.80
沙特阿拉伯	0	1.00	0	0.33	0.40
南非	0	0	2.00	0.67	0.80
德国	0	4.00	4.00	1.67	2.60
印度	0	3.00	4.00	4.00	3.80
印度尼西亚	0	1.00	1.00	1.67	1.40
土耳其	5.00	1.00	0	0.67	0.60
俄罗斯	0	1.00	1.00	1.00	1.00
中国	25.00	25.00	22.00	45.67	36.80
欧盟	25.00	19.00	16.00	9.33	12.60
G20	90.00	84.00	70.00	80.00	78.80
非 G20	10.00	16.00	30.00	20.00	21.20
全球	100	100	100	100	100

资料来源:中国社会科学院城市与竞争力研究中心数据库。

总体来看，非 G20 城市全球联系的均值低于 G20 城市，且内部城市的分化比较严重；G20 城市的全球联系整体高于全球整体，其中澳大利亚的领先优势明显；G20 中澳大利亚、德国、英国、欧盟、加拿大、美国、法国、意大利、韩国、日本、中国和南非高于全球整体水平（见表 7.34）。

表 7.34　　G20 样本城市全球联系指标统计描述

	均值	变异系数	最优城市	世界排名
阿根廷	0.275	0.698	布宜诺斯艾利斯	40
澳大利亚	0.674	0.249	悉尼	16
巴西	0.258	0.626	圣保罗	35
德国	0.590	0.215	汉堡	24
俄罗斯	0.172	0.954	莫斯科	41
法国	0.481	0.421	巴黎	6
韩国	0.444	0.368	首尔	44
加拿大	0.548	0.278	多伦多	56
美国	0.539	0.338	纽约	2
墨西哥	0.228	0.539	墨西哥城	123
南非	0.390	0.448	开普敦	117
日本	0.425	0.511	东京	9
沙特阿拉伯	0.226	0.771	利雅得	90
土耳其	0.268	0.698	伊斯坦布尔	10
意大利	0.464	0.382	米兰	13
印度	0.218	0.726	孟买	36
印度尼西亚	0.272	0.672	雅加达	52
英国	0.556	0.322	伦敦	3
中国	0.391	0.383	上海	1
欧盟	0.556	0.315	阿姆斯特丹	4
G20	0.377	0.542	上海	1
非 G20	0.265	0.746	新加坡	8
全球	0.344	0.603	上海	1

资料来源：中国社会科学院城市与竞争力研究中心数据库。

（二）代表性国家概况

从表 7.35 中可以看出，英美国家各分项均值较高且均衡，金砖国家整体偏弱。这里重点选择亚洲的中国、日本和印度、欧洲的英国、北美洲的美国、南美洲的巴西、非洲的南非、大洋洲的澳大利亚进行比较研究。总体来看，英美国家还是领先全球，而且城市之间的分化不明显，澳大利亚在全球联系的各项分项指标中都比较有优势，中国、印度、巴西和南非作为主要的金砖国家个别指标有突出优势，整体水平仍然偏低，而且内部分化较为明显。具体来看，航空联系度英国表现很突出，且变异系数较小；印度相对较弱，而且城市之间差距较大；从网络热度来看，澳大利亚处于领先地位且变异系数较小；在科研人员联系度方面，澳大利亚和英国领先优势明显，中国在此方面则有待加强；从金融企业联系度来看，中国实力强劲同时城市之间的差异也较小；科创企业联系度中澳大利亚和美国发展较好，日本和英国发展差距不大，中国和印度存在明显劣势；从航运联系度来看，澳大利亚较为发达，其余国家之间差距不明显。

表7.35　　　代表性国家全球联系分项指标的统计分析

	航空联系度		网络热度		科研人员联系度		金融企业联系度		科创企业联系度		航运联系度	
	均值	变异系数	均值	变异系数	均值	变异系数	均值	变异系数	均值	变异系数	均值	变异系数
中国	0.140	1.069	0.461	0.308	0.389	0.547	0.773	0.056	0.152	2.062	0.441	0.388
日本	0.135	1.136	0.277	0.693	0.680	0.172	0.297	1.277	0.594	0.527	0.548	0.325
印度	0.047	1.577	0.341	0.447	0.426	0.496	0.212	1.314	0.130	2.226	0.285	0.537
英国	0.318	0.475	0.622	0.353	0.810	0.123	0.466	0.664	0.531	0.716	0.476	0.261
美国	0.206	1.052	0.582	0.456	0.710	0.214	0.643	0.305	0.612	0.571	0.384	0.543
巴西	0.073	1.037	0.374	0.443	0.562	0.333	0.088	2.715	0.178	1.777	0.381	0.465
南非	0.154	0.694	0.323	0.384	0.636	0.192	0.506	0.733	0.280	1.414	0.450	0.518
澳大利亚	0.188	0.490	0.830	0.108	0.827	0.096	0.697	0.463	0.671	0.468	0.637	0.092

资料来源：中国社会科学院城市与竞争力研究中心数据库。

（三）中国城市全球联系概况

中国城市整体的全球联系高于全球平均，但存在内部分化。中国城市的全球联系的均值为0.440，高于全球均值0.344。全球联系指数前

200 名城市中，中国城市入选 47 个，其中，上海位居全球联系的榜首，香港、北京、广州、深圳、杭州、天津、青岛、西安、南京、厦门、成都、大连均进入全球前 50 名，这些城市的金融企业联系度均在全球具有较大优势。然而，中国 291 个样本城市还有超过一半的城市低于全球均值，其中，航空联系度、网络热度、金融企业联系度和航运联系度均具有优势，尤其是金融企业联系度均值 0.773 显著高于全球均值（0.484），但科研人员联系度和科创企业联系度均低于全球均值，其中科研人员联系度中国均值仅为 0.389，显著低于全球均值 0.502。

表 7.36　　全球城市经济竞争力解释性指标排名汇总

	国家	经济竞争力排名	当地要素	生活环境	营商软环境	营商硬环境	全球联系
纽约	美国	1	1	2	1	14	2
新加坡	新加坡	2	10	4	4	2	8
东京	日本	3	7	1	8	44	9
伦敦	英国	4	4	9	3	15	3
慕尼黑	德国	5	64	17	11	45	70
旧金山	美国	6	13	11	17	62	21
洛杉矶	美国	7	16	10	5	61	14
巴黎	法国	8	12	66	44	13	6
深圳	中国	9	2	173	29	47	15
圣何塞	美国	10	36	27	36	111	122
香港	中国	11	18	55	6	39	5
上海	中国	12	6	137	7	16	1
法兰克福	德国	13	123	25	47	9	74
波士顿	美国	14	5	15	9	36	31
都柏林	爱尔兰	15	9	24	50	24	26
维也纳	奥地利	16	68	8	27	23	106
杜塞尔多夫	德国	17	299	88	71	4	152
斯图加特	德国	18	47	35	87	54	116

第七章　2020年度全球城市经济竞争力解析　◇　265

续表

	国家	经济竞争力排名	经济竞争力解释性指标排名				
			当地要素	生活环境	营商软环境	营商硬环境	全球联系
汉堡	德国	19	55	74	69	7	24
西雅图	美国	20	46	32	12	80	53
北京	中国	21	11	189	2	57	7
日内瓦	瑞士	22	114	62	81	56	186
费城	美国	23	22	20	33	10	49
巴尔的摩	美国	24	75	26	92	19	34
首尔	韩国	25	8	78	14	52	44
特拉维夫—雅法	以色列	26	181	201	93	273	73
达拉斯—佛尔沃斯堡	美国	27	45	34	28	12	42
柏林	德国	28	69	7	51	20	43
科隆	德国	29	473	99	76	81	223
迈阿密	美国	30	37	33	58	89	25
布里奇波特—斯坦福德	美国	31	126	70	417	133	268
芝加哥	美国	32	3	18	13	72	23
克利夫兰	美国	33	88	48	129	84	169
汉诺威	德国	34	147	157	122	76	150
斯德哥尔摩	瑞典	35	31	81	78	65	67
米兰	意大利	36	81	23	80	21	13
亚特兰大	美国	37	49	56	26	11	28
苏黎世	瑞士	38	56	52	18	29	145
巴塞罗那	西班牙	39	67	40	86	28	19
布鲁塞尔	比利时	40	58	51	150	8	22
大阪	日本	41	21	3	46	42	95
广州	中国	42	23	158	25	90	12
休斯敦	美国	43	27	14	30	85	18
哥本哈根	丹麦	44	79	131	21	34	59
里士满	美国	45	110	93	184	178	181
哈特福德	美国	46	155	128	290	154	306

续表

	国家	经济竞争力排名	当地要素	生活环境	营商软环境	营商硬环境	全球联系
纳什维尔—戴维森	美国	47	105	125	143	386	185
奥兰多	美国	48	130	92	49	26	98
阿姆斯特丹	荷兰	49	70	71	20	1	4
盐湖城	美国	50	111	144	37	43	212
多特蒙德	德国	51	357	193	201	114	260
罗利	美国	52	132	75	68	427	221
密尔沃基	美国	53	125	84	189	159	296
拉斯维加斯	美国	54	145	67	104	83	140
罗马	意大利	55	179	5	94	55	30
华盛顿特区	美国	56	53	29	38	107	17
多伦多	加拿大	57	20	39	10	22	56
丹佛	美国	58	74	50	41	363	77
马德里	西班牙	59	33	45	56	58	20
圣地亚哥	美国	60	100	30	16	382	258
安特卫普	比利时	61	510	107	274	25	256
鹿特丹	荷兰	62	233	109	116	87	214
路易斯维尔	美国	63	152	108	170	163	190
底特律	美国	64	90	141	108	30	121
蔚山	韩国	65	197	324	394	170	334
夏洛特	美国	66	102	121	53	102	60
海牙	荷兰	67	451	98	160	147	167
悉尼	澳大利亚	68	15	140	43	18	16
伯明翰	英国	69	175	76	120	46	71
莫斯科	俄罗斯	70	14	28	23	37	41
苏州	中国	71	65	205	66	69	62
珀斯	澳大利亚	72	107	211	111	267	81
曼彻斯特	英国	73	148	69	42	27	72
台北	中国	74	34	49	15	48	54

续表

城市	国家	经济竞争力排名	当地要素	生活环境	营商软环境	营商硬环境	全球联系
奥斯陆	挪威	75	25	116	32	33	68
阿布扎比	阿联酋	76	43	388	74	221	83
赫尔辛基	芬兰	77	71	77	31	64	96
巴吞鲁日	美国	78	187	102	336	125	247
广岛	日本	79	258	6	279	343	400
明尼阿波利斯	美国	80	51	47	96	435	174
温哥华	加拿大	81	78	43	22	3	63
汉密尔顿	加拿大	82	160	105	176	211	410
南京	中国	83	42	222	24	231	45
弗吉尼亚比奇	美国	84	274	163	341	130	471
墨尔本	澳大利亚	85	38	130	77	5	27
海法	以色列	86	207	250	148	110	237
武汉	中国	87	63	215	39	365	51
哥伦布	美国	88	93	91	112	327	154
名古屋	日本	89	138	12	60	190	166
艾伦镇	美国	90	239	187	454	112	518
无锡	中国	91	109	245	121	82	110
卡尔加里	加拿大	92	35	216	35	50	158
坦帕	美国	93	104	181	203	250	91
德累斯顿	德国	94	393	126	218	119	217
奥斯汀	美国	95	86	46	40	183	79
奥勒姆	美国	96	635	444	555	483	598
凤凰城	美国	97	91	264	106	473	107
黄金海岸	澳大利亚	98	477	184	265	121	458
埃森	德国	99	290	135	163	166	313
迪拜	阿联酋	100	19	279	64	194	11
蒙特利尔	加拿大	101	30	60	34	59	57
杭州	中国	102	41	192	19	165	32

续表

国家		经济竞争力排名	经济竞争力解释性指标排名				
			当地要素	生活环境	营商软环境	营商硬环境	全球联系
里昂	法国	103	227	159	115	156	203
莱比锡	德国	104	342	72	202	197	285
堪萨斯城	美国	105	76	63	136	41	200
科泉市	美国	106	285	148	226	403	319
成都	中国	107	39	207	54	283	47
查尔斯顿县北查尔斯顿市	美国	108	304	291	238	406	135
西约克郡	英国	109	317	22	127	162	595
巴伦西亚	西班牙	110	188	138	152	247	178
仁川	韩国	111	162	185	89	230	244
伍斯特	美国	112	230	260	398	235	463
宁波	中国	113	106	239	130	91	69
普罗维登斯	美国	114	139	146	155	199	240
印第安纳波利斯	美国	115	89	58	186	86	139
布里斯托尔	英国	116	202	117	55	101	88
伯明翰	美国	117	436	139	227	292	286
渥太华	加拿大	118	141	241	142	73	177
伊斯坦布尔	土耳其	119	24	73	73	95	10
佛山	中国	120	87	206	256	317	315
利物浦	英国	121	261	127	99	51	330
辛辛那提	美国	122	80	65	102	31	164
代顿	美国	123	208	182	372	157	284
澳门	中国	124	319	170	82	68	119
仙台	日本	125	399	42	125	295	500
火奴鲁鲁	美国	126	185	147	135	291	206
匹兹堡	美国	127	82	89	63	38	144
长沙	中国	128	85	209	79	535	78
纽黑文	美国	129	150	195	308	135	333
俄克拉荷马城	美国	130	189	79	164	146	275

第七章 2020年度全球城市经济竞争力解析 ◇ 269

续表

	国家	经济竞争力排名	经济竞争力解释性指标排名				
			当地要素	生活环境	营商软环境	营商硬环境	全球联系
马赛	法国	131	391	249	269	234	161
贝尔法斯特	英国	132	266	134	114	126	219
哥德堡	瑞典	133	333	115	153	98	243
南卡罗来纳州哥伦比亚	美国	134	113	97	234	310	105
河滨	美国	135	134	221	251	790	588
诺克斯维尔	美国	136	198	153	138	155	254
青岛	中国	137	60	242	65	179	37
大急流市	美国	138	213	172	233	269	327
常州	中国	139	140	293	192	94	266
里斯本	葡萄牙	140	157	136	84	6	76
札幌	日本	141	210	19	75	260	510
布法罗	美国	142	174	155	171	439	257
威尼斯	意大利	143	584	119	182	132	429
开普科勒尔	美国	144	634	287	460	218	754
布拉格	捷克	145	119	38	57	185	113
圣何塞	哥斯达黎加	146	471	188	331	244	194
东莞	中国	147	73	183	208	96	85
亚克朗市	美国	148	190	234	316	143	615
昌原	韩国	149	289	355	273	225	738
格拉斯哥	英国	150	137	57	70	77	89
耶路撒冷	以色列	151	264	227	200	189	250
吉隆坡	马来西亚	152	26	161	105	17	50
布加勒斯特	罗马尼亚	153	260	101	154	158	115
郑州	中国	154	116	305	113	316	75
阿德莱德	澳大利亚	155	168	95	117	151	109
合肥	中国	156	84	382	85	358	87
多哈	卡塔尔	157	151	370	110	174	61
厦门	中国	158	103	301	67	93	46

续表

城市	国家	经济竞争力排名	当地要素	生活环境	营商软环境	营商硬环境	全球联系
奥格登—莱顿	美国	159	381	253	595	305	678
布里斯班	澳大利亚	160	121	186	59	79	66
萨拉戈萨	西班牙	161	410	143	278	297	596
那不勒斯	意大利	162	292	54	212	161	204
孟菲斯	美国	163	143	106	246	53	197
大田	韩国	164	169	208	206	236	375
高雄	中国	165	222	118	128	460	127
沙没巴干（北榄）	泰国	166	625	265	266	63	650
奥克兰	新西兰	167	83	31	52	122	65
列日	比利时	168	453	200	422	280	509
釜山	韩国	169	61	41	107	99	151
珠海	中国	170	136	312	97	138	238
光州	韩国	171	246	110	435	137	411
吉达	沙特阿拉伯	172	765	174	191	371	417
南通	中国	173	172	361	220	315	263
麦地那	沙特阿拉伯	174	302	372	232	511	846
福州	中国	175	108	306	137	191	80
圣安东尼奥	美国	176	120	61	145	118	124
尼斯—戛纳	法国	177	596	198	139	149	479
谢菲尔德	英国	178	262	156	101	208	379
里尔	法国	179	530	243	239	180	289
泉州	中国	180	154	274	198	229	273
埃德蒙顿	加拿大	181	171	114	72	127	288
雅加达	印度尼西亚	182	44	228	244	103	52
罗切斯特	美国	183	112	160	133	129	336
布达佩斯	匈牙利	184	59	85	123	74	100
奥马哈	美国	185	182	129	177	224	253
图卢兹	法国	186	284	165	194	148	228

第七章 2020年度全球城市经济竞争力解析 ◇ 271

续表

	国家	经济竞争力排名	当地要素	生活环境	营商软环境	营商硬环境	全球联系
新奥尔良	美国	187	275	94	175	167	208
西安	中国	188	92	224	45	272	39
曼谷	泰国	189	40	112	95	100	29
北九州—福冈	日本	190	98	13	230	49	384
麦加	沙特阿拉伯	191	581	433	386	634	810
蒙得维的亚	乌拉圭	192	529	150	586	131	132
济南	中国	193	122	349	90	364	86
博洛尼亚	意大利	194	402	59	134	169	199
南特	法国	195	417	236	174	188	187
重庆	中国	196	54	197	91	333	58
维罗那	意大利	197	548	83	199	124	324
圣地亚哥	智利	198	203	180	167	539	141
波兹南	波兰	199	362	202	225	282	259
华沙	波兰	200	50	80	83	70	92
大邱	韩国	201	209	82	173	182	299
土伦	法国	202	795	333	397	246	780
台中	中国	203	232	123	166	569	348
墨西哥城	墨西哥	204	32	113	132	105	123
利雅得	沙特阿拉伯	205	28	218	109	270	90
莱斯特	英国	206	280	164	151	201	264
扬州	中国	207	217	369	195	301	277
佛罗伦萨	意大利	208	412	53	237	193	606
都灵	意大利	209	484	37	217	387	233
烟台	中国	210	159	294	180	226	170
诺丁汉	英国	211	267	90	98	115	196
泰州	中国	212	336	499	364	420	349
巴拿马城	巴拿马	213	312	286	276	367	147
静冈—滨松大都市圈	日本	214	478	44	162	487	290

续表

城市	国家	经济竞争力排名	当地要素	生活环境	营商软环境	营商硬环境	全球联系
镇江	中国	215	195	412	314	265	298
马拉加	西班牙	216	486	149	146	116	209
波尔多	法国	217	375	176	131	239	451
热那亚	意大利	218	741	68	281	307	432
萨拉索塔—布雷登顿	美国	219	430	111	231	300	529
不来梅	德国	220	298	226	188	75	183
中山	中国	221	117	223	181	204	155
塔尔萨	美国	222	219	103	264	150	255
魁北克	加拿大	223	211	259	140	168	304
新竹	中国	224	253	168	103	340	157
萨克拉门托	美国	225	165	100	161	92	120
嘉兴	中国	226	214	244	221	228	245
温尼伯	加拿大	227	235	96	144	259	370
圣彼得堡	俄罗斯	228	184	142	118	668	148
阿斯塔纳	哈萨克斯坦	229	369	615	309	824	680
奥尔巴尼	美国	230	176	220	322	450	176
熊本	日本	231	515	16	213	554	752
德里	印度	232	72	403	172	243	101
马斯喀特	阿曼	233	495	262	183	177	356
波哥大	哥伦比亚	234	77	379	214	271	64
贝克尔斯菲市	美国	235	536	248	437	342	539
秋明	俄罗斯	236	509	269	313	955	925
徐州	中国	237	153	466	249	312	270
南昌	中国	238	161	273	178	496	118
利马	秘鲁	239	94	145	320	809	55
台南	中国	240	291	104	222	482	210
蒙特雷	墨西哥	241	164	271	248	144	368
绍兴	中国	242	226	276	228	397	239

续表

	国家	经济竞争力排名	当地要素	生活环境	营商软环境	营商硬环境	全球联系
沙加	阿联酋	243	229	501	158	172	512
容迪亚伊	巴西	244	616	494	436	666	668
新泻	日本	245	432	21	187	251	801
波尔图	葡萄牙	246	341	230	141	152	130
克拉科夫	波兰	247	288	167	149	392	261
圣胡安	波多黎各	248	193	297	403	35	179
比勒陀利亚	南非	249	231	336	332	536	708
台州	中国	250	254	272	366	484	272
索菲亚	保加利亚	251	163	225	263	555	143
芜湖	中国	252	220	513	236	492	283
罗兹	波兰	253	420	178	514	407	281
阿什哈巴德	土库曼斯坦	254	952	790	712	323	711
科威特城	科威特	255	301	667	275	106	137
纽卡斯尔	英国	256	252	339	147	217	269
雅典	希腊	257	96	166	179	67	38
马尼拉	菲律宾	258	127	263	235	88	103
卡塔尼亚	意大利	259	739	124	297	238	466
布赖代	沙特阿拉伯	260	810	507	488	414	969
太原	中国	261	170	377	190	378	156
瓜达拉哈拉	墨西哥	262	201	252	302	140	282
埃尔帕索	美国	263	352	203	209	304	550
天津	中国	264	52	354	48	40	33
卡拉杰	伊朗	265	651	520	789	827	799
达曼	沙特阿拉伯	266	590	508	257	498	697
舟山	中国	267	437	445	396	237	291
波特兰	美国	268	178	86	61	32	112

续表

	国家	经济竞争力排名	经济竞争力解释性指标排名			
			当地要素	生活环境	营商软环境	营商硬环境	全球联系
阿雷格里港	巴西	269	270	368	448	408	638
东营	中国	270	283	514	298	380	459
亚松森	巴拉圭	271	759	347	644	557	381
弗雷斯诺	美国	272	457	219	291	286	445
罗萨里奥	阿根廷	273	566	254	682	240	633
巴里	意大利	274	609	120	293	200	476
约翰内斯堡	南非	275	57	330	292	66	168
帕多瓦	意大利	276	519	87	229	187	218
圣多明各	多米尼加	277	690	282	624	355	162
盐城	中国	278	223	562	310	430	346
明斯克	白俄罗斯	279	446	296	207	556	396
苏腊巴亚	印度尼西亚	280	241	450	271	109	175
盖布泽	土耳其	281	337	571	362	524	666
贵阳	中国	282	196	343	210	446	149
惠州	中国	283	191	261	288	591	331
阿瓦士	伊朗	284	790	792	835	693	829
廊坊	中国	285	249	567	254	104	287
新山市	马来西亚	286	429	315	270	108	428
威海	中国	287	265	302	211	361	376
济宁	中国	288	243	410	351	635	241
唐山	中国	289	216	411	361	525	191
淄博	中国	290	228	353	260	489	205
潍坊	中国	291	180	389	442	417	326
孟买	印度	292	17	709	168	60	36
巴西利亚	巴西	293	257	232	328	394	382
昆明	中国	294	146	194	124	413	102

续表

城市	国家	经济竞争力排名	当地要素	生活环境	营商软环境	营商硬环境	全球联系
湖州	中国	295	286	314	383	480	309
萨格勒布	克罗地亚	296	321	151	215	181	138
长春	中国	297	115	532	119	472	142
莆田	中国	298	408	624	410	421	371
塞萨洛尼基	希腊	299	574	240	255	97	216
阿尔伯克基	美国	300	295	152	303	324	448
温州	中国	301	166	257	205	377	126
莱昂	墨西哥	302	297	478	441	389	279
大连	中国	303	101	231	62	263	48
蒂华纳	墨西哥	304	537	356	392	209	383
三马林达	印度尼西亚	305	811	666	562	370	903
塞维利亚	西班牙	306	568	210	169	440	409
麦卡伦	美国	307	746	524	523	207	806
哈瓦那	古巴	308	587	786	546	362	548
洛阳	中国	309	205	342	301	579	192
宜昌	中国	310	269	432	243	721	351
淮安	中国	311	442	485	286	369	332
图森	美国	312	186	132	126	485	224
鄂州	中国	313	610	708	402	592	486
班加罗尔	印度	314	97	247	240	78	82
巴勒莫	意大利	315	642	122	282	241	502
坎皮纳斯	巴西	316	279	415	295	398	316
圣路易斯波托西	墨西哥	317	476	289	542	447	490
危地马拉城	危地马拉	318	618	512	482	720	343
襄阳	中国	319	281	548	325	805	265
巴库	阿塞拜疆	320	306	423	262	332	472

续表

城市	国家	经济竞争力排名	当地要素	生活环境	营商软环境	营商硬环境	全球联系
乌鲁木齐	中国	321	192	350	299	928	182
内罗毕	肯尼亚	322	135	619	363	823	231
圣菲	阿根廷	323	517	64	774	558	690
岳阳	中国	324	268	541	426	696	517
布尔萨	土耳其	325	296	235	450	512	585
怡保市	马来西亚	326	528	358	760	278	775
漳州	中国	327	259	381	304	375	242
里约热内卢	巴西	328	48	133	296	470	97
安曼	约旦	329	364	313	223	433	249
贝尔谢巴	以色列	330	405	426	334	516	614
常德	中国	331	272	460	405	851	568
麦德林	哥伦比亚	332	204	270	365	171	173
许昌	中国	333	348	647	378	416	521
日照	中国	334	426	626	480	391	364
瓦赫兰	阿尔及利亚	335	917	661	802	290	408
阿拉木图	哈萨克斯坦	336	244	607	411	989	328
门多萨	阿根廷	337	602	212	659	889	862
金华	中国	338	240	251	434	576	386
马鞍山	中国	339	458	578	280	256	276
圣若泽杜斯坎普斯	巴西	340	595	154	537	820	768
贝鲁特	黎巴嫩	341	494	275	420	134	108
卡利	哥伦比亚	342	316	337	493	285	340
比亚埃尔莫萨	墨西哥	343	714	462	599	463	947
连云港	中国	344	237	630	326	325	300
汕头	中国	345	250	385	277	313	312
江门	中国	346	263	334	558	384	374

续表

	国家	经济竞争力排名	当地要素	生活环境	营商软环境	营商硬环境	全球联系
维多利亚	巴西	347	723	623	877	673	739
北干巴鲁	印度尼西亚	348	785	816	495	227	734
海口	中国	349	277	393	241	419	172
达卡	孟加拉国	350	206	322	830	657	230
贝尔格莱德	塞尔维亚	351	311	233	196	258	232
乌法	俄罗斯	352	409	280	400	457	800
里加	拉脱维亚	353	224	177	197	357	163
马拉凯	委内瑞拉	354	904	923	991	409	832
焦作	中国	355	345	581	557	505	358
株洲	中国	356	243	471	283	723	195
湘潭	中国	357	314	491	259	618	393
美利达	墨西哥	358	615	373	323	287	415
里贝朗普雷图	巴西	359	797	744	794	702	710
临沂	中国	360	236	421	387	452	337
黄石	中国	361	397	596	421	571	493
南宁	中国	362	199	292	156	676	114
瓦尔帕莱索	智利	363	318	497	496	598	280
沈阳	中国	364	131	268	88	335	99
伊兹密尔	土耳其	365	221	191	165	654	495
若茵维莱	巴西	366	450	648	656	459	818
德黑兰	伊朗	367	95	332	500	755	220
石家庄	中国	368	158	384	204	279	133
兰州	中国	369	194	348	219	772	134
基多	厄瓜多尔	370	454	357	572	799	188
巴厘巴板	印度尼西亚	371	895	836	391	374	308
安卡拉	土耳其	372	124	190	159	379	234

续表

城市	国家	经济竞争力排名	当地要素	生活环境	营商软环境	营商硬环境	全球联系
马拉开波	委内瑞拉	373	771	872	988	210	792
坎昆	墨西哥	374	807	680	268	565	763
弗罗茨瓦夫	波兰	375	346	171	193	276	389
榆林	中国	376	689	391	385	658	570
托雷翁	墨西哥	377	712	425	560	551	982
宿迁	中国	378	361	674	469	348	427
巴塞罗那—拉克鲁斯港	委内瑞拉	379	394	940	1003	585	583
三明	中国	380	459	435	619	730	531
圣地亚哥	多米尼加	381	766	525	707	722	687
枣庄	中国	382	449	572	541	476	497
钦奈	印度	383	128	417	245	71	93
克拉玛依	中国	384	702	609	465	913	671
开罗	埃及	385	99	295	355	113	129
铜陵	中国	386	452	600	585	506	525
的黎波里	利比亚	387	882	367	907	184	362
衡阳	中国	388	287	442	358	897	404
遵义	中国	389	334	360	423	854	475
萨马拉	俄罗斯	390	571	217	289	601	676
开普敦	南非	391	167	175	284	266	117
德州	中国	392	330	701	359	563	449
鹰潭	中国	393	669	651	678	672	454
龙岩	中国	394	392	414	684	770	545
克雷塔罗	墨西哥	395	520	267	344	192	435
呼和浩特	中国	396	282	365	185	320	180
德阳	中国	397	377	517	513	860	610
盘锦	中国	398	531	529	371	422	505

续表

	国家	经济竞争力排名	经济竞争力解释性指标排名				
			当地要素	生活环境	营商软环境	营商硬环境	全球联系
巴伦西亚	委内瑞拉	399	619	947	997	567	881
安塔利亚	土耳其	400	601	162	157	404	556
咸阳	中国	401	374	452	312	637	301
濮阳	中国	402	490	749	639	540	426
银川	中国	403	307	362	327	667	213
阿达纳	土耳其	404	358	321	352	436	553
茂名	中国	405	438	419	531	766	442
宁德	中国	406	356	446	414	665	369
巴格达	伊拉克	407	500	764	831	255	246
德班	南非	408	332	428	547	160	271
累西腓	巴西	409	354	319	508	900	360
巴丹岛	印度尼西亚	410	697	717	459	248	841
柳州	中国	411	310	320	406	822	482
荆门	中国	412	387	502	509	835	543
胡亚雷斯	墨西哥	413	483	518	704	758	730
滨州	中国	414	339	628	665	607	453
埃尔比勒	伊拉克	415	959	800	687	843	577
漯河	中国	416	558	683	491	456	506
胡富夫	沙特阿拉伯	417	755	605	631	437	764
彼尔姆	俄罗斯	418	422	255	498	778	698
揭阳	中国	419	475	495	494	518	397
索罗卡巴	巴西	420	621	705	544	490	797
北海	中国	421	506	627	539	691	457
古晋	马来西亚	422	563	311	343	275	580
马塔莫罗斯	墨西哥	423	804	633	856	520	863
聊城	中国	424	309	751	428	475	438

续表

城市	国家	经济竞争力排名	当地要素	生活环境	营商软环境	营商硬环境	全球联系
托卢卡	墨西哥	425	533	376	623	173	663
塔伊夫	沙特阿拉伯	426	918	284	367	442	736
安阳	中国	427	225	699	601	418	366
新余	中国	428	523	622	625	633	593
圣保罗	巴西	429	29	553	258	175	35
郴州	中国	430	407	685	475	838	515
自贡	中国	431	433	711	580	858	557
淮北	中国	432	441	688	499	509	499
萨尔蒂约	墨西哥	433	403	418	716	587	623
六盘水	中国	434	511	794	584	931	608
衢州	中国	435	448	489	530	627	474
鹤壁	中国	436	760	759	652	488	554
营口	中国	437	502	398	604	527	345
平顶山	中国	438	351	631	489	513	501
三亚	中国	439	562	483	305	559	361
基辅	乌克兰	440	215	238	353	448	184
秦皇岛	中国	441	325	371	349	630	314
宝鸡	中国	442	367	408	776	934	538
马德普拉塔	阿根廷	443	823	300	828	321	794
科尔多瓦	阿根廷	444	627	169	430	268	626
科钦	印度	445	271	447	347	212	339
贝洛奥里藏特	巴西	446	133	498	357	441	440
乌海	中国	447	780	716	658	642	682
卡塔赫纳	哥伦比亚	448	578	574	535	222	503
宜宾	中国	449	370	597	503	915	591
金边	柬埔寨	450	505	846	579	196	267

第七章　2020年度全球城市经济竞争力解析　◇　281

续表

国家	经济竞争力排名	当地要素	生活环境	营商软环境	营商硬环境	全球联系
万隆	印度尼西亚	451	322	277	342	655	227
菏泽	中国	452	372	679	673	646	541
雅罗斯拉夫尔	俄罗斯	453	598	341	582	203	875
西宁	中国	454	344	493	339	818	215
肇庆	中国	455	350	352	564	308	469
阿瓜斯卡连特斯	墨西哥	456	622	237	486	277	861
康塞普西翁	智利	457	675	400	444	501	621
哥印拜陀	印度	458	251	697	478	334	274
沧州	中国	459	294	617	348	606	355
绵阳	中国	460	247	461	311	880	450
玉溪	中国	461	474	386	329	661	398
库里奇巴	巴西	462	400	281	521	262	201
蚌埠	中国	463	355	714	393	603	412
拉各斯	尼日利亚	464	142	338	741	330	146
科伦坡	斯里兰卡	465	320	422	424	206	111
泰安	中国	466	338	591	318	415	377
罗安达	安哥拉	467	909	774	938	574	235
三宝垄	印度尼西亚	468	552	437	374	543	658
瓜亚基尔	厄瓜多尔	469	513	487	671	353	211
九江	中国	470	366	340	360	735	452
新乡	中国	471	276	659	369	499	338
哈尔滨	中国	472	129	448	100	685	104
圣萨尔瓦多	萨尔瓦多	473	543	390	587	789	225
陶里亚蒂	俄罗斯	474	608	309	570	349	917
荆州	中国	475	331	536	419	806	391
开封	中国	476	368	698	294	695	318

续表

	国家	经济竞争力排名	当地要素	生活环境	营商软环境	营商硬环境	全球联系
衡水	中国	477	464	740	574	399	511
喀土穆	苏丹	478	678	561	715	798	646
攀枝花	中国	479	514	531	567	937	681
赣州	中国	480	273	351	463	848	395
马拉普兰	印度	481	718	876	809	515	802
阳江	中国	482	557	519	399	746	478
奎隆	印度	483	670	812	690	354	905
益阳	中国	484	421	559	614	884	637
泸州	中国	485	365	554	375	857	439
潮州	中国	486	493	560	517	519	492
湛江	中国	487	328	510	285	507	302
望加锡	印度尼西亚	488	605	383	330	261	322
黄冈	中国	489	525	490	413	740	421
十堰	中国	490	256	521	388	956	325
包头	中国	491	305	427	307	756	251
第比利斯	格鲁吉亚	492	588	687	216	322	431
萨姆松	土耳其	493	577	278	447	479	722
晋城	中国	494	470	620	742	681	609
乐山	中国	495	521	527	637	933	642
三门峡	中国	496	805	579	636	682	573
萍乡	中国	497	750	538	667	878	674
周口	中国	498	592	645	384	522	526
南阳	中国	499	173	492	382	774	248
萨拉托夫	俄罗斯	500	534	299	663	801	931
咸宁	中国	501	371	817	416	718	363
阿尔及尔	阿尔及利亚	502	869	670	851	123	165

续表

	国家	经济竞争力排名	当地要素	生活环境	营商软环境	营商硬环境	全球联系
隆德里纳	巴西	503	737	723	674	577	761
嘉峪关	中国	504	836	673	757	776	665
上饶	中国	505	413	387	632	871	484
加拉加斯	委内瑞拉	506	353	838	922	233	171
石嘴山	中国	507	620	785	507	769	520
伊丽莎白港	南非	508	650	544	753	464	481
大庆	中国	509	293	739	453	783	564
戈亚尼亚	巴西	510	663	658	669	686	758
阿雷基帕	秘鲁	511	688	458	754	988	770
浦那	印度	512	156	472	389	128	128
巨港	印度尼西亚	513	546	657	689	213	703
贝宁	尼日利亚	514	629	753	973	865	793
库利亚坎	墨西哥	515	700	378	581	650	824
眉山	中国	516	456	566	395	836	460
圣米格尔—德图库曼	阿根廷	517	888	290	833	223	869
巴尔瑙尔	俄罗斯	518	762	327	605	732	971
埃莫西约	墨西哥	519	538	316	380	701	547
丽水	中国	520	379	397	609	687	424
驻马店	中国	521	661	649	677	581	523
乌贝兰迪亚	巴西	522	798	595	660	948	772
特鲁希略	秘鲁	523	652	424	801	534	848
宿州	中国	524	704	704	589	680	294
信阳	中国	525	329	592	476	694	402
福塔莱萨	巴西	526	522	396	552	773	578
阳泉	中国	527	677	766	456	454	437
邯郸	中国	528	245	569	408	562	443

续表

	国家	经济竞争力排名	当地要素	生活环境	营商软环境	营商硬环境	全球联系
奇瓦瓦	墨西哥	529	467	258	474	834	939
卡拉奇	巴基斯坦	530	234	474	512	299	84
贝伦	巴西	531	770	317	688	819	766
鄂尔多斯	中国	532	540	420	324	896	323
雷诺萨	墨西哥	533	752	752	821	461	808
保定	中国	534	212	479	345	610	353
普埃布拉	墨西哥	535	384	204	528	491	354
克拉斯诺达尔	俄罗斯	536	624	246	250	826	441
圣路易斯	巴西	537	865	543	819	853	894
孝感	中国	538	468	806	511	613	413
棉兰	印度尼西亚	539	373	556	415	216	252
长治	中国	540	427	558	556	494	590
突尼斯	突尼斯	541	315	196	470	219	207
南充	中国	542	385	436	425	644	519
哈科特港	尼日利亚	543	674	760	930	336	805
阿比让	科特迪瓦	544	300	948	726	385	202
鞍山	中国	545	308	404	697	467	433
遂宁	中国	546	496	534	646	845	641
广安	中国	547	830	552	725	742	619
海得拉巴	印度	548	200	451	267	176	153
托木斯克	俄罗斯	549	545	540	473	997	879
马瑙斯	巴西	550	503	725	675	887	372
加尔各答	印度	551	62	441	356	318	125
汕尾	中国	552	728	616	647	575	399
商丘	中国	553	541	669	641	653	522
渭南	中国	554	647	515	407	791	392

续表

	国家	经济竞争力排名	当地要素	生活环境	营商软环境	营商硬环境	全球联系
南平	中国	555	386	434	750	638	401
钦州	中国	556	612	477	578	753	488
邢台	中国	557	340	677	597	431	581
滁州	中国	558	425	676	376	643	317
吉大港	孟加拉国	559	488	589	937	614	796
韶关	中国	560	465	407	306	771	419
科泽科德	印度	561	778	635	490	444	941
淮南	中国	562	388	727	321	495	444
锦州	中国	563	347	612	577	412	367
梧州	中国	564	498	535	612	842	603
阿克拉	加纳	565	428	718	640	141	160
圣克鲁斯	玻利维亚	566	360	762	533	970	307
防城港	中国	567	879	629	651	731	373
加沙	巴勒斯坦	568	894	831	884	570	989
玉林	中国	569	589	473	811	849	572
德古西加巴	洪都拉斯	570	751	539	738	710	344
娄底	中国	571	659	650	538	743	601
科恰班巴	玻利维亚	572	931	542	934	987	748
邵阳	中国	573	638	652	635	952	639
梁赞	俄罗斯	574	742	395	693	779	957
内江	中国	575	550	692	566	700	634
安庆	中国	576	389	468	481	662	504
艾哈迈达巴德	印度	577	343	646	315	566	293
延安	中国	578	551	506	525	780	524
布宜诺斯艾利斯	阿根廷	579	66	36	242	560	40
河内	越南	580	144	283	317	254	131

续表

国家		经济竞争力排名	经济竞争力解释性指标排名				
			当地要素	生活环境	营商软环境	营商硬环境	全球联系
景德镇	中国	581	518	457	568	760	420
维拉克斯	墨西哥	582	565	504	563	528	706
大同	中国	583	416	611	464	640	571
宜春	中国	584	613	496	522	764	616
喀山	俄罗斯	585	313	509	247	544	667
清远	中国	586	398	366	300	532	305
朔州	中国	587	828	653	706	424	630
克麦罗沃	俄罗斯	588	731	665	653	940	933
胡志明市	越南	589	118	454	350	153	94
圣佩德罗苏拉	洪都拉斯	590	874	696	832	493	455
拉合尔	巴基斯坦	591	238	678	432	561	222
宣城	中国	592	535	453	449	714	329
永州	中国	593	645	664	698	879	584
巴东	印度尼西亚	594	738	618	438	449	886
汉中	中国	595	485	470	561	909	574
苏莱曼尼亚	伊拉克	596	971	523	686	855	446
设拉子	伊朗	597	576	614	672	765	807
库埃纳瓦卡	墨西哥	598	582	784	446	298	673
德拉敦	印度	599	717	675	622	609	915
抚顺	中国	600	404	582	337	861	447
桂林	中国	601	242	304	261	793	303
奥韦里	尼日利亚	602	724	904	931	595	828
吉林	中国	603	183	463	224	648	436
吉安	中国	604	406	394	565	939	465
辽阳	中国	605	599	576	439	508	514
萨尔瓦多	巴西	606	303	344	518	620	418

续表

	国家	经济竞争力排名	当地要素	生活环境	营商软环境	营商硬环境	全球联系
伊尔库茨克	俄罗斯	607	640	431	524	968	934
黄山	中国	608	489	406	443	704	311
芹苴	越南	609	683	754	736	471	804
资阳	中国	610	732	741	377	837	350
若昂佩索阿	巴西	611	809	778	815	864	814
运城	中国	612	414	573	433	582	537
加济安泰普	土耳其	613	444	359	368	550	685
奥伦堡	俄罗斯	614	786	345	571	781	987
池州	中国	615	686	686	534	810	508
基希讷乌	摩尔多瓦	616	793	401	504	205	696
阜阳	中国	617	349	637	520	623	487
随州	中国	618	676	634	626	828	407
弗里尼欣	南非	619	905	860	723	368	769
亚历山大	埃及	620	149	467	483	142	229
哈拉巴	墨西哥	621	639	331	759	381	737
坎帕拉	乌干达	622	539	854	767	594	297
塞拉亚	墨西哥	623	719	481	772	215	778
玛琅	印度尼西亚	624	777	288	583	752	686
特雷西纳	巴西	625	832	547	867	867	924
乌约	尼日利亚	626	692	891	955	477	902
晋中	中国	627	462	438	516	504	516
安顺	中国	628	567	603	701	930	653
大不里士	伊朗	629	564	570	746	739	866
阿巴	尼日利亚	630	691	867	968	552	759
卡萨布兰卡	摩洛哥	631	177	632	252	164	136
巴兰基利亚	哥伦比亚	632	526	606	681	393	425

续表

	国家	经济竞争力排名	当地要素	生活环境	营商软环境	营商硬环境	全球联系
墨西卡利	墨西哥	633	747	767	576	803	699
梅尔辛	土耳其	634	481	303	545	664	649
比亚维森西奥	哥伦比亚	635	878	528	913	486	983
本溪	中国	636	573	587	370	469	513
布卡拉曼加	哥伦比亚	637	516	482	554	245	740
帕丘卡—德索托	墨西哥	638	699	449	409	350	715
茹伊斯迪福拉	巴西	639	837	820	771	744	461
瓦里	尼日利亚	640	884	882	1005	545	963
拉普拉塔	阿根廷	641	705	335	596	242	434
百色	中国	642	734	464	711	966	622
亳州	中国	643	570	730	654	705	546
辽源	中国	644	725	721	880	719	489
梅州	中国	645	439	409	532	717	575
弗洛里亚诺波利斯	巴西	646	710	325	543	458	728
佩雷拉	哥伦比亚	647	632	469	650	428	747
宿雾市	菲律宾	648	799	475	379	659	342
坎努尔	印度	649	800	832	666	692	872
达州	中国	650	511	663	575	817	540
贵港	中国	651	685	724	708	830	652
张家口	中国	652	497	459	664	812	468
阿斯特拉罕	俄罗斯	653	812	380	506	986	944
怀化	中国	654	735	551	608	982	597
代尼兹利	土耳其	655	586	318	519	689	878
抚州	中国	656	794	484	468	910	390
特里凡得琅	印度	657	583	413	477	274	640
阿布贾	尼日利亚	658	395	604	859	639	560

第七章　2020年度全球城市经济竞争力解析　◇　289

续表

		经济竞争力排名	经济竞争力解释性指标排名				
	国家		当地要素	生活环境	营商软环境	营商硬环境	全球联系
格兰德营	巴西	659	730	713	700	748	889
皮文迪	印度	660	896	930	756	341	359
新西伯利亚	俄罗斯	661	390	374	253	999	422
崇左	中国	662	816	575	569	763	592
承德	中国	663	443	583	680	892	295
达沃市	菲律宾	664	890	729	479	850	822
登巴萨	印度尼西亚	665	826	476	287	337	868
费拉迪圣安娜	巴西	666	907	720	850	951	789
库亚巴	巴西	667	867	593	730	954	926
莫雷利亚	墨西哥	668	607	307	505	306	705
海防	越南	669	838	641	755	326	530
班加西	利比亚	670	984	638	948	502	688
哈巴罗夫斯克	俄罗斯	671	784	429	501	976	940
曲靖	中国	672	455	456	354	697	542
岘港	越南	673	681	440	381	366	385
云浮	中国	674	604	545	720	711	617
本地治里	印度	675	706	654	894	117	946
松原	中国	676	687	728	676	786	589
佳木斯	中国	677	553	804	721	734	586
太子港	海地	678	942	881	957	466	456
伊科罗杜	尼日利亚	679	943	855	899	302	662
安康	中国	680	736	555	904	914	566
乌兰巴托	蒙古国	681	829	756	714	631	750
顿河畔罗斯托夫	俄罗斯	682	701	179	404	360	628
奇姆肯特	哈萨克斯坦	683	911	871	895	611	864
六安	中国	684	617	599	472	608	406

续表

	国家	经济竞争力排名	当地要素	生活环境	营商软环境	营商硬环境	全球联系
			经济竞争力解释性指标排名				
卡诺	尼日利亚	685	445	815	939	917	930
吕梁	中国	686	827	546	607	541	496
广元	中国	687	716	557	590	908	624
特里苏尔	印度	688	658	776	487	373	669
塞得	埃及	689	889	809	661	400	659
克拉斯诺亚尔斯克	俄罗斯	690	382	229	335	998	895
临汾	中国	691	649	563	510	762	480
拉杰沙希	孟加拉国	692	934	799	956	726	890
伊巴丹	尼日利亚	693	544	568	941	253	729
白山	中国	694	862	813	471	777	491
新库兹涅茨克	俄罗斯	695	803	621	718	547	1006
蒙巴萨岛	肯尼亚	696	767	735	855	815	582
卡加延德奥罗市	菲律宾	697	966	770	645	636	777
扎里亚	尼日利亚	698	844	851	978	807	613
伊瓦格	哥伦比亚	699	847	586	785	683	976
卢迪亚纳	印度	700	415	814	857	533	648
马什哈德	伊朗	701	549	486	670	831	813
齐齐哈尔	中国	702	335	808	621	792	555
那格浦尔	印度	703	326	844	593	451	569
阿卡普尔科	墨西哥	704	850	594	702	548	743
苏拉特	印度	705	278	823	553	356	335
鄂木斯克	俄罗斯	706	504	503	458	977	897
铜川	中国	707	921	681	617	881	341
利伯维尔	加蓬	708	947	944	964	832	551
河源	中国	709	711	598	648	893	352
下诺夫哥罗德	俄罗斯	710	378	199	333	202	1000

第七章　2020年度全球城市经济竞争力解析　291

续表

	国家	经济竞争力排名	当地要素	生活环境	营商软环境	营商硬环境	全球联系
牡丹江	中国	711	487	577	602	750	644
车里雅宾斯克	俄罗斯	712	401	285	461	886	937
科塔	印度	713	460	934	611	597	677
马拉喀什	摩洛哥	714	791	522	272	359	683
马图林	委内瑞拉	715	975	924	999	395	959
坦皮科	墨西哥	716	703	500	610	252	765
蒂鲁巴	印度	717	859	883	842	526	820
金昌	中国	718	824	694	816	964	594
芒格洛尔	印度	719	492	643	722	232	602
马那瓜	尼加拉瓜	720	910	805	729	782	636
伊热夫斯克	俄罗斯	721	637	326	692	727	1004
桑托斯将军城	菲律宾	722	987	734	733	429	877
哈拉雷	津巴布韦	723	463	819	885	583	938
张家界	中国	724	743	564	484	929	278
雅安	中国	725	808	588	346	962	473
维萨卡帕特南	印度	726	434	672	529	690	485
拉巴特	摩洛哥	727	380	608	527	139	357
马杜赖	印度	728	440	779	744	372	684
伏尔加格勒	俄罗斯	729	660	256	548	869	919
丹吉尔	摩洛哥	730	821	755	462	319	732
金斯敦	牙买加	731	218	549	390	136	159
拉巴斯	玻利维亚	732	585	530	799	995	830
通化	中国	733	600	644	822	733	670
阿斯马拉	厄立特里亚	734	1000	961	906	624	906
来宾	中国	735	848	585	758	751	558
杜阿拉	喀麦隆	736	796	889	919	478	262

续表

国家		经济竞争力排名	经济竞争力解释性指标排名				
			当地要素	生活环境	营商软环境	营商硬环境	全球联系
葫芦岛	中国	737	575	602	765	604	532
克里沃罗格	乌克兰	738	935	610	926	841	815
阿散索尔	印度	739	834	879	900	314	986
绥化	中国	740	745	857	515	745	651
比莱	印度	741	722	970	874	602	817
库库塔	哥伦比亚	742	842	798	846	870	880
贺州	中国	743	580	625	887	918	423
科尼亚	土耳其	744	383	329	451	617	741
波萨里卡	墨西哥	745	919	880	928	293	744
米苏拉塔	利比亚	746	1006	789	962	688	746
昭通	中国	747	653	655	703	953	612
天水	中国	748	431	601	719	971	660
商洛	中国	749	763	771	412	963	477
沃罗涅日	俄罗斯	750	623	308	431	663	605
开塞利	土耳其	751	508	402	338	465	773
马塞约	巴西	752	853	533	743	983	870
库马西	加纳	753	753	825	909	220	757
阿库雷	尼日利亚	754	854	824	965	612	928
迪亚巴克尔	土耳其	755	783	505	620	713	913
梅克内斯	摩洛哥	756	858	781	766	521	821
万象	老挝	757	749	715	787	947	724
叶卡捷琳堡	俄罗斯	758	648	465	319	882	675
楠榜省	印度尼西亚	759	871	719	440	264	831
吴忠	中国	760	825	795	559	926	544
忻州	中国	761	423	580	628	754	631
河池	中国	762	672	526	778	967	599

第七章 2020年度全球城市经济竞争力解析 ◇ 293

续表

城市	国家	经济竞争力排名	当地要素	生活环境	营商软环境	营商硬环境	全球联系
哈马丹	伊朗	763	877	712	923	890	911
丹东	中国	764	532	488	662	796	387
巴基西梅托	委内瑞拉	765	927	953	989	500	970
朝阳	中国	766	594	613	780	677	462
基特韦	赞比亚	767	875	996	825	904	1003
奇克拉约	秘鲁	768	913	722	871	586	876
阿拉卡茹	巴西	769	861	757	798	775	716
基尔库克	伊拉克	770	992	921	810	678	811
瓦哈卡	墨西哥	771	740	214	492	891	749
保山	中国	772	561	430	683	866	635
高哈蒂	印度	773	499	797	573	675	657
加德满都	尼泊尔	774	721	662	485	628	858
卡尔巴拉	伊拉克	775	989	878	891	707	871
赤峰	中国	776	435	537	588	724	527
符拉迪沃斯托克	俄罗斯	777	643	266	452	284	561
达累斯萨拉姆	坦桑尼亚	778	396	787	834	874	189
摩苏尔	伊拉克	779	960	810	958	590	922
铁岭	中国	780	636	684	526	497	559
埃斯基谢希尔	土耳其	781	662	399	649	894	723
西爪哇斗望市	印度尼西亚	782	915	761	847	804	718
茂物	印度尼西亚	783	560	328	340	768	388
巴士拉	伊拉克	784	982	863	882	626	883
加拉特	印度	785	480	803	800	346	394
特拉斯卡拉	墨西哥	786	787	298	740	605	978
七台河	中国	787	873	726	889	902	702
中卫	中国	788	709	801	705	927	292

续表

	国家	经济竞争力排名	当地要素	生活环境	营商软环境	营商硬环境	全球联系
贾朗达尔	印度	789	591	885	896	709	835
普洱	中国	790	817	550	790	943	576
图斯特拉—古铁雷斯	墨西哥	791	814	455	699	474	819
埃努古	尼日利亚	792	846	900	953	660	952
黑角	刚果（布）	793	970	988	960	876	840
临沧	中国	794	818	702	845	972	643
巴特那	印度	795	479	703	668	468	779
焦特布尔	印度	796	614	896	782	538	781
通辽	中国	797	665	584	615	821	587
丽江	中国	798	631	405	502	924	321
埃罗德	印度	799	671	829	927	684	958
乔斯	尼日利亚	800	772	782	966	729	788
阿姆利则	印度	801	555	887	550	432	725
奥绍博	尼日利亚	802	940	827	980	622	873
斋普尔	印度	803	376	640	418	347	403
韦洛尔	印度	804	673	796	848	546	720
达喀尔	塞内加尔	805	527	971	629	802	198
纳塔尔	巴西	806	447	565	655	840	611
塞伦	印度	807	255	853	864	339	226
切尔塔拉	印度	808	912	943	728	481	712
锡尔赫特	孟加拉国	809	949	682	936	737	994
费萨拉巴德	巴基斯坦	810	593	980	748	514	892
维查雅瓦达	印度	811	482	840	657	289	679
四平	中国	812	418	689	627	852	534
蒂鲁吉拉伯利	印度	813	713	793	775	402	774
非斯	摩洛哥	814	820	791	466	352	717

续表

	国家	经济竞争力排名	当地要素	生活环境	营商软环境	营商硬环境	全球联系
庆阳	中国	815	606	710	603	862	632
巴中	中国	816	892	636	717	984	470
迈索尔	印度	817	469	516	764	529	620
万博	安哥拉	818	995	894	990	1005	816
巴彦淖尔	中国	819	870	690	709	916	552
塞康第—塔科拉迪	加纳	820	967	899	933	296	867
海得拉巴	巴基斯坦	821	556	901	540	588	627
阜新	中国	822	491	707	781	885	607
喀布尔	阿富汗	823	646	960	943	811	689
詹谢普尔	印度	824	461	913	865	649	954
蒂鲁伯蒂	印度	825	641	821	691	425	600
平凉	中国	826	801	668	872	844	549
尚勒乌尔法	土耳其	827	852	758	791	549	923
布拉柴维尔	刚果（布）	828	899	1002	911	974	929
巴科洛德	菲律宾	829	986	738	751	906	843
纳西克	印度	830	507	892	762	120	494
占碑	印度尼西亚	831	906	742	634	813	798
巴哈瓦尔布尔	巴基斯坦	832	885	931	803	647	932
乌里扬诺夫斯克	俄罗斯	833	776	323	795	281	985
乌尔米耶	伊朗	834	863	732	879	572	918
贾姆讷格尔	印度	835	773	830	829	396	701
白城	中国	836	792	828	827	936	533
乌兰察布	中国	837	887	706	770	920	672
密鲁特	印度	838	684	910	598	816	776
勒克瑙	印度	839	359	897	606	445	483
纳西里耶	伊拉克	840	998	909	974	656	838

续表

城市	国家	经济竞争力排名	当地要素	生活环境	营商软环境	营商硬环境	全球联系
白银	中国	841	655	660	457	938	528
戈尔哈布尔县	印度	842	657	783	727	405	656
纳杰夫	伊拉克	843	978	890	967	949	891
库尔纳	孟加拉国	844	937	773	977	932	965
三宝颜市	菲律宾	845	973	768	761	785	885
西里古里	印度	846	841	866	823	423	1001
拉什特	伊朗	847	754	733	808	788	998
布巴内斯瓦尔	印度	848	419	736	592	632	567
卢萨卡	赞比亚	849	466	992	731	981	380
固原	中国	850	857	750	888	961	563
胡布利—塔尔瓦德	印度	851	654	775	768	331	855
拉瓦尔品第	巴基斯坦	852	656	875	779	674	762
马哈奇卡拉	俄罗斯	853	839	511	679	462	1005
双鸭山	中国	854	932	850	837	736	536
泰布克	沙特阿拉伯	855	860	392	591	641	900
伊斯法罕	伊朗	856	524	310	792	969	836
呼伦贝尔	中国	857	779	822	429	888	414
卡努尔	印度	858	775	952	536	757	979
鲁尔克拉	印度	859	961	958	920	800	950
顿涅茨克	乌克兰	860	680	364	929	249	851
阿加迪尔	摩洛哥	861	872	671	373	186	714
斯利那加	印度	862	630	968	710	600	920
瓦朗加尔	印度	863	729	888	401	725	908
卡耶姆库拉姆镇	印度	864	930	956	783	530	735
圭亚那城	委内瑞拉	865	985	957	1000	921	896
仰光	缅甸	866	968	745	858	698	193

续表

	国家	经济竞争力排名	经济竞争力解释性指标排名			
			当地要素	生活环境	营商软环境	营商硬环境	全球联系
金沙萨	刚果（金）	867	748	993	972	975	320
努瓦克肖特	毛里塔尼亚	868	962	914	914	985	742
武威	中国	869	666	700	843	973	694
尼亚拉	苏丹	870	925	895	950	1001	893
圣玛尔塔	哥伦比亚	871	774	743	735	553	753
昌迪加尔	印度	872	323	737	445	288	236
伊斯兰堡	巴基斯坦	873	411	802	427	351	416
奥兰加巴德	印度	874	363	917	769	455	767
埃里温	亚美尼亚	875	667	780	455	195	310
鸡西	中国	876	789	642	817	898	629
兰契	印度	877	715	847	739	596	727
印多尔	印度	878	424	834	642	344	692
斯法克斯	突尼斯	879	864	765	853	338	809
瓜廖尔	印度	880	764	906	763	651	782
巴罗达	印度	881	327	777	685	329	882
古杰兰瓦拉	巴基斯坦	882	802	995	841	839	860
边和	越南	883	769	691	694	410	579
张掖	中国	884	806	693	745	990	467
奥利沙	尼日利亚	885	938	936	996	573	884
洛美	多哥	886	950	929	732	214	347
库姆	伊朗	887	855	695	805	960	853
博卡罗钢铁城	印度	888	951	942	910	621	874
黑河	中国	889	856	788	773	901	562
奢羯罗	印度	890	958	873	902	309	783
卡杜纳	尼日利亚	891	840	748	971	945	907
博帕尔	印度	892	501	746	630	383	507

续表

国家		经济竞争力排名	经济竞争力解释性指标排名				
			当地要素	生活环境	营商软环境	营商硬环境	全球联系
鹤岗	中国	893	928	856	814	749	464
白沙瓦	巴基斯坦	894	664	974	788	616	888
伊洛林	尼日利亚	895	843	826	949	699	910
基加利	卢旺达	896	547	969	467	829	726
坤甸	印度尼西亚	897	914	763	643	703	899
贡土尔	印度	898	633	859	820	376	857
萨哈兰普尔	印度	899	757	927	903	950	977
马辰港	印度尼西亚	900	900	769	594	198	951
定西	中国	901	644	747	497	923	654
陇南	中国	902	628	772	737	980	535
博格拉	孟加拉国	903	994	845	994	846	914
肖拉普尔	印度	904	626	877	912	625	935
瓦拉纳西	印度	905	682	841	613	523	664
克尔曼	伊朗	906	835	375	915	759	787
杜兰戈	墨西哥	907	472	363	549	925	823
阿格拉	印度	908	597	886	861	652	695
锡亚尔科特	巴基斯坦	909	866	902	752	814	826
包纳加尔	印度	910	698	912	883	443	901
丹巴德	印度	911	756	911	878	537	980
哈尔科夫	乌克兰	912	554	443	713	833	751
贝尔高姆	印度	913	668	811	813	388	827
坎普尔	印度	914	324	954	724	615	833
大马士革	叙利亚	915	733	951	932	311	719
亚的斯亚贝巴	埃塞俄比亚	916	815	898	633	531	365
第聂伯罗彼得罗夫斯克	乌克兰	917	965	416	892	712	755
卢本巴希	刚果（金）	918	920	979	970	899	990

续表

	国家	经济竞争力排名	当地要素	生活环境	营商软环境	营商硬环境	全球联系
酒泉	中国	919	693	590	784	991	625
马莱冈	印度	920	924	935	886	568	795
蒂鲁内尔维利	印度	921	744	839	866	629	745
阿姆拉瓦提	印度	922	822	937	734	716	974
穆扎法尔讷格尔	印度	923	929	976	786	863	966
科曼莎	伊朗	924	845	656	844	922	825
苏库尔	巴基斯坦	925	957	959	916	593	859
内洛尔	印度	926	707	918	873	426	849
扎波里日亚	乌克兰	927	903	480	818	679	904
伊春	中国	928	897	862	875	856	700
萨那	也门	929	956	965	1006	903	661
巴雷利	印度	930	813	932	917	895	887
利沃夫	乌克兰	931	758	346	618	670	854
阿里格尔	印度	932	768	919	862	946	707
阿尔达比勒	伊朗	933	831	639	905	944	961
敖德萨	乌克兰	934	542	439	638	619	618
迈杜古里	尼日利亚	935	883	870	963	708	953
木尔坦	巴基斯坦	936	727	973	747	438	847
尼亚美	尼日尔	937	944	990	924	580	733
莫拉达巴德	印度	938	726	963	940	873	916
索科托	尼日利亚	939	881	945	981	957	949
贾巴尔普尔	印度	940	679	955	777	589	647
雅温得	喀麦隆	941	708	842	893	328	498
古尔伯加	印度	942	880	861	695	578	812
苏伊士	埃及	943	694	835	551	257	693
亚兹德	伊朗	944	893	865	840	919	912

续表

	国家	经济竞争力排名	当地要素	生活环境	营商软环境	营商硬环境	全球联系
克塔克	印度	945	782	852	876	747	856
姆万扎	坦桑尼亚	946	898	864	826	1004	964
安拉阿巴德	印度	947	572	837	807	645	731
英帕尔	印度	948	891	849	863	453	834
查谟	印度	949	720	843	600	510	721
塔什干	乌兹别克斯坦	950	603	731	696	847	405
桑给巴尔	坦桑尼亚	951	933	981	849	978	992
南德	印度	952	972	915	797	741	973
萨尔塔	阿根廷	953	819	213	749	907	655
弗里敦	塞拉利昂	954	953	869	806	797	844
乌贾因	印度	955	901	858	836	795	839
阿杰梅尔	印度	956	695	868	908	808	865
奎达	巴基斯坦	957	902	848	869	905	972
瓦加杜古	布基纳法索	958	696	950	812	564	975
比什凯克	吉尔吉斯斯坦	959	833	907	793	542	565
督伽坡	印度	960	781	874	860	503	960
科托努	贝宁	961	945	916	796	145	430
布拉瓦约	津巴布韦	962	955	905	945	669	945
巴马科	马里	963	851	926	804	517	709
菲罗扎巴德	印度	964	963	978	952	599	691
哈马	叙利亚	965	1001	962	985	935	981
科纳克里	几内亚	966	926	922	935	868	771
拉塔基亚	叙利亚	967	988	893	961	411	842
占西	印度	968	886	972	898	883	936
阿勒颇	叙利亚	969	936	975	982	706	790
布瓦凯	科特迪瓦	970	939	977	947	942	993

续表

	国家	经济竞争力排名	经济竞争力解释性指标排名				
			当地要素	生活环境	营商软环境	营商硬环境	全球联系
比卡内尔	印度	971	868	807	890	872	784
赖布尔	印度	972	579	884	616	390	760
摩加迪沙	索马里	973	983	1005	979	979	837
内比都	缅甸	974	977	939	918	294	984
纳曼干	乌兹别克斯坦	975	969	933	881	965	942
塔那那利佛	马达加斯加	976	788	908	975	996	948
扎黑丹	伊朗	977	916	833	824	767	850
马图拉	印度	978	569	941	951	784	921
曼德勒	缅甸	979	941	818	868	794	999
内维	尼日利亚	980	849	987	995	715	791
马托拉	莫桑比克	981	999	967	925	401	704
布兰太尔	马拉维	982	559	925	897	671	852
蒙罗维亚	利比里亚	983	512	964	976	345	645
霍姆斯	叙利亚	984	980	938	969	958	927
吉布提	吉布提	985	991	986	870	738	604
马普托	莫桑比克	986	922	903	852	761	378
阿波美—卡拉维	贝宁	987	948	946	838	303	786
拉卡	叙利亚	988	1005	999	987	941	962
戈勒克布尔	印度	989	876	985	942	787	943
萨戈达	巴基斯坦	990	923	920	901	877	968
姆布吉马伊	刚果（金）	991	974	1004	986	911	996
亚丁	也门	992	981	984	1002	434	803
博博迪乌拉索	布基纳法索	993	954	949	921	875	997
布琼布拉	布隆迪	994	990	1006	946	1006	956
哈尔格萨	索马里	995	1002	997	954	1000	785
利隆圭	马拉维	996	761	966	854	992	909

续表

	国家	经济竞争力排名	当地要素	生活环境	营商软环境	营商硬环境	全球联系
杜尚别	塔吉克斯坦	997	908	928	839	584	713
恩贾梅纳	乍得	998	964	989	959	959	756
卡南加	刚果（金）	999	997	998	984	1002	988
奇卡帕	刚果（金）	1000	1004	1000	992	993	955
楠普拉	莫桑比克	1001	993	982	944	1003	995
布卡武	刚果（金）	1002	946	994	983	912	991
塔依兹	也门	1003	996	991	1001	859	898
班吉	中非共和国	1004	979	983	993	825	967
荷台达	也门	1005	1003	1001	1004	728	845
基桑加尼	刚果（金）	1006	976	1003	998	994	1002

第四部分　全球城市可持续竞争力报告

第八章

2020年度全球城市可持续竞争力表现

城市可持续竞争力是城市长期发展的决定力量，也是城市不断满足居民日益复杂和苛刻的社会福利需求的关键所在。亚洲城市的可持续竞争力全面提升。2020年度全球可持续竞争力排名前10的城市分别是东京、新加坡、纽约、香港、伦敦、巴黎、旧金山、巴塞罗那、深圳、大阪。相对于2015—2016年而言，东京、新加坡、纽约位列前三的格局没有变化；香港、旧金山、巴塞罗那和深圳均有上升，其中深圳进步尤为显著；伦敦、巴黎略有下滑。亚洲城市显著提升，2020年度，亚洲城市在全球可持续竞争力前200名中的数量，对比5年前由60个城市提升为66个城市，在6大洲中提升幅度最大。这66个城市的排名平均上升19.20名，而亚洲城市整体平均排名也上升了11.78名，亚洲城市在可持续竞争力方面全面提升。

各区域分化逐步加剧，亚洲、欧洲、北美洲主导全球城市可持续竞争力。其中，美国引导北美城市格局并处绝对领先；欧洲可持续竞争力、人才密度及人才增量均处于领先地位；亚洲头部城市的可持续竞争力在全球处于较强地位，且人才增量提升势头明显；南美洲城市可持续竞争力总体处于全球前列；非洲城市的可持续竞争力水平整体偏低，且分化严峻。

第一节 亚洲全面提升

一 深圳跃居全球前10

东京、新加坡、纽约、香港和伦敦位列全球城市可持续竞争力排名前5，其中东京、新加坡、纽约的排名保持不变，香港和伦敦分别上升2

名和下降1名；从排名前20的城市分布来看，北美洲占据5席，欧洲占据9席，亚洲占据6席，总体覆盖日本、新加坡、美国、中国、英国、法国、西班牙、俄罗斯、韩国、瑞典、德国11个国家；从5年排名变化来看，中国深圳上升幅度最大，跃居全球前10。从分项角度来看，2020年度全球城市可持续竞争力排名前20的城市人才增量总体也较强，东京、纽约、巴黎的人才增量分别位于全球1、2、3名；新加坡、慕尼黑以及香港的人才密度分别位列全球1、2、3名，其他城市5年排名变化幅度较小，总体也均处于全球前列（见表8.1）。从全球城市可持续竞争力分布角度来看，可持续竞争力较强的城市主要分布在北部地区，北部发达国家的城市仍然是全球可持续竞争力的代表（见图8.1）。

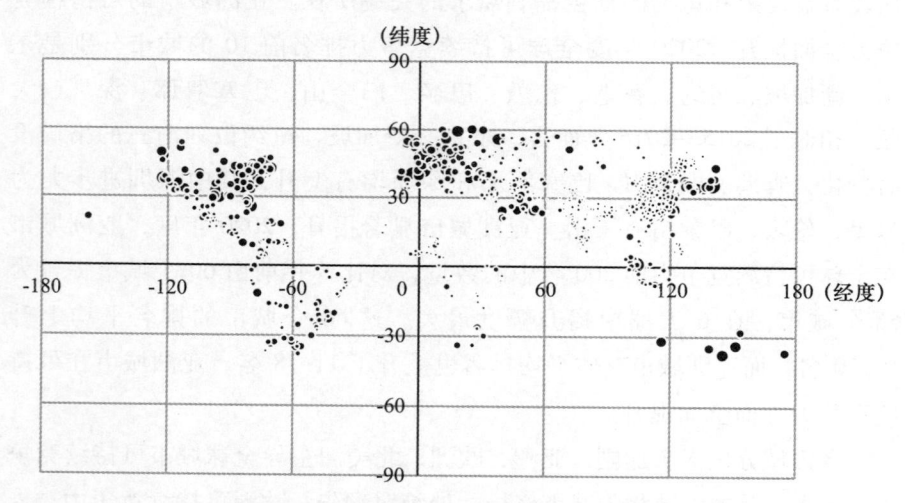

图8.1 2020—2021全球城市可持续竞争力经纬度分布

资料来源：中国社会科学院城市与竞争力研究中心数据库。

表8.1　2020年度全球城市可持续竞争力前20名及其变化

城市	国家	洲	可持续竞争力 排名	5年排名变化	人才密度 排名	5年排名变化	人才增量 排名	5年排名变化
东京	日本	亚洲	1	0	12	-3	1	0
新加坡	新加坡	亚洲	2	0	1	0	13	-1
纽约	美国	北美洲	3	0	50	-7	2	0

续表

	国家	洲	可持续竞争力 排名	可持续竞争力 5年排名变化	人才密度 排名	人才密度 5年排名变化	人才增量 排名	人才增量 5年排名变化
香港	中国	亚洲	4	2	3	0	19	4
伦敦	英国	欧洲	5	-1	23	0	5	1
巴黎	法国	欧洲	6	-1	40	0	3	0
旧金山	美国	北美洲	7	1	38	0	9	1
巴塞罗那	西班牙	欧洲	8	1	10	0	27	0
深圳	中国	亚洲	9	14	8	5	32	18
大阪	日本	亚洲	10	-3	91	-8	6	-2
芝加哥	美国	北美洲	11	0	93	-4	7	0
莫斯科	俄罗斯	欧洲	12	1	22	-2	26	0
首尔	韩国	亚洲	13	6	65	7	11	4
斯德哥尔摩	瑞典	欧洲	14	4	19	2	28	4
马德里	西班牙	欧洲	15	2	42	2	21	-2
法兰克福	德国	欧洲	16	-1	7	0	48	1
斯图加特	德国	欧洲	17	-5	4	0	55	-11
慕尼黑	德国	欧洲	18	-8	2	0	70	-18
波士顿	美国	北美洲	19	-5	64	-2	18	-5
费城	美国	北美洲	20	-4	68	1	16	-2

资料来源：笔者计算。

二 人才密度是导致可持续竞争力差异的主要原因

总体来看，全球的人才密度曲线呈现右偏分布，表明大部分城市的人才密度水平较低，只有少数城市的人才密度竞争力较强。其中，仅有三个城市的人才密度高于 0.90，仅有 16 个城市的人才密度高于 0.80，仅有 130 个城市的人才密度高于 0.60，人才密度的头部城市数量非常少（见图 8.3）。

三 全球城市可持续竞争力水平总体收敛

从表 8.2 中可以看出，2020 年度全球城市可持续竞争力总体均值为 0.3508，比 2015 年可持续竞争力均值下降 0.0133，变异系数为 0.4903，比 2015 年下降 0.001，说明各城市间可持续竞争力差距减小。与此同时，2020 年人才密度及人才增量的均值均低于 2015 年的均值，其中人才密度

308 ◇ 第四部分 全球城市可持续竞争力报告

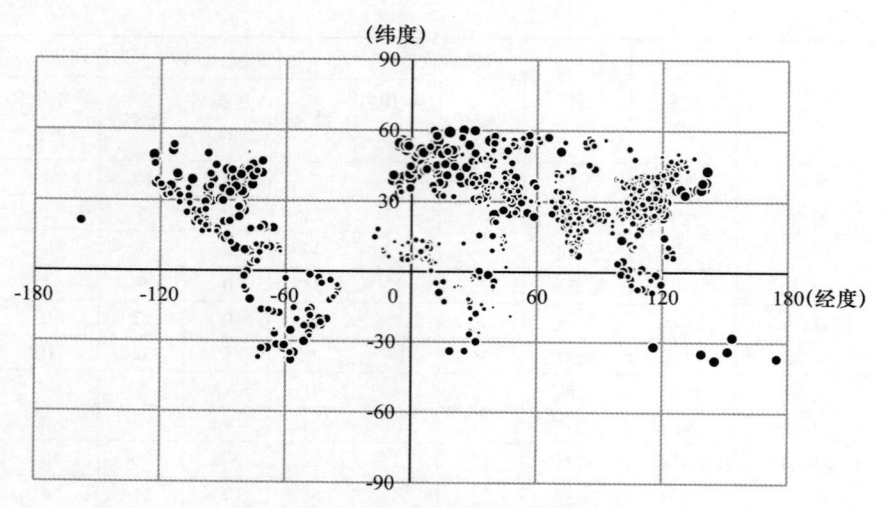

图8.2 全球城市人才密度的经纬度分布

资料来源：中国社会科学院城市与竞争力研究中心数据库。

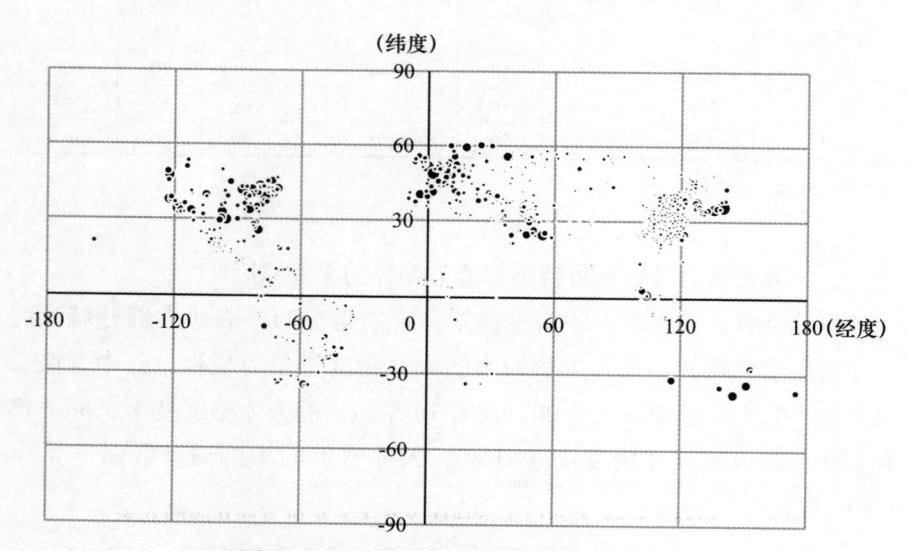

图8.3 全球城市人才增量的经纬度分布

资料来源：中国社会科学院城市与竞争力研究中心数据库。

的变异系数有所下降，人才增量的变异系数有所增加。

表8.2　　　　　　2020—2021年可持续竞争力统计分析

	变量	样本量	均值	标准差	变异系数
2020—2021 可持续竞争力	可持续竞争力	1006	0.3508	0.1720	0.4903
	人才密度	1006	0.3821	0.1747	0.4573
	人才增量	1006	0.2602	0.1610	0.6187
2015—2016 可持续竞争力	可持续竞争力	1006	0.3641	0.1789	0.4913
	人才密度	1006	0.3871	0.1804	0.4660
	人才增量	1006	0.2879	0.1689	0.5868

资料来源：笔者计算。

从图8.4可以看出，全球城市可持续竞争力的总体格局呈现"东升西降"。东部地区上升的城市数量多于下降的城市数量，而西部地区恰恰相反，下降的城市数量大于上升的城市数量。

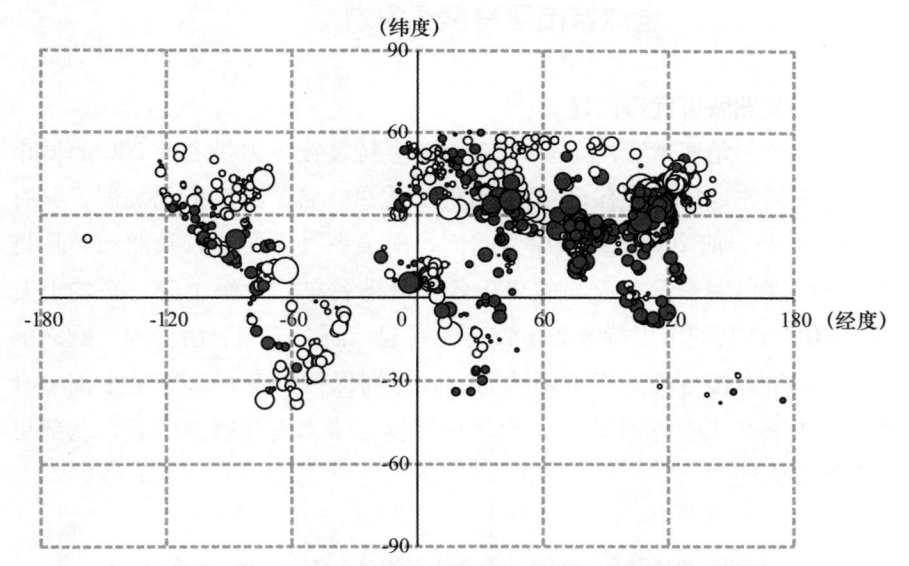

图8.4　2020—2021全球城市可持续竞争力5年排名变化空间分布

注：实心表示全球城市可持续竞争力排名上升，空心表示全球城市可持续竞争力排名降低。
资料来源：笔者绘制。

四　20国家具有更强的可持续竞争力

无论是可持续竞争力还是人才密度、人才增量，G20均高于非G20，并且非G20在这三方面分化较为严重，各城市间差异更大（见表8.3）。

表 8.3　　　　　2020—2021 年 G20 可持续竞争力统计分析

	变量	样本量	均值	标准差	变异系数
G20	可持续竞争力	739	0.3789	0.1700	0.4487
	人才密度	739	0.4078	0.1732	0.4245
	人才增量	739	0.2859	0.1602	0.5604
非 G20	可持续竞争力	267	0.2731	0.1528	0.5594
	人才密度	267	0.3109	0.1590	0.5114
	人才增量	267	0.1890	0.1407	0.7442

资料来源：中国社会科学院城市与竞争力研究中心数据库。

第二节　区域分化逐步加剧，亚、欧、北美主导全球城市可持续竞争力

一　亚洲城市优势凸显

从各个洲角度来看，亚洲 2020 年度可持续竞争力排名前 200 的城市数量处于领先地位，共有 66 个城市处于前 200 名；其次为北美洲，共有 60 个城市处于前 200 名；随后为欧洲、南美洲、大洋洲以及非洲。从排名上升幅度角度来看，亚洲前 200 名城市排名总体大幅上升，平均上升 19.1970 名，其城市可持续竞争力迅速崛起；而北美洲、南美洲、欧洲的可持续竞争力排名均处于下降状态，大洋洲保持不变，非洲呈小幅上升状态（见表 8.4）。总体来看，全球可持续竞争力南北差异明显，北部更具有绝对优势。

表 8.4　2020—2021 年各大洲可持续竞争力前 200 名城市数量及变化

	2020—2021 年可持续竞争力前 200 名城市数量	2015—2016 年可持续竞争力前 200 名城市数量	2020—2021 年可持续竞争力前 200 名城市 5 年排名变化统计分析		
			均值	标准差	变异系数
亚洲	66	60	19.1970	28.8120	1.5009
北美洲	60	64	-8.4167	20.6145	-2.4493

续表

	2020—2021年可持续竞争力前200名城市数量	2015—2016年可持续竞争力前200名城市数量	2020—2021年可持续竞争力前200名城市5年排名变化统计分析		
			均值	标准差	变异系数
南美洲	8	10	1.6250	33.3078	20.4971
大洋洲	7	7	0.5714	9.3069	16.2571
欧洲	57	58	-2.6667	17.9327	-6.7248
非洲	2	1	20	11.3137	0.5657

资料来源：中国社会科学院城市与竞争力研究中心数据库。

二 人才密度是决定各洲可持续竞争力差异的关键

全球大洋洲的可持续竞争力水平最强且较为均衡，变异系数仅为0.1291，其次为北美洲，而亚洲和非洲的可持续竞争力较弱，并且州内各个城市的可持续竞争力水平差异较大，分化严重（见表8.5）。从其分项角度来看，各洲的人才增量均值均低于人才密度，说明人才密度竞争力是影响总体可持续竞争力的主要原因。

表8.5　2020—2021年各大洲城市可持续竞争力统计分析

各大洲			人才密度		人才增量	
	均值	变异系数	均值	变异系数	均值	变异系数
亚洲	0.3113	0.4754	0.3425	0.4304	0.2275	0.6212
北美洲	0.4906	0.3215	0.4984	0.3055	0.3997	0.4374
南美洲	0.3604	0.3009	0.3893	0.2958	0.2705	0.3935
大洋洲	0.6311	0.1291	0.6056	0.0914	0.5499	0.2550
欧洲	0.4725	0.3899	0.5257	0.4050	0.3393	0.4456
非洲	0.2136	0.5143	0.2542	0.4756	0.1369	0.6920

资料来源：中国社会科学院城市与竞争力研究中心数据库。

三 非洲城市可持续竞争力分化严峻

从各洲的角度来看，大洋洲可持续竞争力明显高于其他各洲，其次为北美洲和欧洲。非洲地区的可持续竞争力水平整体偏低，其中比勒陀利亚、约翰内斯堡在全球分别排138名和219名，但竞争力较差城市楠普拉、恩贾梅纳、班吉与基桑加尼均在1000名以外，洲内城市发展水平差异巨大；从人才密度与人才增量的均值看，各洲的人才密度要高于人才增量（见表8.6）。

表8.6　　2015—2016年各大洲城市可持续竞争力统计分析

	可持续竞争力 均值	可持续竞争力 变异系数	人才密度 均值	人才密度 变异系数	人才增量 均值	人才增量 变异系数
亚洲	0.3162	0.4805	0.3429	0.4428	0.2433	0.5937
北美洲	0.5170	0.3109	0.5056	0.3145	0.4529	0.3773
南美洲	0.3947	0.2802	0.4101	0.3025	0.3216	0.3261
大洋洲	0.6504	0.1120	0.6152	0.0938	0.5905	0.2069
欧洲	0.5001	0.3592	0.5370	0.3967	0.3901	0.3672
非洲	0.2231	0.5364	0.2621	0.5107	0.1515	0.6631

资料来源：中国社会科学院城市与竞争力研究中心数据库。

从图8.5的各洲可持续竞争力变化来看，大洋洲、欧洲以及北美洲引领全球可持续竞争力发展。非洲的可持续竞争力最低，仅为0.2136；整体上各洲的可持续竞争力出现小幅回落，但总体趋势没变。

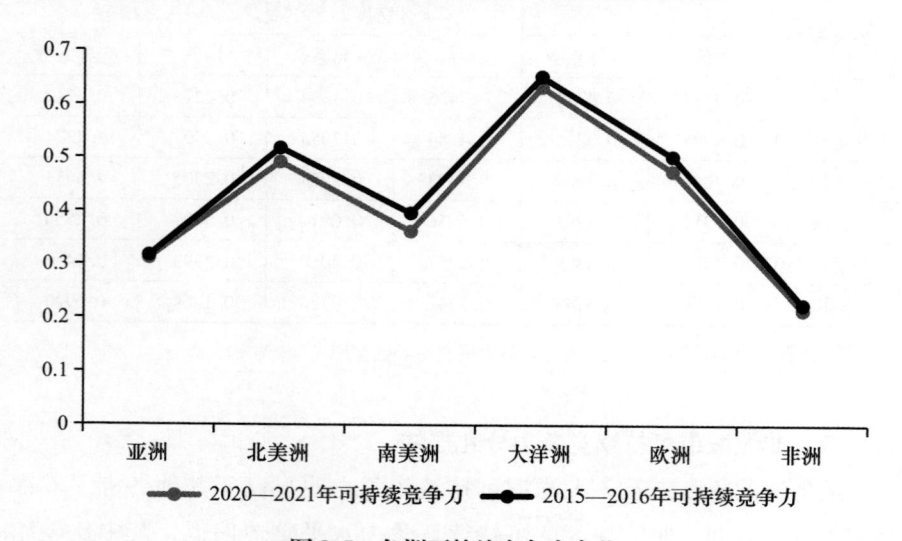

图8.5　各洲可持续竞争力变化

资料来源：中国社会科学院城市与竞争力研究中心数据库。

四 美国引导北美城市格局并处绝对领先地位

北美洲10强除多伦多外均为美国城市，并且全部处于全球排名35以内，纽约、旧金山和芝加哥位列北美3强，总体15强，美国总体引导北美洲城市格局（见表8.7）。美国部分城市的人才密度处于下降趋势；人才增量总体变化不大。

表8.7　　北美洲前10名城市可持续竞争力排名及变化

排名	城市	国家	可持续竞争力 全球排名	可持续竞争力 5年排名变化	人才密度 全球排名	人才密度 5年排名变化	人才增量 全球排名	人才增量 5年排名变化
1	纽约	美国	3	0	50	-7	2	0
2	旧金山	美国	7	1	38	0	9	1
3	芝加哥	美国	11	0	93	-4	7	0
4	波士顿	美国	19	-5	64	-2	18	-5
5	费城	美国	20	-4	68	1	16	-2
6	多伦多	加拿大	21	-1	60	-4	22	-1
7	迈阿密	美国	22	7	61	6	24	1
8	洛杉矶	美国	23	4	214	4	4	1
9	休斯敦	美国	26	-5	148	-21	8	1
10	西雅图	美国	31	5	151	-3	15	1

资料来源：中国社会科学院城市与竞争力研究中心数据库。

五 欧洲可持续竞争力、人才密度及人才增量均处于领先地位

欧洲可持续竞争力10强的城市分别伦敦、巴黎、巴塞罗那、莫斯科、斯德哥尔摩等城市，分别来自英国、法国、西班牙、俄罗斯、瑞典和德国，其中有2个城市来自西班牙，4个城市来自德国，其余国家各1个；从5年排名变化来看欧洲10强中有6个城市的可持续竞争力出现微幅下降；此外，欧洲的人才密度总体变化不大，并处于全球领先地位，德国城市的人才增量较其他欧洲国家有所下降，斯图加特、慕尼黑和柏林分别下降11、18和7名（见表8.8）。

表 8.8　欧洲前 10 名城市可持续竞争力排名及变化

排名	城市	国家	可持续竞争力 排名	可持续竞争力 5年排名变化	人才密度 排名	人才密度 5年排名变化	人才增量 排名	人才增量 5年排名变化
1	伦敦	英国	5	-1	23	0	5	1
2	巴黎	法国	6	-1	40	0	3	0
3	巴塞罗那	西班牙	8	1	10	0	27	0
4	莫斯科	俄罗斯	12	1	22	-2	26	0
5	斯德哥尔摩	瑞典	14	4	19	2	28	4
6	马德里	西班牙	15	2	42	2	21	-2
7	法兰克福	德国	16	-1	7	0	48	1
8	斯图加特	德国	17	-5	4	0	55	-11
9	慕尼黑	德国	18	-8	2	0	70	-18
10	柏林	德国	25	-3	15	0	54	-7

资料来源：中国社会科学院城市与竞争力研究中心数据库。

六　中国有 4 个城市位于亚洲前 10 名

从表 8.9 中可以看出，亚洲城市竞争力前 10 名的城市分别为东京、新加坡、香港、深圳、大阪、首尔等城市，其中日本有 2 个城市，中国有 4 个城市，新加坡、韩国、以色列及阿拉伯联合酋长国各 1 个城市。总体来看，亚洲 10 强的城市可持续竞争力在全球处于较强地位，尤其是东京和新加坡，分别位列第 1、2 名，其余城市总体均在 35 强以内，日本主导亚洲城市格局；此外，迪拜的人才密度较其他亚洲城市处于劣势，为 145 名；亚洲城市人才增量格局较强，深圳、上海分别提升了 18 名。

表 8.9　亚洲前 10 名城市可持续竞争力排名及变化

排名	城市	国家	可持续竞争力 排名	可持续竞争力 5年排名变化	人才密度 排名	人才密度 5年排名变化	人才增量 排名	人才增量 5年排名变化
1	东京	日本	1	0	12	-3	1	0
2	新加坡	新加坡	2	0	1	0	13	-1

续表

排名	城市	国家	可持续竞争力 排名	5年排名变化	人才密度 排名	5年排名变化	人才增量 排名	5年排名变化
3	香港	中国	4	2	3	0	19	4
4	深圳	中国	9	14	8	5	32	18
5	大阪	日本	10	-3	91	-8	6	-2
6	首尔	韩国	13	6	65	7	11	4
7	台北	中国	24	0	17	1	46	-4
8	特拉维夫—雅法	以色列	28	28	33	31	42	20
9	迪拜	阿拉伯联合酋长国	29	30	145	20	14	10
10	上海	中国	33	25	52	14	43	18

资料来源：中国社会科学院城市与竞争力研究中心数据库。

七 南美洲全球城市可持续竞争力总体处于全球前列

南美洲全球城市竞争力前10名的城市分别是布宜诺斯艾利斯、圣保罗、圣地亚哥、巴塞罗那—拉克鲁斯港及里约热内卢等城市，分别来自阿根廷、巴西、智利、委内瑞拉、哥伦比亚、秘鲁和乌拉圭7个国家；其中，巴塞罗那—拉克鲁斯港和加拉加斯的城市可持续竞争力下降幅度较大，分别为67名和48名（见表8.10）。

表8.10　南美洲前10名城市可持续竞争力排名及变化

排名	城市	国家	可持续竞争力 排名	5年排名变化	人才密度 排名	5年排名变化	人才增量 排名	5年排名变化
1	布宜诺斯艾利斯	阿根廷	55	0	109	-13	37	2
2	圣保罗	巴西	83	-4	185	-35	47	-6
3	圣地亚哥	智利	104	18	193	6	58	17
4	利马	秘鲁	115	48	186	21	73	48
5	波哥大	哥伦比亚	125	25	187	8	86	27
6	里约热内卢	巴西	151	-2	222	-9	96	7
7	蒙得维的亚	乌拉圭	196	-5	139	-17	273	-34

续表

排名	城市	国家	可持续竞争力 排名	可持续竞争力 5年排名变化	人才密度 排名	人才密度 5年排名变化	人才增量 排名	人才增量 5年排名变化
8	巴塞罗那—拉克鲁斯港	委内瑞拉	198	−67	188	−76	204	−62
9	巴西利亚	巴西	217	−12	307	−13	144	−8
10	加拉加斯	委内瑞拉	218	−48	283	−80	161	−23

资料来源：中国社会科学院城市与竞争力研究中心数据库。

八 非洲城市可持续竞争力呈阶跃式降低

从表8.11中可以看出，非洲城市可持续竞争力前10名的城市分别是比勒陀利亚、约翰内斯堡、开普敦、罗安达、德班、拉各斯、阿尔及尔、瓦赫兰、的黎波里、突尼斯，分布在第100—400名。非洲总体全球城市可持续竞争力偏低，其最强的城市的比勒陀利亚全球仅排126名，同样，人才密度和人才增量总体在全球排名偏低，其他城市较首位城市比勒陀利亚的排名相差甚远。

表8.11　　非洲前10名城市可持续竞争力排名及变化

排名	城市	国家	可持续竞争力 排名	可持续竞争力 5年排名变化	人才密度 排名	人才密度 5年排名变化	人才增量 排名	人才增量 5年排名变化
1	比勒陀利亚	南非	126	12	117	−12	131	39
2	约翰内斯堡	南非	191	28	212	0	165	57
3	开普敦	南非	234	26	258	3	205	55
4	罗安达	安哥拉	300	−73	328	−112	270	−36
5	德班	南非	311	36	319	9	317	68
6	拉各斯	尼日利亚	313	1	358	−54	250	83
7	阿尔及尔	阿尔及利亚	319	−16	337	−56	311	43
8	瓦赫兰	阿尔及利亚	323	−54	274	−50	414	−95
9	的黎波里	利比亚	337	−86	312	−114	380	−59
10	突尼斯	突尼斯	364	136	433	47	291	276

资料来源：中国社会科学院城市与竞争力研究中心数据库。

第三节 美、中、德引领全球城市格局，中、巴差距逐渐缩小

一 人才增量成为印度的突出短板

德国城市的可持续竞争力水平最强且较为均衡，变异系数为0.1928，其次为美国；而印度和尼日利亚的可持续竞争力较弱，并且国家内各个城市的可持续竞争力水平差异较大（见表8.12）。从其分项角度来看，各国人才密度均值高于人才增量，说明人才密度竞争力是影响总体可持续竞争力的主要原因。

表8.12 2020—2021年典型国家城市可持续竞争力统计分析

	可持续竞争力		人才密度		人才增量	
	均值	变异系数	均值	变异系数	均值	变异系数
印度	0.1954	0.3294	0.2690	0.3362	0.0888	0.3957
中国	0.3330	0.3593	0.3486	0.3666	0.2611	0.3856
尼日利亚	0.2351	0.3332	0.2838	0.2613	0.1467	0.5593
巴西	0.3543	0.2598	0.3755	0.2554	0.2732	0.3583
美国	0.5667	0.2322	0.5651	0.2203	0.4723	0.3706
德国	0.6465	0.1928	0.7807	0.1757	0.4029	0.3102

资料来源：中国社会科学院城市与竞争力研究中心数据库。

二 中巴略显差距

德国城市的可持续竞争力水平最强且较为均衡，变异系数为0.1696，人才密度成为德国的显著优势，其次为美国；而印度可持续竞争力最低。巴西与中国的可持续竞争力发展水平总体相差不大，但中国城市的变异系数较大，城市间发展不均衡（见表8.13）。

表8.13 2015—2016年典型国家城市可持续竞争力统计分析

	可持续竞争力		人才密度		人才增量	
	均值	变异系数	均值	变异系数	均值	变异系数
印度	0.1846	0.3253	0.2485	0.3495	0.0938	0.3189
中国	0.3433	0.3427	0.3581	0.3602	0.2783	0.3449

续表

	可持续竞争力		人才密度		人才增量	
	均值	变异系数	均值	变异系数	均值	变异系数
尼日利亚	0.2671	0.2921	0.3179	0.2491	0.1772	0.4296
巴西	0.3926	0.2327	0.3963	0.2582	0.3316	0.2693
美国	0.6037	0.1959	0.5787	0.2180	0.5405	0.2731
德国	0.6847	0.1696	0.7949	0.1727	0.4744	0.2264

资料来源：中国社会科学院城市与竞争力研究中心数据库。

从图8.6中可以看出，德国、美国引领全球可持续竞争力发展。印度的可持续竞争力最低，仅为0.1954，整体上看印度的城市内部发展差距较大，其首位城市德里为268名，有80个城市排在900名以外，城市间分化严峻。

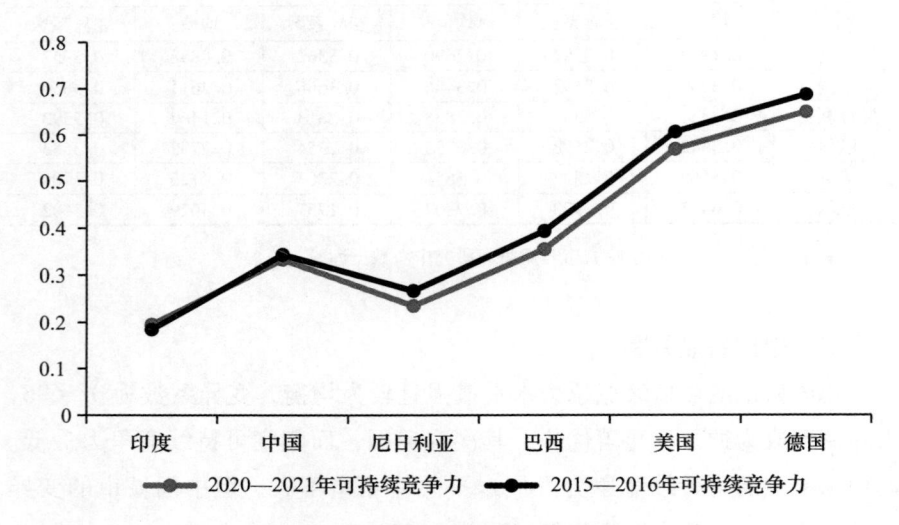

图8.6 典型国家可持续竞争力变化

资料来源：中国社会科学院城市与竞争力研究中心数据库。

三 印度可持续竞争力上升幅度较大

印度可持续竞争力3强分别是德里、班加罗尔和孟买，科技和国家中心城市引领印度城市格局；但是从全球角度来看，印度总体仍然处于较低水平，其首位城市德里在全球仅排268名，仅仅处于中前列，并且除了德里、班加罗尔、孟买这3个城市以外，其他城市均排在400名以外，总体处于非常低的水平；但从变化来看印度全球城市可持续竞争力以及人才密度处于上升状态（见表8.14）。此外，印度的人才密度要显著强于人才增量，德里的人才密度处于全球第136名。

表8.14　　2020—2021年印度前10名可持续竞争力及其变化

排名	城市	可持续竞争力 排名	5年排名变化	人才密度 排名	5年排名变化	人才增量 排名	5年排名变化
1	德里	268	65	136	49	525	130
2	班加罗尔	330	71	208	46	618	76
3	孟买	352	78	243	52	587	111
4	钦奈	412	132	276	65	689	105
5	科钦	450	122	257	73	789	52
6	哥印拜陀	481	117	303	56	785	42
7	浦那	509	69	382	52	730	26
8	科泽科德	592	71	355	82	876	-14
9	加尔各答	595	83	483	79	741	44
10	德拉敦	610	54	437	60	800	10

资料来源：中国社会科学院城市与竞争力研究中心数据库。

四　中国头部城市的可持续竞争力呈上升发展趋势

中国城市的可持续竞争力整体低于世界平均水平但头部城市呈上升发展趋势，中国可持续竞争力前10名的城市，其排名均有所上升。从表8.15中可以看出，一方面，中国城市内部差距较大，在291个样本中，有5个城市跻身全球前50名，9个城市跻身全球前100名，30个城市跻身全球前200名，有157个城市位于全球500名以后，占比约54%；另一方面，中国城市的可持续竞争力出现分化加剧。从5年变化来看，159个城市排名上升，占比54.63%；同时，也有130个城市排名出现下滑，占比44.67%。

表 8.15　2020—2021 年中国前 10 名可持续竞争力及其变化

排名	城市	可持续竞争力 排名	5 年排名变化	人才密度 排名	5 年排名变化	人才增量 排名	5 年排名变化
1	香港	4	2	3	0	19	4
2	深圳	9	14	8	5	32	18
3	台北	24	0	17	1	46	−4
4	上海	33	25	52	14	43	18
5	北京	47	36	97	20	36	15
6	广州	69	17	83	8	62	25
7	苏州	78	18	107	16	59	24
8	南京	89	29	99	17	84	30
9	青岛	94	39	125	22	72	45
10	武汉	102	81	124	65	95	68

资料来源：中国社会科学院城市与竞争力研究中心数据库。

五　尼日利亚城市可持续竞争力处于全球中后列

从尼日利亚 10 强城市来看，其总体可持续竞争力较弱，首位城市拉各斯在全球仅排第 313 名，其他城市除拉各斯、伊科罗杜外都在 400 名以外，处于全球中后列（见表 8.16）。此外，其人才密度和人才增量也表明其可持续竞争力水平较弱，均处于全球中后列。从其首位城市及尾部城市看，尼日利亚可持续竞争力内部分化严峻，呈直线下降趋势。

表 8.16　2020—2021 年尼日利亚前 10 名可持续竞争力及其变化

排名	城市	可持续竞争力 排名	5 年排名变化	人才密度 排名	5 年排名变化	人才增量 排名	5 年排名变化
1	拉各斯	313	1	358	−54	250	83
2	伊科罗杜	367	12	438	−62	301	87
3	阿布贾	401	−37	491	−44	307	−2
4	哈科特港	499	−7	581	−70	434	71
5	卡诺	580	−64	508	−77	690	−27

续表

排名	城市	可持续竞争力 排名	可持续竞争力 5年排名变化	人才密度 排名	人才密度 5年排名变化	人才增量 排名	人才增量 5年排名变化
6	贝宁	684	-103	513	-65	816	-70
7	扎里亚	688	-28	486	1	837	-23
8	埃努古	696	-82	541	-68	806	-35
9	阿库雷	714	-80	562	-64	815	-42
10	阿巴	727	-84	571	-72	826	-40

资料来源：中国社会科学院城市与竞争力研究中心数据库。

六 巴西可持续竞争力位于全球中前列

从巴西城市竞争力前10强来看，除首位城市圣保罗外，其余城市均在100—400名之间，巴西各城市可持续竞争力总体位于全球中前列但大部分城市处于降低状态；而从人才密度和人才增量5年排名变化的角度来看，二者总体均处于降低趋势，其中里贝朗普雷图和圣若泽度斯坎普斯的人才增量分别下降132位和117位（见表8.17）。

表8.17　2020—2021年巴西前10名可持续竞争力及其变化

排名	城市	可持续竞争力 排名	可持续竞争力 5年排名变化	人才密度 排名	人才密度 5年排名变化	人才增量 排名	人才增量 5年排名变化
1	圣保罗	83	-4	185	-35	47	-6
2	里约热内卢	151	-2	222	-9	96	7
3	巴西利亚	217	-12	307	-13	144	-8
4	阿雷格里港	226	-13	189	-20	298	-18
5	维多利亚	242	1	262	0	216	-2
6	坎皮纳斯	290	-32	317	-28	268	-51
7	贝洛奥里藏特	325	-15	444	-39	214	-5
8	里贝朗普雷图	335	-51	240	-25	515	-132
9	圣若泽杜斯坎普斯	339	-50	264	-27	476	-117
10	累西腓	365	-16	381	-24	351	-6

资料来源：中国社会科学院城市与竞争力研究中心数据库。

七 发达城市可持续竞争力集聚优势明显

美国可持续竞争力10强全部处于全球40强以内，并且10强中就占据2席，引领全球城市格局。此外，人才增量优势大于人才密度，其排名均位于全球前30名，优势明显（见表8.18）。

表 8.18　2020—2021 年美国前 10 名可持续竞争力及其变化

排名	城市	可持续竞争力 排名	可持续竞争力 5年排名变化	人才密度 排名	人才密度 5年排名变化	人才增量 排名	人才增量 5年排名变化
1	纽约	3	0	50	-7	2	0
2	旧金山	7	1	38	0	9	1
3	芝加哥	11	0	93	-4	7	0
4	波士顿	19	-5	64	-2	18	-5
5	费城	20	-4	68	1	16	-2
6	迈阿密	22	7	61	6	24	1
7	洛杉矶	23	4	214	4	4	1
8	休斯敦	26	-5	148	-21	8	1
9	西雅图	31	5	151	-3	15	1
10	亚特兰大	32	7	152	-3	17	1

资料来源：中国社会科学院城市与竞争力研究中心数据库。

八 德国人才密度优势显著

德国可持续竞争力10强有8位在全球100强以内，但总体处于缓慢降低状态。人才增量总体偏低且呈下降趋势，其中，多特蒙德和埃森分别下降114位和115位；但人才密度总体变化不大，并处于全球领先地位，其中，法兰克福、斯图加特、慕尼黑和汉诺威的人才密度分别位列全球10强（见表8.19）。

表 8.19　2020—2021 年德国前 10 名可持续竞争力及其变化

排名	城市	可持续竞争力 排名	可持续竞争力 5 年排名变化	人才密度 排名	人才密度 5 年排名变化	人才增量 排名	人才增量 5 年排名变化
1	法兰克福	16	-1	7	0	48	1
2	斯图加特	17	-5	4	0	55	-11
3	慕尼黑	18	-8	2	0	70	-18
4	柏林	25	-3	15	0	54	-7
5	汉堡	43	-12	18	1	90	-17
6	汉诺威	48	-11	9	-1	163	-28
7	科隆	71	-4	24	1	148	-14
8	多特蒙德	95	-14	11	0	403	-114
9	埃森	107	-12	13	1	457	-115
10	德累斯顿	130	-23	59	0	254	-63

资料来源：中国社会科学院城市与竞争力研究中心数据库。

第九章

2020年度全球城市可持续竞争力解析

　　经济活力是评判一个城市经济发展能力和潜力的重要指标，是城市可持续竞争力的重要组成部分，经济活力竞争力指数涵盖经商便利度、产权保护度、青年人才比例、经济增长率及劳动生产率五个分项指标。新兴城市在全球十强之中占主体，青年人口数量是决定经济活力的最重要因素。经济活力指标全球十强的城市分别是都柏林、纽约、奥斯陆、迪拜、深圳、旧金山、圣何塞、阿布扎比、新加坡和西雅图。经济活力较强的城市主要以青年人口占比较高的新兴城市为主。全球城市间经济活力发展水平差距依旧明显，呈现多中心化的发展格局。

　　城市发展质量是环境韧性竞争力的决定性因素，部分规模小但发展质量高的中小城市在全球脱颖而出；非洲城市环境韧性竞争力的均值小且内部差异大，而北美洲均值高且内部差异小，城市环境韧性竞争力在全球两极分化趋势明显；全球城市在环境污染度和生态多样性上得分较低，提高环境污染治理水平和维护生态多样性是提升全球城市环境韧性竞争力的关键。

　　开放度是决定全球城市社会包容的关键因素。社会包容是城市可持续竞争力的重要支撑，逆全球化趋势下，社会包容提高将为全球城市可持续发展提供新动力，而开放度是社会包容的主要短板。全球城市社会包容前20名城市主要集中在亚洲，亚洲有17个城市上榜。全球社会包容最强的城市主要是一些规模相对较小的城市，而不是全球化大城市。开放度变异系数在社会包容分项指标中最大，为 0.801，全球城市间对外开放差异较大，逆全球化将会加剧开放度对城市社会包容提升的阻碍。

科技企业是全球科技创新最重要的因素。对科技创新竞争力的研究发现，东京、北京、纽约、伦敦、首尔、波士顿、旧金山、上海、芝加哥、西雅图位居全球城市科技创新竞争力前 10。所有头部城市不仅是全球科技创新中心城市，也是全球的综合中心城市、金融中心城市。全球城市科技创新的洲际分布差异明显，新兴经济体整体水平亟待提升，且洲内城市间存在一定的差异。亚洲、非洲分化程度较大，欧洲分化程度较小，各洲内部分化程度大致与平均水平具有反向关系。从要素上看，科技企业是全球科技创新最重要的因素。

第一节　全球城市经济活力竞争力报告

一　经济活力总体格局

新兴城市在全球 10 强占据主体地位，青年人口与经商便利度成为决定城市经济活力的最重要因素

（一）全球城市经济活力区域分布不均，新兴城市凭借青年人口优势在全球 10 强中占据绝对多数，且经济发展潜力较大

全球经济活力 10 强以新兴城市为主。全球城市经济活力指标 10 强城市分别是都柏林、纽约、奥斯陆、迪拜、深圳、旧金山、圣何塞、阿布扎比、新加坡和西雅图。其中都柏林位居第 1，经济活力实力较强。都柏林拥有较高的人均收入，在发展食品加工、纺织制造等传统产业的同时，其在金融业、旅游业和交通运输等基础设施方面实现跨越式发展，整体经济发展水平较高。从经济活力指标全球 10 强城市的分布情况来看，除排名第 2 的纽约之外，经济活力较强的城市主要以青年人口占比较高的新兴城市为主。作为传统城市，纽约也正因为其较强的青年人才吸附能力而仍位列 10 强之中。同时，政治中心华盛顿特区也凭借较多的青年人口排名靠前，而东京并未入选经济活力 20 强城市。

表9.1　　　　　　　　经济活力指标全球20强城市

	国家	城市	标准化指数	世界排名
欧洲	爱尔兰	都柏林	1.0000	1
北美洲	美国	纽约	0.9556	2
欧洲	挪威	奥斯陆	0.9463	3
亚洲	阿拉伯联合酋长国	迪拜	0.9207	4
亚洲	中国	深圳	0.9061	5
北美洲	美国	旧金山	0.8920	6
北美洲	美国	圣何塞	0.8814	7
亚洲	阿拉伯联合酋长国	阿布扎比	0.8685	8
亚洲	新加坡	新加坡	0.8537	9
北美洲	美国	西雅图	0.8534	10
北美洲	美国	波士顿	0.8461	11
北美洲	美国	洛杉矶	0.8369	12
北美洲	美国	华盛顿特区	0.8325	13
北美洲	美国	丹佛	0.8132	14
北美洲	美国	亚特兰大	0.8070	15
北美洲	美国	芝加哥	0.8036	16
北美洲	美国	休斯敦	0.7968	17
北美洲	美国	达拉斯—佛尔沃斯堡	0.7854	18
北美洲	美国	费城	0.7850	19
欧洲	英国	伦敦	0.7834	20

资料来源：中国社会科学院城市与竞争力研究中心数据库。

100强城市中，新兴经济体城市的经济活力水平与发达经济体城市仍存在差距，但经济发展潜力较大。新兴经济体的百强城市数量较多，且与传统发达经济体城市数量较为接近。其中，亚洲多数城市具有人口优势，青年人口比例较高，青年人口集聚能力不容小觑。凭借人口优势，新兴经济体城市不仅缩小了与发达城市在经济活力上的差距，而且经济活力发展势头强劲，城市规模也在不断扩张，可见其经济发展潜力较大。但由于其经济起步较晚，规模效应尚未充分显现，因而与发达城市经济活力发展水平相比，新兴经济体城市还存在一定差距，营商环境也有待进一步优化。此外，发达经济体城市间仍存在比较明显的差距，尤其是成熟型城市，其青年人口吸附力度与其他发达城市相比较弱。

表9.2　　　经济活力指标全球100强城市的洲际分布情况

	样本	均值	变异系数	较优城市	标准化指数	世界排名
亚洲	22	0.7325	0.1135	迪拜	0.9207	4
欧洲	26	0.7187	0.1166	都柏林	1	1
北美洲	47	0.7412	0.0985	纽约	0.9556	2
南美洲	0	0	0	—	0	—
非洲	0	0	0	—	0	—
大洋洲	5	0.7115	0.0349	珀斯	0.7389	35
全球	100	0.7320	0.1045	都柏林	1	1

资料来源：中国社会科学院城市与竞争力研究中心数据库。

（二）青年人口与经商便利度不仅成为决定城市经济活力的重要因素，而且成为促使亚洲城市缩小与欧美城市差距的直接诱因

亚洲城市凭借新兴经济体优势，逐渐缩小与欧美城市在经济活力上的差距。全球经济活力较强的城市多数集中分布于北美洲、欧洲和亚洲地区。从数据来看，以全球城市经济活力的均值作为参考标准，亚洲城市的经济活力均值与其最为接近，表明亚洲凭借中国、印度等新兴经济体的蓬勃发展优势，在经济活力方面逐渐追赶并缩小了与欧洲、北美等传统优势地区城市的差距。而其余大洲地区的城市经济活力均值与全球水平相比存在较大差异，分别表现为传统优势地区偏高和新兴经济体地区（除亚洲外）偏低，说明区域间分化情况依旧严峻。

表9.3　　　全球城市经济活力指标的洲际分布

	样本	百强城市比重（%）	均值	变异系数
亚洲	565	3.89	0.4052	0.3216
欧洲	126	20.63	0.5245	0.2821
北美洲	131	35.88	0.5728	0.2846
南美洲	75	0	0.3107	0.2992

续表

	样本	百强城市比重（%）	均值	变异系数
非洲	102	0	0.2701	0.3517
大洋洲	7	71.43	0.6834	0.0761
全球	1006	9.94	0.4231	0.3769

资料来源：中国社会科学院城市与竞争力研究中心数据库。

从空间分布格局来看，新兴经济体城市与传统领先城市形成鼎立之势。观察图9.1与图9.2可知，尽管全球仍有一定数量经济活力较强的城市聚集于传统领先地区，但新兴经济体城市凭借青年人口数量与营商环境等优势逐渐迎头赶上，尤其是在位列全球前100位的城市中，新兴经济体城市经济活力充足、发展势头较好，与传统领先城市形成鼎立之势。

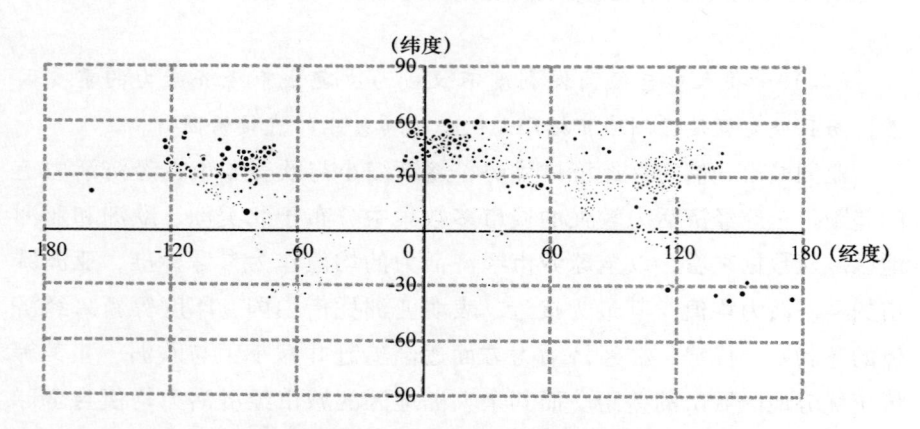

图9.1 全球1006个城市经济活力指标的空间分布

资料来源：中国社会科学院城市与竞争力研究中心数据库。

全球城市经济活力分项指标的均值和差异程度均存在较大差异，青年人口和经商便利度成为决定经济活力竞争力的最重要因素。在经济活力五项分指标中，青年人才比例指数的均值最低，变异系数最高，而经济增长率指标均值最高，变异系数较低，其余指标居中排列，反映出全球城市经济增长率的水平普遍较高。但全球各城市的青年劳动力人口仍存在一定缺口，而且城市间较大的差异需引起关注。

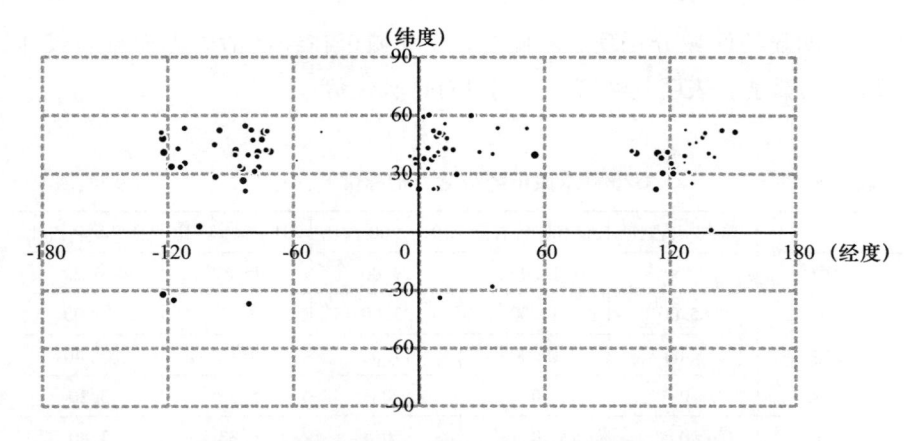

图 9.2　全球前 100 名城市经济活力指标的空间分布

资料来源：中国社会科学院城市与竞争力研究中心数据库。

表 9.4　　　　　　全球城市经济活力分项指标描述性统计

	均值	变异系数	较优城市
经商便利度	0.3882	0.5896	莫斯科
产权保护指数	0.5848	0.2337	纽约
青年人才比例指数	0.1109	1.0941	迪拜
经济增长率	0.6117	0.2555	科纳克里
劳动生产率	0.5318	0.3477	圣何塞

资料来源：中国社会科学院城市与竞争力研究中心数据库。

二　经济活力国家格局

（一）传统国家城市优势减弱，新兴经济体城市提升潜力较大，全球总体呈现由湾区引领的多中心化发展格局

1. G20 城市总体经济活力优势明显，新兴经济体城市提升潜力较大

G20 中新兴经济体城市的经济活力提升空间广阔。新兴经济体国家的城市在全球城市经济活力 500 强中的城市数量明显多于发达经济体城市，说明新兴经济体城市的经济活力具有较大的提升空间。中国作为新兴经济体国家的典型代表，在全球城市经济活力排名第 101—500 位的区间内，中国的城市数量占比较大。传统优势地区在全球经济活力 100 强城市占比

中存在明显的区域分化现象。此外，G20 城市在经济活力方面排名较非 G20 更为靠前，表明其经济活力仍具有比较优势。

表 9.5　　　　G20 样本城市经济活力指标排名分布　　　　（单位：%）

	前 20 名占比	前 100 名占比	101—200 占比	201—500 占比	前 500 名占比
中国	5.00	15.00	29.00	45.67	36.20
美国	65.00	44.00	23.00	2.67	15.00
欧盟	5.00	19.00	17.00	10.33	13.40
墨西哥	0	0	0	5.33	3.20
印度	0	0	0	6.33	3.80
德国	0	7.00	3.00	1.00	2.60
意大利	0	0	1.00	4.00	2.60
英国	5.00	4.00	7.00	0.33	2.40
巴西	0	0	0	1.00	0.60
日本	0	1.00	2.00	2.33	2.00
法国	0	2.00	5.00	0.67	1.80
加拿大	0	3.00	6.00	0	1.80
俄罗斯	0	0	1.00	3.33	2.20
韩国	0	0	2.00	2.00	1.60
印度尼西亚	0	0	0	2.67	1.60
土耳其	0	0	1.00	1.33	1.00
澳大利亚	0	4.00	2.00	0	1.20
阿根廷	0	0	0	0	0.00
南非	0	0	0	1.00	0.60
沙特	0	0	2.00	2.33	1.80
G20	80.00	90.00	92.00	86.67	88.40
非 G20	20.00	10.00	8.00	13.33	11.60
全球	1.99	9.94	9.94	29.82	49.70

资料来源：中国社会科学院城市与竞争力研究中心数据库。

从 G20 样本中的较优城市来看，新兴经济体国家中入围的较优城市有一定数量的非首都城市，而传统优势国家中的较优城市则基本为其历史上的中心城市。这可能与新兴经济体国家城市历史包袱较轻、人口结构较好且城市开放包容程度较高密不可分。以中国为例，与北京相比，深圳以其较高的青年人口吸附力和更加开放的营商环境成为中国在全球城市排名靠前的较优城市。同样，加拿大的较优城市并非其第一大城市多伦多，而是卡尔加里。此外，以金砖国家为代表的新兴经济体国家城市，其经济活力变异系数与发达经济体城市相差并不明显，表明新兴经济的城市发展在活力方面日趋均衡。

表9.6　　　　　　G20样本城市经济活力指标描述性统计

	均值	变异系数	较优城市	世界排名
美国	0.6778	0.1515	纽约	2
澳大利亚	0.6835	0.0833	珀斯	35
英国	0.6373	0.0949	伦敦	20
加拿大	0.6414	0.0680	卡尔加里	52
德国	0.6340	0.1053	慕尼黑	40
日本	0.5322	0.1450	东京	90
韩国	0.5318	0.1568	首尔	101
法国	0.5987	0.1291	巴黎	36
欧盟	0.5887	0.1679	都柏林	1
南非	0.4012	0.1432	比勒陀利亚	300
沙特阿拉伯	0.5069	0.1398	利雅得	121
中国	0.4428	0.2639	深圳	5
土耳其	0.4025	0.2352	伊斯坦布尔	162
意大利	0.5034	0.0869	米兰	191
墨西哥	0.3930	0.1729	蒙特雷	270
印度尼西亚	0.3892	0.1498	雅加达	292
印度	0.3406	0.1952	德里	243
巴西	0.3243	0.1520	容迪亚伊	394
俄罗斯	0.3835	0.1982	莫斯科	136
阿根廷	0.2729	0.1857	布宜诺斯艾利斯	576
G20	0.4617	0.3129	都柏林	1
非G20	0.3170	0.4752	奥斯陆	3
全球	0.4231	0.3769	都柏林	1

资料来源：中国社会科学院城市与竞争力研究中心数据库。

（二）代表性国家中的传统经济体相对于新兴经济体的经济活力优势明显减弱

从各项指标的变异系数来看，在知识产权保护方面，新兴经济体城市的经济活力表现要优于传统经济体城市，表明其普遍更为重视对知识产权的保护。在青年人才比例方面，部分新兴经济体城市的比例超过了传统经济体城市，表明传统经济体城市面临一定程度的青年人才短缺问题，因而影响了经济活力。在劳动生产率和经商便利度方面，新兴经济体城市甚至超过了部分欧美地区的传统经济体城市，这表明新兴经济体城市的追赶势头逐渐加强。从代表性国家内部城市间的经济活力差异情况来看，部分传统经济体内部城市间的变异系数甚至高于新兴经济体国家内部城市之间的水平，说明其已经开始失去城市经济活力总体偏好的优势。

表 9.7　代表性国家经济活力分项指标的统计分析

			中国	美国	印度	日本	英国	南非	巴西	澳大利亚
分项指标	经商便利度	均值	0.4374	0.5843	0.2296	0.4812	0.7121	0.3771	0.2590	0.6305
		变异系数	0.4455	0.3766	0.7024	0.3845	0.1760	0.3360	0.4411	0.1913
	产权保护指数	均值	0.6116	0.6779	0.5069	0.6568	0.7318	0.5617	0.5405	0.6399
		变异系数	0.1945	0.2045	0.2333	0.2092	0.1544	0.1534	0.1168	0.2392
	青年人才比例指数	均值	0.1171	0.1759	0.0687	0.1714	0.2015	0.1085	0.0645	0.1622
		变异系数	1.0872	0.9235	0.8677	0.6328	0.5322	1.1139	0.7108	0.7203
	经济增长率	均值	0.6323	0.6260	0.5841	0.6623	0.6229	0.6495	0.6375	0.6622
		变异系数	0.2484	0.1944	0.2855	0.1868	0.2382	0.3081	0.1898	0.1032
	劳动生产率	均值	0.5391	0.6056	0.4919	0.6562	0.6959	0.4846	0.4596	0.6410
		变异系数	0.3197	0.3704	0.3250	0.2784	0.2004	0.3069	0.2648	0.3677
经济活力		均值	0.4428	0.6778	0.3406	0.5322	0.6373	0.4012	0.3243	0.6835
		变异系数	0.2639	0.1515	0.1952	0.1450	0.0949	0.1432	0.1520	0.0833

资料来源：中国社会科学院城市与竞争力研究中心数据库。

（三）全球总体呈现由湾区引领的多中心化发展格局，较成熟的世界湾区城市在经济活力方面优势明显

根据区域分布，本书重点研究的是湾区东京—琦玉—千叶—神奈川

大湾区、旧金山湾区、纽约湾、环渤海湾、杭州湾与粤港澳大湾区6大世界湾区。总的来看，成熟世界湾区城市的经济活力分项指标优势较为明显，尽管各湾区城市经济活力分项指标内部差异程度较大，但总体仍呈现由湾区引领的多中心化发展格局。

从横向对比来看，六大湾区除青年人才比例指数指标外，各项指标差距不大。旧金山湾区、纽约湾区和粤港澳大湾区的青年人才比例指数位居前3，分别为0.473、0.404和0.361，表明3大湾区对青年人才具有较强的吸引力，但其变异系数相对较高，青年人口的空间分布尚有较大差距，应当着重完善人才吸引政策，协同湾区内各城市发展。东京—琦玉—千叶—神奈川大湾区的人口结构已经处于深度老龄化阶段，青年人口短缺现象严重，致使青年人才比例指数仅有0.008，远低于世界其他湾区。环渤海湾区的数值较低，各项指标在六大湾区中排名靠后，且其经商便利度和经济活力这两项指标的变异系数明显较高，这表明环渤海地区的各个城市间的经商便利度和经济活力差距较大，主要原因是环渤海湾区城市的发展战略地位不一，政策扶持力度相差较大。与其他湾区相比，粤港澳大湾区的经济活力均值较高，并远超全球城市以及中国城市经济活力的平均水平，发展势头强劲，但是仍存在很大的差异。总体来看，世界成熟湾区经济活力水平较高，优势凸显，粤港澳大湾区城市各具特色，其经济发展水平较高，但城市间互联互动能力有待提升。

表9.8　　　　湾区经济活力分项指标的统计分析

		东京—琦玉—千叶—神奈川大湾区	杭州湾	环渤海湾	旧金山湾区	纽约湾	粤港澳大湾区
经商便利度	均值	0.789	0.612	0.598	0.678	0.600	0.610
	变异系数	0	0.271	0.375	0.278	0.477	0.397
产权保护指数	均值	0.942	0.657	0.668	0.826	0.859	0.710
	变异系数	0	0.041	0.098	0.205	0.088	0.154

续表

		东京—琦玉—千叶—神奈川大湾区	杭州湾	环渤海湾	旧金山湾区	纽约湾	粤港澳大湾区
青年人才比例指数	均值	0.008	0.161	0.128	0.473	0.404	0.361
	变异系数	0	0.458	0.669	0.626	0.415	0.567
经济增长率	均值	0.543	0.784	0.551	0.648	0.551	0.695
	变异系数	0	0.082	0.258	0.034	0.087	0.200
劳动生产率	均值	0.836	0.611	0.541	0.884	0.883	0.620
	变异系数	0	0.040	0.149	0.189	0.050	0.160
经济活力	均值	0.660	0.582	0.492	0.763	0.707	0.627
	变异系数	0	0.145	0.244	0.280	0.217	0.248

资料来源：中国社会科学院城市与竞争力研究中心数据库。

随着区域一体化进程的不断推进，粤港澳大湾区整体发展较为良好，已经成为中国经济最活跃、最具竞争力的区域之一，经济活力发展呈现由深圳、广州、珠海、香港四大中心引领状态，但青年人才比例指数分化比较严重。其中，深圳作为经济特区吸引了众多青年人才，其青年人才比例指数均值达0.863，而与之形成强烈反差的城市是肇庆，其均值为0.073，这也是导致出现变异系数较大的原因。同时，在经商便利度、经济活力和经济增长率这三项指标上也存在分化较大的问题，如深圳、广州等一线城市的经商便利度指数明显高于肇庆、江门等城市，同时一线城市的经济活力指数也高于其他城市，导致这类现象出现的主要原因在于一线城市具有资源优势且政策扶持力度较大，而其他城市就相对较弱。粤港澳大湾区凭借出色的经济创新力，城市整体发展水平较高，经济增长率维持在0.7左右。整体上湾区城市经济发展基础相对较好，大部分城市的经济增长率接近0.7，但澳门的经济增长率为0.345，低于其他城市，可见城市间发展水平仍存在较大差距。总体而言，粤港澳大湾区城市经济活力的各项指标均值相对较高且差异较大，在营商环境、产权保护、高质量人才空间分布、经济发展整体水平以及社会生产力提升等方面尚有不足。

表9.9　　　　粤港澳大湾区经济活力分项指标的统计分析

	东莞	佛山	广州	惠州	江门	深圳	肇庆	中山	珠海	香港	澳门	均值	变异系数
经商便利度	0.648	0.417	0.912	0.532	0.218	0.915	0.217	0.662	0.737	0.771	0.680	0.610	0.397
产权保护指数	0.651	0.631	0.802	0.652	0.600	0.836	0.606	0.650	0.705	0.943	0.733	0.710	0.154
青年人才比例指数	0.412	0.368	0.404	0.238	0.117	0.812	0.073	0.344	0.438	0.233	0.536	0.361	0.567
经济增长率	0.755	0.711	0.744	0.764	0.732	0.822	0.628	0.685	0.863	0.596	0.345	0.695	0.200
劳动生产率	0.552	0.610	0.646	0.556	0.510	0.662	0.488	0.584	0.647	0.819	0.748	0.620	0.160
经济活力	0.633	0.558	0.763	0.560	0.410	0.906	0.366	0.608	0.732	0.724	0.639	0.627	0.248

资料来源：中国社会科学院城市与竞争力研究中心数据库。

（四）中国城市总体经济活力存在金字塔形分布格局，青年人口数量成为制约城市经济活力的最主要因素

当前中国城市总体经济活力有待提升，且存在金字塔形的分布不均现象。从全球城市经济活力排名来看，跻身经济活力全球前100名的15个中国城市分别是深圳（5）、北京（23）、广州（26）、上海（30）、珠海（39）、香港（44）、南京（50）、杭州（55）、苏州（71）、厦门（72）、长沙（76）、武汉（78）、宁波（92）、成都（93）、合肥（98）。排前200名的有44个，排前500名的有181个，前500名的城市占比超过中国地级市总数的五成以上。

从中国200强城市经济活力分项指标来看，各城市的经济增长水平最为接近，但青年人口比例差距最为明显。其中，中国各城市经济增长率的均值水平最高，且变异系数最小，表明中国城市在经济增长方面呈现协调发展格局。青年人口占比的均值最小，而变异系数最大，表明多数200强城市在吸引青年劳动力与人才方面的力度稍有不足，也反映出中国城市青年人口差距亟须弥补，计划生育亟待放开。其余分项指标的均值和变异系数介于经济增长率与青年人才比例指数之间，均值相对较低，变异系数较大,说明城市间在营商环境、产权保护与劳动生产率上也存在着较大的差异,需要给予密切关注。空间布局上深圳经济领衔发展,200强城市呈自东向西递减的空间分布状态。

表9.10　　中国200强城市经济活力分项指标的统计分析

	均值	变异系数	较优城市
经商便利度	0.553	0.272	北京
产权保护指数	0.273	0.445	金昌
青年人才比例指数	0.151	0.818	中山
经济增长率	0.749	0.104	淮安
劳动生产率	0.500	0.253	金昌
经济活力	0.446	0.281	深圳

资料来源:中国社会科学院城市与竞争力研究中心数据库。

从中国城市与全球经济活力指标的统计分析来看,中国500强城市经商便利程度较为靠前,其余指标呈依次递减之势,劳动生产率有待提高。中国各城市与全球其他城市相比,在经济活力各指标中,除经商便利度外,其他指标均较低,且201—500名的城市在各项指标上均高于前500名的城市的总体指标,表明中国各城市在该排名区间内经济活力较高,处在中游水平的位置。总体来说,中国小部分城市经济活力处于全球领先水平,而大部分城市经济活力处于世界中游水平,在总体上呈现出分布不均的态势,青年人才数量成为制约中国城市经济活力的最主要因素。

表9.11　　　　中国城市经济活力指标的统计分析　　　　(单位:%)

	前20名占比	前100名占比	101—200名占比	201—500名占比	前500名占比
经济活力	5.00	15.00	29.00	45.67	36.20
经商便利度	20.00	29.00	29.00	39.67	35.40
产权保护指数	0	1.00	9.00	24.67	16.80
青年人才比例指数	0	0	2.00	5.33	3.60

续表

	前20名占比	前100名占比	101—200名占比	201—500名占比	前500名占比
经济增长率	0	0	1.00	1.67	1.20
劳动生产率	0	0	0	0.67	0.40

资料来源：中国社会科学院城市与竞争力研究中心数据库。

三 结论

第一，从全球城市经济活力指标分布的总体格局来看，全球城市的经济活力整体布局不均衡，城市间差异较为显著，新兴城市凭借青年人口优势在前10位中占据绝大多数。

第二，青年人口与经商便利度不仅成为决定城市经济活力的最重要因素，而且成为促使亚洲城市缩小与欧美城市差距的直接诱因。亚洲城市凭借新兴经济体优势逐渐缩小与欧美城市在经济活力上的差距。从空间分布格局来看，新兴经济体城市与传统领先城市形成鼎立之势。全球城市经济活力分项指标的均值和差异程度均存在较大差异。未来应当在城市发展中注重经济发展均衡性，提升整体经济竞争力水平。

第三，G20整体经济活力较非G20城市优势更明显。其中，传统发达国家的城市仍占优势，新兴经济体的城市经济活力指标均值低于传统发达经济体，且内部分化程度高于传统发达经济体国家的城市，但其总体经济活力优势明显，经济活力提升潜力较大。新兴经济体国家中入围的较优城市有一定数量的非首都城市，而传统优势国家中的较优城市则基本为其历史上的中心城市。

第四，无论从总体还是各分项指标角度来看，代表性国家中的传统经济体相对于新兴经济体的经济活力优势均在减弱。而从代表性国家内部城市间的经济活力差异情况来看，部分传统经济体内部城市间的变异系数甚至高于新兴经济体国家内部城市之间的水平。

第五，从湾区城市经济活力分指标发展情况来看，青年人口和经商便利度也成为制约粤港澳大湾区经济活力发展的重要因素。成熟世界湾区城市的经济活力分指标优势较为明显，各湾区城市经济活力分项指标内部差异较大。与其他湾区相比，粤港澳大湾区的经济活力均值较高，并远超全球城市以及中国城市经济活力的平均水平,但内部城市差异较大,城市间联动能力仍然有待提升。

第六,中国城市总体经济活力有待提升,且存在金字塔形的分布不均现象。从经济活力分项指标统计分析情况来看,各城市经济发展程度相差较大,其中青年人才占比是影响经济活力的最主要因素。从空间分布来看,中国城市分布呈自东向西递减的空间分布状态,未来需要着力加强城市间的协调发展,提高整体活力。

第二节 全球城市环境韧性竞争力报告

一 环境韧性总体格局

(一) 头部城市概况

城市发展质量是环境韧性竞争力的决定性因素,部分规模小但发展质量高的中小城市在全球脱颖而出。从全球环境韧性20强城市在各大洲的分布情况看,欧洲占据12席,北美洲占据4席,亚洲占据3席,澳大利亚占据1席。从国家层面来看,德国独占6席,美国占据3席,传统的大城市在城市环境韧性竞争力上的优势并不突出,这是因为环境韧性竞争力是由先天自然条件与后天的经济发展水平等综合决定的。

表9.12　　　　　　环境韧性指标全球20强城市

	国家	城市	指数	世界排名
欧洲	德国	斯图加特	1.000	1
欧洲	奥地利	维也纳	0.979	2
亚洲	新加坡	新加坡	0.961	3
欧洲	德国	法兰克福	0.954	4
欧洲	德国	杜塞尔多夫	0.936	5
北美洲	波多黎各	圣胡安	0.930	6
亚洲	中国	香港	0.924	7
欧洲	瑞士	日内瓦	0.923	8
欧洲	希腊	塞萨洛尼基	0.907	9
欧洲	德国	柏林	0.902	10

续表

	国家	城市	指数	世界排名
欧洲	葡萄牙	里斯本	0.894	11
欧洲	德国	汉诺威	0.891	12
欧洲	瑞典	哥德堡	0.890	13
北美洲	美国	艾伦镇	0.886	14
亚洲	以色列	特拉维夫—雅法	0.884	15
北美洲	美国	开普科勒尔	0.879	16
大洋洲	澳大利亚	墨尔本	0.877	17
北美洲	美国	布里奇波特—斯坦福德	0.876	18
欧洲	瑞士	苏黎世	0.875	19
欧洲	德国	慕尼黑	0.875	20

资料来源：本报告研究整理。

城市环境韧性竞争力在全球仍存在明显的分化趋势。全球环境韧性前100名的城市，88%集中于北美洲、欧洲和亚洲。比较前100名城市和全体样本的均值和变异系数可以发现，前100名城市的均值水平显著高于全球水平，但变异系数显著低于全球平均水平。从前100名城市的洲际分布来看，欧洲占据了42%，北美洲、欧洲和亚洲共接近90%，集中度明显。从各大洲环境韧性的最优城市来看，欧洲、北美洲、亚洲的领先城市均进入全球前10名，而大洋洲、非洲与南美洲最优城市的全球排名都在20名以后。

表9.13　　环境韧性指标全球100强城市的洲际分布情况

	样本	均值	变异系数	最优城市	指数	世界排名
欧洲	42	0.859	0.054	斯图加特	1.000	1
亚洲	13	0.856	0.053	新加坡	0.961	3
北美洲	33	0.846	0.033	圣胡安	0.930	6
大洋洲	4	0.829	0.039	墨尔本	0.877	17
非洲	3	0.822	0.033	阿尔及尔	0.854	37
南美洲	5	0.808	0.007	库里奇巴	0.816	80

资料来源：本报告研究整理。

（二）整体空间格局

大洋洲、北美洲和欧洲领跑全球。从全球城市环境韧性洲际分布的均值特征来看，大洋洲、北美洲和欧洲的城市环境韧性相对较好，非洲和亚洲的城市环境韧性相对较弱，南美洲的城市环境韧性居中。从变异系数来看，大洋洲、北美洲和亚洲城市环境韧性波动幅度较小，非洲城市的环境韧性波动幅度较大。从各洲全球城市100强比重来看，大洋洲、欧洲和北美洲占比都超过20%，领跑全球，亚洲、非洲和南美洲都低于10%。

表9.14　　　　　全球城市环境韧性指标的洲际分布　　　　（单位：%）

	样本	百强城市比重	均值	变异系数
北美洲	131	25	0.698	0.195
大洋洲	7	57	0.787	0.088
非洲	102	3	0.524	0.330
南美洲	75	7	0.590	0.276
欧洲	126	33	0.693	0.273
亚洲	565	2	0.499	0.271
总计	1006	10	0.560	0.306

资料来源：本报告研究整理。

提高环境污染治理水平和维护生态多样性是提升全球城市环境韧性竞争力的关键。从环境韧性分项指标来看，1006个样本城市主要集中在自然灾害较少的区域，所有城市的气候舒适度与电力充沛度都处于较高的水平。目前全球城市在环境污染度和生态多样性上得分较低，这表明全球城市在环境污染治理和维护生态多样性上仍面临较大的挑战。

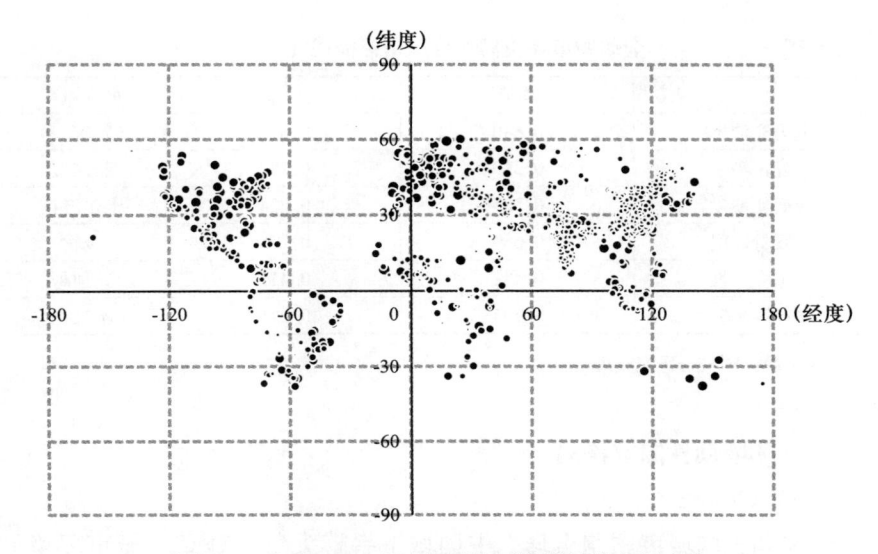

第九章 2020年度全球城市可持续竞争力解析 ◇ 341

图 9.3 全球 1006 个城市环境韧性指标的空间分布

资料来源：中国社会科学院城市与竞争力研究中心数据库。

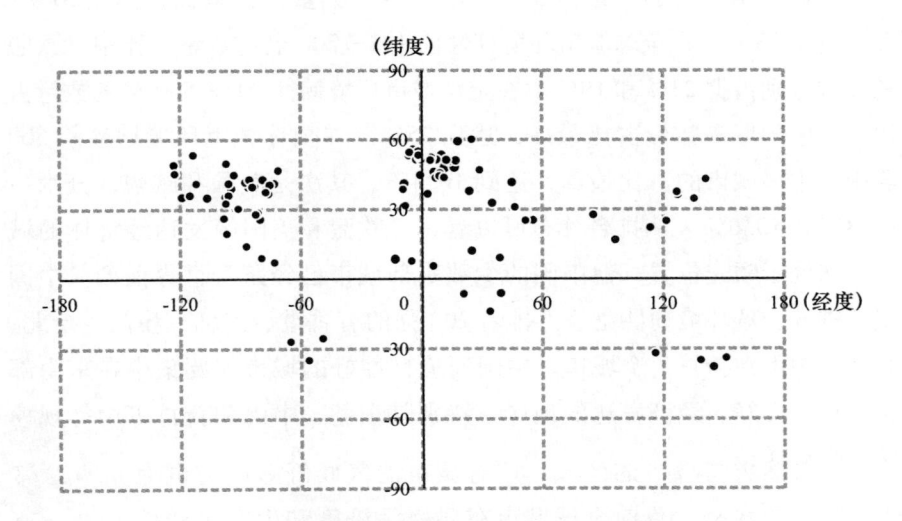

图 9.4 全球前 100 名城市环境韧性指标的空间分布

资料来源：中国社会科学院城市与竞争力研究中心数据库。

表 9.15　　　　　全球城市环境韧性分项指标描述性统计

	均值	变异系数	最优城市
电力充沛度	0.640	0.375	（不唯一）
环境污染度	0.319	0.282	新加坡
交通便捷度	0.585	0.224	卡尔巴拉
气候舒适度	0.659	0.275	茂物
生态多样性	0.482	0.411	芝加哥
自然灾害	0.793	0.211	（不唯一）

资料来源：本报告研究整理。

二　环境韧性国家格局

（一）G20概况

欧盟和美国城市领跑全球，中国城市崭露头角。对G20城市环境韧性的排名情况进行比较发现，在全球城市环境韧性前20名中的数量占比中，欧盟以50%的比例领先，德国占据30%，美国占据15%。在全球城市环境韧性100名的数量占比中，欧盟城市数量占比最高，高达31%，美国占据28%。在全球城市环境韧性前101—200名的数量占比中，欧盟和美国分别占据23%和19%。在全球城市环境韧性201—500名的数量占比中，中国城市数量占比最高，达到25%。在全球城市环境韧性前500名中，中国城市的占比最高，达到16.4%，其次是美国和欧盟，分别占13.8%和13.6%。从排名分布可以看出，欧盟和美国等发达经济体的城市依然处于领先位置，但中国的少数头部城市已经跻身世界前列。中国城市进入全球环境韧性竞争力排名200强的有香港、深圳、澳门、台北、东莞、中山和新竹7个城市。中国环境韧性好的城市主要集中在东南部自然环境良好、经济发达的地区，特别是东莞、中山和新竹等中等规模城市强势逆袭。

表 9.16　　　　　G20样本城市环境韧性指标排名分布　　　　（单位：%）

	前20名占比	前100名占比	101—200名占比	201—500名占比	前500名占比
中国	5.0	4.0	3.0	25.0	16.4
美国	15.0	28.0	19.0	7.3	13.8

续表

	前20名占比	前100名占比	101—200名占比	201—500名占比	前500名占比
欧盟	50.0	31.0	23.0	4.7	13.6
墨西哥	0	0	8.0	5.3	4.8
印度	0	0	1.0	9.3	5.8
俄罗斯	0	0	5.0	2.0	2.2
巴西	0	1.0	5.0	7.0	5.4
德国	30.0	8.0	4.0	0.3	2.6
意大利	0	3.0	6.0	1.3	2.6
印度尼西亚	0	0	0	3.3	2.0
土耳其	0	0	0	1.3	0.8
英国	0	9.0	2.0	0.3	2.4
日本	0	2.0	4.0	1.3	2.0
加拿大	0	4.0	4.0	0.3	1.8
韩国	0	3.0	3.0	0.7	1.6
法国	0	3.0	4.0	0.7	1.8
阿根廷	0	1.0	3.0	0.3	1.0
澳大利亚	5.0	4.0	2.0	0	1.2
南非	0	0	1.0	1.3	1.0
沙特阿拉伯	0	0	0	0.3	0.2
G20	75.0	87.0	83.0	70.0	75.8
非G20	25.0	13.0	17.0	30.0	24.2
全球	100	100	100	100	100

资料来源：本报告研究整理。

表9.17　　G20样本城市环境韧性指标描述性统计

	均值	变异系数	最优城市	世界排名
中国	0.490	0.226	香港	7
美国	0.741	0.157	艾伦镇	14
欧盟	0.787	0.118	斯图加特	1
墨西哥	0.601	0.229	帕丘卡—德索托	142
印度	0.489	0.232	芒格洛尔	168

续表

	均值	变异系数	最优城市	世界排名
俄罗斯	0.480	0.394	雅罗斯拉夫尔	117
巴西	0.643	0.184	库里奇巴	80
德国	0.858	0.094	斯图加特	1
意大利	0.754	0.079	帕多瓦	38
印度尼西亚	0.571	0.195	马辰港	209
土耳其	0.464	0.205	盖布泽	348
英国	0.815	0.052	贝尔法斯特	26
日本	0.731	0.112	东京	81
加拿大	0.794	0.050	温哥华	49
韩国	0.777	0.073	光州	35
法国	0.776	0.099	巴黎	32
阿根廷	0.606	0.296	圣米格尔—德图库曼	98
澳大利亚	0.810	0.047	墨尔本	17
南非	0.649	0.118	德班	172
沙特阿拉伯	0.354	0.331	吉达	436
G20	0.575	0.291	斯图加特	1
非G20	0.520	0.340	新加坡	3
全球	0.560	0.306	斯图加特	1

资料来源：本报告研究整理。

（二）代表性国家概况

根据洲际划分，这里重点选择亚洲的中国、日本和印度，欧洲的英国，北美洲的美国，南美洲的巴西，非洲的南非，大洋洲的澳大利亚进行比较。总的来看，澳大利亚和英国城市在环境韧性的各个分项指标中基本都比较有优势，而新兴经济体整体水平依然偏低。

从交通拥挤程度来看，英国、美国和澳大利亚处于领先地位，巴西、中国和南非等新兴经济体比较落后。从电力充沛度来看，英国和澳大利亚处于领先地位，但其城市间的差距较大。从生态多样性来看，美国和日本处于领先地位，巴西、南非和印度等新兴经济体城市较落后。从气候舒适度来看，日本和澳大利亚的城市优势明显，但城市间差距较大。

从环境污染度来看,各国城市得分普遍较低,其中,中国和印度城市的环境污染问题最为严重。从自然灾害来看,除日本外,各国城市得分普遍较高。

表 9.18　　代表性国家环境韧性分项指标的统计分析

		澳大利亚	中国	南非	印度	巴西	日本	美国	英国
交通拥挤程度	均值	0.604	0.522	0.484	0.580	0.542	0.586	0.621	0.629
	变异系数	6.389	6.972	4.529	4.830	4.984	31.116	5.462	5.638
电力充沛度	均值	0.947	0.509	0.826	0.629	0.778	0.825	0.800	0.973
	变异系数	10.555	2.768	9.165	4.319	4.274	6.078	4.674	19.197
生态多样性	均值	0.598	0.526	0.440	0.416	0.478	0.652	0.706	0.647
	变异系数	2.473	4.775	9.621	4.844	4.174	3.777	3.704	5.653
气候舒适度	均值	0.794	0.726	0.754	0.534	0.639	0.830	0.748	0.668
	变异系数	15.050	5.688	12.362	2.773	3.734	24.912	9.512	4.969
环境污染度	均值	0.400	0.265	0.322	0.226	0.354	0.416	0.393	0.426
	变异系数	11.695	4.878	6.377	2.627	15.401	5.474	7.243	5.750
自然灾害	均值	0.790	0.814	0.744	0.838	0.897	0.581	0.843	0.821
	变异系数	10.897	8.319	4.849	6.359	10.615	2.656	7.122	14.627
环境韧性整体	均值	0.810	0.483	0.649	0.489	0.643	0.731	0.741	0.815
	变异系数	21.246	4.726	8.465	4.315	5.428	8.940	6.370	19.198

资料来源:本报告研究整理。

(三) 中国概况

环境污染是制约中国城市环境韧性提升的最关键因素。城市环境韧性是交通便捷度、电力充沛度、生态多样性、气候舒适度、环境污染度以及自然灾害六个分项指标的平均得分。在上述六个分项指标中,得分最高的是气候舒适度,其平均得分为 0.748,其他维度得分由高到低分别为生态多样性、自然灾害、交通便捷度、电力充沛度与环境污染度。其中,环境污染度的平均得分最低,仅有 0.227,大幅度落后于其他分项指标。

粤港澳大湾区环境韧性竞争力跻身国际一流水平且内部分布均衡。粤港澳大湾区环境韧性竞争力得分为 0.723,排在东京湾区(0.815)和

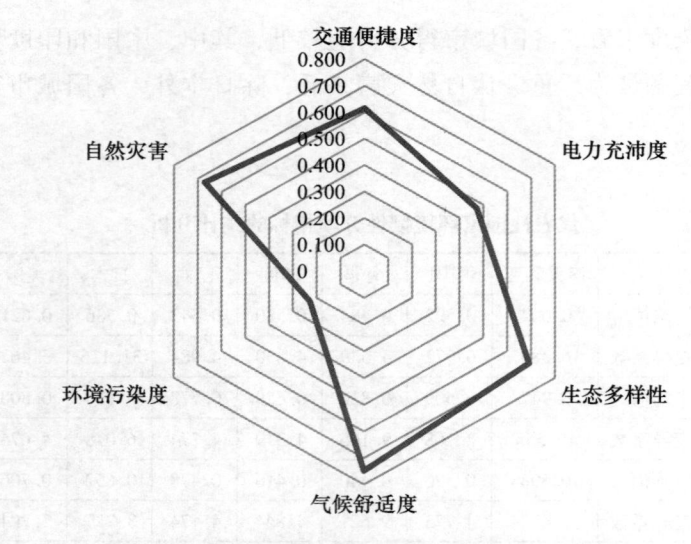

346 ◇ 第四部分 全球城市可持续竞争力报告

图9.5 中国城市环境韧性不同分项指标的平均得分

资料来源：中国社会科学院城市与竞争力研究中心数据库。

纽约湾区（0.812）之后，领先于旧金山湾区（0.677）、杭州湾区（0.615）和环渤海湾区（0.550），跻身国际一流水平，且内部差异最小，内部城市环境韧性竞争力分布相对均衡。相对于全球其他湾区，环境污染和交通便捷度是粤港澳大湾区的主要短板，提升粤港澳大湾区环境韧性竞争力的关键是加强环境污染治理与交通基础设施建设。

第三节 全球城市社会包容竞争力报告

一 社会包容总体格局

（一）头部城市概况

亚洲、欧洲城市引领全球，亚洲城市强势主导。全球社会包容20强城市在全球分布呈现明显的极化现象，亚洲城市占据17席，欧洲城市占3席，表明亚洲城市的社会包容显著高于其他各大洲城市。具体到国家，日本独占8席，中国占4席，韩国占3席，东亚国家城市社会包容水平较高。

表 9.19 社会包容指标全球 20 强城市

	国家	城市	指数	世界排名
亚洲	日本	东京	1.000	1
亚洲	韩国	首尔	0.987	2
亚洲	韩国	釜山	0.958	3
欧洲	捷克	布拉格	0.956	4
亚洲	日本	札幌	0.955	5
亚洲	中国	台北	0.950	6
亚洲	中国	台南	0.946	7
亚洲	日本	新泻	0.944	8
亚洲	日本	北九州—福冈大都市圈	0.943	9
亚洲	日本	静冈—滨松大都市圈	0.937	10
亚洲	中国	台中	0.922	11
亚洲	日本	熊本	0.922	12
亚洲	中国	西安	0.917	13
亚洲	日本	大阪	0.917	14
欧洲	匈牙利	布达佩斯	0.916	15
亚洲	中国	高雄	0.914	16
欧洲	罗马尼亚	布加勒斯特	0.914	17
亚洲	沙特阿拉伯	利雅得	0.913	18
亚洲	日本	名古屋	0.910	19
亚洲	韩国	大田	0.910	20

资料来源：本报告研究整理。

社会包容指标的全球 100 强城市在洲际呈现非均衡分布，总体高于全球平均水平。从全球 100 强城市来看，社会包容在全球呈"亚洲引领，欧洲与北美洲跟随，南美洲、大洋洲、非洲落后"的格局。其中，亚洲城市占据全球 100 强的 63%，城市社会包容水平有所提升，欧洲、北美洲城市分别占 24%、10%。从最优城市来看，全球性城市领跑各大洲，其中东京的社会包容处于绝对的优势地位，比纽约高 46 位。除非洲未有城市进入 100 强外，其他各大洲城市社会包容均值均高于全球平均值（0.622），且相差较小，表明全球 100 强城市社会包容较高。各大洲社会包容波动相对较小，北美洲城市社会包容变异系数最小，为 0.019，亚洲、欧洲的变异系数相对较大，表明两大洲内部城市间存在一定的差异。

表 9.20　社会包容指标全球 100 强城市的洲际分布情况

	样本	均值	变异系数	最优城市	指数	世界排名
亚洲	63	0.882	0.048	东京	1.000	1
欧洲	24	0.857	0.043	布拉格	0.956	4
北美洲	10	0.836	0.019	纽约	0.868	47
南美洲	2	0.834	0.026	圣若泽杜斯坎普斯	0.851	58
大洋洲	1	0.828	—	奥克兰	0.828	84
非洲	0	—	—	开罗	0.727	255
全球	1006	0.622	0.259	东京	1.000	1

资料来源：本报告研究整理。

（二）整体空间格局

全球城市社会包容的洲际分布差异化明显，且洲内城市间存在一定的差异。从表9.21、图9.6和图9.7给出的各洲100强城市比重可以判断出，欧洲、大洋洲城市的社会包容指数均值较高，达到0.7以上，且洲内城市间差异相对较小，变异系数均低于全球平均水平。虽然亚洲城市社会包容在100强中占据绝对领先的地位，100强城市占总体的11.15%，但是其余城市的社会包容指数相对较低，整体优势不够明显。同时，亚洲城市社会包容的变异系数相对较大，仅次于非洲的0.369，表明亚洲城市间社会包容存在一定的差异。非洲城市的社会包容均值最低，为0.382，不及大洋洲城市的一半，低于全球平均水平，且内部存在较大的差异，表明非洲城市社会包容总体水平较低。

表 9.21　全球城市社会包容指标的洲际分布　（单位：%）

	样本	百强城市比重	均值	变异系数
亚洲	565	11.15	0.634	0.231
北美洲	131	7.63	0.670	0.142
欧洲	126	19.05	0.745	0.107
非洲	102	0	0.382	0.369
南美洲	75	2.67	0.561	0.247

续表

	样本	百强城市比重	均值	变异系数
大洋洲	7	14.29	0.828	0.101
总计	1006	9.94	0.622	0.259

资料来源：本报告研究整理。

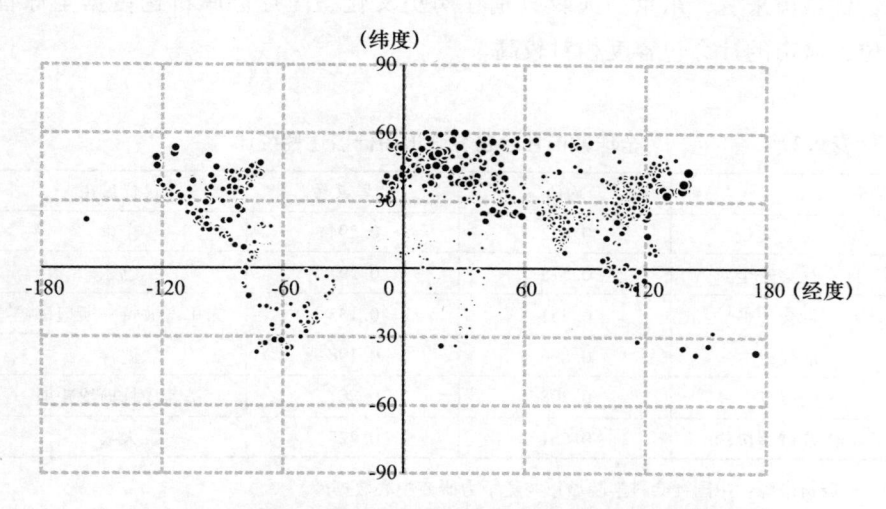

图9.6 全球1006个城市社会包容指标的空间分布

资料来源：中国社会科学院城市与竞争力研究中心数据库。

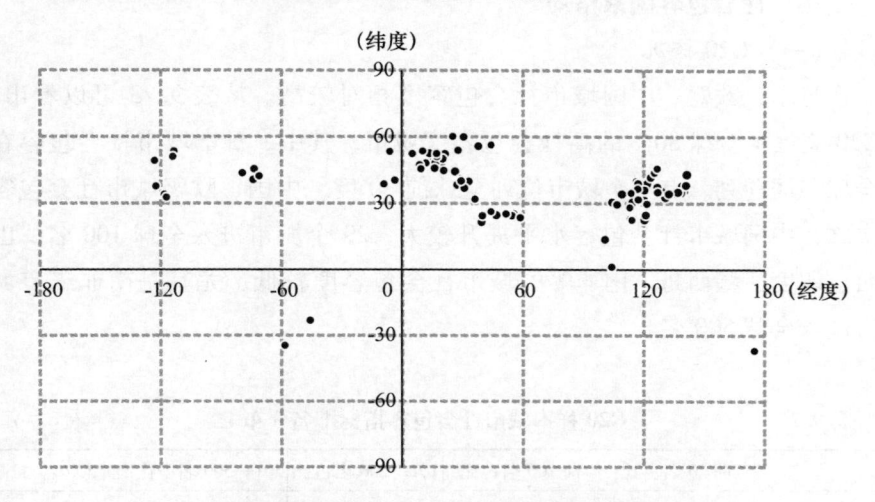

图9.7 全球前100名城市社会包容指标的空间分布

资料来源：中国社会科学院城市与竞争力研究中心数据库。

开放度是决定全球城市社会包容提升的关键因素。从均值来看，全球城市居住成本均值最高（0.896）、开放度均值最低（0.308），前者的变异系数比后者变异系数小。这表明生活成本差异相对较小，但是开放度存在较大的差别。开放度变异系数最大（0.801），说明全球城市间对外开放水平差异较大，也是制约全球城市社会包容提高的首要因素。从最优城市来看，东京、大阪分别在历史文化、医疗健康机构占据全球首位，城市的社会包容度相对较高。

表9.22　　　　　全球城市社会包容分项指标描述性统计

	均值	变异系数	最优城市
历史文化	0.622	0.294	东京
社会安全	0.578	0.291	巴东
社会公平	0.751	0.135	布里奇波特—斯坦福德
居住成本	0.896	0.198	迪拜
开放度	0.308	0.801	圣若泽杜斯坎普斯
医疗健康机构	0.651	0.225	大阪

资料来源：中国社会科学院城市与竞争力研究中心数据库。

二　社会包容国家格局

（一）G20概况

日本、欧盟、中国城市社会包容度相对较高。从表9.23可以看出，G20集聚了全球80%的高社会包容度城市，其中，日本城市社会包容在全球稳居前列，有9个城市位列全球前30度。中国、欧盟城市社会包容次之，中国城市社会包容水平提升较大，29个城市进入全球100名。巴西、印度、墨西哥、南非等国城市社会包容度较低，尤其是南非未有城市进入全球500名。

表9.23　　　　G20样本城市社会包容指标排名分布　　　　（单位：%）

	前20名占比	前100名占比	101—200名占比	201—500名占比	前500名占比
中国	25.00	29.00	30.00	36.67	32.90
美国	0	5.00	7.00	13.00	10.20

续表

	前 20 名占比	前 100 名占比	101—200 名占比	201—500 名占比	前 500 名占比
欧盟	5.00	19.00	26.00	6.33	12.80
墨西哥	0	0	4.00	6.00	4.40
印度	0	0	5.00	4.00	3.40
德国	0	3.00	5.00	1.67	2.60
意大利	0	0	8.00	1.33	2.60
英国	0	0	4.00	2.67	2.40
巴西	0	1.00	0	1.00	0.80
日本	40.00	10.00	0	0	2.00
法国	0	0	1.00	2.00	1.40
加拿大	0	5.00	2.00	0.67	1.80
俄罗斯	0	3.00	4.00	7.33	5.80
韩国	15.00	6.00	1.00	0.33	1.60
印度尼西亚	0	0	2.00	3.00	2.20
土耳其	0	5.00	6.00	1.33	3.00
澳大利亚	0	0	0	1.67	1.00
阿根廷	0	1.00	0	1.33	1.00
南非	0	0	0	0	0.00
沙特	5.00	5.00	2.00	0.33	1.60
G20	85.00	74.00	81.00	84.33	81.60
非 G20	15.00	26.00	19.00	15.67	18.40
全球	100	100	100	100	100

资料来源：本报告研究整理。

G20 城市社会包容高于非 G20，且内部分化相对较小。G20 城市社会包容具有绝对的优势；G20 社会包容均值比非 G20 高 0.14 个点，高于全球平均水平；且变异系数低于全球和非 G20，充分表明 G20 社会包容均值较高。

表 9.24　　　　　　G20 样本城市社会包容指标统计描述

	均值	变异系数	最优城市	世界排名
中国	0.669	0.147	台北	6
美国	0.677	0.129	纽约	47
欧盟	0.776	0.098	捷克	4
墨西哥	0.653	0.122	墨西哥城	139
印度	0.537	0.220	班加罗尔	134
德国	0.772	0.072	柏林	27
意大利	0.764	0.044	米兰	87
英国	0.730	0.067	西约克郡	102
巴西	0.575	0.149	圣若泽杜斯坎普斯	58
日本	0.931	0.035	东京	1
法国	0.668	0.120	巴黎	188
加拿大	0.785	0.092	蒙特利尔	54
俄罗斯	0.712	0.094	莫斯科	38
韩国	0.873	0.098	首尔	2
印度尼西亚	0.651	0.139	雅加达	138
土耳其	0.770	0.132	伊斯坦布尔	21
澳大利亚	0.696	0.055	阿德莱德	225
阿根廷	0.663	0.130	布宜诺斯艾利斯	96
南非	0.507	0.204	开普敦	501
沙特	0.801	0.113	利雅得	18
G20	0.663	0.181	东京	1
非 G20	0.526	0.379	曼谷	33
全球	0.622	0.259	东京	1

资料来源：本报告研究整理。

(二) 代表性国家概况

代表性国家社会包容分项指标差异化相对明显，日本社会包容分项指标比较优势突出。社会包容分项指标均值在代表性国家之间差距较为显著，尤其是社会安全，日本、中国社会安全均值较高，分别为 0.854、0.705，而巴西、南非城市社会安全均值较低，分别为 0.331、0.208，表明代表性城市社会安全存在较大差异。中国城市社会包容处于全球平均水平之上，但与全球前列的日本存在一定的差距；其中开放度均值较低，仅为 0.241，与日本相差近 0.43 个点。印度和南非社会包容相对较低，均有 2 个分项排名代表性国家最低。此外，还可以看到日本、美国、英国等发达国家城市社会包容分项指标变异系数较小，中国、印度、巴西等国家城市变异系数较大，说明两者城市间社会包容指标存在较大的差距。

表9.25　　　　代表性国家社会包容分项指标的统计分析

	指标	历史文化	社会安全	社会公平	居住成本	开放度	医疗健康机构
日本	均值	0.825	0.854	0.807	0.932	0.674	0.972
	变异系数	0.102	0.116	0.061	0.027	0.098	0.030
美国	均值	0.671	0.503	0.591	0.978	0.583	0.780
	变异系数	0.186	0.245	0.142	0.011	0.224	0.080
中国	均值	0.653	0.705	0.799	0.929	0.241	0.678
	变异系数	0.184	0.107	0.063	0.095	0.890	0.074
英国	均值	0.917	0.478	0.578	0.889	0.813	0.921
	变异系数	0.117	0.141	0.143	0.031	0.116	0.057
印度	均值	0.502	0.587	0.800	0.908	0.186	0.553
	变异系数	0.434	0.205	0.055	0.100	1.042	0.144
巴西	均值	0.659	0.331	0.659	0.877	0.448	0.671
	变异系数	0.184	0.314	0.030	0.145	0.375	0.090
澳大利亚	均值	0.638	0.630	0.601	0.979	0.441	0.828
	变异系数	0.137	0.111	0.040	0.020	0.230	0.108
南非	均值	0.602	0.208	0.560	0.981	0.529	0.488
	变异系数	0.311	0.153	0.031	0.014	0.283	0.159

资料来源：本报告研究整理。

（三）中国城市概况

中国城市社会包容略高于全球平均水平，呈现梯次递减。从表9.20和表9.21可以发现，中国城市社会包容均值为0.669，高于全球均值0.622，变异系数为0.147，低于全球0.259，中国城市社会包容存在一定的优势。中国城市开放度均值为0.241，低于全球均值0.308，变异系数0.89，高于全球的0.801，开放水平低、分化显著影响中国城市社会包容提升，深化对外开放是中国城市提高社会包容的关键。分区域看，中国城市社会包容均值与变异系数呈现"东西、南北"两极反向变动，即由

354 ◇ 第四部分 全球城市可持续竞争力报告

东部到西、由南到北"均值呈梯次递减、变异系数呈梯次递增"趋势，城市社会包容区域东西、南北两极分化明显。

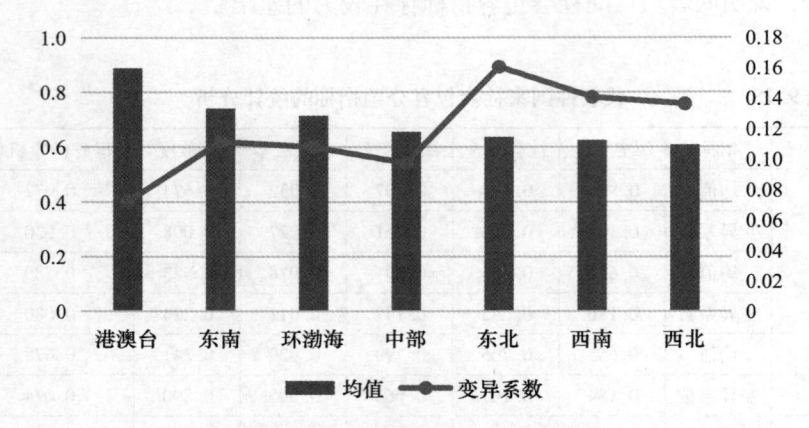

图9.8 中国城市社会包容分区域格局

资料来源：中国社会科学院城市与竞争力研究中心数据库。

全球湾区城市社会包容高于全球平均水平，东京湾区城市社会包容最高。粤港澳大湾区城市社会包容超越纽约湾区、旧金山湾区，社会包容均值为0.796，但与后两者相比存在微弱优势，与东京湾存在显著的差距，在居住成本和医疗健康机构方面甚至低于两个湾区。粤港澳大湾区

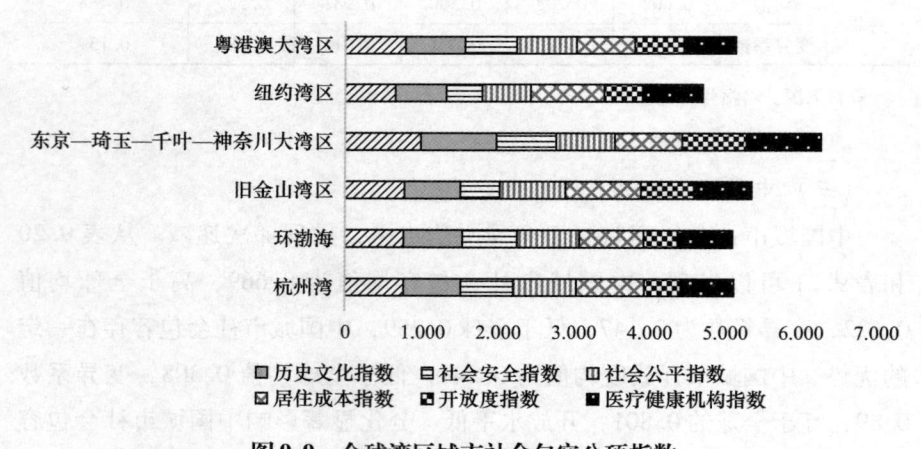

图9.9 全球湾区城市社会包容分项指数

资料来源：中国社会科学院城市与竞争力研究中心数据库。

是中国对外开放的先行区，粤港澳大湾区城市对外开放提升，对方开放均值达到0.648远高于全球平均水平，这也使得其社会包容高于杭州湾和环渤海湾区城市。就粤港澳大湾区内部城市而言，社会包容水平高于全国平均水平，这主要源于粤港澳大湾区较高水平的开放度，其均值为全国均值的2.5倍。

第四节 全球城市科技创新竞争力报告

一 科技创新总体格局

在全球科技创新竞争力前20名城市中，近乎所有城市都不仅是全球科技创新中心城市也是全球的综合中心城市、金融中心城市，说明科技创新是与一个城市的综合实力和金融实力密切相关的。台北虽然不是全球性的综合中心和金融中心城市，但是综合实力和金融实力较强，更拥有着大量科技创新与金融业的企业和人才。

表9.26　　　　　科技创新指标全球20强城市

	国家	城市	指数	世界排名
亚洲	日本	东京	1.000	1
亚洲	中国	北京	0.959	2
北美洲	美国	纽约	0.954	3
欧洲	英国	伦敦	0.930	4
亚洲	韩国	首尔	0.874	5
北美洲	美国	波士顿	0.872	6
北美洲	美国	旧金山	0.865	7
亚洲	中国	上海	0.858	8
北美洲	美国	芝加哥	0.842	9
北美洲	美国	西雅图	0.829	10
北美洲	美国	洛杉矶	0.828	11
亚洲	日本	大阪	0.828	12
欧洲	法国	巴黎	0.820	13
亚洲	中国	香港	0.816	14

续表

	国家	城市	指数	世界排名
亚洲	新加坡	新加坡	0.804	15
北美洲	加拿大	多伦多	0.799	16
亚洲	中国	台北	0.781	17
北美洲	美国	费城	0.777	18
欧洲	俄罗斯	莫斯科	0.769	19
北美洲	美国	奥斯汀	0.768	20

资料来源：中国社会科学院城市与竞争力研究中心数据库。

全球科技创新前100名的城市主要集中于北美、西欧、东亚，总体高于全球平均水平。比较各洲前100名城市和全体样本的均值和变异系数可以发现，前100名城市的均值水平显著高于全球平均而变异系数显著低于全球平均。从前100名城市的地域分布看，北美占据了37%，北美、西欧、东亚一起，占据了超过80%，集中度明显。从科技创新的最优城市看，北美、西欧、东亚的最优城市均进入全球前5名，大洋洲和南美洲的领先城市均进入全球前60名，而非洲无城市进入全球前100名。

表9.27　　科技创新指标全球100强城市的洲际分布情况

	样本	均值	变异系数	最优城市	指数	世界排名
北美洲	37	0.713	0.124	纽约	0.954	3
欧洲	30	0.699	0.101	伦敦	0.930	4
亚洲	26	0.722	0.157	东京	1.000	1
大洋洲	4	0.679	0.053	悉尼	0.710	44
南美洲	3	0.646	0.033	圣保罗	0.669	60
西欧	26	0.702	0.103	伦敦	0.930	4
东亚	21	0.735	0.118	东京	1.000	1
全球	1006	0.316	0.597	东京	1.000	1

资料来源：中国社会科学院城市与竞争力研究中心数据库。

(一) 整体空间格局

全球城市科技创新的洲际分布差异化明显，且洲内城市间存在一定

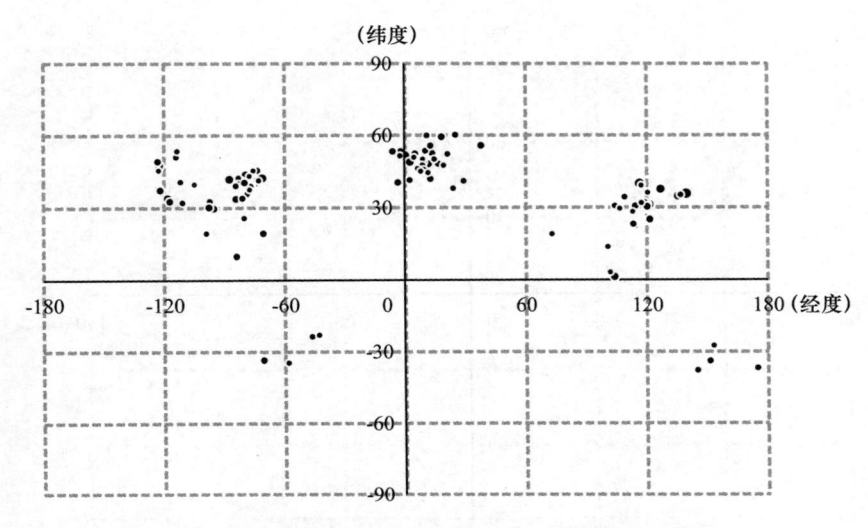

第九章 2020年度全球城市可持续竞争力解析 ◇ 357

图9.10 全球前100名城市科技创新指标的空间分布

的差异，各洲内部分化程度大致与平均水平具有反向关系。从全球城市科技创新洲际分布的均值特征看，大洋洲、欧洲和北美洲的城市科技创新较为发达，非洲的城市科技创新较落后，亚洲和南美洲的城市科技创新竞争力整体较弱。从变异系数看，大洋洲城市分化较小，其次为欧洲和北美洲，亚洲、非洲城市的科技创新分化较大。

表9.28 全球城市科技创新指标的洲际分布

	样本	百强城市比重（%）	均值	变异系数
北美洲	131	28.24	0.457	0.453
大洋洲	7	57.14	0.596	0.208
非洲	102	0	0.196	0.625
南美洲	75	4.00	0.299	0.459
欧洲	126	23.81	0.481	0.348
亚洲	565	4.60	0.267	0.594
总计	1006	9.94	0.316	0.597

资料来源：中国社会科学院城市与竞争力研究中心数据库。

科技企业成为全球科技创新的最重要的因素。从科技创新分项指标

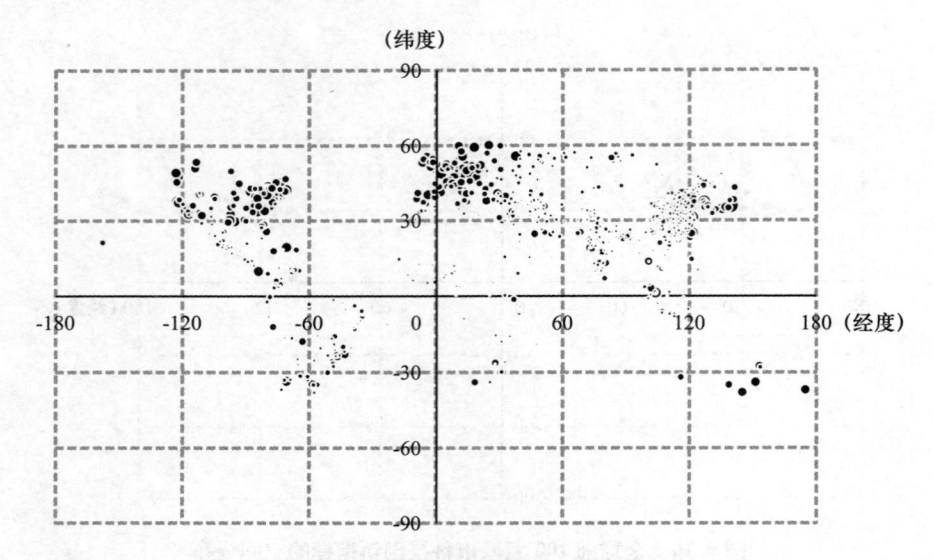

358 ◇ 第四部分 全球城市可持续竞争力报告

图 9.11 全球 1006 个城市科技创新指标的空间分布

资料来源：中国社会科学院城市与竞争力研究中心数据库。

来看，专利申请指数、学术论文指数、科技企业指数、大学指数、文化设施指数的平均值分别为 0.281、0.551、0.125、0.197、0.347，可以发现，学术论文指数最高，而科技企业指数相对最低，仅为 0.125。而科技企业的变异系数却远超其他四个因素，表明分化程度较高。由此说明，科技企业成为全球科技创新的最重要的因素。

表 9.29　　　　　全球城市科技创新分项指标统计描述

	均值	变异系数	最优城市
专利申请指数	0.281	0.817	东京
学术论文指数	0.551	0.311	北京
科技企业指数	0.125	1.500	东京
大学指数	0.197	1.130	纽约
文化设施指数	0.347	0.637	莫斯科

资料来源：中国社会科学院城市与竞争力研究中心数据库。

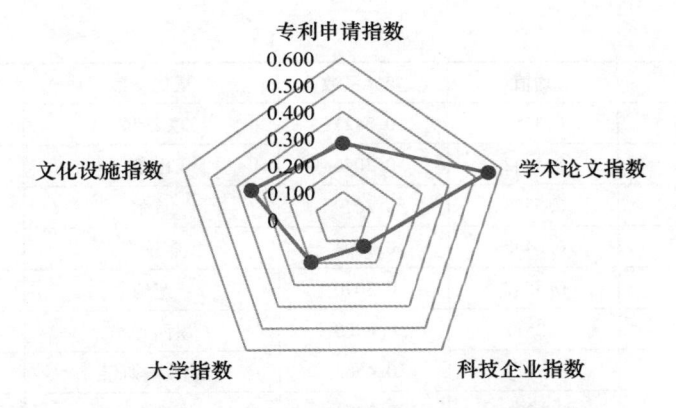

图 9.12 2020 年全球城市科技创新分项指标均值

二 科技创新国家格局

(一) G20 概况

美、欧城市领跑全球，中国城市蓄势待发。对 G20 城市科技创新的排名情况进行比较发现，美国、欧盟等发达经济体的城市依然处于领先位置，中国总体分布较均匀，科技创新水平提升较大。阿根廷、巴西、墨西哥、南非等国城市科技创新较低，尤其是南非城市。

非 G20 城市科技创新竞争力仍然低于 G20 城市，且内部分化程度更高。G20 城市科技创新完全超越非 G20，具有绝对的优势；G20 科技创新均值比非 G20 高 0.1016 个点，高于全球平均水平；且变异系数低于全球和非 G20，充分表明 G20 科技创新能力较强。具体而言，G20 中加拿大、日本、德国、韩国、美国、意大利等国家或地区城市科技创新较高，巴西、沙特阿拉伯、印度、印度尼西亚、中国国家城市科技创新较低，低于全球平均水平。

表 9.30 G20 样本城市科技创新指标统计描述

	均值	变异系数	最优城市	世界排名
阿根廷	0.3372	0.3808	布宜诺斯艾利斯	73
澳大利亚	0.5797	0.2193	悉尼	44
巴西	0.3107	0.4169	圣保罗	60
德国	0.5888	0.1508	慕尼黑	21

续表

	均值	变异系数	最优城市	世界排名
俄罗斯	0.3252	0.3421	莫斯科	19
法国	0.4942	0.3046	巴黎	13
韩国	0.5506	0.2679	首尔	5
加拿大	0.6438	0.1393	多伦多	16
美国	0.5547	0.3090	纽约	3
墨西哥	0.2517	0.4380	墨西哥城	74
南非	0.3927	0.4563	约翰内斯堡	131
日本	0.6001	0.3054	东京	1
沙特阿拉伯	0.2471	0.5873	利雅得	104
土耳其	0.3259	0.3957	伊斯坦布尔	58
意大利	0.5399	0.2062	罗马	35
印度	0.2182	0.5587	孟买	77
印度尼西亚	0.2323	0.4256	雅加达	194
英国	0.5926	0.2055	伦敦	4
中国	0.2696	0.5885	北京	2
欧盟	0.5542	0.2160	巴黎	13
G20	0.3431	0.5657	东京	1
非G20	0.2415	0.6143	新加坡	15
全球	0.3159	0.5965	东京	1

资料来源：中国社会科学院城市与竞争力研究中心数据库。

（二）代表性国家概况

代表性国家科技创新分项指标差异化相对明显，日本科技创新分项指标比较优势突出。科技创新分项指标均值在代表性国家之间差距较为显著，尤其是科技企业，日本、澳大利亚、英国科技企业均值较高，而巴西、印度、中国城市科技企业均值较低，表明代表性城市科技企业存在较大差异。日本科技创新分项指标相对强势，除学术论文指数、大学指数外，其他项指标均处于代表性国家第一。中国科技创新与全球前列的日本存在一定的差距；其中科技企业均值较低。印度科技创新相对较低，除文化设施指数外，各分项排名在代表性国家最低。

第九章 2020年度全球城市可持续竞争力解析 ◇ 361

表9.31　　代表性国家科技创新分项指标的统计分析

		澳大利亚	巴西	美国	南非	日本	印度	英国	中国
专利申请指数	均值	0.546	0.220	0.600	0.406	0.706	0.150	0.581	0.305
	变异系数	0.225	0.745	0.233	0.311	0.215	1.146	0.155	0.582
学术论文指数	均值	0.772	0.614	0.684	0.582	0.739	0.506	0.754	0.515
	变异系数	0.111	0.162	0.201	0.359	0.101	0.321	0.088	0.311
科技企业指数	均值	0.266	0.064	0.297	0.109	0.344	0.045	0.220	0.070
	变异系数	0.803	2.172	0.697	1.568	0.940	2.588	1.031	2.083
大学指数	均值	0.700	0.233	0.492	0.305	0.410	0.090	0.618	0.131
	变异系数	0.154	0.784	0.587	0.640	0.523	0.889	0.268	1.320
文化设施指数	均值	0.301	0.347	0.515	0.496	0.642	0.250	0.629	0.224
	变异系数	0.423	0.511	0.329	0.514	0.263	0.733	0.200	0.768

资料来源：中国社会科学院城市与竞争力研究中心数据库。

（三）中国情况分析

中国在科技创新方面还有很大发展空间。中国共有32个城市跻身全球科技创新竞争力200强，北京、上海、香港排名领先，相对优势在增强。中国城市科技创新竞争力的平均水平低于全球平均，还有很大发展空间；此外，变异系数与全球平均水平接近，但与欧盟、美国等发达国家相比系数过高。分项指标来看，科技企业、高等教育和文化设施指数低于全球平均水平，且变异系数较大，科技创新分项指标均值和变动幅度差异较为显著。

表9.32　　中国与全球科技创新分项指标的对比分析

	全球均值	中国均值	全球变异系数	中国变异系数
专利申请指数	0.281	0.305	0.817	0.582
学术论文指数	0.551	0.515	0.311	0.311
科技企业指数	0.125	0.070	1.500	2.083
大学指数	0.197	0.131	1.130	1.320
文化设施指数	0.347	0.224	0.637	0.768

资料来源：中国社会科学院城市与竞争力研究中心数据库。

粤港澳大湾区在科技创新方面国内顶尖但与国际存在较大差距。粤港澳大湾区城市在科技创新方面的平均得分为0.482，显著高于全球平均水平的0.316和中国平均水平0.269，也优于国内的杭州湾区0.404和环渤海湾区的0.452。但与其他国际湾区相比，如纽约湾区、旧金山湾区和东京湾区0.7以上的得分比较，粤港澳大湾区总体上处于与国际先进湾区差距较大的较高水平。从湾区内部来看，核心城市香港（14）、深圳（30）和广州（40）的科创指数都超过0.7，世界排名均在40以内；而其他城市科创指数均未达到0.5，世界排名均在200以外。

表9.33　粤港澳大湾区科技创新总体及分项指标的统计分析

	世界排名	科创指数	专利申请指数	学术论文指数	科技企业指数	大学指数	文化设施指数
香港	14	0.816	0.711	0.806	0.691	0.824	0.790
深圳	30	0.738	0.921	0.820	0.582	0.384	0.785
广州	40	0.714	0.710	0.890	0.473	0.558	0.736
佛山	211	0.478	0.642	0.614	0.225	0.279	0.499
东莞	246	0.443	0.704	0.628	0.142	0.136	0.497
珠海	252	0.439	0.617	0.626	0	0.529	0.140
澳门	281	0.410	0.384	0.567	0.284	0.311	0.348
中山	284	0.407	0.641	0.722	0.142	0.048	0.309
惠州	349	0.345	0.579	0.486	0.142	0.081	0.318
江门	485	0.264	0.448	0.511	0	0.036	0.223
肇庆	509	0.254	0.365	0.476	0	0.088	0.277
大湾区均值	—	0.482	0.611	0.650	0.244	0.298	0.448
变异系数	—	0.394	0.266	0.218	0.985	0.857	0.518

资料来源：中国社会科学院城市与竞争力研究中心数据库。

第五节　全球城市对外联系竞争力报告

一　全球联系总体格局

（一）头部城市概况

亚洲、欧洲和北美洲在全球联系的头部城市中处于领先地位。从全球联系20强城市在各大洲的分布情况看，全部集中在亚洲、欧洲和北美，其中，亚洲全球联系20强城市数量最多，入围城市有8个，其次是欧洲，入围城市有6个，北美洲入围城市总共有4个。

表9.34　　　　　　　　全球联系指标20强城市

	国家	城市	指数	世界排名
亚洲	中国	上海	1.000	1
北美洲	美国	纽约	0.982	2
欧洲	英国	伦敦	0.934	3
欧洲	荷兰	阿姆斯特丹	0.932	4
亚洲	中国香港	香港	0.930	5
欧洲	法国	巴黎	0.928	6
亚洲	中国	北京	0.903	7
亚洲	新加坡	新加坡	0.897	8
亚洲	日本	东京	0.896	9
亚洲	土耳其	伊斯坦布尔	0.895	10
亚洲	阿拉伯联合酋长国	迪拜	0.859	11
亚洲	中国	广州	0.858	12
欧洲	意大利	米兰	0.852	13
北美洲	美国	洛杉矶	0.849	14
亚洲	中国	深圳	0.848	15
大洋洲	澳大利亚	悉尼	0.844	16
北美洲	美国	华盛顿特区	0.842	17
北美洲	美国	休斯敦	0.841	18
欧洲	西班牙	巴塞罗那	0.841	19
欧洲	西班牙	马德里	0.837	20

资料来源：中国社会科学院城市与竞争力研究中心数据库。

在全球联系前100名城市中，各洲在均值方面差距较小。其中，北美洲和欧洲的城市全球联系均值最高，欧洲、亚洲紧随其后。从各大洲全球联系的最优城市看，亚洲、欧洲、北美洲、大洋洲和南美洲最优城市分别是上海、伦敦、纽约、悉尼、圣保罗，对应的排名分别是：第1、第3、第2、第16和第35。

表 9.35　　　　　全球联系指标 100 强城市的洲际分布情况

	样本	均值	最优城市	指数	世界排名
亚洲	43	0.763	上海	1	1
欧洲	26	0.768	伦敦	0.934	3
北美洲	21	0.778	纽约	0.982	2
南美洲	5	0.744	圣保罗	0.799	35
大洋洲	5	0.758	悉尼	0.844	16
全球	1006	0.344	上海	1.000	1

资料来源：中国社会科学院城市与竞争力研究中心数据库。

（二）整体空间格局

欧洲、北美洲和亚洲全球联系程度占据优势，各洲内部差异普遍较大。全球城市全球联系洲际分布的均值特征方面，大洋洲、欧洲和北美洲的城市全球联系相对发达，非洲和亚洲的城市全球联系相对较弱，南美洲的城市全球联系程度居中。全球城市全球联系洲际分布的变异系数方面，大洋洲的城市全球联系波动幅度较小，非洲、南美洲、亚洲、欧洲的城市全球联系波动幅度较大。各洲全球城市 100 强比重方面，大洋洲和欧洲全球联系 100 强城市比重较高，非洲、南美洲、亚洲全球联系 100 强城市比重较低。

表 9.36　　　　　全球城市全球联系指标的洲际分布　　　　　（单位：%）

	样本	100 强城市比重	均值	变异系数
亚洲	565	7.61	0.327	0.566
欧洲	126	20.6	0.430	0.572
北美洲	131	16.03	0.448	0.471
南美洲	75	6.67	0.278	0.671
大洋洲	7	71.43	0.681	0.230
非洲	102	0	0.229	0.725
全球	1006	9.94	0.348	0.603

资料来源：中国社会科学院城市与竞争力研究中心数据库。

全球联系分项指标的均值方面，全球城市的金融企业联系度和科研

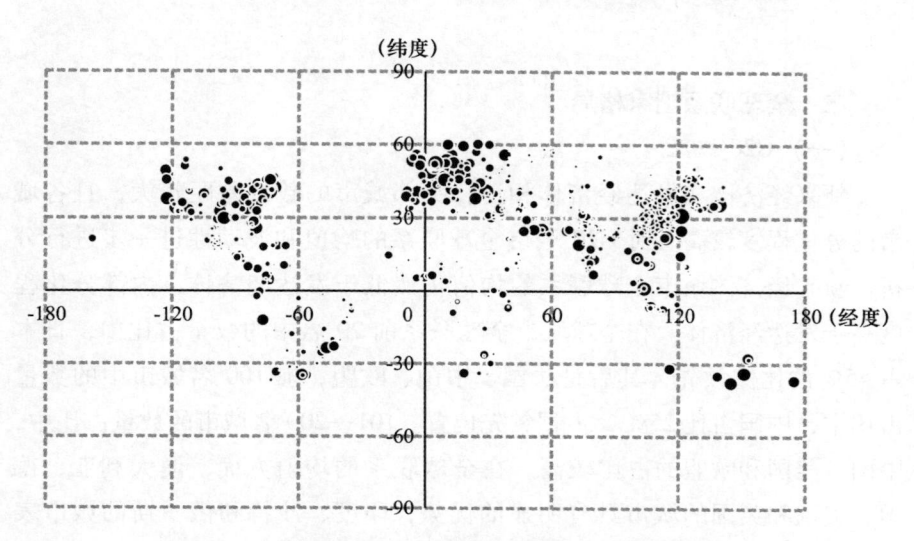

图 9.13 全球 1006 个城市全球联系指标的空间分布

资料来源：中国社会科学院城市与竞争力研究中心数据库。

人员联系度相对较高，全球城市的航空线数指标相对较低。全球联系分项指标的变异系数方面，全球城市科创企业联系度和航空联系度的波动幅度相对较大，全球城市网络热度和航运联系度的波动幅度相对较小。在六个分项指标中，巴黎、上海、北京、新加坡各有一项指标位居全球前列，纽约有两项指标位居全球前列。

表 9.37　　　　全球城市全球联系分项指标统计描述

	均值	变异系数	最优城市
航空联系度	0.130	1.248	巴黎
网络热度	0.402	0.502	纽约
科研人员联系度	0.502	0.463	北京
金融企业联系度	0.408	0.920	纽约
科创企业联系度	0.293	1.331	新加坡
航运联系度	0.374	0.588	上海

资料来源：中国社会科学院城市与竞争力研究中心数据库。

二 全球联系国家格局

(一) G20 概况

新兴经济体和发达经济体相比，头部城市的数量差距较大，且各城市的分化程度较高。对 G20 城市全球联系的均值和波动性进一步进行分析。新兴经济体城市全球联系的均值仍然低于发达经济体，内部分化程度高于发达经济体。在全球城市全球联系前 20 名中的数量占比中，日本占 45% 的比例领先，其后是法国、中国、欧盟；前 100 名城市中的数量占比中，中国占比 25%，占据领先位置。101—200 名城市的数量占比中，中国、美国和欧盟的占比较高。在全球联系的均值方面，澳大利亚、德国、美国和英国的城市具有明显的优势，印度、沙特和俄罗斯的城市表现有待提升。从全球联系的方差看，德国、中国和加拿大的城市波动幅度较小，日本、法国和阿根廷的城市波动幅度较大。从 G20 中全球联系的最优城市看，上海、纽约、伦敦等 6 座城市进入世界全球联系排名前 10 名，其余最优城市也大多排名前 100 位。

表 9.38　　　　G20 样本城市全球联系指标排名分布　　　　（单位：%）

	前 20 名占比	前 100 名占比	101—200 名占比	201—500 名占比	前 500 名占比
法国	30.00	6.00	2.00	1.67	1.60
意大利	10.00	2.00	1.00	2.67	2.20
日本	45.00	2.00	1.00	1.33	1.40
美国	20.00	18.00	21.00	8.67	13.00
阿根廷	0	1.00	0	0	0.40
韩国	0	1.00	1.00	1.67	1.40
墨西哥	0	0	1.00	2.67	1.80
澳大利亚	5.00	4.00	1.00	0	1.20
英国	5.00	5.00	1.00	1.67	2.20
巴西	0	2.00	0	2.67	1.80
加拿大	0	3.00	2.00	1.33	1.80
沙特阿拉伯	0	1.00	0	0.33	0.40
南非	0	0	2.00	0.67	0.80

续表

	前20名占比	前100名占比	101—200名占比	201—500名占比	前500名占比
德国	0	0	1.00	0.33	0.40
印度	0	3.00	4.00	4.00	3.80
印度尼西亚	0	1.00	1.00	1.67	1.40
土耳其	5.00	0	0	0.67	0.60
俄罗斯	0	1.00	1.00	1.00	1.00
中国	25.00	25.00	22.00	45.67	36.80
欧盟	25.00	19.00	16.00	9.33	0.13
G20	90.00	91.00	79.00	87.00	86.20
非G20	10.00	13.00	26.00	16.00	17.40
全球	100	100	100	100	100

资料来源：中国社会科学院城市与竞争力研究中心数据库。

表9.39   G20样本城市全球联系指标统计描述

	均值	方差	最优城市	世界排名
法国	0.4814	0.2148	巴黎	6
美国	0.5393	0.1833	纽约	2
英国	0.5559	0.1869	伦敦	3
中国	03911	0.1503	上海	1
土耳其	0.2685	0.1935	伊斯坦布尔	10
意大利	0.4643	0.1846	米兰	13
俄罗斯	0.1716	0.1663	莫斯科	41
日本	0.4245	0.2287	东京	9
加拿大	0.5475	0.1615	多伦多	56
澳大利亚	0.6743	0.1841	悉尼	16
德国	0.5903	0.1320	柏林	27
韩国	0.4440	0.1749	首尔	44
印度	0.2267	0.1643	孟买	36
印度尼西亚	0.2720	0.1874	雅加达	52
阿根廷	0.2753	0.2037	布宜诺斯艾利斯	40
墨西哥	0.2278	0.1245	墨西哥城	123
巴西	0.2261	0.1645	圣保罗	35

续表

	均值	方差	最优城市	世界排名
沙特	0.1980	0.1848	利雅得	90
南非	0.3900	0.1914	开普敦	117
欧盟	0.556	0.315	阿姆斯特丹	4
G20	0.377	0.542	上海	1
非 G20	0.265	0.746	新加坡	8
全球	0.3444	0.2077	上海	1

资料来源：中国社会科学院城市与竞争力研究中心数据库。

（二）代表性国家概况

本书重点研究的城市包括：亚洲的中日印、欧洲的英国、北美洲的美国、南美洲的巴西、非洲的南非、大洋洲的澳大利亚进行比较研究。总的来看，美国、英国、澳大利亚在全球联系的分项指标中相对领先，南非等发展中国家各分项指标的水平相对较低。

从航空联系度来看，英国较突出且波动比较小，印度相对较弱；从网络热度来看，澳大利亚和英国表现较好，且波动幅度较小；从科研人员联系度来看，同样是澳大利亚和英国表现较好，且澳大利亚波动很小，中国的均值较低；从金融企业联系度来看，中国、澳大利亚、美国表现较好，且波动幅度较小；从科创企业联系度来看，澳大利亚和美国表现较好；从航运联系度来看，澳大利亚的表现较好。

表 9.40　　　　代表性国家全球联系分项指标的统计分析

		中国	日本	印度	英国	美国	巴西	南非	澳大利亚
航空联系度	均值	0.14	0.135	0.047	0.318	0.206	0.073	0.154	0.188
	变异系数	1.069	1.136	1.577	0.475	1.052	1.037	0.694	0.49
网络热度	均值	0.461	0.277	0.341	0.622	0.582	0.374	0.323	0.83
	变异系数	0.308	0.693	0.447	0.353	0.456	0.443	0.384	0.108
科研人员联系度	均值	0.389	0.68	0.426	0.81	0.71	0.562	0.636	0.827
	变异系数	0.547	0.172	0.496	0.123	0.214	0.333	0.192	0.096

续表

		中国	日本	印度	英国	美国	巴西	南非	澳大利亚
金融企业联系度	均值	0.773	0.297	0.212	0.466	0.643	0.088	0.506	0.697
	变异系数	0.056	1.277	1.314	0.664	0.305	2.715	0.733	0.463
科创企业联系度	均值	0.152	0.594	0.13	0.531	0.612	0.178	0.28	0.671
	变异系数	2.062	0.527	2.226	0.716	0.571	1.777	1.414	0.468
航运联系度	均值	0.441	0.548	0.285	0.476	0.384	0.381	0.45	0.637
	变异系数	0.388	0.325	0.537	0.261	0.543	0.465	0.518	0.092

资料来源：中国社会科学院城市与竞争力研究中心数据库。

第六节 全球城市可持续竞争力解释性指标排名汇总

	国家	可持续竞争力排名	经济活力	环境韧性	社会包容	科技创新	对外联系
东京	日本	1	90	81	1	1	9
新加坡	新加坡	2	9	3	63	15	8
纽约	美国	3	2	165	47	3	2
香港	中国	4	44	7	120	14	5
伦敦	英国	5	20	110	108	4	3
巴黎	法国	6	36	32	188	13	6
旧金山	美国	7	6	175	94	7	21
巴塞罗那	西班牙	8	89	135	133	50	19
深圳	中国	9	5	29	101	30	15
大阪	日本	10	114	88	14	12	95
芝加哥	美国	11	16	146	229	9	23
莫斯科	俄罗斯	12	136	198	38	19	41
首尔	韩国	13	101	181	2	5	44
斯德哥尔摩	瑞典	14	34	139	350	22	67
马德里	西班牙	15	130	215	73	27	20
法兰克福	德国	16	48	4	206	97	74

续表

	国家	可持续竞争力排名	可持续竞争力解释性指标排名			
			经济活力	环境韧性	社会包容	科技创新	对外联系
斯图加特	德国	17	77	1	182	70	116
慕尼黑	德国	18	40	20	70	21	70
波士顿	美国	19	11	111	85	6	31
费城	美国	20	19	40	274	18	49
多伦多	加拿大	21	58	149	67	16	56
迈阿密	美国	22	32	332	265	78	25
洛杉矶	美国	23	12	341	71	11	14
台北	中国	24	134	70	6	17	54
柏林	德国	25	112	10	27	39	43
休斯敦	美国	26	17	405	204	23	18
墨尔本	澳大利亚	27	59	17	329	52	27
特拉维夫—雅法	以色列	28	57	15	280	249	73
迪拜	阿联酋	29	4	612	42	229	11
罗马	意大利	30	220	112	112	35	30
西雅图	美国	31	10	319	136	10	53
亚特兰大	美国	32	15	44	427	24	28
上海	中国	33	30	267	32	8	1
维也纳	奥地利	34	60	2	37	46	106
圣何塞	美国	35	7	245	103	25	122
曼彻斯特	英国	36	73	63	284	54	72
悉尼	澳大利亚	37	37	78	269	44	16
达拉斯—佛尔沃斯堡	美国	38	18	92	160	53	42
广岛	日本	39	314	213	35	198	400
伯明翰	英国	40	110	65	358	153	71
蒙特利尔	加拿大	41	108	138	54	47	57
克利夫兰	美国	42	56	179	544	61	169
汉堡	德国	43	95	118	97	51	24
米兰	意大利	44	191	77	87	38	13

续表

	国家	可持续竞争力排名	经济活力	环境韧性	社会包容	科技创新	对外联系
丹佛	美国	45	14	108	157	95	77
哥本哈根	丹麦	46	54	79	144	43	59
北京	中国	47	23	411	46	2	7
汉诺威	德国	48	85	12	296	133	150
巴伦西亚	西班牙	49	192	274	118	125	178
苏黎世	瑞士	50	33	19	75	36	145
北九州—福冈大都市圈	日本	51	235	104	9	154	384
阿姆斯特丹	荷兰	52	38	28	78	34	4
罗利	美国	53	49	237	271	72	221
仁川	韩国	54	111	225	40	172	244
布宜诺斯艾利斯	阿根廷	55	576	649	96	73	40
圣地亚哥	美国	56	28	324	83	28	258
巴尔的摩	美国	57	42	25	462	37	34
盐湖城	美国	58	22	134	256	71	212
华盛顿特区	美国	59	13	459	181	45	17
名古屋	日本	60	155	173	19	65	166
珀斯	澳大利亚	61	35	87	494	174	81
布鲁塞尔	比利时	62	87	47	124	92	22
温哥华	加拿大	63	83	49	92	29	63
奥兰多	美国	64	31	60	432	124	98
底特律	美国	65	29	51	738	62	121
吉隆坡	马来西亚	66	131	124	230	100	50
奥斯汀	美国	67	41	457	148	20	79
西约克郡	英国	68	215	97	102	115	595
广州	中国	69	26	235	65	40	12
赫尔辛基	芬兰	70	45	57	79	41	96
科隆	德国	71	80	218	177	159	223
日内瓦	瑞士	72	25	8	253	93	186

续表

	国家	可持续竞争力排名	经济活力	环境韧性	社会包容	科技创新	对外联系
里士满	美国	73	96	125	460	99	181
大田	韩国	74	351	220	20	103	375
蔚山	韩国	75	242	53	208	234	334
伊斯坦布尔	土耳其	76	162	394	21	58	10
凤凰城	美国	77	43	685	359	181	107
苏州	中国	78	71	273	29	87	62
耶路撒冷	以色列	79	182	101	389	151	250
哥伦布	美国	80	65	246	313	66	154
安特卫普	比利时	81	195	66	168	217	256
阿布扎比	阿联酋	82	8	783	45	275	83
圣保罗	巴西	83	442	202	846	60	35
布里奇波特—斯坦福德	美国	84	67	18	373	267	268
麦地那	沙特阿拉伯	85	228	969	56	390	846
海法	以色列	86	119	31	307	137	237
多哈	卡塔尔	87	183	364	74	236	61
墨西哥城	墨西哥	88	285	462	139	74	123
南京	中国	89	50	363	24	42	45
哈特福德	美国	90	74	39	678	233	306
光州	韩国	91	479	35	55	195	411
札幌	日本	92	248	116	5	170	510
釜山	韩国	93	204	76	3	156	151
青岛	中国	94	127	396	41	89	37
多特蒙德	德国	95	147	137	341	202	260
阿德莱德	澳大利亚	96	138	83	225	121	109
格拉斯哥	英国	97	120	61	202	102	89
密尔沃基	美国	98	79	27	499	142	296
马拉加	西班牙	99	222	265	127	256	209
利雅得	沙特阿拉伯	100	121	983	18	104	90

续表

城市	国家	可持续竞争力排名	经济活力	环境韧性	社会包容	科技创新	对外联系
大邱	韩国	101	291	129	34	148	299
武汉	中国	102	78	434	22	32	51
那不勒斯	意大利	103	358	69	169	109	204
圣地亚哥	智利	104	201	630	243	122	141
无锡	中国	105	123	305	36	188	110
里昂	法国	106	97	121	275	112	203
埃森	德国	107	185	30	234	140	313
路易斯维尔	美国	108	103	46	447	146	190
雅典	希腊	109	319	148	362	67	38
奥克兰	新西兰	110	68	318	84	49	65
台中	中国	111	232	320	11	205	348
布里斯班	澳大利亚	112	51	150	369	80	66
圣彼得堡	俄罗斯	113	289	757	53	179	148
天津	中国	114	216	390	64	88	33
利马	秘鲁	115	373	722	278	160	55
圣何塞	哥斯达黎加	116	257	416	270	324	194
吉达	沙特阿拉伯	117	179	436	39	730	417
厦门	中国	118	72	228	104	132	46
东莞	中国	119	124	187	145	246	85
坦帕	美国	120	75	55	579	192	91
弗吉尼亚比奇	美国	121	187	42	493	389	471
拉斯维加斯	美国	122	62	441	259	162	140
佛山	中国	123	205	206	72	211	315
卡尔加里	加拿大	124	52	211	82	63	158
波哥大	哥伦比亚	125	298	665	285	130	64
比勒陀利亚	南非	126	300	531	742	215	708
杭州	中国	127	55	486	26	26	32
贝尔法斯特	英国	128	66	26	183	158	219

续表

城市	国家	可持续竞争力排名	经济活力	环境韧性	社会包容	科技创新	对外联系
都柏林	爱尔兰	129	1	59	95	31	26
德累斯顿	德国	130	261	34	116	145	217
汉密尔顿	加拿大	131	159	127	295	144	410
杜塞尔多夫	德国	132	63	5	247	187	152
伍斯特	美国	133	231	151	812	226	463
高雄	中国	134	180	304	16	178	127
列日	比利时	135	282	188	399	306	509
奥勒姆	美国	136	230	203	840	597	598
夏洛特	美国	137	21	413	314	141	60
澳门	中国	138	117	41	115	281	119
萨拉戈萨	西班牙	139	306	355	185	240	596
纽黑文	美国	140	269	120	765	79	333
阿斯塔纳	哈萨克斯坦	141	199	477	237	432	680
科泉市	美国	142	174	297	231	258	319
莱比锡	德国	143	214	105	159	175	285
鹿特丹	荷兰	144	126	50	105	169	214
布法罗	美国	145	132	532	535	117	257
纳什维尔—戴维森	美国	146	27	126	326	257	185
麦加	沙特阿拉伯	147	374	926	57	468	810
成都	中国	148	93	428	30	64	47
明尼阿波利斯	美国	149	24	62	216	105	174
都灵	意大利	150	296	230	176	86	233
里约热内卢	巴西	151	614	542	290	81	97
利物浦	英国	152	161	71	184	193	330
宁波	中国	153	92	369	86	213	69
合肥	中国	154	98	552	68	83	87
圣安东尼奥	美国	155	118	106	233	116	124
安曼	约旦	156	383	810	76	243	249

续表

城市	国家	可持续竞争力排名	经济活力	环境韧性	社会包容	科技创新	对外联系
奥斯陆	挪威	157	3	58	154	55	68
达曼	沙特阿拉伯	158	246	995	175	573	697
海牙	荷兰	159	94	52	89	219	167
中山	中国	160	149	193	69	284	155
仙台	日本	161	279	199	25	138	500
沙加	阿联酋	162	46	793	150	419	512
常州	中国	163	148	293	122	248	266
里斯本	葡萄牙	164	84	11	81	113	76
郑州	中国	165	125	384	91	149	75
长沙	中国	166	76	489	90	90	78
莱斯特	英国	167	173	43	414	201	264
明斯克	白俄罗斯	168	389	526	60	206	396
河滨	美国	169	170	847	396	294	588
普罗维登斯	美国	170	129	91	545	107	240
布达佩斯	匈牙利	171	139	85	15	84	100
里尔	法国	172	336	33	457	228	289
台南	中国	173	315	258	7	173	210
威尼斯	意大利	174	219	164	143	292	429
静冈—滨松	日本	175	323	272	10	157	290
黄金海岸	澳大利亚	176	141	144	725	332	458
德黑兰	伊朗	177	687	814	581	155	220
索非亚	保加利亚	178	299	590	135	168	143
新奥尔良	美国	179	100	514	529	225	208
维罗那	意大利	180	264	113	128	185	324
渥太华	加拿大	181	107	143	500	94	177
奥格登—莱顿	美国	182	325	247	575	451	678
图卢兹	法国	183	172	147	375	186	228
堪萨斯城	美国	184	70	21	277	152	200

续表

国家		可持续竞争力排名	可持续竞争力解释性指标排名					
			经济活力	环境韧性	社会包容	科技创新	对外联系
巴吞鲁日	美国	185	211	24	593	161	247
匹兹堡	美国	186	69	123	242	33	144
莱昂	墨西哥	187	411	393	484	305	279
印第安纳波利斯	美国	188	61	115	304	143	139
博洛尼亚	意大利	189	229	194	196	85	199
火奴鲁鲁	美国	190	53	174	293	230	206
约翰内斯堡	南非	191	395	219	743	131	168
圣胡安	波多黎各	192	464	6	687	232	179
曼谷	泰国	193	225	340	33	82	29
珠海	中国	194	39	240	140	252	238
大连	中国	195	256	475	28	114	48
蒙得维的亚	乌拉圭	196	456	94	381	265	132
西安	中国	197	105	493	13	57	39
巴塞罗那—拉克鲁斯港	委内瑞拉	198	979	291	1002	318	583
佛罗伦萨	意大利	199	342	170	146	166	606
雅加达	印度尼西亚	200	292	439	138	194	52
俄克拉荷马城	美国	201	145	89	323	167	275
布拉格	捷克	202	113	103	4	69	113
沙没巴干（北榄）	泰国	203	146	145	209	901	650
阿瓦士	伊朗	204	763	919	847	583	829
开普科勒尔	美国	205	196	16	801	898	754
波尔图	葡萄牙	206	227	95	203	111	130
马赛	法国	207	140	131	837	184	161
科威特城	科威特	208	328	431	130	568	137
查尔斯顿县北查尔斯顿市	美国	209	91	238	758	287	135
南卡罗来纳州哥伦比亚	美国	210	178	335	397	48	105
布里斯托尔	英国	211	88	48	286	75	88
新泻	日本	212	363	282	8	254	801

第九章 2020年度全球城市可持续竞争力解析 ◇ 377

续表

| | 国家 | 可持续竞争力排名 | 可持续竞争力解释性指标排名 |||||
			经济活力	环境韧性	社会包容	科技创新	对外联系
布加勒斯特	罗马尼亚	213	168	82	17	227	115
南通	中国	214	200	360	141	282	263
孟菲斯	美国	215	116	74	571	183	197
济南	中国	216	153	522	88	101	86
巴西利亚	巴西	217	450	162	348	253	382
加拉加斯	委内瑞拉	218	968	287	881	286	171
卡塔尼亚	意大利	219	371	275	218	274	466
镇江	中国	220	276	327	194	300	298
圣多明各	多米尼加	221	457	250	527	363	162
嘉兴	中国	222	184	326	125	358	245
罗切斯特	美国	223	158	86	287	98	336
卡拉杰	伊朗	224	531	639	827	526	799
代顿	美国	225	169	45	747	261	284
阿雷格里港	巴西	226	663	479	613	242	638
安卡拉	土耳其	227	272	564	48	127	234
哥德堡	瑞典	228	115	13	364	118	243
波兹南	波兰	229	238	157	77	220	259
福州	中国	230	102	447	142	177	80
重庆	中国	231	188	424	50	91	58
辛辛那提	美国	232	64	36	331	56	164
罗萨里奥	阿根廷	233	778	176	543	406	633
开普敦	南非	234	478	284	501	139	117
布尔萨	土耳其	235	650	478	66	380	585
巴拿马城	巴拿马	236	194	550	272	298	147
南昌	中国	237	160	524	219	176	118
南特	法国	238	143	160	465	239	187
伊兹密尔	土耳其	239	330	472	44	288	495
马斯喀特	阿曼	240	250	217	62	361	356

续表

城市	国家	可持续竞争力排名	经济活力	环境韧性	社会包容	科技创新	对外联系
新山市	马来西亚	241	353	72	333	342	428
维多利亚	巴西	242	694	109	898	716	739
诺丁汉	英国	243	142	54	282	108	196
大急流市	美国	244	99	136	408	277	327
热那亚	意大利	245	348	226	299	250	432
门多萨	阿根廷	246	820	898	416	457	862
淄博	中国	247	403	429	131	325	205
绍兴	中国	248	213	460	165	427	239
亚克朗市	美国	249	150	22	692	272	615
魁北克	加拿大	250	181	75	170	134	304
诺克斯维尔	美国	251	152	23	470	126	254
纽卡斯尔	英国	252	157	224	422	197	269
扬州	中国	253	176	395	107	333	277
哈瓦那	古巴	254	452	302	757	508	548
泉州	中国	255	135	379	123	378	273
沈阳	中国	256	316	466	43	147	99
烟台	中国	257	186	456	106	334	170
巴里	意大利	258	209	190	250	262	476
熊本	日本	259	393	490	12	276	752
谢菲尔德	英国	260	154	156	324	165	379
蒙特雷	墨西哥	261	270	161	213	271	368
塞维利亚	西班牙	262	218	337	129	212	409
昌原	韩国	263	259	166	178	320	738
埃尔比勒	伊拉克	264	432	854	567	679	577
巴格达	伊拉克	265	612	398	770	371	246
蒂华纳	墨西哥	266	341	333	481	458	383
长春	中国	267	255	802	99	128	142
德里	印度	268	243	543	161	129	101

续表

	国家	可持续竞争力排名	经济活力	环境韧性	社会包容	科技创新	对外联系
伯明翰	美国	269	164	99	604	218	286
太原	中国	270	167	498	187	216	156
苏腊巴亚	印度尼西亚	271	381	328	153	335	175
埃德蒙顿	加拿大	272	122	64	80	76	288
麦德林	哥伦比亚	273	513	191	298	263	173
温尼伯	加拿大	274	163	68	173	163	370
徐州	中国	275	258	442	240	268	270
波特兰	美国	276	47	141	119	96	112
艾伦镇	美国	277	133	14	778	405	518
瓜达拉哈拉	墨西哥	278	332	204	340	312	282
马拉开波	委内瑞拉	279	993	229	957	798	792
马拉凯	委内瑞拉	280	994	422	973	823	832
贝鲁特	黎巴嫩	281	481	158	420	245	108
泰州	中国	282	263	391	199	498	349
克拉科夫	波兰	283	224	184	49	171	261
圣地亚哥	多米尼加	284	510	484	751	532	687
威海	中国	285	311	455	302	259	376
温州	中国	286	208	450	241	289	126
华沙	波兰	287	106	119	23	59	92
波尔多	法国	288	156	67	276	237	451
新竹	中国	289	151	196	31	106	157
坎皮纳斯	巴西	290	516	277	552	199	316
胡亚雷斯	墨西哥	291	497	538	590	480	730
亚松森	巴拉圭	292	437	100	507	557	381
唐山	中国	293	420	491	211	346	191
巴勒莫	意大利	294	385	311	179	244	502
贝尔谢巴	以色列	295	86	362	701	746	614
惠州	中国	296	202	368	193	349	331

续表

国家		可持续竞争力排名	可持续竞争力解释性指标排名				
			经济活力	环境韧性	社会包容	科技创新	对外联系
基多	厄瓜多尔	297	559	523	400	279	188
乌鲁木齐	中国	298	166	707	585	313	182
圣路易斯波托西	墨西哥	299	433	285	450	323	490
罗安达	安哥拉	300	972	342	902	609	235
阿达纳	土耳其	301	506	668	251	386	553
帕多瓦	意大利	302	277	38	267	110	218
塞萨洛尼基	希腊	303	419	9	301	241	216
盖布泽	土耳其	304	239	348	816	479	666
秋明	俄罗斯	305	207	832	319	388	925
贵阳	中国	306	128	468	365	270	149
石家庄	中国	307	356	619	152	231	133
萨克拉门托	美国	308	81	140	239	221	120
尼斯—戛纳	法国	309	144	381	273	283	479
台州	中国	310	268	494	195	431	272
德班	南非	311	572	172	819	314	271
东营	中国	312	334	449	266	414	459
拉各斯	尼日利亚	313	844	329	788	280	146
埃尔帕索	美国	314	249	352	261	327	550
潍坊	中国	315	434	565	172	307	326
贝克尔斯菲市	美国	316	240	437	620	438	539
巴库	阿塞拜疆	317	416	262	109	290	472
乌法	俄罗斯	318	496	300	372	375	800
阿尔及尔	阿尔及利亚	319	851	37	783	399	165
昆明	中国	320	137	506	137	207	102
巴伦西亚	委内瑞拉	321	991	517	982	478	881
土伦	法国	322	275	201	526	500	780
瓦赫兰	阿尔及利亚	323	651	259	796	549	408
罗兹	波兰	324	444	419	132	273	281

续表

	国家	可持续竞争力排名	可持续竞争力解释性指标排名				
			经济活力	环境韧性	社会包容	科技创新	对外联系
贝洛奥里藏特	巴西	325	664	299	514	255	440
奥马哈	美国	326	82	56	320	209	253
美利达	墨西哥	327	514	214	167	424	415
圣克鲁斯	玻利维亚	328	802	1004	670	119	307
坎昆	墨西哥	329	274	527	325	958	763
班加罗尔	印度	330	317	208	134	120	82
萨格勒布	克罗地亚	331	233	93	51	150	138
金华	中国	332	445	406	215	357	386
汕头	中国	333	304	248	318	385	312
科尔多瓦	阿根廷	334	805	182	258	322	626
里贝朗普雷图	巴西	335	693	288	882	653	710
卡利	哥伦比亚	336	519	303	476	352	340
的黎波里	利比亚	337	899	133	732	466	362
布赖代	沙特阿拉伯	338	359	850	93	799	969
圣若泽杜斯坎普斯	巴西	339	782	330	58	423	768
海口	中国	340	206	461	377	339	172
贝尔格莱德	塞尔维亚	341	252	210	61	191	232
盐城	中国	342	265	611	224	404	346
危地马拉城	危地马拉	343	579	525	376	417	343
湖州	中国	344	273	356	236	396	309
怡保市	马来西亚	345	532	306	515	672	775
焦作	中国	346	449	432	482	551	358
舟山	中国	347	283	252	551	495	291
巴丹岛	印度尼西亚	348	407	345	699	909	841
图森	美国	349	197	659	254	68	224
洛阳	中国	350	278	651	186	316	192
阿拉木图	哈萨克斯坦	351	313	980	361	321	328
孟买	印度	352	303	451	248	77	36

续表

	国家	可持续竞争力排名	经济活力	环境韧性	社会包容	科技创新	对外联系
廊坊	中国	353	190	392	317	488	287
圣菲	阿根廷	354	849	642	207	326	690
萨拉索塔—布雷登顿	美国	355	171	114	214	360	529
泰安	中国	356	647	593	289	472	377
瓦尔帕莱索	智利	357	302	359	775	369	280
哈尔滨	中国	358	345	941	100	135	104
阿瓜斯卡连特斯	墨西哥	359	423	331	263	552	861
兰州	中国	360	189	738	478	200	134
萨马拉	俄罗斯	361	507	586	126	343	676
湘潭	中国	362	253	539	384	359	393
济宁	中国	363	375	548	212	395	241
突尼斯	突尼斯	364	557	192	520	222	207
累西腓	巴西	365	668	465	644	302	360
普埃布拉	墨西哥	366	592	444	245	299	354
伊科罗杜	尼日利亚	367	906	346	964	990	662
弗雷斯诺	美国	368	175	377	586	341	445
基辅	乌克兰	369	524	483	223	196	184
淮安	中国	370	247	528	190	511	332
马塔莫罗斯	墨西哥	371	689	488	720	922	863
克雷塔罗	墨西哥	372	320	153	198	477	435
托雷翁	墨西哥	373	499	504	346	857	982
卡塔赫纳	哥伦比亚	374	568	313	512	521	503
麦卡伦	美国	375	343	216	815	784	806
马尼拉	菲律宾	376	364	417	158	269	103
许昌	中国	377	294	435	504	565	521
阿雷基帕	秘鲁	378	604	994	533	725	770
库里奇巴	巴西	379	646	80	360	308	201
漳州	中国	380	212	499	238	490	242

续表

城市	国家	可持续竞争力排名	经济活力	环境韧性	社会包容	科技创新	对外联系
芜湖	中国	381	193	412	226	364	283
塔尔萨	美国	382	109	73	349	260	255
喀山	俄罗斯	383	424	771	149	266	667
容迪亚伊	巴西	384	394	102	568	774	668
彼尔姆	俄罗斯	385	552	719	382	370	698
莆田	中国	386	267	399	509	681	371
连云港	中国	387	297	535	235	411	300
圣萨尔瓦多	萨尔瓦多	388	697	301	539	447	225
福塔莱萨	巴西	389	715	276	663	336	578
江门	中国	390	482	408	189	485	374
设拉子	伊朗	391	770	848	733	409	807
南宁	中国	392	223	683	147	224	114
呼和浩特	中国	393	244	631	180	348	180
加济安泰普	土耳其	394	560	697	166	429	685
宜昌	中国	395	234	792	197	426	351
银川	中国	396	198	621	603	331	213
三马林达	印度尼西亚	397	352	309	754	760	903
马瑙斯	巴西	398	729	984	730	340	372
安塔利亚	土耳其	399	305	815	52	407	556
日照	中国	400	425	445	473	693	364
阿布贾	尼日利亚	401	876	755	894	489	560
不来梅	德国	402	203	107	164	190	183
聊城	中国	403	409	563	564	530	438
基尔库克	伊拉克	404	684	650	792	887	811
安阳	中国	405	544	530	570	368	366
株洲	中国	406	280	715	407	347	195
襄阳	中国	407	251	752	308	544	265
德州	中国	408	435	635	385	575	449

续表

	国家	可持续竞争力排名	可持续竞争力解释性指标排名				
			经济活力	环境韧性	社会包容	科技创新	对外联系
北干巴鲁	印度尼西亚	409	494	507	689	619	734
内罗毕	肯尼亚	410	312	596	800	208	231
托卢卡	墨西哥	411	724	189	437	350	663
钦奈	印度	412	384	249	192	123	93
临沂	中国	413	415	658	312	483	337
咸阳	中国	414	309	605	288	628	301
岳阳	中国	415	357	721	315	546	517
比亚埃尔莫萨	墨西哥	416	547	295	537	733	947
瓜亚基尔	厄瓜多尔	417	769	452	508	384	211
德阳	中国	418	365	540	387	635	610
新乡	中国	419	361	562	576	410	338
萨尔瓦多	巴西	420	690	171	636	311	418
萨拉托夫	俄罗斯	421	817	787	344	373	931
万隆	印度尼西亚	422	628	511	210	328	227
贝伦	巴西	423	824	261	721	523	766
索罗卡巴	巴西	424	669	286	602	566	797
马德普拉塔	阿根廷	425	933	212	700	465	794
沧州	中国	426	379	572	431	625	355
萨尔蒂约	墨西哥	427	564	743	309	473	623
南阳	中国	428	460	751	305	337	248
开封	中国	429	372	613	391	434	318
邯郸	中国	430	600	582	418	393	443
滨州	中国	431	666	541	519	548	453
库利亚坎	墨西哥	432	473	400	605	685	824
茂名	中国	433	472	587	394	675	442
常德	中国	434	340	833	371	452	568
盘锦	中国	435	430	290	453	762	505
苏莱曼尼亚	伊拉克	436	466	696	392	759	446

续表

	国家	可持续竞争力排名	经济活力	环境韧性	社会包容	科技创新	对外联系
大庆	中国	437	640	855	379	445	564
第比利斯	格鲁吉亚	438	350	325	114	295	431
古晋	马来西亚	439	260	233	338	493	580
湛江	中国	440	354	482	249	536	302
伊丽莎白港	南非	441	677	380	854	449	481
阿尔伯克基	美国	442	165	270	506	310	448
锦州	中国	443	818	567	474	453	367
巴厘巴板	印度尼西亚	444	355	547	540	872	308
科恰班巴	玻利维亚	445	839	915	868	797	748
柳州	中国	446	281	724	374	525	482
宿迁	中国	447	378	516	347	661	427
戈亚尼亚	巴西	448	748	231	675	545	758
桂林	中国	449	417	822	228	367	303
科钦	印度	450	337	223	363	285	339
黄石	中国	451	286	580	658	602	493
枣庄	中国	452	489	403	357	689	497
马什哈德	伊朗	453	772	845	724	428	813
玛琅	印度尼西亚	454	705	714	205	482	686
达卡	孟加拉国	455	797	951	649	235	230
马鞍山	中国	456	245	376	423	469	276
大不里士	伊朗	457	874	655	616	408	866
里加	拉脱维亚	458	210	426	121	210	163
衡阳	中国	459	377	769	366	484	404
雷诺萨	墨西哥	460	655	473	862	877	808
秦皇岛	中国	461	413	551	327	351	314
埃莫西约	墨西哥	462	288	801	388	392	547
吉林	中国	463	714	918	117	189	436
濮阳	中国	464	509	505	518	776	426

续表

城市	国家	可持续竞争力排名	经济活力	环境韧性	社会包容	科技创新	对外联系
巨港	印度尼西亚	465	665	255	750	645	703
若茵维莱	巴西	466	732	350	665	362	818
塔伊夫	沙特阿拉伯	467	324	805	151	913	736
鞍山	中国	468	920	555	398	412	433
开罗	埃及	469	422	577	255	180	129
景德镇	中国	470	515	671	589	651	420
鄂尔多斯	中国	471	236	837	459	916	323
蚌埠	中国	472	322	646	415	550	412
漯河	中国	473	362	446	702	844	506
弗罗茨瓦夫	波兰	474	237	178	59	214	389
揭阳	中国	475	512	372	426	815	397
雅罗斯拉夫尔	俄罗斯	476	746	117	191	450	875
阿什哈巴德	土库曼斯坦	477	295	186	833	926	711
包头	中国	478	408	899	322	416	251
平顶山	中国	479	555	480	321	561	501
新余	中国	480	595	579	572	691	593
哥印拜陀	印度	481	495	463	456	297	274
九江	中国	482	271	729	310	569	452
北海	中国	483	254	657	843	713	457
西宁	中国	484	284	693	479	413	215
菏泽	中国	485	554	633	584	598	541
三亚	中国	486	177	371	641	699	361
肇庆	中国	487	609	573	227	509	469
巴尔瑙尔	俄罗斯	488	750	222	383	513	971
望加锡	印度尼西亚	489	380	266	419	471	322
佩雷拉	哥伦比亚	490	717	316	756	470	747
榆林	中国	491	226	661	356	886	570
乌贝兰迪亚	巴西	492	696	675	735	516	772

续表

城市	国家	可持续竞争力排名	经济活力	环境韧性	社会包容	科技创新	对外联系
阿克拉	加纳	493	491	155	853	304	160
圣路易斯	巴西	494	755	281	818	800	894
巴兰基利亚	哥伦比亚	495	721	469	597	440	425
宝鸡	中国	496	602	759	351	612	538
托木斯克	俄罗斯	497	521	976	386	296	879
自贡	中国	498	561	786	547	582	557
哈科特港	尼日利亚	499	845	378	892	765	805
卡拉奇	巴基斯坦	500	735	471	511	291	84
潮州	中国	501	504	373	559	665	492
新西伯利亚	俄罗斯	502	404	991	252	182	422
宁德	中国	503	266	739	433	528	369
鹤壁	中国	504	522	443	614	804	554
绵阳	中国	505	318	794	221	366	450
保定	中国	506	613	735	232	317	353
巴东	印度尼西亚	507	618	513	355	520	886
龙岩	中国	508	339	709	523	642	545
浦那	印度	509	542	609	244	204	128
淮北	中国	510	468	454	458	593	499
安庆	中国	511	520	674	367	621	504
隆德里纳	巴西	512	842	500	703	433	761
卡萨布兰卡	摩洛哥	513	326	130	530	278	136
德古西加巴	洪都拉斯	514	701	502	698	517	344
特鲁希略	秘鲁	515	779	624	578	668	848
韶关	中国	516	327	768	291	630	419
胡富夫	沙特阿拉伯	517	308	737	260	882	764
鄂州	中国	518	217	386	684	829	486
郴州	中国	519	436	698	599	711	515
荆门	中国	520	338	809	466	660	543

续表

	国家	可持续竞争力排名	经济活力	环境韧性	社会包容	科技创新	对外联系
阿比让	科特迪瓦	521	539	357	963	494	202
奇瓦瓦	墨西哥	522	344	886	334	558	939
衢州	中国	523	459	627	472	584	474
陶里亚蒂	俄罗斯	524	634	122	409	614	917
丽水	中国	525	477	760	425	497	424
孝感	中国	526	387	922	631	718	413
四平	中国	527	935	601	704	538	534
棉兰	印度尼西亚	528	623	269	402	379	252
萍乡	中国	529	708	701	521	816	674
萨姆松	土耳其	530	565	569	155	572	722
泸州	中国	531	376	861	464	547	439
遵义	中国	532	241	846	404	527	475
亚历山大	埃及	533	584	382	370	203	229
帕丘卡—德索托	墨西哥	534	503	142	546	571	715
奇姆肯特	哈萨克斯坦	535	813	388	829	889	864
茂物	印度尼西亚	536	624	545	220	467	388
攀枝花	中国	537	451	453	662	678	681
汉中	中国	538	392	852	492	647	574
三明	中国	539	287	712	439	692	531
荆州	中国	540	453	797	303	503	391
商丘	中国	541	574	604	608	836	522
阳江	中国	542	406	512	440	839	478
三门峡	中国	543	461	676	642	918	573
咸宁	中国	544	310	963	561	529	363
特雷西纳	巴西	545	819	354	844	720	924
十堰	中国	546	290	772	406	430	325
周口	中国	547	427	588	395	724	526
晋城	中国	548	573	628	625	673	609

第九章 2020年度全球城市可持续竞争力解析 ◇ 389

续表

城市	国家	可持续竞争力排名	经济活力	环境韧性	社会包容	科技创新	对外联系
拉普拉塔	阿根廷	549	869	169	609	329	434
资阳	中国	550	757	761	697	813	350
信阳	中国	551	492	788	468	446	402
若昂佩索阿	巴西	552	808	253	802	680	814
娄底	中国	553	534	702	502	758	601
六盘水	中国	554	331	678	795	939	608
奥尔巴尼	美国	555	104	546	690	223	176
宜宾	中国	556	398	894	588	666	591
邢台	中国	557	676	699	441	606	581
阿斯特拉罕	俄罗斯	558	673	901	222	617	944
茹伊斯迪福拉	巴西	559	904	308	855	441	461
长治	中国	560	529	576	553	543	590
鹰潭	中国	561	412	557	619	883	454
滁州	中国	562	307	700	600	667	317
南充	中国	563	470	784	300	533	519
益阳	中国	564	528	840	490	662	637
宜春	中国	565	446	791	411	741	616
玉溪	中国	566	262	670	451	684	398
伊尔库茨克	俄罗斯	567	414	992	640	382	934
赣州	中国	568	293	827	443	486	395
尚勒乌尔法	土耳其	569	836	946	403	788	923
衡水	中国	570	441	681	709	728	511
遂宁	中国	571	530	638	471	715	641
梁赞	俄罗斯	572	762	762	378	519	957
墨西卡利	墨西哥	573	498	965	558	781	699
延安	中国	574	405	716	498	594	524
驻马店	中国	575	607	640	469	838	523
三宝垄	印度尼西亚	576	523	600	246	460	658

续表

城市	国家	可持续竞争力排名	经济活力	环境韧性	社会包容	科技创新	对外联系
乐山	中国	577	535	859	449	820	642
吉大港	孟加拉国	578	803	826	850	620	796
格兰德营	巴西	579	777	754	634	510	889
卡诺	尼日利亚	580	962	934	919	542	930
克麦罗沃	俄罗斯	581	707	865	405	514	933
拉巴斯	玻利维亚	582	885	999	623	425	830
克拉斯诺达尔	俄罗斯	583	360	835	110	365	441
渭南	中国	584	410	561	531	782	392
上饶	中国	585	421	748	554	735	484
拉合尔	巴基斯坦	586	789	637	335	303	222
辽阳	中国	587	652	407	580	803	514
本溪	中国	588	745	554	522	656	513
圣米格尔—德图库曼	阿根廷	589	941	98	719	664	869
米苏拉塔	利比亚	590	985	880	884	997	746
清远	中国	591	349	623	257	605	305
科泽科德	印度	592	402	418	656	639	941
钦州	中国	593	439	728	534	563	488
南平	中国	594	508	799	495	562	401
加尔各答	印度	595	502	589	294	238	125
承德	中国	596	749	873	380	559	295
费拉迪圣安娜	巴西	597	907	271	774	739	789
拉杰沙希	孟加拉国	598	896	780	871	633	890
金边	柬埔寨	599	538	574	591	463	267
晋中	中国	600	454	656	503	574	516
黄山	中国	601	397	807	345	579	311
莫雷利亚	墨西哥	602	556	307	393	462	705
金斯敦	牙买加	603	622	177	745	136	159
汕尾	中国	604	594	448	673	855	399

续表

	国家	可持续竞争力排名	经济活力	环境韧性	社会包容	科技创新	对外联系
抚顺	中国	605	661	691	483	464	447
朔州	中国	606	642	427	715	936	630
眉山	中国	607	333	734	612	674	460
宿雾市	菲律宾	608	493	602	316	585	342
宿州	中国	609	476	718	488	777	294
德拉敦	印度	610	335	367	611	767	915
坎努尔	印度	611	400	458	858	824	872
佳木斯	中国	612	582	900	712	703	586
班加西	利比亚	613	945	641	887	778	688
大同	中国	614	483	717	532	577	571
圣佩德罗苏拉	洪都拉斯	615	667	280	842	894	455
宣城	中国	616	301	682	566	757	329
阳泉	中国	617	471	622	677	896	437
克拉玛依	中国	618	221	608	666	756	671
黄冈	中国	619	390	803	339	657	421
巴士拉	伊拉克	620	653	775	848	792	883
杜阿拉	喀麦隆	621	751	375	946	663	262
乌兰巴托	蒙古国	622	553	863	653	780	750
淮南	中国	623	366	519	496	512	444
库亚巴	巴西	624	756	559	717	705	926
奥伦堡	俄罗斯	625	702	618	281	560	987
广安	中国	626	596	725	647	911	619
铜陵	中国	627	346	361	486	539	525
皮文迪	印度	628	480	315	976	999	359
曲靖	中国	629	429	778	583	769	542
吉安	中国	630	440	860	430	676	465
哈马丹	伊朗	631	947	867	726	687	911
车里雅宾斯克	俄罗斯	632	616	818	343	355	937

续表

城市	国家	可持续竞争力排名	经济活力	环境韧性	社会包容	科技创新	对外联系
太子港	海地	633	955	521	932	867	456
库埃纳瓦卡	墨西哥	634	490	163	785	501	673
顿河畔罗斯托夫	俄罗斯	635	525	232	268	439	628
松原	中国	636	880	824	645	818	589
运城	中国	637	517	687	424	655	537
阜阳	中国	638	545	620	461	622	487
海得拉巴	印度	639	418	239	162	164	153
坦皮科	墨西哥	640	631	167	555	773	765
开塞利	土耳其	641	577	773	163	403	773
伊斯兰堡	巴基斯坦	642	816	421	354	301	416
营口	中国	643	722	736	445	737	345
巴基西梅托	委内瑞拉	644	1002	654	966	917	970
塞拉亚	墨西哥	645	619	154	811	694	778
临汾	中国	646	643	710	412	812	480
玉林	中国	647	809	753	594	629	572
达州	中国	648	605	808	693	740	540
喀土穆	苏丹	649	549	776	695	387	646
加沙	巴勒斯坦	650	826	254	886	752	989
梅尔辛	土耳其	651	562	741	311	398	649
高哈蒂	印度	652	566	820	749	418	657
弗里尼欣	南非	653	660	351	947	943	769
伊斯法罕	伊朗	654	798	961	446	487	836
马拉喀什	摩洛哥	655	462	401	306	481	683
艾哈迈达巴德	印度	656	388	652	156	415	293
西爪哇斗望市	印度尼西亚	657	846	648	753	904	718
巴哈瓦尔布尔	巴基斯坦	658	893	830	814	726	932
吕梁	中国	659	672	595	538	930	496
坎帕拉	乌干达	660	852	205	889	391	297

续表

	国家	可持续竞争力排名	经济活力	环境韧性	社会包容	科技创新	对外联系
抚州	中国	661	467	862	517	854	390
埃斯基谢希尔	土耳其	662	891	911	111	421	723
马图林	委内瑞拉	663	989	389	993	992	959
比莱	印度	664	761	433	959	761	817
乌尔米耶	伊朗	665	928	578	705	637	918
永州	中国	666	606	887	548	801	584
鄂木斯克	俄罗斯	667	587	978	292	394	897
马那瓜	尼加拉瓜	668	793	893	562	603	636
邵阳	中国	669	611	923	480	807	639
通化	中国	670	939	663	737	837	670
维拉克斯	墨西哥	671	601	680	477	535	706
亳州	中国	672	632	679	516	891	546
内江	中国	673	636	672	657	747	634
随州	中国	674	455	774	682	890	407
石嘴山	中国	675	329	570	794	783	520
沃罗涅日	俄罗斯	676	685	686	217	338	605
库马西	加纳	677	674	180	869	751	757
六安	中国	678	633	779	434	920	406
云浮	中国	679	683	610	528	847	617
科伦坡	斯里兰卡	680	500	251	390	251	111
贵港	中国	681	617	726	729	966	652
河源	中国	682	540	758	679	779	352
防城港	中国	683	469	575	762	944	373
贝宁	尼日利亚	684	917	927	926	830	793
伊瓦格	哥伦比亚	685	800	343	668	827	976
安顺	中国	686	382	723	694	749	653
卡尔巴拉	伊拉克	687	704	747	824	795	871
扎里亚	尼日利亚	688	973	731	958	632	613

续表

	国家	可持续竞争力排名	可持续竞争力解释性指标排名				
			经济活力	环境韧性	社会包容	科技创新	对外联系
马拉普兰	印度	689	426	501	924	863	802
阿卡普尔科	墨西哥	690	806	616	536	861	743
张家口	中国	691	741	823	401	595	468
新库兹涅茨克	俄罗斯	692	713	260	505	618	1006
海防	越南	693	571	292	764	833	530
本地治里	印度	694	774	294	716	634	946
怀化	中国	695	581	930	622	842	597
埃努古	尼日利亚	696	963	966	936	790	952
辽源	中国	697	902	607	736	937	489
黑角	刚果（布）	698	934	518	980	977	840
池州	中国	699	438	684	672	876	508
牡丹江	中国	700	599	745	637	650	644
达沃市	菲律宾	701	648	629	463	888	822
梅克内斯	摩洛哥	702	627	438	870	627	821
芹苴	越南	703	488	323	859	805	804
梅州	中国	704	593	660	413	652	575
马塞约	巴西	705	830	374	741	709	870
安康	中国	706	629	881	595	785	566
奇克拉约	秘鲁	707	822	664	817	955	876
克里沃罗格	乌克兰	708	927	692	628	949	815
万博	安哥拉	709	1001	986	965	988	816
梧州	中国	710	799	767	436	744	603
嘉峪关	中国	711	369	560	740	880	665
葫芦岛	中国	712	864	598	601	690	532
叶卡捷琳堡	俄罗斯	713	443	928	201	442	675
阿库雷	尼日利亚	714	959	666	940	742	928
丹吉尔	摩洛哥	715	463	336	688	806	732
岘港	越南	716	465	236	330	695	385

第九章 2020年度全球城市可持续竞争力解析 ◇ 395

续表

城市	国家	可持续竞争力排名	经济活力	环境韧性	社会包容	科技创新	对外联系
塞得	埃及	717	475	634	799	793	659
纳塔尔	巴西	718	821	365	772	315	611
库库塔	哥伦比亚	719	823	937	875	850	880
克拉斯诺亚尔斯克	俄罗斯	720	370	989	337	319	895
布拉柴维尔	刚果（布）	721	958	829	974	899	929
科塔	印度	722	654	945	648	492	677
通辽	中国	723	840	864	617	787	587
下诺夫哥罗德	俄罗斯	724	638	183	98	309	1000
利伯维尔	加蓬	725	978	770	951	921	551
卢迪亚纳	印度	726	792	509	674	624	648
阿巴	尼日利亚	727	932	568	901	698	759
泰布克	沙特阿拉伯	728	486	889	569	626	900
特拉斯卡拉	墨西哥	729	850	289	297	608	978
丹东	中国	730	937	703	421	721	387
忻州	中国	731	543	677	624	586	631
白山	中国	732	682	935	342	945	491
乔斯	尼日利亚	733	967	796	917	701	788
绥化	中国	734	644	929	652	942	651
芒格洛尔	印度	735	487	168	598	556	602
纳西里耶	伊拉克	736	776	849	922	895	838
拉什特	伊朗	737	872	508	759	613	998
保山	中国	738	518	764	723	507	635
登巴萨	印度尼西亚	739	368	298	264	772	868
哈拉雷	津巴布韦	740	929	283	897	553	938
波萨里卡	墨西哥	741	901	415	838	971	744
河内	越南	742	533	227	200	247	131
齐齐哈尔	中国	743	804	981	442	515	555
伊热夫斯克	俄罗斯	744	765	626	368	496	1004

续表

	国家	可持续竞争力排名	经济活力	环境韧性	社会包容	科技创新	对外联系
胡志明市	越南	745	558	197	417	264	94
斯法克斯	突尼斯	746	867	397	771	717	809
焦特布尔	印度	747	833	957	549	658	781
伊巴丹	尼日利亚	748	961	279	860	580	729
蒙巴萨岛	肯尼亚	749	711	234	921	753	582
商洛	中国	750	347	895	769	819	477
加德满都	尼泊尔	751	630	594	448	601	858
阜新	中国	752	970	782	626	607	607
布卡拉曼加	哥伦比亚	753	501	84	669	506	740
奎隆	印度	754	431	529	781	754	905
苏拉特	印度	755	575	520	524	437	335
库姆	伊朗	756	921	938	671	590	853
迪亚巴克尔	土耳其	757	635	790	444	750	913
特里凡得琅	印度	758	386	339	452	448	640
百色	中国	759	551	877	639	902	622
雅安	中国	760	321	902	722	682	473
张家界	中国	761	391	925	615	906	278
康塞普西翁	智利	762	367	264	513	422	621
阿拉卡茹	巴西	763	878	242	691	743	716
奥韦里	尼日利亚	764	832	750	914	869	828
那格浦尔	印度	765	590	916	563	436	569
哈巴罗夫斯克	俄罗斯	766	484	1002	541	596	940
瓦哈卡	墨西哥	767	681	821	171	578	749
卡加延德奥罗市	菲律宾	768	659	370	713	961	777
图斯特拉—古铁雷斯	墨西哥	769	801	152	467	843	819
代尼兹利	土耳其	770	760	795	113	475	878
赤峰	中国	771	730	909	638	659	527
比亚维森西奥	哥伦比亚	772	657	358	911	910	983

续表

	国家	可持续竞争力排名	可持续竞争力解释性指标排名				
			经济活力	环境韧性	社会包容	科技创新	对外联系
乌约	尼日利亚	773	856	402	937	853	902
贺州	中国	774	764	813	777	727	423
巴特那	印度	775	759	732	550	534	779
来宾	中国	776	671	720	766	915	558
铁岭	中国	777	911	603	660	835	559
布巴内斯瓦尔	印度	778	662	812	560	443	567
达喀尔	塞内加尔	779	686	349	941	397	198
塞伦	印度	780	743	515	841	293	226
特里苏尔	印度	781	537	470	336	738	669
基希讷乌	摩尔多瓦	782	401	128	438	474	696
奥兰加巴德	印度	783	752	953	683	459	767
达累斯萨拉姆	坦桑尼亚	784	716	334	899	402	189
塞康第—塔科拉迪	加纳	785	591	296	933	994	867
崇左	中国	786	485	746	761	907	592
阿姆利则	印度	787	656	645	610	671	725
费萨拉巴德	巴基斯坦	788	903	581	904	537	892
圣玛尔塔	哥伦比亚	789	835	713	633	649	753
广元	中国	790	474	843	497	789	624
弗洛里亚诺波利斯	巴西	791	712	132	542	381	728
卢萨卡	赞比亚	792	791	971	978	522	380
洛美	多哥	793	787	256	880	736	347
海得拉巴	巴基斯坦	794	781	910	867	344	627
维萨卡帕特南	印度	795	585	804	352	576	485
基特韦	赞比亚	796	829	599	997	948	1003
桑托斯将军城	菲律宾	797	767	241	659	978	877
天水	中国	798	718	842	556	592	660
詹谢普尔	印度	799	720	705	903	600	954
哈拉巴	墨西哥	800	728	243	655	555	737

续表

国家		可持续竞争力排名	可持续竞争力解释性指标排名				
			经济活力	环境韧性	社会包容	科技创新	对外联系
贾朗达尔	印度	801	848	584	832	696	835
阿散索尔	印度	802	843	257	856	893	986
圭亚那城	委内瑞拉	803	999	987	991	993	896
朝阳	中国	804	923	727	592	866	462
庆阳	中国	805	670	825	686	611	632
库尔纳	孟加拉国	806	951	878	874	714	965
拉巴特	摩洛哥	807	621	90	429	345	357
勒克瑙	印度	808	719	891	618	372	483
锡亚尔科特	巴基斯坦	809	860	549	805	856	826
拉瓦尔品第	巴基斯坦	810	863	777	823	654	762
巴中	中国	811	710	885	596	979	470
努瓦克肖特	毛里塔尼亚	812	942	694	916	941	742
戈尔哈布尔县	印度	813	680	591	676	581	656
呼伦贝尔	中国	814	527	993	635	935	414
瓦里	尼日利亚	815	887	510	989	969	963
伏尔加格勒	俄罗斯	816	641	875	262	420	919
楠榜省	印度尼西亚	817	610	317	332	796	831
白城	中国	818	952	985	661	828	533
克尔曼	伊朗	819	943	967	606	444	787
奥绍博	尼日利亚	820	957	474	928	991	873
金昌	中国	821	703	882	746	794	594
科曼莎	伊朗	822	930	903	728	518	825
锡尔赫特	孟加拉国	823	794	890	826	702	994
哈尔科夫	乌克兰	824	811	730	475	401	751
昭通	中国	825	723	896	706	931	612
非斯	摩洛哥	826	589	404	793	540	717
吴忠	中国	827	396	838	804	871	544
阿斯马拉	厄立特里亚	828	898	420	893	974	906

第九章　2020年度全球城市可持续竞争力解析　◇　399

续表

	国家	可持续竞争力排名	经济活力	环境韧性	社会包容	科技创新	对外联系
			可持续竞争力解释性指标排名				
瓦拉纳西	印度	829	796	733	577	591	664
斋普尔	印度	830	637	597	283	330	403
兰契	印度	831	625	800	807	731	727
马杜赖	印度	832	580	536	760	599	684
迈索尔	印度	833	550	409	685	435	620
临沧	中国	834	736	836	813	925	643
金沙萨	刚果（金）	835	916	950	992	766	320
双鸭山	中国	836	918	905	731	987	536
鸡西	中国	837	890	708	790	808	629
巴科洛德	菲律宾	838	788	874	752	929	843
埃罗德	印度	839	709	653	820	825	958
河池	中国	840	698	908	557	924	599
巴彦淖尔	中国	841	747	944	714	962	552
白银	中国	842	620	936	587	897	528
纳杰夫	伊拉克	843	658	1003	943	771	891
七台河	中国	844	875	744	831	982	702
埃里温	亚美尼亚	845	570	310	428	377	310
蒂鲁巴	印度	846	563	496	865	984	820
韦洛尔	印度	847	678	503	845	455	720
蒂鲁伯蒂	印度	848	692	632	573	688	600
铜川	中国	849	526	669	877	954	341
马哈奇卡拉	俄罗斯	850	814	383	487	755	1005
占碑	印度尼西亚	851	639	964	681	826	798
雅温得	喀麦隆	852	771	207	876	719	498
白沙瓦	巴基斯坦	853	895	556	912	531	888
伊洛林	尼日利亚	854	983	816	925	700	910
博卡罗钢铁城	印度	855	737	585	956	986	874
蒂鲁吉拉伯利	印度	856	706	534	680	570	774

续表

城市	国家	可持续竞争力排名	经济活力	环境韧性	社会包容	科技创新	对外联系
瓜廖尔	印度	857	815	841	787	770	782
乌兰察布	中国	858	894	870	654	963	672
乌海	中国	859	598	440	755	953	682
平凉	中国	860	913	789	651	860	549
奥利沙	尼日利亚	861	987	644	944	996	884
符拉迪沃斯托克	俄罗斯	862	505	312	565	374	561
阿尔达比勒	伊朗	863	953	921	696	616	961
科尼亚	土耳其	864	588	897	174	383	741
普洱	中国	865	615	857	734	934	576
印多尔	印度	866	744	606	718	505	692
中卫	中国	867	626	872	797	683	292
坤甸	印度尼西亚	868	597	806	791	870	899
马辰港	印度尼西亚	869	773	209	711	786	951
杜兰戈	墨西哥	870	603	912	328	476	823
卡尔努尔	印度	871	546	949	789	950	979
奎达	巴基斯坦	872	931	972	839	710	972
博帕尔	印度	873	784	571	525	541	507
密鲁特	印度	874	583	817	851	832	776
黑河	中国	875	783	973	510	923	562
安拉阿巴德	印度	876	847	785	776	524	731
木尔坦	巴基斯坦	877	948	834	861	638	847
穆扎法尔讷格尔	印度	878	725	763	890	975	966
西里古里	印度	879	727	492	809	903	1001
巴罗达	印度	880	855	592	279	461	882
喀布尔	阿富汗	881	938	952	952	723	689
武威	中国	882	868	955	664	881	694
索科托	尼日利亚	883	984	1005	962	873	949
纳西克	印度	884	739	920	485	588	494

续表

	国家	可持续竞争力排名	经济活力	环境韧性	社会包容	科技创新	对外联系
丽江	中国	885	399	866	630	822	321
加拉特	印度	886	695	662	667	504	394
巴雷利	印度	887	886	913	883	851	887
萨哈兰普尔	印度	888	753	892	918	875	977
张掖	中国	889	758	940	629	768	467
英帕尔	印度	890	785	553	879	817	834
乌里扬诺夫斯克	俄罗斯	891	857	195	489	499	985
克塔克	印度	892	837	667	822	849	856
阿里格尔	印度	893	881	954	808	636	707
斯利那加	印度	894	691	558	910	641	920
固原	中国	895	740	844	803	848	563
胡布利—塔尔瓦德	印度	896	578	321	739	589	855
萨那	也门	897	1003	998	967	567	661
卡杜纳	尼日利亚	898	966	997	923	865	907
三宝颜市	菲律宾	899	812	711	744	960	885
切尔塔拉	印度	900	541	387	938	964	712
苏库尔	巴基斯坦	901	908	939	888	878	859
万象	老挝	902	569	996	708	708	724
古杰兰瓦拉	巴基斯坦	903	924	690	935	879	860
鹤岗	中国	904	944	917	727	959	464
贡土尔	印度	905	738	614	806	748	857
第聂伯罗彼得罗夫斯克	乌克兰	906	882	464	632	946	755
维查雅瓦达	印度	907	649	481	582	648	679
贾姆讷格尔	印度	908	786	643	607	938	701
摩苏尔	伊拉克	909	675	625	942	734	922
鲁尔克拉	印度	910	827	858	955	1001	950
塔什干	乌兹别克斯坦	911	946	765	643	376	405
利沃夫	乌克兰	912	733	695	353	491	854

续表

城市	国家	可持续竞争力排名	经济活力	环境韧性	社会包容	科技创新	对外联系
丹巴德	印度	913	879	544	835	706	980
大马士革	叙利亚	914	971	344	975	456	719
桑给巴尔	坦桑尼亚	915	688	706	977	919	992
亚兹德	伊朗	916	936	982	828	502	912
卢本巴希	刚果（金）	917	940	617	985	914	990
扎波里日亚	乌克兰	918	873	704	574	763	904
莫拉达巴德	印度	919	892	884	960	834	916
仰光	缅甸	920	861	931	780	697	193
基加利	卢旺达	921	548	263	939	852	726
马图拉	印度	922	914	819	891	610	921
定西	中国	923	700	876	491	686	654
贾巴尔普尔	印度	924	870	933	773	821	647
奢羯罗	印度	925	780	467	866	1000	783
陇南	中国	926	734	907	782	845	535
敖德萨	乌克兰	927	790	851	454	400	618
阿格拉	印度	928	897	766	707	732	695
边和	越南	929	458	159	834	952	579
萨尔塔	阿根廷	930	909	868	455	554	655
坎普尔	印度	931	926	869	763	353	833
尼亚拉	苏丹	932	854	959	907	775	893
博格拉	孟加拉国	933	915	879	908	957	914
伊春	中国	934	925	979	863	908	700
昌迪加尔	印度	935	447	278	435	354	236
菲罗扎巴德	印度	936	910	831	961	989	691
亚的斯亚贝巴	埃塞俄比亚	937	859	200	849	356	365
阿杰梅尔	印度	938	862	781	786	858	865
包纳加尔	印度	939	807	914	852	631	901
查谟	印度	940	699	487	627	604	721

第九章 2020年度全球城市可持续竞争力解析 ◇ 403

续表

	国家	可持续竞争力排名	可持续竞争力解释性指标排名				
			经济活力	环境韧性	社会包容	科技创新	对外联系
蒙罗维亚	利比里亚	941	810	385	986	564	645
贝尔高姆	印度	942	586	430	821	831	827
纳曼干	乌兹别克斯坦	943	974	673	900	983	942
尼亚美	尼日尔	944	900	756	968	846	733
乌贾因	印度	945	795	828	798	933	839
萨戈达	巴基斯坦	946	964	688	885	809	968
占西	印度	947	865	977	906	840	936
扎黑丹	伊朗	948	956	960	810	677	850
肖拉普尔	印度	949	831	647	873	811	935
酒泉	中国	950	871	988	410	892	625
姆万扎	坦桑尼亚	951	679	970	857	905	964
戈勒克布尔	印度	952	950	871	953	912	943
督伽坡	印度	953	828	425	830	644	960
阿姆拉瓦提	印度	954	742	742	895	764	974
古尔伯加	印度	955	448	566	864	862	812
蒂鲁内尔维利	印度	956	825	497	779	810	745
阿波美—卡拉维	贝宁	957	877	533	913	802	786
苏伊士	埃及	958	536	322	748	669	693
弗里敦	塞拉利昂	959	960	410	920	643	844
顿涅茨克	乌克兰	960	888	221	646	454	851
科托努	贝宁	961	866	185	909	646	430
马托拉	莫桑比克	962	838	353	970	1002	704
布拉瓦约	津巴布韦	963	981	423	930	884	945
南德	印度	964	726	924	767	1003	973
卡耶姆库拉姆镇	印度	965	567	347	931	981	735
哈马	叙利亚	966	980	906	983	995	981
瓦朗加尔	印度	967	428	689	710	670	908
马莱冈	印度	968	731	932	784	985	795

续表

	国家	可持续竞争力排名	可持续竞争力解释性指标排名			
			经济活力	环境韧性	社会包容	科技创新	对外联系
比什凯克	吉尔吉斯斯坦	969	768	495	825	587	565
瓦加杜古	布基纳法索	970	766	485	929	704	975
巴马科	马里	971	754	268	878	707	709
吉布提	吉布提	972	884	942	969	976	604
拉塔基亚	叙利亚	973	986	476	948	874	842
内洛尔	印度	974	775	740	836	885	849
迈杜古里	尼日利亚	975	969	636	954	859	953
布瓦凯	科特迪瓦	976	853	749	987	940	993
布兰太尔	马拉维	977	912	338	915	615	852
比卡内尔	印度	978	834	947	768	868	784
赖布尔	印度	979	608	583	650	745	760
阿勒颇	叙利亚	980	995	853	995	814	790
科纳克里	几内亚	981	645	414	945	947	771
内维	尼日利亚	982	990	839	990	968	791
内比都	缅甸	983	949	244	927	951	984
摩加迪沙	索马里	984	992	856	1004	973	837
塔那那利佛	马达加斯加	985	996	956	949	712	948
阿加迪尔	摩洛哥	986	511	96	621	640	714
曼德勒	缅甸	987	889	904	872	722	999
拉卡	叙利亚	988	982	1000	994	1005	962
利隆圭	马拉维	989	905	962	950	864	909
哈尔格萨	索马里	990	1000	990	981	972	785
博博迪乌拉索	布基纳法索	991	858	798	934	900	997
奇卡帕	刚果（金）	992	975	888	1003	1006	955
马普托	莫桑比克	993	883	883	896	623	378
霍姆斯	叙利亚	994	965	974	979	927	927
布琼布拉	布隆迪	995	919	1006	999	956	956
亚丁	也门	996	1004	811	972	791	803

续表

	国家	可持续竞争力排名	可持续竞争力解释性指标排名				
			经济活力	环境韧性	社会包容	科技创新	对外联系
姆布吉马伊	刚果（金）	997	977	615	1005	998	996
杜尚别	塔吉克斯坦	998	841	314	905	729	713
楠普拉	莫桑比克	999	922	1001	988	980	995
卡南加	刚果（金）	1000	976	975	1000	1004	988
布卡武	刚果（金）	1001	988	366	998	932	991
塔依兹	也门	1002	1005	948	984	841	898
荷台达	也门	1003	1006	958	1001	970	845
恩贾梅纳	乍得	1004	954	968	971	928	756
班吉	中非共和国	1005	998	537	996	965	967
基桑加尼	刚果（金）	1006	997	943	1006	967	1002

附 录

城市竞争力评估理论与方法

城市在发展过程中,需要凭借自身要素禀赋与空间环境为基础并形成的内部组织效率与外部经济优势,通过吸引、控制转化资源,通过占领和控制室仓,更多、更广和更快地创造价值,以及获取各种资源租金,不断和最大限度地为其居民提供福利的能力大小,即为城市的竞争力水平。

从时间和层次看,城市竞争力可以分为短期竞争力和长期竞争力。短期竞争力是利用直接的要素和环境创造当前财富的能力,长期竞争力是利用基础的要素和环境可持续地创造财富提供效用的能力。从短期来看,经济竞争力的构成就是城市的营商环境;从长期来看,永续竞争力的构成就是城市的生活环境。二者的关系如图1所示。

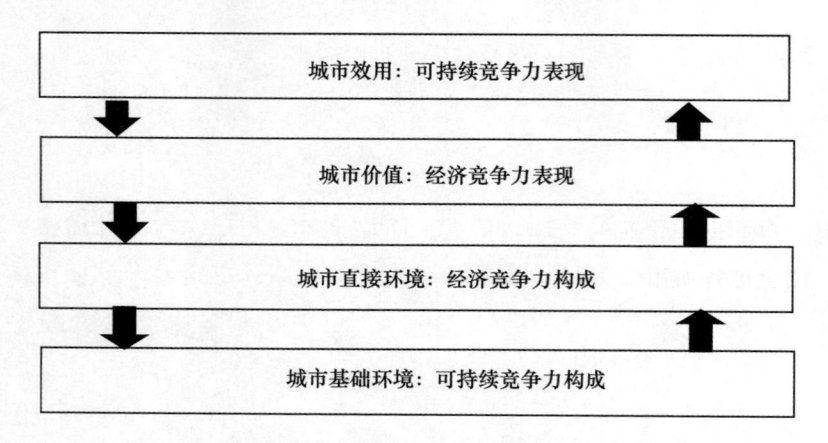

```
┌─────────────────────────────────┐
│   城市效用:可持续竞争力表现    │
└─────────────────────────────────┘
        ↓                ↑
┌─────────────────────────────────┐
│   城市价值:经济竞争力表现      │
└─────────────────────────────────┘
        ↓                ↑
┌─────────────────────────────────┐
│ 城市直接环境:经济竞争力构成    │
└─────────────────────────────────┘
        ↓                ↑
┌─────────────────────────────────┐
│城市基础环境:可持续竞争力构成   │
└─────────────────────────────────┘
```

图1 城市经济竞争力与可持续竞争力的关系

资料来源:笔者整理。

在此基础上，本报告拟构建如下的城市竞争力模型：城市可持续竞争力通过经济竞争力的解释变量决定城市经济竞争力，城市经济竞争力进一步通过经济竞争力的解释变量影响城市的可持续竞争力。

一 城市的经济竞争力

（一）城市经济竞争力决定机制与定义

城市是一个由人、私人部门、准公共部门、公共部门的一个非正式的开放的组织。在城市里，企业组织其员工创造并提供私人产品及服务给当地和外部市场，公共部门组织员工创造并提供地方化的公共产品及服务，它们共同构成相对独立的城市空间内的一个综合体。

单一城市竞争力决定：事实上，一个企业的业务选择，决定于其所处区位的环境状况，而企业的业务选择也决定企业创造附加值的高低。在一个城市里，其当地要素环境以及可以有效利用的外部环境，决定着城市的产业体系（包括产业和产业环节）的规模、结构和效率，而产业体系的状况又决定城市价值创造状况。而一个城市企业群的运营各环节的影响因素的组合状况，决定企业群的产业体系选择，决定企业群创造附加值的高低。

全球城市竞争力比较：在全球一体化的背景下，全球范围内有着众多的城市地区，不同城市在主体素质和要素环境方面禀赋不同、成本有异，接近和利用城市外部的要素环境距离和成本也是不同的。在开放经济体系下，要素环境不同所引起的城市间比较优势差异，导致城市区域间的产业差异和分工，决定对应的城市的产业体系的规模、层次、结构和效率千差万别，进而城市创造价值的也很不相同。如果从企业看：一个全球化的公司可能根据全球不同城市的要素环境状况来布局其全球产业链，进而形成企业的全球价值链；而如果从城市看，在全球城市体系下，由全球各城市要素环境体系状况构成的体系，决定着全球城市的产业网络体系，而全球城市间的产业网络体系决定着全球价值链体系。

全球竞争及格局变化：由于城市间人口、企业和一些重要的生产要素是可移动的，城市要素环境差异主体导致潜在收益的差异。因此，相关城市之间不仅进行着分工、合作与贸易，也进行着复杂多样的竞争。城市竞争导致资源、要素在城市间遵循主体利益最大化的原则而流动和配置，经济体系趋向包括城市空间均衡在内的一般均衡态势。但是，由于城市之间的要素与环境以及主体素质的变化，会引起资源、要素与产业在空间上的重新配置，原有一般均衡的进程常常被打断，并趋向新的均衡。

图2简化地显示：A城市通过吸引B、C的要素、产业甚至财富，通过利用B、C的要素环境及其与B、C城市的产业合作，形成A城开放的要素环境体系，培育开放的产业体系，创造A城的价值体系，形成A城的城市竞争力；A城的价值体系、产业体系也是在全球竞争中，反过来影响自身的要素系统。B、C亦如此。

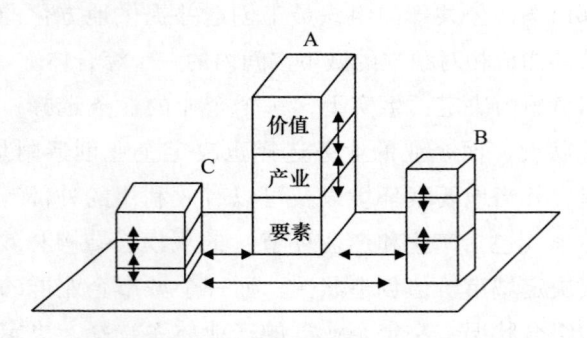

图2　城市经济竞争力决定机制

资料来源：笔者整理。

在城市间的要素环境、产业体系、价值收益的合作和竞争中，通过要素环境、产业体系与价值收益的决定与反作用中，众多城市的竞争力被同时共同决定，且格局不断变化。

按照城市竞争与发展机制，一个城市的全球竞争力可以理解为城市在合作、竞争和发展过程中，与其他城市相比较所具有的吸引、争夺、拥有、控制、转化资源和争夺、占领、控制市场，更多、更快、更有效率、更可持续地创造价值、为其居民提供福利的能力。

按照机制与定义，可以将城市经济竞争力区分为显示（表现或产出）竞争力和构成（解释或投入）竞争力。对于城市的经济竞争力，一方面，从投入的角度看，各城市的要素和环境是有很大差异的；另一方面，从产出的角度看，各城市的产出即创造的价值都是可以用统一标准比较的。

（二）城市经济竞争力显示性框架与指标体系

根据上述定义，从显示或产出的角度看，竞争力主要表现为一个城市在此基础上，本报告拟构建如下的城市竞争力模型：城市可持续竞争力通过经济竞争力的解释变量决定城市经济竞争力，城市经济竞争力进一步通过经济竞争力的解释变量影响城市的可持续竞争力。

一 城市的经济竞争力

（一）城市经济竞争力决定机制与定义

城市是一个由人、私人部门、准公共部门、公共部门的一个非正式的开放的组织。在城市里，企业组织其员工创造并提供私人产品及服务给当地和外部市场，公共部门组织员工创造并提供地方化的公共产品及服务，它们共同构成相对独立的城市空间内的一个综合体。

单一城市竞争力决定：事实上，一个企业的业务选择，决定于其所处区位的环境状况，而企业的业务选择也决定企业创造附加值的高低。在一个城市里，其当地要素环境以及可以有效利用的外部环境，决定着城市的产业体系（包括产业和产业环节）的规模、结构和效率，而产业体系的状况又决定城市价值创造状况。而一个城市企业群的运营各环节的影响因素的组合状况，决定企业群的产业体系选择，决定企业群创造附加值的高低。

全球城市竞争力比较：在全球一体化的背景下，全球范围内有着众多的城市地区，不同城市在主体素质和要素环境方面禀赋不同、成本有异，接近和利用城市外部的要素环境距离和成本也是不同的。在开放经济体系下，要素环境不同所引起的城市间比较优势差异，导致城市区域间的产业差异和分工，决定对应的城市的产业体系的规模、层次、结构和效率千差万别，进而城市创造价值的也很不相同。如果从企业看：一个全球化的公司可能根据全球不同城市的要素环境状况来布局其全球产业链，进而形成企业的全球价值链；而如果从城市看，在全球城市体系下，由全球各城市要素环境体系状况构成的体系，决定着全球城市的产业网络体系，而全球城市间的产业网络体系决定着全球价值链体系。

全球竞争及格局变化：由于城市间人口、企业和一些重要的生产要素是可移动的，城市要素环境差异主体导致潜在收益的差异。因此，相关城市之间不仅进行着分工、合作与贸易，也进行着复杂多样的竞争。城市竞争导致资源、要素在城市间遵循主体利益最大化的原则而流动和配置，经济体系趋向包括城市空间均衡在内的一般均衡态势。但是，由于城市之间的要素与环境以及主体素质的变化，会引起资源、要素与产业在空间上的重新配置，原有一般均衡的进程常常被打断，并趋向新的均衡。

图2简化地显示：A城市通过吸引B、C的要素、产业甚至财富，通过利用B、C的要素环境及其与B、C城市的产业合作，形成A城开放的要素环境体系，培育开放的产业体系，创造A城的价值体系，形成A城的城市竞争力；A城的价值体系、产业体系也是在全球竞争中，反过来影响自身的要素系统。B、C亦如此。

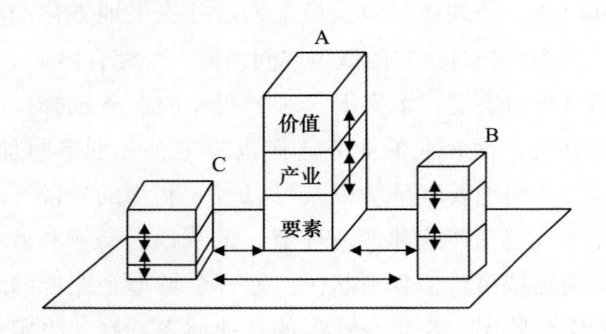

图2　城市经济竞争力决定机制

资料来源：笔者整理。

在城市间的要素环境、产业体系、价值收益的合作和竞争中，通过要素环境、产业体系与价值收益的决定与反作用中，众多城市的竞争力被同时共同决定，且格局不断变化。

按照城市竞争与发展机制，一个城市的全球竞争力可以理解为城市在合作、竞争和发展过程中，与其他城市相比较所具有的吸引、争夺、拥有、控制、转化资源和争夺、占领、控制市场，更多、更快、更有效率、更可持续地创造价值、为其居民提供福利的能力。

按照机制与定义，可以将城市经济竞争力区分为显示（表现或产出）竞争力和构成（解释或投入）竞争力。对于城市的经济竞争力，一方面，从投入的角度看，各城市的要素和环境是有很大差异的；另一方面，从产出的角度看，各城市的产出即创造的价值都是可以用统一标准比较的。

（二）城市经济竞争力显示性框架与指标体系

根据上述定义，从显示或产出的角度看，竞争力主要表现为一个城市在其空间范围内，创造价值、获取经济租金的规模、水平和增长。根据指标最小化原则，经济密度（地均GDP）创造价值的效率和水平的恰当的指标，而经济增量（当年GDP与上一年GDP差，考虑到数据平稳性，以过去GDP五年增量平均为宜）是创造价值的规模和增速的恰当指标。采用这两个指标可以合成一个较为合适反映经济竞争力被解释变量的指数。

表1　　　　　全球城市经济竞争力显示性指标体系

	具体指标	资料来源
经济增量	1.1 GDP 增量	中国社会科学院城市与竞争力研究中心数据库
经济密度	1.2 地均GDP	中国社会科学院城市与竞争力研究中心数据库

资料来源：中国社会科学院城市与竞争力研究中心数据库。

（三）城市经济竞争力解释性框架

基于要素综合环境的视角，借鉴国民经济循环理论模型，本书建立了一个包括5个潜在变量的城市竞争力模型：

$$GUEC_J = \beta LF_J + \gamma LE_J + \delta SE_J + \varepsilon HE_J + \epsilon GC_J \tag{1}$$

在上式中，$GUEC_J$是全球经济竞争力，LF是当地要素，具体包括人才、科技和金融要素，是城市竞争与发展的主体力量，是决定竞争力的推动力量；LE即生活环境实际是指当地的需求，反映了当地市场需求大小和消费能力，对城市竞争力的拉动力量；HE为城市硬环境包括基础设施和生态环境等，是营商的基本条件，决定营商的便利性；SE是城市软环境包括制度、文化以及社会安全，影响城市生产和交易的成本；GC为全球联系，包含了城市与外部的软硬各方面的联系，决定着城市利用外部要素和需求的能力。5个潜变量，每个变量对城市竞争力的贡献和作用方式不同，但是每个均不可或缺。

这个模型以企业（产业）主体为中心，以主体内外联系为主线，以主体交往制度为基础，以主体供求为内容，综合了影响竞争力的：主体与环境、供给与需求、存量与增量、软件与硬件、内部与外等多维因素。

以上5个潜变量是指5个方面，每个方面均容纳许多具体的城市竞争力因素。按照抓住关键因素，以及数据可得性等原则，本书选择5个方面32个指标，构建城市竞争力解释性指标体系（见表2）。

表 2   全球城市经济竞争力解释性指标体系

一级指	二级指标	指标内容	资料来源
1. 当地要素	1.1 间接市场融资便利度	营商环境报告之信贷可得性指标经城市修正	中国社会科学院城市与竞争力研究中心数据库
	1.2 直接市场融资便利度	交易所交易额数据及全球上市公司数据计算	中国社会科学院城市与竞争力研究中心数据库
	1.3 学术论文指数	发表论文数量	中国社会科学院城市与竞争力研究中心数据库
	1.4 专利申请指数	专利数量	中国社会科学院城市与竞争力研究中心数据库
	1.5 青年人才比例指数	青年（16—45 岁）人口占比经人均 GDP 修正	中国社会科学院城市与竞争力研究中心数据库
	1.6 劳动力总数	劳动人口（15—59 岁）总数	中国社会科学院城市与竞争力研究中心数据库
2. 生活环境	2.1 历史文化指数	博物馆数量	中国社会科学院城市与竞争力研究中心数据库
	2.2 医疗健康机构指数	人均医疗机构数量经医疗可及性和医疗质量指数（HAQ Index）调整	中国社会科学院城市与竞争力研究中心数据库
	2.3 气候舒适度指数	气温，降水，灾害天气，能见度四项指标打分合成计算（地均 GDP 修正）	中国社会科学院城市与竞争力研究中心数据库
	2.4 环境污染度指数	PM2.5，人均 CO_2 排放量，人均 SO_2 排放量三项指标打分合成计算	中国社会科学院城市与竞争力研究中心数据库
	2.5 市民消费水平指数	人均可支配收入经基尼系数修正	中国社会科学院城市与竞争力研究中心数据库
	2.6 居住成本指数	房价收入比	中国社会科学院城市与竞争力研究中心数据库
	2.7 健体休闲设施指数	高尔夫球场数量	中国社会科学院城市与竞争力研究中心数据库
	2.8 文化设施指数	图书馆数量/城市面积	中国社会科学院城市与竞争力研究中心数据库

续表

一级指标	二级指标	指标内容	资料来源
3. 营商软环境	3.1 社会安全指数	犯罪率数据	中国社会科学院城市与竞争力研究中心数据库
	3.2 市场化指数	经济自由度指数经航线数及人均GDP修正	中国社会科学院城市与竞争力研究中心数据库
	3.3 开放度指数	星巴克、麦当劳、沃尔玛数量计算	中国社会科学院城市与竞争力研究中心数据库
	3.4 产权保护指数	国际产权保护报告经城市修正	中国社会科学院城市与竞争力研究中心数据库
	3.5 高等教育指数	各城市排名最好大学分类打分并经城市大学数量调整	中国社会科学院城市与竞争力研究中心数据库
	3.6 经商便利度指数	世界银行营商环境指数经航线数调整	中国社会科学院城市与竞争力研究中心数据库
4. 营商硬环境	4.1 交通便捷度	Numbeo交通数据经城市交通话题舆情爬虫数据调整	中国社会科学院城市与竞争力研究中心数据库
	4.2 电力充沛度	夜间灯光数据计算	中国社会科学院城市与竞争力研究中心数据库
	4.3 网络信息传输速度	网速	中国社会科学院城市与竞争力研究中心数据库
	4.4 航运便利度	距离100大港距离	中国社会科学院城市与竞争力研究中心数据库
	4.5 机场设施指数	机场基础设施综合评分	中国社会科学院城市与竞争力研究中心数据库
	4.6 自然灾害指数	根据6种自然灾害的历史数据计算得出	中国社会科学院城市与竞争力研究中心数据库
5. 全球联系	5.1 航空联系度	机场航班数量	中国社会科学院城市与竞争力研究中心数据库
	5.2 网络热度	谷歌趋势&百度趋势	中国社会科学院城市与竞争力研究中心数据库
	5.3 科研人员联系度	合作论文发表数量—联系度计算	中国社会科学院城市与竞争力研究中心数据库

续表

一级指标	二级指标	指标内容	资料来源
5. 全球联系	5.4 金融企业联系度	75家金融类跨国公司分布—联系度计算	中国社会科学院城市与竞争力研究中心数据库
	5.5 科技企业联系	25家科技类跨国公司分布—联系度计算	中国社会科学院城市与竞争力研究中心数据库
	5.6 航运联系度	港口航运连通指数（UN-CATD-Port liner shipping connectivity index）经港口吞吐量调整计算	中国社会科学院城市与竞争力研究中心数据库

资料来源：中国社会科学院城市与竞争力研究中心数据库。

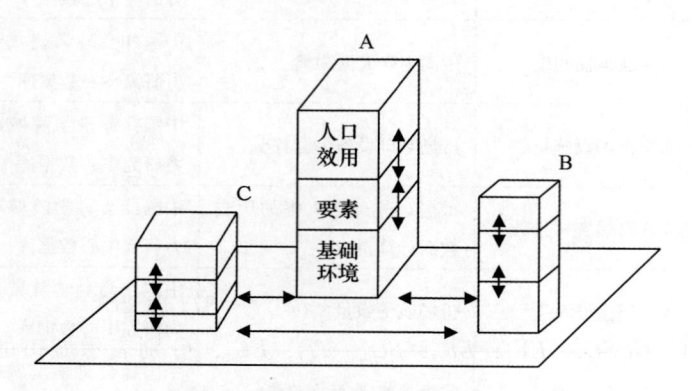

二 城市可持续竞争力

（一）城市可持续竞争力决定机制与定义

城市可持续竞争力的决定机制与城市经济竞争力的决定机制基本相同，所不同的是可持续竞争力是长期机制而经济竞争力是短期机制，因此，决定可持续竞争力的因素和环境更加基础和间接，表现城市可持续竞争力的结果更加顶层和直接（见图3）。

图3 城市可持续竞争力决定机制

城市可持续竞争力是指一个城市提升自身在经济、社会、生态、创新、全球联系等方面的优势，并寻求系统优化，以持续满足公民复杂而高级的福利效用的能力。

按照机制与定义，可以将城市可持续竞争力区分为显示（表现或产出）竞争力和构成（解释或投入）竞争力。对于城市的可持续竞争力，一方面，从投入的角度看，是更具长期意义决定未来发展与竞争的基础环境；另一方面，从产出的角度看，是更具长期意义表现未来竞争与发展的人口状况。

（二）城市可持续竞争力显示性框架与指标体系

根据可持续的定义，从显示或产出的角度看，可持续竞争力主要表现为一个城市在其空间范围内，居民获得福利效用的规模、水平和增长。根据指标最小化原则，高端人口密度（地均人口数量）是高福利效用的恰当指标，而高端人口增量（或者高端人口规模及人口增长率，考虑到数据平稳性，以过去 GDP 五年平均为宜）是创造效用的规模和增速的恰当指标。采用这两项指标可以合成一个较为合适反映可持续竞争力被解释变量的指数。

表3　　　　　　　全球可持续竞争力显示性指标体系

	具体指标	资料来源
人才增量	1.1 高收入人口年增长指数	中国社会科学院城市与竞争力研究中心数据库
人才密度	1.2 地均高收入人口指数	中国社会科学院城市与竞争力研究中心数据库

资料来源：中国社会科学院城市与竞争力研究中心数据库。

（三）城市可持续竞争力解释性概念框架与指标体系

按照上述机制和定义，一个具有可持续竞争力的城市应该是：充满活力的营商城市；创新驱动的知识城市；社会包容的和谐城市；环境友好的生态城市；全球联系的国际城市。据此构建了一个包括 5 个解释变量的城市可持续竞争力模型：

$$GUSC_J = \alpha EV_J + \gamma ER_J + \delta SC_J + \beta TI_J + \epsilon EC_J \quad (2)$$

其中，$GUSC_J$，EV_J，ER_J，SC_J，TI_J，EC_J，分别表示城市的全球可持续竞争力、经济活力、环境韧性、科技创新、社会包容和全球联系。经济活力主要指创业环境和创业绩效，经济活力是可持续竞争力的基础；科技创新主要指创新氛围和创新条件，它是城市发展最终的动力源泉和不竭动力。环境韧性包括生态环境和基础设施，是城市实现可持续发展的硬件基础。社会包容包含安全、信任、包容和秩序等各种软环境，体现了城市社会动员和社会整合能力，是城市实现可持续发展的软件基础。对外联系决定城市利用和影响全球程度。

以上 5 个潜变量是指 5 个方面，每个方面均容纳许多具体的城市竞争力因素。按照抓住关键因素，以及数据可得性等原则，选择 5 个方面 28 个指标，构建城市可持续竞争力解释性指标体系（见表4）。

表4　　　　　　　全球可持续竞争力解释性指标体系

一级指标	二级指标	指标内容	资料来源
1. 经济活力	1.1 经商便利度指数	世界银行营商环境指数经航线数调整	中国社会科学院城市与竞争力研究中心数据库
	1.2 产权保护指数	国际产权保护度报告经城市修正	中国社会科学院城市与竞争力研究中心数据库
	1.3 青年人才比例指数	青年（16—45岁）人口占比经人均 GDP 修正	中国社会科学院城市与竞争力研究中心数据库
	1.4 经济增长率	GDP5 年变化率	中国社会科学院城市与竞争力研究中心数据库
	1.5 劳动生产率	GDP/劳动人口（15—59岁）	中国社会科学院城市与竞争力研究中心数据库
2. 环境韧性	2.1 交通便捷度	Numbeo 交通数据经城市交通话题舆情爬虫数据调整	中国社会科学院城市与竞争力研究中心数据库
	2.2 电力充沛度	夜间灯光数据计算	中国社会科学院城市与竞争力研究中心数据库
	2.3 生态多样性	森林、湖泊、绿地、湿地等 10 中地貌综合面积	中国社会科学院城市与竞争力研究中心数据库
	2.4 气候舒适度指数	气温，降水，灾害天气，能见度四项指标打分合成计算	中国社会科学院城市与竞争力研究中心数据库
	2.5 环境污染度指数	PM2.5，人均 CO_2 排放量，人均 SO_2 排放量三项指标打分合成计算（地均 GDP 修正）	中国社会科学院城市与竞争力研究中心数据库
	2.6 自然灾害指数	根据 6 种自然灾害的历史数据计算得出	中国社会科学院城市与竞争力研究中心数据库

续表

一级指标	二级指标	指标内容	资料来源
3. 社会包容	3.1 历史文化指数	博物馆数量	中国社会科学院城市与竞争力研究中心数据库
	3.2 社会安全指数	犯罪率数据	中国社会科学院城市与竞争力研究中心数据库
	3.3 社会公平指数	基尼系数	中国社会科学院城市与竞争力研究中心数据库
	3.4 居住成本指数	房价收入比	中国社会科学院城市与竞争力研究中心数据库
	3.5 开放度指数	星巴克、麦当劳、沃尔玛数量计算	中国社会科学院城市与竞争力研究中心数据库
	3.6 医疗健康机构指数	人均医疗机构数量经医疗可及性和医疗质量指数（HAQ Index）调整	中国社会科学院城市与竞争力研究中心数据库
4. 科技创新	4.1 专利申请指数	专利数量	中国社会科学院城市与竞争力研究中心数据库
	4.2 学术论文指数	发表论文数量	中国社会科学院城市与竞争力研究中心数据库
	4.3 科技企业指数	科技企业总部分布	中国社会科学院城市与竞争力研究中心数据库
	4.4 大学指数	各城市排名最好大学分类打分并经城市大学数量调整	中国社会科学院城市与竞争力研究中心数据库
	4.5 文化设施指数	图书馆数量/城市面积	中国社会科学院城市与竞争力研究中心数据库
5. 全球联系	5.1 航空联系度	机场航班数量	中国社会科学院城市与竞争力研究中心数据库
	5.2 网络热度	谷歌趋势 & 百度趋势	中国社会科学院城市与竞争力研究中心数据库
	5.3 科研人员联系度	合作论文发表数量—联系度计算	中国社会科学院城市与竞争力研究中心数据库

续表

一级指标	二级指标	指标内容	资料来源
5. 全球联系	5.4 金融企业联系度	75家金融类跨国公司分布—联系度计算	中国社会科学院城市与竞争力研究中心数据库
	5.5 科技企业联系	25家科技类跨国公司分布—联系度计算	中国社会科学院城市与竞争力研究中心数据库
	5.6 航运联系度	港口航运连通指数（Port liner shipping connectivity index）经港口吞吐量调整计算	中国社会科学院城市与竞争力研究中心数据库

资料来源：中国社会科学院城市与竞争力研究中心数据库。

三 样本选择与样本分层

（一）城市定义

经济学中的城市是指具有相当面积、经济活动和住户集中，以致在私人企业和公共部门产生规模经济的连片地理区域，现代城市通常指一个都市化成都较高的居民集聚区。当然，不同国家和地区根据不同需求将城市界定为不同的定义。根据本报告的研究需要，项目组将城市定义为以中心城市为核心，并向外围辐射构成城市的结合区域。因此，本项目组的定义强调都市圈（Metro）意义上的城市，而非行政区意义上的城市。需要说明的是，基于数据的可得性，在部分样本城市仅有行政区层面统计数据如中国等，若非特别说明，本书样本城市均为都市圈统计口径的城市。

（二）样本城市

样本城市的确定是开展全球城市经济竞争力和可持续竞争力研究的基础。为例保证样本城市具有广泛性和典型性，本项目研究的样本城市以联合国经济与事务部2015年发布的《世界城市化展望》为基础，剔除了城市人口小于50万人的样本，同时结合中国和个别国家的具体情况，最终选择1006个城市作为研究对象。就空间分布而言，本项目的样本共涉及到6大洲135个国家和地区共1006个城市。具体大洲、国家和城市为：北美洲11个国家共131个城市，大洋洲2个国家共7个城市，非洲

39个国家共102个城市，南美洲11个国家共75个城市，欧洲29个国家共127个城市，亚洲43个国家共564个城市。这1006个城市基本覆盖了当今全球不同经济领域和不同经济发展水平的城市，具体样本城市和所属国家可参见第一章经济竞争力和可持续竞争力的排名部分。

（三）资料来源

全球城市竞争力研究是一个对数据质量和数量都要求很高的研究项目。课题组专门成立数据收集小组和AI及大数据研究团队，从2020年4月就开始工作，经过了近半年反反复复的搜索与整理，获得了较为理想的指标覆盖度。本次国际城市竞争力指标体系所使用的指标数据主要有四个来源，包括各国政府统计机构；国际性统计机构；国际性研究机构或公司的主题报告和调查数据；通过网络爬虫抓取大数据。数据资料的具体来源情况和指数解释见表1、表2、表3、表4。

四 竞争力指数的计算方法

（一）指标数据标准化方法

城市竞争力各项指标数据的量纲不同，首先应对所有指标数据都必须进行无量纲化处理。客观指标分为单一客观指标和综合客观指标。对于单一性客观指标原始数据无量纲处理，本书主要采取标准化、指数化、阈值法和百分比等级法四种方法。

标准化计算公式为：$X_i = \frac{(x_i - \bar{x})}{Q^2}$，$X_i$为$x_i$转换后的值，$x_i$为原始数据，$\bar{x}$为平均值，$Q^2$为方差，$X_i$为标准化后数据。

指数法的计算公式为：$X_i = \frac{x_i}{x_{0i}}$，X_i为x_i转换后的值，x_i为原始值，x_{0i}为最大值，X_i为指数。

阈值法的计算公式为：$X_i = \frac{(x_i - x_{Min})}{(x_{Max} - x_{Min})}$，$X_i$为$x_i$转换后的值，$x_i$为原始值，$x_{Max}$为最大样本值，$x_{Min}$为最小样本值。

百分比等级法的计算公式为：$X_i = \frac{n_i}{(n_i + N_i)}$，$X_i$为$x_i$转换后的值，$x_i$为原始值，$n_i$为小于$x_i$的样本值数量，$N_i$为除$x_i$外大于等于$x_i$的样本值数量。

综合客观指标原始数据的无量纲化处理是：先对构成中的各单个指标进行量化处理，再用等权法加权求得综合的指标值。

（二）城市竞争力变量的计算方法

1. 经济竞争力与可持续竞争力显示性的变量计算方法

关于城市的综合经济密度：考虑到地均 GDP 的误差，用当年的人均 GDP 作为修正系数，进行非线性的加权综合法修正。所谓非线性加权综合法（或"乘法"合成法）是指应用非线性模型 $g = \Pi x_j^{w_j}$ 来进行综合评价的。式中 w_j 为权重系数，x_j 表示相关指标。

关于城市的综合经济增量：考虑到经济增长的波动性，采用样本城市过去连续 5 年当年与上一年 GDP 的均值来表示。

关于城市的综合人口密度：考虑到地均高收入人口数的误差，用当年的人均 GDP 作为修正系数，进行非线性的加权综合法修正。所谓非线性加权综合法（或"乘法"合成法）是指应用非线性模型 $g = \Pi x_j^{w_j}$ 来进行综合评价的。式中 w_j 为权重系数，x_j 表示相关指标。

关于城市的综合人口增量：考虑到人口增长的波动性以及人口负增长，采用样本城市基期人口规模和过去连续 5 年人口增长率标准化后的合成指数。

2. 经济竞争力与可持续竞争力的解释性变量计算方法

尽管报告设计的解释性城市竞争力的指标为二级指标，实际上包括原始指标在内，解释性城市竞争力的指标为三级，在三级指标合成二级指标和二级指标合成一级指标时，采用先标准化再等权相加的办法，标准化方法如前所述。其公式为：

$$z_{il} = \sum_{j} z_{ilj} \tag{3}$$

其中，z_{il} 表示各二级指标，z_{ilj} 表示各三级指标。

$$Z_i = \sum_{l} z_{il} \tag{4}$$

其中，Z_i 表示各一级指标，z_{il} 表示各二级指标。

（五）特别说明

全球城市竞争力评估体系是在倪鹏飞博士《中国城市竞争力报告》研究模型的基础上，结合世界城市发展的最新趋势而做出的。但是，全球竞争力评估体系和测算方法与《中国城市竞争力报告》有所不同。

参考文献

邓玲、胡双梅：《西部地区城市可持续竞争力评价研究》，《四川大学学报》（哲学社会科学版）2019年第1期。

刘昌玉：《丝绸之路开辟前以两河流域为中心的跨区域贸易探析》，《中南大学学报》（社会科学版）2019年第3期。

倪鹏飞等：《全球城市竞争力报告·2019—2020：跨入城市的世界300年变局》，中国社会科学出版社2021年版。

邱国梁、姜昊：《中国都市农业发展探析》，《湖北农业科学》2019年第20期。

宋涛等：《世界城市都市农业发展的经验借鉴》，《世界地理研究》2018年第15期。

宋艺：《国外都市现代农业的典型模式及经验启示》，《现代经济信息》2020年第7期。

王常雄：《新加坡都市现代农业发展的启示》，《上海农村经济》2016年第8期。

吴楚贤：《城市屋顶农场景观发展策略研究——以倚云天空农场为例》，《建筑工程技术与设计》2013年第2期。

王树忠、王忠义、李仁崑：《京承高速公路都市型现代农业走廊建设成效显著》，《北京农业》2009年第30期。

袁建平：《中国早期国家时期的邦国与方国》，《历史研究》2013年第1期。

叶江：《联合国"千年发展目标"与"可持续发展目标"比较刍议》，《上海行政学院学报》2016年第6期。

A. Bramwell and D. A. Wolfe, "Universities and Regional Economic Development: The Entrepreneurial University of Waterloo", *Research Policy*, Vol. 37,

No. 8, 2008.

B. Klement and S. Strambach, "Innovation in Creative Industries: Does (related) Variety Matter for the Creativity of Urban Music Scenes?", *Economic Geography*, Vol. 95, No. 4, 2019.

B. Knudsen et al., "Urban Density, Creativity and Innovation", 2007.

C. Akamanzi et al., "Silicon Savannah: The Kenya ICT Services Cluster", *Microeconomics of Competitiveness*, Vol. 7, No. 2, 2016.

D. C. Littlewood and W. L. Kiyumbu, " 'Hub' Organisations in Kenya: What are They? What do They do? And What is Their Potential?", *Technological Forecasting and Social Change*, Vol. 131, 2018.

D. Le Blanc, "Towards Integration at Last? The Sustainable Development Goals as a Network of Targets", *DESA Working Paper*, No. 141.

E. A. Mack and K. Credit, "The Intra-Metropolitan Geography of Entrepreneurship: A Spatial, Temporal, and Industrial Analysis (1989 – 2010)", Geographies of Entrepreneurship, Routledge, 2016.

E. L. Glaeser, "Triumph of the City: How Our Greatest Invention Makes Us Richer, Smarter, Greener, Healthier, and Happier (an excerpt)", *Journal of Economic Sociology*, Vol. 14, No. 4, 2013.

G. J. Hospers et al., "The Next Silicon Valley? On the Relationship between Geographical Clustering and Public Policy", *International Entrepreneurship and Management Journal*, Vol. 5, No. 3, 2009.

G. L. Evans, "Emergence of a Digital Cluster in East London: Birth of a New Hybrid Firm", *Competitiveness Review: An International Business Journal*, 2019.

G. De Bastion, "Technology Hubs-Creating Space for Change: Africa's Technology Innovation Hubs", Deutsche Gesellschaft für Internationale Zusammenarbeit (GIZ): Bonn, 2013.

H. D. Evers et al., "Growth through Knowledge Clusters: Singapore as a Knowledge Hub", 2015.

I. V. Da Cunha and C. Selada, "Creative Urban Regeneration: The Case of Innovation Hubs", *International Journal of Innovation and Regional Development*,

Vol. 1, No. 4, 2009.

J. J. Gregory and C M. Rogerson, "Suburban Creativity: The Geography of Creative Industriesin Johannesburg", *Bulletin of Geography*, *Socio-economic Series*, Vol. 39, No. 39, 2018.

J. De Beer et al., "A Framework for Assessing Technology Hubs in Africa", *NYU J. Intell. Prop. & Ent. L.*, Vol. 6, 2016.

J. He et al., "Urban Amenities for Creativity: An Analysis of Location Drivers for Photography Studios in Nanjing, China", *Cities*, Vol. 74, 2018.

M H. Bala Subrahmanya, "How did Bangalore Emerge as a Global Hub of Tech start-ups in India? Entrepreneurial Ecosystem: Evolution, Structure and Role", *Journal of Developmental Entrepreneurship*, Vol. 22, No. 2, 2017.

M. Deakin and S. Allwinkle, "Urban Regeneration and Sustainable Communities: The Role of Networks, Innovation, and Creativity in Building Successful Partnerships", *Journal of Urban Technology*, Vol. 14, No. 1, 2007.

R. Dvir and E. Pasher, "Innovation Engines for Knowledge Cities: An Innovation Ecology Perspective", *Journal of Knowledge Management*, 2004.

R. Florida and C. Mellander, "The Geography of Inequality: Difference and Determinants of Wage and Income Inequality across US Metros", *Regional Studies*, Vol. 50, No. 1, 2016.

S. Croese et al., "Localizing the Sustainable Development Goals through the Lens of Urban Resilience: Lessons and Learnings from 100 Resilient Cities and Cape Town", *Sustainability*, Vol. 12, No. 2, 2020.

S. Croese et al., "Localisation of the 2030 Agenda and its Sustainable Development Goals in Cape Town", Mistra Urban Futures Report, 2019.

S. Denney et al., "Entrepreneurs and Cluster Evolution: The Transformation of Toronto's ICT Cluster", *Regional Studies*, Vol. 55, No. 22, 2021.

S. Zukin, "Seeing like a City: How Tech Became Urban", *Theory and Society*, Vol. 49, No. 5, 2020.

T. Kelly, R. Firestone, "How Tech Hubs are Helping to Drive Economic Growth in Africa", 2016.

T. Nam and T. A. Pardo, "Smart City as Urban Innovation: Focusing on Management, Policy, and Context", Proceedings of the 5th International Conference on Theory and Practice of Electronic Governance, 2011.

Y. Cabannes, "The Contribution of Participatory Budgeting to the Achievement of the Sustainable Development Goals: Lessons for Policy in Commonwealth countries", *Commonwealth Journal of Local Governance*, 2018.

Z. Patel et al., "Local Responses to Global Sustainability Agendas: Learning from Experimenting with the Urban Sustainable Development Goal in Cape Town", *Sustainability Science*, Vol. 12, No. 5, 2017.

后　　记

《全球城市竞争力报告（2020—2021）》由中国社会科学院财经战略研究院倪鹏飞博士与联合国人居署马尔科·卡米亚（Marco Kamiya）牵头，数十家国际国内著名高校、权威统计部门、企业研发机构的近百名专家共同参与，历经整整一年，进行理论和调查、计量和案例等经验研究而形成的成果。《全球城市竞争力报告（2020—2021）》的基础理论、指标体系、研究框架和重要结论主要由倪鹏飞博士与马尔科·卡米亚（Marco Kamiya）做出。郭靖（中国社会科学院大学）负责报告的数据采集、具体计算、资料汇总、部分可持续竞争力报告撰写和协调调度等工作。

关于城市竞争力，本次报告将其分为经济竞争力和可持续竞争力两个部分，并分别设计了不同的指标体系，对全球1006个城市的经济竞争力和可持续竞争力分别进行了测度。报告的文稿是在锤炼理论、采集数据、进行计量并得出基本结论后，由执笔者撰写而成的。

各章的文字贡献者：第一章：课题组集体，第二章：倪鹏飞、李博（天津理工大学）、马洪福（天津财经大学）、徐海东（中国社会科学院财经战略研究院），第三章：彭旭辉（中共无锡市委党校）、倪鹏飞，第四章：郭靖（中国社会科学院大学）、倪鹏飞，第五章：斯蒂芬妮·切蒂（Stefanie Chetty）（南非国家合作治理部）、阿方索·维加拉（Alfonso Vegara Gorroño）（大都会基金会）、谭英（Tan Ying Nilsson）（Sweco集团国际部）、夏洛特·莫恩（Charlotte Mohn）（联合国人居署）、张祎（联合国人居署）、罗伯托·埃雷拉（Roberto Herrera）（联合国人居署）、徐蕴清（西交利物浦大学）、贝尔纳多·德尔卡斯蒂略（Bernardo Del Castillo）（联合国人居署），第六章：徐海东，第七章：徐海东、郭靖、彭旭辉、龚维进（首都经济贸易大学）、王雨飞（北京邮电大学），第八章：郭金红（南开大学），第九章：李博、曹清峰（天津财经大学）、马洪福、黄徐亮（中国社会科学院大学）、张洋子（中国中小企业发展促进中心），附录：倪鹏飞、郭靖。整个报告的计量数据，由倪鹏飞领导下的课题组完成。

《全球城市竞争力报告（2020—2021）》和全球城市竞争力的研究得到本书顾问及诸多机构和人士真诚无私地支持。我们对所有支持和关心这项研究的单位和人士表示钦佩、敬意和感谢。

倪鹏飞　马尔科·卡米亚

2021 年 11 月 15 日